복 있는 사람

오직 여호와의 율법을 즐거워하여 그 율법을 주야로 묵상하는 자로다.

저는 시냇가에 심은 나무가 시절을 좇아 과실을 맺으며 그 잎사귀가 마르지 아니함 같으니

그 행사가 다 형통하리로다. (시편 1:2-3)

마운스 헬라어 워크북

Basics of Biblical Greek Workbook: Fourth Edition

William D. Mounce

마운스 헬라어 워크북 |제4판|

윌리엄 D. 마운스

복 있는 사람

마운스 헬라어 워크북 | 제4판 |

2023년 5월 26일 초판 1쇄 인쇄
2023년 6월 7일 초판 1쇄 발행

지은이 윌리엄 D. 마운스
옮긴이 조명훈, 김명일
펴낸이 박종현

(주) 복 있는 사람
주소 서울특별시 마포구 연남동 246-21(성미산로23길 26-6)
전화 02-723-7183, 7734(영업·마케팅)
팩스 02-723-7184
이메일 hismessage@naver.com
등록 1998년 1월 19일 제1-2280호

ISBN 979-11-92675-85-5 04230

서문   007

약어   009

도입 ─────────────

3.   알파벳과 발음   010

4.   구두법과 음절 구분   014

     복습 1 | 1-4장   018

명사 체계 ─────────────

6.   주격과 대격, 관사(1, 2변화 명사)   021

7.   속격과 여격(1, 2변화 명사)   028

8.   전치사와 εἰμί   034

9.   형용사   040

     복습 2 | 6-9장   047

     두 가지 경로의 학습법   053

첫 번째 경로 ─────────────

10. 3변화 명사   055

11. 1, 2인칭 대명사   061

12. αὐτός   070

13. 지시대명사/지시형용사(οὗτος, ἐκεῖνος)   076

14. 관계대명사   082

     복습 3 | 10-14장   088

16. 현재 능동태 직설법   095

17. 축약동사   101

18. 현재 중간태/수동태 직설법   107

19. 미래 능동태/중간태 직설법(패턴 1)   113

20. 동사 어근(패턴 2-4)   119

     복습 4 | 15-20장   125

21. 미완료과거 직설법   131

두 번째 경로 ─────────────

16. 현재 능동태 직설법   137

17. 축약동사   142

18. 현재 중간태/수동태 직설법   148

21. 미완료과거 직설법   153

     복습 3 | 15, 18-21장   158

10. 3변화 명사   164

11. 1, 2인칭 대명사   170

12. αὐτός   176

13. 지시대명사/지시형용사(οὗτος, ἐκεῖνος)   182

14. 관계대명사   188

19. 미래 능동태/중간태 직설법(패턴 1)   194

20. 동사 어근(패턴 2-4)   200

     복습 4 | 10-14, 19-20장   206

직설법 동사 체계 ——————

22. 제2부정과거 능동태/중간태 직설법   213

23. 제1부정과거 능동태/중간태 직설법   219

24. 부정과거와 미래 수동태 직설법   225

25. 현재완료 직설법   231

     복습 5 | 21-25장   236

분사 ——————

27. 현재(미완료적) 부사적 분사   242

28. 부정과거(완료적) 부사적 분사   248

29. 형용사적 분사   254

30. 현재완료(복합적) 분사와 독립 속격   260

     복습 6 | 26-30장   266

그 밖의 법과 μι 동사 ——————

31. 가정법   272

32. 부정사   279

33. 명령법   285

34. δίδωμι의 직설법   291

35. δίδωμι의 직설법 이외의 법과 조건문   297

36. ἵστημι, τίθημι, δείκνυμι와 기타 사항   303

     복습 7 | 31-36장   310

선택학습 ——————

     선택학습 1 • 요한이서   318

     선택학습 2 • 마가복음 2:1-3:6   322

서문

이 워크북은 『마운스 헬라어 문법』(*Basics of Biblical Greek: Grammar*) 제4판의 부교재이다. 각 장은 총 여섯 부분으로 구성되어 있다.

1. "분해"(parsing)에서는 분해 연습을 할 수 있도록 열 개의 단어가 제시된다.
2. "복습"(warm-up)에서는 해당 장에서 학습했던 문법을 중심으로 한 짧은 연습 구문이 제시된다.
3. "번역"(translation)에서는 열 개의 구절이 제시된다. 필자는 첫째 날부터 성경 본문을 번역하게 되면 학생들에게 동기부여의 효과가 있다고 믿는다. 모르는 단어가 등장하는 경우 괄호 안에 뜻을 적어 두었다.
4. "심화"(additional)에서는 학생들이 번역해야 할 열 개의 또 다른 문장이 주어진다. 이 문장들을 번역할 수 있다면 매우 잘하고 있는 것이라고 볼 수 있다. 첫 두 문장(문장 11-12)은 필자의 동료이자 책의 편집자인 벌린 버브루그(Verlyn Verbrugge)가 만든 것이다. 이 두 문장을 반복해서 연습하기 바란다. 마지막 여덟 문장(문장 13-20)은 칠십인역(LXX), 교부문헌 등 다양한 자료에서 가져왔고, 그중에는 학습을 위해 필자가 만든 문장도 포함되어 있다.

    첫 다섯 문장(문장 11-15)은 모르는 단어라도 기본형을 통해 파악할 수 있는 단어라면 각주에 기본형을 제시하려고 했다. 파악하기 힘든 단어의 경우 괄호 안에 그 뜻을 적어 놓았다. 마지막 다섯 문장(문장 16-20)은 학생들이 사전을 사용해서 풀 수 있도록 했다. 단어의 형태가 너무 어렵거나 사전에 없을 경우 각주에 기본형을 제시하거나 괄호 안에 그 뜻을 적어 놓았다.
5. "요약"(summary)에서는 연습문제를 통해 귀납적으로 추리하여 배우게 된 새로운 문법을 다루게 된다.
6. 성경 예제는 쉽게 찾아볼 수 있도록 "참조"(references) 부분에 정리해 두었다. 연습문제에 제시하지 않고 참조에 제시하는 이유는 학습자들이 무의식적으로 해당 구절을 자신의 언어로 상기하지 않도록 하기 위함이다. 만약 어떤 성경 구절의 장, 절이 괄호로 표시되어 있다면, 그것은 해당 성경 구절을 약간 변형했다는 것을 의미한다. 문장에 줄표가 있으면 필자나 필자의 동료가 만든 문장이라고 보면 된다.

교재를 학습하는 데 두 가지 다른 경로가 있다. 첫 번째 경로는 일반적인 순서대로 명사 체계를 먼저 끝내고 동사로 넘어가는 경로이고, 두 번째 경로는 일부 동사 체계를 먼저 배우는 경로이다. 교재에 나오는 각 장의 내용은 똑같다. 이에 대한 자세한 논의는 교재 146쪽을 참조하라. 필자는 교재 2장에 기록한 몇 가지 제안을 복습하고자 한다. 그 이유는 이 제안들이 중요하기 때문이다.

1. 연습문제를 시험으로 생각해야 한다는 사실을 명심하라. 각 장의 내용을 충분히 학습한 후 교재를 보지 말고 연습문제를 풀라. 만약 단어 분해나 번역에서 막힌다면, 일단 다음으로 넘어가라. 연습문제를 다 풀었으면 해당 장을 복습한 후 다시 돌아와 연습문제를 또 한 번 풀어 보라. 만약 여러분이 교재를 펼쳐 놓고 왔다 갔다 하며 연습문제를 풀게 되면 자신이 무엇을 알고 무엇을 모르는지 정확한 상태를 파악할 수 없을 것이다.

2. 헬라어를 왜 배우는지 스스로 끊임없이 되새기라. 하나님 말씀을 능수능란하게 연구하기 위해 헬라어를 배우고 있다는 사실을 잊어버리면 중간에 쉽게 낙심할 수 있다.

3. 꾸준히 공부하라. 천재가 아닌 이상 벼락치기로 언어를 배울 수 있는 사람은 없다.

4. 다른 학생들과 함께 공부하라. 헬라어를 혼자 공부하는 것은 어려운 일이다.

5. 연습문제의 각주를 꼼꼼히 살펴보라. 각주는 힌트를 담고 있고, 문법 지식도 다듬어 주며, 신학적으로 흥미로운 사실도 짚어 준다.

6. 즐기며 공부하라. 헬라어는 멋진 언어이다. 기억하라. 공부의 목표를 놓치면 안 된다. 많이 웃으라. 필자가 베델 칼리지에서 월터 웨슬(Walter W. Wessel) 교수님에게 헬라어를 배웠을 때 두 번째 해 헬라어 강의는 "동물원"이라는 별칭이 붙었다. 그 강의는 정말 최고였다. 필자는 지금도 강의를 할 때 그런 진지함과 익살스러움이 동시에 우러날 수 있도록 애쓰고 있다. 그 방식은 실제로도 효과가 있다.

도움을 준 베브러지(Verlyn Verbrugge), 스미스(Matthew Smith), 헤르난데스(Juan Hernández Jr.), 리들(Glen Riddle), 페닝턴(Jonathan Pennington), 그리고 온드레이(Hauna Ondrey)에게 특별히 감사를 전한다.

윌리엄 D. 마운스

약어

Fanning *Verbal Aspect in New Testament Greek* (Oxford University Press, 1990)
Metzger *Lexical Aids for Students of New Testament Greek*, Bruce M. Metzger (BakerBooks, 1997)
Mounce *A Graded Reader of Biblical Greek*, William D. Mounce (Zondervan, 1996)
Wallace *Greek Grammar Beyond the Basics*, Daniel B. Wallace (Zondervan, 1995)

헬라어 구약성경

창	창세기	스	에스라
출	출애굽기	시	시편
레	레위기	잠	잠언
민	민수기	전	전도서
신	신명기	사	이사야
수	여호수아	렘	예레미야
삿	사사기	단	다니엘
룻	룻기		
삼상	사무엘상		
삼하	사무엘하		
왕상	열왕기상		
왕하	열왕기하		
대상	역대상		
대하	역대하		

신약성경

마	마태복음	딤전	디모데전서
막	마가복음	딤후	디모데후서
눅	누가복음	딛	디도서
요	요한복음	몬	빌레몬서
행	사도행전	히	히브리서
롬	로마서	약	야고보서
고전	고린도전서	벧전	베드로전서
고후	고린도후서	벧후	베드로후서
갈	갈라디아서	요일	요한일서
엡	에베소서	요이	요한이서
빌	빌립보서	요삼	요한삼서
골	골로새서	유	유다서
살전	데살로니가전서	계	요한계시록
살후	데살로니가후서		

초기 기독교 문헌

목자서   헤르마스의 목자서

기타

NIV	New International Version (2011)
LXX	칠십인역 (헬라어 구약성경)
A	알렉산드리아 사본
𝔪	다수 사본
f.	하나의 뒤따르는 구절
ff.	하나 이상의 뒤따르는 구절

3 알파벳과 발음

헬라어 알파벳을 쓰고 발음해 보라. 각 문자를 어떻게 읽고, 쓰고, 발음하는지 익히는 것은 헬라어 학습에 필수적이다. 알파벳을 익히기 전에는 그 무엇도 배울 수 없다.

α _ _ _ _ _ _ _ _ _ _ _ _ _ _ _ _

β _ _ _ _ _ _ _ _ _ _ _ _ _ _ _ _

γ _ _ _ _ _ _ _ _ _ _ _ _ _ _ _ _

δ _ _ _ _ _ _ _ _ _ _ _ _ _ _ _ _

ε _ _ _ _ _ _ _ _ _ _ _ _ _ _ _ _

ζ _ _ _ _ _ _ _ _ _ _ _ _ _ _ _ _

η _ _ _ _ _ _ _ _ _ _ _ _ _ _ _ _

θ _ _ _ _ _ _ _ _ _ _ _ _ _ _ _ _

ι

κ

λ

μ

ν

ξ

ο

π

ρ

σ

ς

τ

υ --

φ --

χ --

ψ --

ω --

문법

1. 일곱 개의 모음을 적어 보라.

    a.

    b.

    c.

    d.

    e.

    f.

    g.

2. 두 가지 형태의 시그마는 각각 어떤 경우에 나타나는가?

    a.

    b.

3. 두 개의 숨표는 무엇이며, 각각 어떤 경우에 나타나는가?

    a.

    b.

4. 이오타 하기는 발음에 어떤 영향을 미치는가?

5. 분음 부호는 어떤 경우에 사용되는가?

4 구두법과 음절 구분

음절 구분

다음 단어들을 음절에 따라 나누어 보라. 음절 구분 법칙을 배우고 있다면, 어떤 부분에 법칙이 적용되는지 표시해 보라.

1. ἀμήν
2. γραφή
3. ἔσχατος
4. καρδία
5. πνεῦμα
6. προφήτης
7. σάββατον
8. ἄγγελος
9. ἄνθρωπος
10. περιπατέω

본문 읽기

언어를 배울 때 발음을 익히는 것이 얼마나 중요한지는 아무리 강조해도 지나치지 않을 것이다. 지난 몇 년 동안 헬라어를 가르치면서 확신하게 된 것은, 발음을 익히지 않으면 그 언어를 마스터할 수 없다는 사실이다. 문장을 읽는 동안 단어의 의미는 신경 쓰지 않아도 된다.

다음 구절을 읽고 또 읽으며 연습하라. 15분 안에 정확히 읽을 수 있을 때까지 큰 소리로 읽으라. 필자가 낭독한 것을 들으려면 다음 웹사이트를 방문하라. www.teknia.com/bbg_chapter_4.

1:5 καὶ ἔστιν αὕτη ἡ ἀγγελία ἣν ἀκηκόαμεν ἀπ᾽ αὐτοῦ καὶ ἀναγγέλλομεν ὑμῖν, ὅτι ὁ θεὸς φῶς

ἐστιν καὶ σκοτία ἐν αὐτῷ οὐκ ἔστιν οὐδεμία. **6** ἐὰν εἴπωμεν ὅτι κοινωνίαν ἔχομεν μετ᾽ αὐτοῦ

καὶ ἐν τῷ σκότει περιπατῶμεν, ψευδόμεθα καὶ οὐ ποιοῦμεν τὴν ἀλήθειαν· **7** ἐὰν δὲ ἐν τῷ φωτὶ

περιπατῶμεν ὡς αὐτός ἐστιν ἐν τῷ φωτί, κοινωνίαν ἔχομεν μετ᾽ ἀλλήλων καὶ τὸ αἷμα Ἰησοῦ

τοῦ υἱοῦ αὐτοῦ καθαρίζει ἡμᾶς ἀπὸ πάσης ἁμαρτίας. **8** ἐὰν εἴπωμεν ὅτι ἁμαρτίαν οὐκ ἔχομεν,

ἑαυτοὺς πλανῶμεν καὶ ἡ ἀλήθεια οὐκ ἔστιν ἐν ἡμῖν. **9** ἐὰν ὁμολογῶμεν τὰς ἁμαρτίας ἡμῶν,

πιστός ἐστιν καὶ δίκαιος, ἵνα ἀφῇ ἡμῖν τὰς ἁμαρτίας καὶ καθαρίσῃ ἡμᾶς ἀπὸ πάσης ἀδικίας.

10 ἐὰν εἴπωμεν ὅτι οὐχ ἡμαρτήκαμεν, ψεύστην ποιοῦμεν αὐτὸν καὶ ὁ λόγος αὐτοῦ οὐκ ἔστιν

ἐν ἡμῖν.

2:1 τεκνία μου, ταῦτα γράφω ὑμῖν ἵνα μὴ ἁμάρτητε. καὶ ἐάν τις ἁμάρτῃ, παράκλητον

ἔχομεν πρὸς τὸν πατέρα Ἰησοῦν Χριστὸν δίκαιον· **2** καὶ αὐτὸς ἱλασμός ἐστιν περὶ τῶν

ἁμαρτιῶν ἡμῶν, οὐ περὶ τῶν ἡμετέρων δὲ μόνον ἀλλὰ καὶ περὶ ὅλου τοῦ κόσμου.

3 καὶ ἐν τούτῳ γινώσκομεν ὅτι ἐγνώκαμεν αὐτόν, ἐὰν τὰς ἐντολὰς αὐτοῦ τηρῶμεν.

4 ὁ λέγων ὅτι ἔγνωκα αὐτὸν καὶ τὰς ἐντολὰς αὐτοῦ μὴ τηρῶν, ψεύστης ἐστὶν καὶ ἐν

τούτῳ ἡ ἀλήθεια οὐκ ἔστιν· **5** ὃς δ᾽ ἂν τηρῇ αὐτοῦ τὸν λόγον, ἀληθῶς ἐν τούτῳ ἡ ἀγάπη τοῦ θεοῦ τετελείωται, ἐν τούτῳ γινώσκομεν ὅτι ἐν αὐτῷ ἐσμεν. 6 ὁ λέγων ἐν αὐτῷ μένειν ὀφείλει

καθὼς ἐκεῖνος περιεπάτησεν καὶ αὐτὸς [οὕτως] περιπατεῖν.

ΗΡΩΔΗΣ ΜΟΝΙΜΟΥ ΚΑΙ

ΙΟΥΣΤΟΣ ΥΙΟΣ ΑΜΑ ΤΟΙΣ

ΤΕΚΝΟΙΣ ΕΚΤΙΣΑΝ

ΤΟΝ ΚΙΟΝΑ

▲ 이 비문은 가버나움 회당의 한 기둥에 있다. 이 회당은 1세기 회당 위에 지어졌다. 이 비문은 Ἡρώδης Μονίμου καὶ Ἰοῦστος υἱὸς ἅμα τοῖς τέκνοις ἔκτισαν τὸν κίονα로 읽는다(물론 악센트는 없다). "모니모스의 (아들) 헤롯과 (그의) 아들 유스토스가 그의 후손들과 함께 이 기둥을 세웠다"라는 뜻이다.

들어가기

"복습" 부분에는 자신의 실력을 점검할 수 있는 문제가 있다. 실제 시험처럼 생각하고 풀어 보라.

정의

1. 비음화된 감마란 무엇이며 어떻게 발음되는가?

2. 이중모음이란 무엇인가?

3. 변칙적 이중모음이란 무엇인가?

4. 아포스트로피는 언제 사용되는가?

연습문제

5. 알파벳을 적어 보라.

6. 두 종류의 시그마가 한 단어 안에서 사용될 경우 어떻게 사용되는가?

7. 연한 숨표와 거친 숨표의 예를 각각 들어 보라.

8. 헬라어 구두법 부호를 그 기능에 맞게 연결하라.

    a. , •   • 세미콜론

    b. . •   • 물음표

    c. ·· •   • 마침표

    d. ; •   • 쉼표

9. 악센트 부호를 그 기능에 맞게 연결하라.

    a. ˜ •   • 애큐트

    b. ´ •   • 그레이브

    c. ` •   • 서컴플렉스

10. 악센트는 번역에 어떤 영향을 미치는가?

11. 다음 단어들을 음절에 따라 나누어 보라.

     a.   διδάσκων

     b.   διαμαρτυρόμενος

     c.   ἄνθρωπος

     d.   λέγοντες

     e.   βάλλω

6   주격과 대격, 관사(1, 2변화 명사) ·연습문제·

들어가기

앞서 언급한 대로 연습문제를 시험으로 생각하고 풀라. 다시 말해, 자꾸 교재로 넘어가서 정답을 찾으려고 하면 안 된다. 해당 장을 학습한 후 연습문제를 풀어 보라. 만약 모든 연습문제를 풀 수 없다고 생각되면 다시 교재로 돌아가 해당 장을 복습한 후 다시 연습문제를 풀어 보라. 외울 단어를 플래시 카드에 적어 놓고 연습문제를 풀기 전 여러 번에 걸쳐 훑어보라.

　연습문제에 나오는 단어를 다 알지 못해도 낙심하지 말라. 신약성경 본문을 일찍 소개할 때 발생하는 문제 가운데 하나는 아직 모르는 단어도 함께 등장한다는 사실이다. 필자의 의도는 여러분이 신약성경을 직접 번역해 보면서 배운 것들을 실제로 적용하는 데서 오는 즐거움을 느끼게 하려는 데 있으므로, 해당 장을 번역하는 데 필요한 도움을 줄 것이다. 일단 성경 본문을 실제로 번역할 수 있다는 사실을 즐기라. 그리고 시간이 지날수록 받아야 할 도움도 줄어든다는 사실을 기억하라.

　필자는 연역적/귀납적 방법론을 통합하여 여러분이 연습문제를 풀면서 문법 사항을 만나면 해당 문법을 가르치는 방식으로 여러분의 헬라어 지식을 정교하게 다듬고자 한다. 그러므로 워크북 하단에 나오는 각주에 주의를 기울여라.

분해

단어의 어간과 격어미를 식별할 수 있어야 한다. "(2×)"는 두 가지 경우의 수가 있다는 의미이다.

변화형	격	수	성	기본형	번역
1. ἄνθρωπον					
2. ὧραι					

3. τήν				
4. βασιλείας				
5. θεοί				
6. τό (2×)				
7. λόγους				
8. καιροί				
9. τάς				
10. Χριστόν				

복습

복습 문제는 이번 장에서 배운 문법 사항에 초점을 맞춘 짧은 문장으로 구성된다. 이 문장들은 특별한 의미를 지닌 것은 아니며, 전부 성경에서 가져온 것도 아니다. 이미 배운 것처럼 동사는 그 자체에 주어가 포함되어 있다. λέγει는 문맥에 따라 "그가 말한다", "그녀가 말한다", "그것이 말한다"로 해석할 수 있다. 만약 연습문제에서 동사가 3인칭 단수라면 그 뜻은 다음과 같다. ἐδίδασκεν(그/그녀/그것이 가르치고 있었다). 동사의 성은 해당 문맥을 어떻게 이해하고 있는지에 달려 있다. 실제로 주어가 명시되어 있다거나 동사에 포함되어 있을 수 있기 때문이다.

α. ἡ ὥρα ἔρχεται(그/그녀/그것이 온다).

β. ἀγαπῶσι(그들/그녀들/그것들이 사랑한다) δὲ τὸν[1] θεόν.

γ. ἔσωσεν(그/그녀/그것이 구원했다) αὐτὸς ἄλλους.

δ. βλέπω(내가 본다)[2] νῦν τὸν Ἰησοῦν καὶ τοὺς ἀποστόλους.

---

1   교재에서 관사와 θεός에 대해 언급한 내용을 기억하는가?
2   힌트: 이 문장에는 주어가 없으므로 동사를 보고 주어를 파악해야 한다.

ε.   ἡ ἀγαπὴ μακροθυμεῖ(그/그녀/그것은 오래 참는다).

ζ.   ἐγὼ γινώσκω(나는 안다) ὅτι τὸ ἔργον τετέλεσται(그/그녀/그것은 끝났다).

η.   ἐποίησε(그/그녀/그것이 만들었다) ὁ λόγος τὸν κόσμον.

번역

모르는 단어가 나오는 경우 헬라어 단어 뒤에 괄호로 그 의미(고유명사나 장소는 제외)를 적어 놓았다. 한 문장에서 동일한 단어가 두 번 나오는 경우는 그 뜻을 한 번만 적었다. 여기에 나오는 헬라어 단어 형태를 이해하지 못하거나, 계속 그렇다고 해도 걱정하지 말라. 한 날의 괴로움은 그날로 족하다. 모르는 단어가 두 개 이상 나오는 경우는 각주에 그 뜻을 밝혔다.

아래 문장들을 각 부분으로 나누고, 주어, 동사, 직접 목적어를 확인하라. 이제 막 성경 헬라어 읽기를 시작한 단계이므로 구절의 일부만 예문으로 제시했다. 머지않아 문장 전체를 다루게 되면 보다 명확한 의미를 파악할 수 있을 것이다.

1.   ἀποστέλλω(내가 보낸다) τὸν ἄγγελον.

2.   αὐτοὶ τὸν θεὸν ὄψονται(그들/그녀들/그것들이 볼 것이다).

3.   ἐδίδασκεν(그/그녀/그것은 가르치고 있었다) αὐτούς.

4.   διώκετε(너희는 추구하라!) τὴν ἀγάπην.

5. ἐραυνᾶτε(너희가 찾는다)[3] τὰς γραφάς.

6. πεπλήρωται(그/그녀/그것이 왔다) ὁ καιρὸς καὶ ἤγγικεν(그/그녀/그것이 가까이 왔다) ἡ βασιλεία.

7. ἐτέλεσεν(그/그녀/그것이 마쳤다) ὁ Χριστός τοὺς λόγους.

8. τὸ σάββατον διὰ(~때문에) τὸν ἄνθρωπον ἐγένετο(그/그녀/그것이 만들어졌다) καὶ οὐχ ὁ ἄνθρωπος[4] διὰ τὸ σάββατον.

9. καὶ ἀπέστειλεν(그/그녀/그것이 보냈다) αὐτοὺς κηρύσσειν(부. 전파하다) τὴν βασιλείαν τοῦ θεοῦ.[5]

10. καὶ νῦν ἡ βασιλεία σου(너의) οὐ στήσεται(그/그녀/그것이 지속될 것이다).

---

3   ἐραυνᾶτε는 직설법에서 '사실'을 나타내거나, 명령법에서 '명령'을 나타낼 수 있다. 좀 더 자세한 용법을 찾아보라.
4   이 구절 후반부에는 동사가 없다는 사실에 주의하라. 헬라어 문장이 두 개의 병행되는 개념으로 구성되어 있는 경우, 전반부에 나왔던 동사(그리고 다른 단어들)가 후반부에 나오지 않더라도 이미 전제되어 있다고 볼 수 있다.
5   τοῦ θεοῦ는 "하나님의"라는 뜻이다.

심화

심화 부분에서 첫 두 연습문제는 학습을 위해 만든 것이다. 번역 연습을 할 수 있도록 여유 공간을 남겨 두었다. 그다음 세 연습문제는 칠십인역(LXX), 디다케와 같은 자료에서 가져온 것이다. 여기서 필자의 의도는 여러분이 미리 알지 못하는 구절들로 문제를 풀게 하는 데 있다. 마지막 다섯 연습문제는 주로 성경 구절에서 가져온 것인데, 차이가 있다면 도움을 제공하지 않는다는 점이다. 모르는 단어도 나올 것이므로 교재에 있는 사전을 어떻게 사용하는지 배우길 바란다. 너무 어려운 헬라어 단어가 나올 경우 도움이 될 만한 힌트를 줄 것이다.

11. ὁ δὲ Παῦλος ἔφη(그/그녀/그것이 말했다). ἔπεμψα(내가 보냈다) ἄλλους ἀποστόλους.

12. τὸν Χριστὸν πιστεύουσιν(그들/그녀들/그것들이 믿는다) οἱ ἄνθρωποι ὅτι γινώσκουσι(그들/그녀들/그것들이 안다) τὴν ἀγάπην αὐτοῦ(그의).

13. Λαμὲχ δέ εἶπεν τοὺς λόγους.

14. καὶ ἤρεσαν(그들/그녀들/그것들이 기쁘게 했다) οἱ λόγοι τὸν Πιλᾶτον.

15. τὰ σάββατα φυλάξεσθε(너희는 지킬 것이다).

16. τὰ ἔργα τοῦ θεοῦ αὐτοὶ πιστεύουσι(그들/그녀들/그것들이 믿는다).

17. κύριον καὶ χριστὸν ἐποίησεν(그/그녀/그것이 만들었다) ὁ θεός αὐτόν.

18. τὸ φῶς ἐλήλυθεν(그/그녀/그것이 왔다) εἰς τὸν κόσμον καὶ ἠγάπησαν(그들/그녀들/그것들이 사랑했다) οἱ ἄνθρωποι μᾶλλον τὸ σκότος ἢ τὸ φῶς.

19. καὶ ἐκρίνοσαν(그들/그녀들/그것들이 재판했다) τὸν λαὸν πᾶσαν(모든) ὥραν.

20. καὶ αὐτοὶ ἦραν(그들/그녀들/그것들이 높였다) τὰς φωνάς αὐτῶν(그들의).

요약
"요약"에서는 연습문제 1-12와 각주에서 배웠던 내용을 다룬다. 1. 헬라어 문장이 두 개의 병행되는 개념으로 구성되어 있는 경우, 전반부에 나왔던 동사가 후반부에 나오지 않더라도 이미 전제되어 있는 것으로 볼 수 있다.

참조

"—"는 이 연습문제가 학습을 위해 만든 문장임을 의미한다. 성경 구절을 직접 실은 경우에는 참조에 괄호로 표시해 두었다.

복습 α. ─ β. ─ γ. ─ δ. ─ ε. ─ ζ. ─ η. ─

번역 1. 막 1:2 2. 마 5:8 3. 막 2:13 4. 고전 14:1 5. 요 5:39 6. 막 1:15 7. (마 7:28) 8. 막 2:27 9. 눅 9:2 10. 삼상 13:14

심화 11. ─ 12. ─ 13. (창 4:23) 14. ─ 15. (출 31:13) 16. ─ 17. (행 2:36) 18. 요 3:19 19. 출 18:26 20. (눅 17:13)

7 속격과 여격(1, 2변화 명사) · 연습문제 ·

분해

변화형	격	수	성	기본형	번역
1. ἀγάπῃ					
2. κυρίοις					
3. ἁμαρτιῶν					
4. τούς					
5. ἀνθρώπῳ					
6. υἱούς					
7. λόγου					
8. τά (2×)					
9. αὐτοῖς (2×)					
10. βασιλείας (2×)					

다음 빈칸에 알맞은 관사의 형태를 채우라.

	남성	여성	중성
주격 단수			
속격 단수			
여격 단수			
대격 단수			

	남성	여성	중성
주격 복수			
속격 복수			
여격 복수			
대격 복수			

복습

α. ἄγγελος κυρίου

β. φωνὴν ἀγγέλων

γ. ἡ ἀγάπη τοῦ Χριστοῦ

δ. ταῖς ἁμαρτίαις τοῦ καιροῦ

ε. φωνὴ θεοῦ καὶ οὐκ ἀνθρώπου

ζ. ὁ κύριος τοῦ οὐρανοῦ

η. ὄψεσθε(너희가 보게 될 것이다) τὴν δόξαν κυρίου.

번역

1. εἶπεν αὐτοῖς ὁ Ἰησοῦς.

2. ἐλάλει(그/그녀/그것이 말하고 있었다) αὐτοῖς τὸν λόγον.

3. τὴν ἀγάπην τοῦ θεοῦ οὐκ[1] ἔχετε(너희가 [가지고] 있다).

4. ἐπιμένωμεν(우리가 머무르고 있다) τῇ ἁμαρτίᾳ;

5. ἀποστελεῖ(그/그녀/그것은 보낼 것이다) ὁ υἱὸς τοῦ ἀνθρώπου τοὺς ἀγγέλους αὐτοῦ.

6. ἤγγικεν(그/그녀/그것은 가까이 왔다) γὰρ ἡ βασιλεία τῶν οὐρανῶν.[2]

7. ἐπίστευσεν[3] ὁ ἄνθρωπος τῷ λόγῳ.

8. γνωρισθῇ(그/그녀/그것은 알려지게 되었다) νῦν ταῖς ἀρχαῖς καὶ ταῖς ἐξουσίαις.

---

1   헬라어 문장이 부정(negation)의 의미를 갖는 경우, 영어로 번역할 때 보통 "do"나 "did"를 넣어야 한다. "Do"는 현재시제에, "did"는 과거시제에 사용한다. 어떤 단어가 적절한지 문맥을 보고 결정하라.

2   문법책 "단어학습"에서 언급했듯이, 이 단어는 복수 형태로 자주 등장하지만, 영어에서는 단수로 번역하는 것이 바람직하다.

3   "그/그녀/그것이 믿었다." 이 동사는 종종 여격을 직접 목적어로 취하므로, 이 경우에 τῷ λόγῳ는 여격으로 번역하지 않는다.

9. ἡ ἀγάπη τοῦ θεοῦ ἐκκέχυται(그/그녀/그것은 부어졌다) ἐν ταῖς καρδίαις ἡμῶν(우리의).

10. ⁴Ἀρχὴ τοῦ εὐαγγελίου Ἰησοῦ Χριστοῦ [⁵υἱοῦ ⁶θεοῦ].

심화

11. ἐξουσίαν ἔχει(그/그녀/그것이 [가지고] 있다) ὁ υἱὸς τοῦ ἀνθρώπου ἀφιέναι(부. 용서하다) ἁμαρτίας.

12. ἡ ἀγάπη γὰρ τοῦ θεοῦ διδάσκει(그/그녀/그것이 가르친다) τὴν ἐξουσίαν τοῦ κυρίου.

13. αἱ ἀρχαὶ τοῦ Ἰσραὴλ οὐκ ἐπίστευσαν(그들/그녀들/그것들이 믿었다) ὅτι ὁ Ἰησοῦς μισεῖ(그/그녀/그것이 증오한다) τὰς ἁμαρτίας.

4   헬라어에서는 제목, 인사말, 잘 알려진 구문 등에서 관사가 탈락하는 것이 일반적이다. 첫 구절은 복음서의 제목과 같은 역할을 하며, 완전한 문장이 아니다.

5   괄호 안의 단어들이 원문인지 확실하지 않은 경우에는 편집자가 대괄호를 첨가하여 표시했다. 이것은 "본문 비평"의 문제를 야기한다. 여러분의 선생님이 이 문제들을 때때로 언급할 것이다.

6   υἱοῦ는 Ἰησοῦ Χριστοῦ와 동격으로 볼 수 있다. 헬라어에서 흔한 구조이므로 잘 익혀 두어야 한다. 하나의 명사(또는 구문)가 앞에 나오는 단어의 의미를 좀 더 명확하게 하기 위해 사용된 경우, 그 명사는 그 단어와 같은 형태의 수와 격을 취할 수 있다. 또는 속격으로도 올 수 있다(이를 '동격의 속격'이라고 부른다). 동격 구문을 좀 더 쉽게 번역하려면 그 구문 바로 앞에 쉼표를 붙이거나, 쉼표와 함께 "즉"(namely)을 붙이면 된다.

14. ὁ δὲ λόγος τοῦ Ἰησοῦ ἔχει(그/그녀/그것이 [가지고] 있다) ἐξουσίαν ὅτι ὁ θεὸς ἦν(그/그녀/그것은 ~였다) ἐν τῇ ἀρχῇ τοῦ κόσμου.

15. ἐγὼ ποιῶ(내가 한다) τὸ ἔργον τοῦ ἀγγέλου αὐτὸς δὲ ἔχει(그/그녀/그것이 갖는다) τὴν δόξαν τοῦ θεοῦ.

16. οἱ δὲ υἱοὶ τῆς βασιλείας ἐκβληθήσονται(그들/그녀들/그것들이 쫓겨날 것이다) εἰς τὸ σκότος.

17. εἶπεν αὐτῷ· ἐν ἁμαρτίαις σὺ ἐγεννήθης(너는 태어났다).

18. λατρεύω(나는 섬긴다) τὸν θεὸν ὅτι ἐγὼ πιστεύω τῷ εὐαγγελίῳ τοῦ υἱοῦ αὐτοῦ.

19. καὶ σὺ εἰσακούσῃ(너는 들을 것이다) καὶ ἵλεως(긍휼한) ἔσῃ(너는 ~일 것이다) ταῖς ἁμαρτίαις τοῦ λαοῦ τοῦ Ἰσραὴλ καὶ οἴσετε(너는 인도할 것이다) αὐτοὺς εἰς τὴν γῆν.

20. αὐτὴ εἶπεν τῷ Ἰησοῦ ὅτι οὗτοι ὀργίζουσι(그들/그녀들/그것들이 화가 났다) τῇ βασιλείᾳ τῶν ἀνθρώπων.

요약

1. 부정문을 번역할 때처럼 필요에 따라 "하다"(do) 또는 "했다"(did) 등을 첨가할 수 있다.
2. 어떤 동사들은 여격 형태로 직접 목적어를 취하기도 하고, 속격 형태로 취하기도 한다. 이런 경우는 속격이나 여격과 관련된 핵심 단어(key word)를 사용해서 번역하면 안 된다.
3. 헬라어에서는 제목이나, 인사말, 잘 알려진 구문에서 관사가 탈락될 수 있다.
4. 대괄호는 확실성이 의심되는 본문을 표시할 때 쓰인다.
5. '동격 구문'은 저자가 하나의 단어로 다른 단어를 정의하게 하는 구조를 말한다. 동격 위치에 있는 명사는 다른 동격 위치의 단어와 동일한 격, 수를 갖거나, 아니면 다른 동격 위치의 명사가 가진 격과 상관없이 속격을 갖는다. 쉼표를 앞에 두어 명사로 번역하거나, "즉"(namely)을 붙일 수 있다.

참조

복습 α. 마 1:20 β. 계 5:11 γ. (고후 5:14) δ. — ε. (행 12:22) ζ. — η. 출 16:7

번역 1. 막 1:17 2. 막 2:2 3. 요 5:42 4. 롬 6:1 5. 마 13:41 6. 마 3:2 7. 요 4:50 8. 엡 3:10 9. 롬 5:5 10. 막 1:1

심화 11. 막 2:10 12. — 13. — 14. — 15. — 16. 마 8:12 17. (요 9:34) 18. — 19. (왕상 8:34) 20. —

8   전치사와 εἰμί

분해

다음 형태에서 어떤 전치사가 목적어로 사용될 수 있을지 생각해 보라.

변화형	격	수	성	기본형	번역
1. ἡμέρᾳ					
2. θάλασσαν					
3. παραβολαῖς					
4. ἁμαρτιῶν					
5. θανάτῳ					
6. υἱούς					
7. ἐξουσίαν					
8. οὐρανῶν					
9. οἴκου					
10. ὄχλοι					

복습

α.   ἐν τῷ εὐαγγελίῳ

β.   εἰς τὴν οἰκίαν

γ.   μετὰ τοῦ Ἰωάννου

δ.   καὶ ἦν κύριος μετὰ Ἰωσήφ.

ε.   οὗτός ἐστιν ὁ υἱὸς τοῦ θεοῦ.

ζ.   θεοί ἐστε.

η.   ὁ θεὸς ἀγάπη ἐστίν.

번역

다음 문장에서 전치사와 그 전치사의 목적어를 찾고, 전치사 구문이 어떤 단어를 수식하고 있는지 표시하라.

1.   ἔρχεται(그/그녀/그것이 간다) εἰς οἶκον.

2.   ἐξῆλθεν(그/그녀/그것이 나왔다) ἐξ[1] αὐτοῦ.

3.   δόξαν παρὰ ἀνθρώπων οὐ λαμβάνω(나는 받는다).

---

1   복합동사 다음에 오는 전치사가 이중으로 반복되는 것에 주의하라. 이러한 용법이 헬라어에서는 유효하지만, 번역할 때는 굳이 전치사를 반복하지 않아도 된다.

4. ἐλάλησεν(그/그녀/그것이 말했다) ὁ Ἰησοῦς ἐν παραβολαῖς τοῖς ὄχλοις.

5. καὶ ἐβαπτίζοντο(그들/그녀들/그것들은 세례를 받고 있었다) ὑπ᾽ αὐτοῦ[2] ἐν τῷ Ἰορδάνῃ.

6. [3]κύριός ἐστιν ὁ υἱὸς τοῦ ἀνθρώπου καὶ τοῦ σαββάτου.

7. καὶ ἐγένετο(그/그녀/그것이 되었다) ἐν ἐκείναις[4] ταῖς ἡμέραις ἦλθεν(그/그녀/그것이 왔다) Ἰησοῦς ἀπὸ Ναζαρὲτ τῆς Γαλιλαίας καὶ ἐβαπτίσθη(그/그녀/그것이 세례를 받았다) εἰς τὸν Ἰορδάνην ὑπὸ Ἰωάννου.

8. [5]ὁ θεός ἀγάπη ἐστίν, καὶ ὁ μένων(거하는 자) ἐν τῇ ἀγάπῃ ἐν τῷ θεῷ μένει(그/그녀/그것이 거한다) καί ὁ θεός ἐν αὐτῷ μένει.

9. καὶ ἔλεγεν(그/그녀/그것이 말하고 있었다) αὐτοῖς· τὸ σάββατον διὰ[6] τὸν ἄνθρωπον ἐγένετο(그/그녀/그것이 만들어졌다) καὶ οὐχ ὁ ἄνθρωπος διὰ τὸ σάββατον.

---

2   αὐτοῦ는 소유의 의미일 때는 "그의"(his)라고 번역하지만, 이 단어가 전치사의 목적어가 될 때는 "그를"(him)이라고 번역한다.
3   힌트: 이 구절에서 주어는 무엇이며, 술어는 무엇인가?
    힌트: καί는 하나 이상의 의미를 갖는다. 이 단어가 "그리고"라는 의미로 쓰였다고 단정해서는 안 된다.
4   "그것들"은 ἡμέραις를 수식한다.

10. καὶ ὁ Ἰησοῦς μετὰ τῶν μαθητῶν(제자) αὐτοῦ ἀνεχώρησεν(그/그녀/그것이 물러갔다) πρὸς τὴν θάλασσαν.

심화

11. ὁ Ἰωάννης καὶ ὁ Πέτρος εἰσὶν μετὰ τοῦ Ἰησοῦ ἐν τῷ οἴκῳ τοῦ κυρίου.

12. ἀλλ᾽ οἱ ὄχλοι ἐπορεύθησαν(그들/그녀들/그것들이 나아갔다) πρὸς τὸν Ἰησοῦν ἀπὸ τῆς θαλάσσης τῆς Γαλιλαίας.

13. καὶ εἶπεν ὁ θεὸς τῷ Νῶε καὶ τοῖς υἱοῖς αὐτοῦ μετ᾽ αὐτου ···

14. μετὰ δὲ τὰς ἡμέρας τὰς πολλὰς[7] ··· ἐτελεύτησεν(그/그녀/그것이 죽었다) ὁ βασιλεὺς(왕) Αἰγύπτου καὶ κατεστέναξαν(그들/그녀들/그것들이 신음했다) οἱ υἱοὶ Ἰσραὴλ ἀπὸ τῶν ἔργων καὶ ἀνεβόησαν(그들/그녀들/그것들이 부르짖었다) ··· πρὸς τὸν θεὸν ἀπὸ[8] τῶν ἔργων.

---

5   힌트: 이 문장은 완전한 주술 구조를 몇 개나 포함하고 있는가? 이를 각각 나누어 보라. 또한 μένει의 주어는 독립된 한 단어가 아니라 구이다.

6   대격과 함께 나오는 διά는 "~때문에"(on account of)를 의미한다. 다른 전치사와 마찬가지로, 이것은 기본 의미일 뿐이며 문맥에 따라 새로운 의미를 가질 수 있다. "~때문에"라는 의미를 지닌 다른 영어 전치사는 무엇이며 더 좋은 번역은 무엇인가? 헬라어 번역에 좀 더 익숙해지다 보면 유연하게 번역할 수 있을 것이다.

15. καὶ ἐκάλεσεν(그/그녀/그것이 불렀다) αὐτὸν ἄγγελος κυρίου ἐκ τοῦ οὐρανοῦ καὶ εἶπεν αὐτῷ· Ἀβραάμ, Ἀβραάμ, ὁ δὲ εἶπεν· ἰδοὺ(보라) ἐγώ.

16. οὐ γὰρ ἀπέστειλεν(그/그녀/그것이 보냈다) ὁ θεὸς τὸν[9] υἱὸν εἰς τὸν κόσμον ἵνα κρίνη(그/그녀/그것이 심판하다) τὸν κόσμον, ἀλλ᾿ ἵνα σωθῇ(그/그녀/그것이 구원받다) ὁ κόσμος δι᾿ αὐτοῦ.

17. μεταβέβηκεν(그/그녀/그것이 옮겨졌다) ἐκ τοῦ θανάτου εἰς τὴν ζωήν.

18. πιστεύετε(믿으라!)[10] εἰς τὸν θεὸν καὶ εἰς ἐμὲ(나를) πιστεύετε.

19. σὺ εἶ ὁ Χριστὸς ὁ υἱὸς[11] τοῦ εὐλογητοῦ(찬양을 받을);

---

7   τὰς πολλὰς는 ἡμέρας를 수식하며 "많은"이라는 뜻이다.

8   여기서 ἀπό는 "~때문에"(because of)로 번역할 수 있다.

9   이 단어가 "관사"이며 "그"(the)라는 의미로 번역된다고 할 때, 여러분은 그것이 훨씬 넓은 의미 범주를 가질 수 있음을 이해했을 것이다. 다른 의미로는 인칭대명사로도 볼 수 있는데 이 경우에는 "그의"(his)라고 번역된다.

10   πιστεύετε는 명령이 될 수도 있고 질문이 될 수도 있다. (두 경우 모두 주어는 "너희"이다). 헬라어에서 두 형태는 같다. 이 문맥에서는 어떤 의미로 보아야 하는가? 여기서 구두점의 유무는 무시해도 된다. 곧 알게 되겠지만 헬라어는 여러분의 모든 질문에 항상 답을 주지는 않는다. 하지만 가능한 해석의 범위를 보여주며, 문맥이 최종 결정을 내리는 데 도움을 준다.

11   이 단어는 왜 주격인가?

20. ἐξῆρεν(그/그녀/그것이 끌어냈다) δὲ Μωϋσῆς τοὺς υἱοὺς Ἰσραὴλ ἀπὸ θαλάσσης ἐρυθρᾶς(붉은) καὶ ἤγαγεν(그/그녀/그것이 인도했다) αὐτοὺς εἰς τὴν ἔρημον Σούρ.[12]

요약

1. 헬라어는 동사 뒤에 복합동사의 전치사를 반복하는 방식을 선호하는 반면, 영어는 그렇지 않다.
2. 헬라어와 영어는 기호가 아니므로 정확히 일대일로 대응되는 것은 아니다. 특히 단어와 전치사는 더욱 그렇다.

참조

복습 α. 막 1:15 **β.** 마 2:11 **γ.** — **δ.** 창 39:2 **ε.** 요 1:34 **ζ.** 요 10:34 **η.** 요일 4:8

번역 1. 막 3:20 **2.** 막 1:26 **3.** 요 5:41 **4.** 마 13:34 **5.** 막 1:5 **6.** 막 2:28 **7.** 막 1:9 **8.** 요일 4:16 **9.** 막 2:27 **10.** 막 3:7

심화 11. — **12.** — **13.** 창 9:8 **14.** 출 2:23 **15.** 창 22:11 **16.** 요 3:17 **17.** 요 5:24 **18.** 요 14:1 **19.** 막 14:61 **20.** 출 15:22

12   대부분의 고유명사는 어형 변화를 일으키지 않으며, 대개는 문맥을 통해 고유명사의 격을 분명히 구별할 수 있다.

9 형용사

분해

여러분은 아직 문맥보다는 독립된 단어만 보고 분해하기 때문에 어떤 변화형에서는 성이 하나 이상일 수 있다. 그중 하나만 선택하면 된다. 이번 장에서는 지금까지 계속 사용해 온 "(2×)"를 쓰지 않을 것이다.

변화형	성	수	격	기본형	번역
1. ἀγαθῶν					
2. πιστάς					
3. κακῷ					
4. νεκρόν					
5. ἐσχάτους					
6. κόσμου					
7. ἐντολαῖς					
8. ἐμά					
9. πρώτῃ					
10. ἀλλήλας					

복습

α.   ὁ πιστὸς δοῦλος

β.   τῇ τρίτῃ ἡμέρᾳ

γ.   τὸν υἱὸν τὸν ἀγαπητόν

δ.   τοῖς υἱοῖς τῷ πονηροῖς

ε.   υἱὸν ἀγαπητόν

ζ.   τὸν λόγον τὸν ἐμόν

η.   πιστὸς δὲ ὁ θεός.

번역

1.   ὁ λόγος ⋯ κρινεῖ(그/그녀/그것이 심판할 것이다) αὐτὸν ἐν τῇ ἐσχάτῃ ἡμέρᾳ.

2.   [1]ἦν δὲ ὥρα τρίτη καὶ ἐσταύρωσαν(그들/그녀들/그것들이 십자가에 못 박았다) αὐτόν.

3.   ὁ πατὴρ(아버지) ἐγείρει(그/그녀/그것이 일으킨다) τοὺς νεκρούς.

---

1   힌트: 주어는 무엇인가?

4. [2]ὁ θεωρῶν(보는 자) τὸν υἱὸν καὶ πιστεύων(믿는 자) εἰς αὐτὸν ἔχῃ(그/그녀/그것이 [가지고] 있다) ζωὴν αἰώνιον, καὶ ἀναστήσω(내가 일으킬 것이다) αὐτὸν ἐγὼ [ἐν] τῇ ἐσχάτῃ ἡμέρᾳ.

5. μὴ νικῶ(정복하라!) ὑπὸ τοῦ κακοῦ, ἀλλὰ νίκα(정복하라!) ἐν[3] τῷ ἀγαθῷ τὸ κακόν.

6. ἔσονται[4] οἱ ἔσχατοι πρῶτοι καὶ οἱ πρῶτοι ἔσχατοι.[5]

7. ῥύσεταί(그/그녀/그것이 구할 것이다) με[6] ὁ κύριος ἀπὸ παντὸς[7] ἔργου πονηροῦ καὶ σώσει(그/그녀/그것을 구원할 것이다)[8] εἰς τὴν βασιλείαν αὐτοῦ τὴν[9] ἐπουράνιον.[10]

8. μείνατε(머무르라!) ἐν τῇ ἀγάπῃ τῇ ἐμῇ. ἐὰν τὰς ἐντολάς μου τηρήσητε(너희가 지키다), μενεῖτε(너는 머물 것이다) ἐν τῇ ἀγάπῃ μου, καθὼς ἐγὼ τὰς ἐντολὰς τοῦ πατρός(아버지) μου τετήρηκα(내가 지켰다) καὶ μένω(나는 머문다) αὐτοῦ[11] ἐν τῇ ἀγάπῃ. αὕτη ἐστὶν ἡ ἐντολὴ ἡ ἐμή, ἵνα ἀγαπᾶτε(너희가 사랑하다) ἀλλήλους καθὼς ἠγάπησα(내가 사랑했다) ὑμᾶς(너를).

2 　힌트: 본 동사와 주어들을 파악하라.

3 　ἐν은 "~안에"(in) 외에도 여러 다른 의미가 있다. 그중 하나는 어떤 행위를 수행하는 "수단"을 가리키는 것이다. 이러한 용법으로 사용될 때는 "~으로"(with)라고 번역한다.

4 　"그들/그녀들/그것들이 ~이 될 것이다." εἰμί의 형태이다.

5 　힌트: 이 문장 후반부에는 동사가 생략되어 있다.

9. αὐτοῦ[12] γάρ ἐσμεν ποίημα(창조물/작품), κτισθέντες(창조되다/지음 받다) ἐν Χριστῷ Ἰησοῦ ἐπὶ(~을 위하여) ἔργοις ἀγαθοῖς οἷς[13] προητοίμασεν(그/그녀/그것이 예비했다) ὁ θεός, ἵνα ἐν αὐτοῖς περιπατήσωμεν(우리가 행하다).

10. ὁ ἀγαθὸς ἄνθρωπος ἐκ τοῦ ἀγαθοῦ θησαυροῦ(쌓아 둔 것) ἐκβάλλει(그/그녀/그것이 내놓는다) ἀγαθά, καὶ ὁ πονηρὸς ἄνθρωπος ἐκ τοῦ πονηροῦ θησαυροῦ ἐκβάλλει πονηρά.

심화

11. ὁ δὲ Ἰησοῦς ἀπεκρίθη τῷ δούλῳ· αἱ ἐντολαὶ τοῦ θεοῦ πισταὶ καὶ ἀγαθαί, οὐ κακαί.

12. ἐν τῇ τρίτῃ ἡμέρᾳ οἱ πονηροὶ ἐξῆλθον(그들/그녀들/그것들이 나왔다) ἐκ τοῦ οἴκου τοῦ θεοῦ.

6   이 단어는 ἐγώ의 대격이다.
7   이 단어는 속격이며 "모든"이라는 뜻이다.
8   문장의 전반부로 미루어 볼 때 어떤 단어가 생략된 것으로 보이는가?
9   여기서 관사와 관사가 수식하는 단어 βασιλείαν 사이에 단어(αὐτοῦ)가 하나 있는데도, 관사가 ἐπουράνιον을 수식적 위치에 놓고 있음에 주의하라.
10 "하늘의"(heavenly). 이 단어는 그렇게 보이지 않지만 여성형 단어이며, 관사의 성(τὴν. 대격 단수 여성 관사—옮긴이)을 설명하고 있다.
11 소유의 αὐτοῦ는 보통 수식하는 단어 뒤에 오지만 수식하는 단어 앞에도 올 수 있다.
12 바울이 αὐτοῦ를 이 문장 시작 부분에 둔 것으로 볼 때 이 문장의 강조점이 어디에 있다고 할 수 있는가?
13 "~하는"(which). 이 단어를 여격 형태의 의미 그대로 번역하면 안 된다. 이에 관해서는 14장에서 설명할 것이다.

13. οἱ ὀφθαλμοί[14] μου ἐπὶ τοὺς πιστούς.

14. ἐν τοῖς λόγοις Δαυὶδ[15] τοῖς ἐσχάτοις ἐστὶν ὁ ἀριθμὸς[16] υἱῶν Λευὶ[17] ἀπὸ εἰκοσαετοῦς(20세) καὶ ἐπάνω(위).

15. νῦν γὰρ ἔγνων(내가 안다) ὅτι φοβῇ(네가 경외한다) τὸν θεὸν σὺ καὶ οὐκ ἐφείσω[18] τοῦ υἱοῦ σου τοῦ ἀγαπητοῦ δι᾽ ἐμέ.[19]

16. γινώσκομεν(우리는 안다) ὅτι ἐσχάτη ὥρα ἐστίν.[20]

17. ἡ βασιλεία ἡ ἐμὴ οὐκ ἔστιν ἐκ τοῦ κόσμου τούτου.[21]

---

14 ὀφθαλμός, -οῦ, ὁ, "눈".

15 힌트: Δαυὶδ는 속격이다.

16 ἀριθμός, -οῦ, ὁ, "수"(number).

17 힌트: Λευί는 속격이다.

18 ἐφείσω는 "네가 아꼈다"라는 의미이며, 속격을 직접 목적어로 취한다. 다른 단어 중에도 이런 방식을 취하는 단어가 있다.

19 ἐγώ의 대격.

20 힌트: 동사의 주어는 무엇인가?

21 τούτου는 οὗτος의 남성 단수 속격으로, "이것"이라는 뜻이다. 이 단어의 위치가 다르다는 것을 알았는가? 지금 이 단어는 서술적 위치에 있지만, "~이다"(is)를 넣으면 문장을 이해할 수 없게 된다. 이 단어의 독특한 점은, 서술적 위치에 있지만 수식적 위치에 있는 것처럼 번역해야 한다는 것이다. 13장에서 이 단어를 좀 더 자세히 다룰 것이다.

18. ἐὰν ἀγαπᾶτέ(너희가 사랑하다) με, τὰς ἐντολὰς τὰς ἐμὰς τηρήσετε(너희가 지킬 것이다).

19. ἰδοὺ δέδωκα(내가 두었다) πρὸ προσώπου σου σήμερον τὴν ζωὴν καὶ τὸν θάνατον, τὸ ἀγαθὸν καὶ τὸ κακόν.

20. ὁ πιστεύων(믿는 자) εἰς τὸν υἱὸν ἔχει(그/그녀/그것이 가지고 있다) ζωὴν αἰώνιον· ὁ δὲ ἀπειθῶν(믿지 않는 자) τῷ υἱῷ οὐκ ὄψεται(그/그녀/그것이 볼 것이다) ζωήν, ἀλλ᾽ ἡ ὀργὴ τοῦ θεοῦ μένει(그/그녀/그것이 머무른다) ἐπ᾽ αὐτόν.

요약
1. 문장을 구조화하려면 보통은 본 주어를 먼저 파악하는 것이 중요하다.
2. ἐν은 "함께"라는 의미도 있다.
3. αὐτοῦ는 수식하는 단어 앞에 올 수 있다.

참조

복습 α. 마 24:45 β. 마 16:21 γ. (마 3:17) δ. — ε. 마 12:6 ζ. 요 8:43 η. 고전 10:13

번역 1. 요 12:48 2. 막 15:25 3. 요 5:21 4. 요 6:40 5. 롬 12:21 6. 마 20:16 7. 딤후 4:18 8. 요 15:9 – 10, 12 9. 엡 2:10 10. 마 12:35

심화 11. — 12. — 13. 시 101:6[LXX 100:6] 14. 대상 23:27 15. 창 22:12 16. 요일 2:18 17. 요 18:36 18. 요 14:15 19. 신 30:15 20. 요 3:36

▲ 이것은 양피지로 만든 작은 두루마리의 접혀진 부분이다. 펼 수 없을 정도로 훼손되어 있다. 전체 길이는 약 20cm이다. 이 헬라어 사본은 이집트 알렉산드리아에서부터 다양한 경로를 거쳐 왔으며, 마지막으로 경매를 통해 리버티 성경 박물관(Liberty Biblical Museum)의 랜달 프라이스 박사(Dr. Randall Price)에게 전해졌다. 잠정적으로 2세기 후반에서 3세기 초반의 것으로 추정된다. 이 사본의 본문은 숙련된 서기관이 작성한 것으로 보인다. 그 외에는 알려진 것이 많지 않다.

복습 2 | 6-9장

문법

1. 명사나 형용사의 어간은 어떻게 식별하는가?

2. 다음 문법적 기능에 해당하는 헬라어 격을 연결하라.

   직접 목적어 •   • 여격
   간접 목적어 •   • 속격
   소유   •   • 주격
   주어   •   • 대격

3. 다음 문장에서 주어진 기능에 해당하는 단어를 쓰라.

   a. ἀγαπᾷ(그/그녀/그것이 사랑한다) ὁ θεὸς τὸν κόσμον, ᾧ(그것에) ἔδωκε(그/그녀/그것이 주었다) τὸν υἱὸν αὐτοῦ.

      주어
      직접 목적어
      소유

   b. οἱ προφῆται τοῦ Ἰησοῦ ἐλάλησαν(그들/그녀들/그것들이 말했다) τοῖς ἀνθρώποις τὸν λόγον.

주어

직접 목적어

소유

간접 목적어

4. 관사나 형용사의 형태를 그것이 수식하는 명사와 어떻게 일치시키는가?

5. 형용사의 독립적 용법과 수식적 용법의 차이는 무엇인가?

6. 어떤 형용사가 수식적 위치에 있는지 서술적 위치에 있는지 어떻게 알 수 있는가? 위치를 알 수 없는 경우에는 형용사를 어떻게 번역할 수 있는가?

7. 수식적 용법의 형용사가 올 수 있는 두 가지 위치에 대해 각각 예를 들어 보라.

    a.

    b.

8. 여성 명사가 여성 단수 속격이나 여격에서 α에서 η로 변하게 만드는 법칙은 무엇인가?

9. 형용사가 독립적 용법으로 사용되는지 어떻게 알 수 있는가?

10. 명사 법칙 중 첫 여섯 가지를 적어 보라.

   1)
   2)
   3)
   4)
   5)
   6)

11. 제1변화와 2변화의 전체 격어미 변화표를 채우라.

	남성	여성	중성
주격 단수			
속격 단수			
여격 단수			
대격 단수			

	남성	여성	중성
주격 복수			
속격 복수			
여격 복수			
대격 복수			

12. 관사의 전체 변화표를 채우라.

	남성	여성	중성
주격 단수			
속격 단수			
여격 단수			
대격 단수			

	남성	여성	중성
주격 복수			
속격 복수			
여격 복수			
대격 복수			

분해

변화형	격	수	성	기본형	번역
1. λόγοις					
2. ἀγάπῃ					
3. πονηρά					
4. ἁμαρτίας					
5. ταῖς					
6. κόσμου					
7. καιρῶν					
8. εὐαγγελίῳ					
9. ἀγαθόν					
10. ἀγάπης					

번역 | 요한일서 4:1-6

사전을 사용하여 아직 배우지 않은 단어의 의미를 찾아보라. 특별한 이상이 없는 한 가급적 헬라어 어순을 유지하여 번역하라. πνεῦμα는 제3변화형(10장)으로 "영"을 의미한다. πνεύματι는 단수 여격 이고, πνεύματα는 복수 주격 또는 대격이다.

4:1 ἀγαπητοί, μὴ παντί(모든) πνεύματι πιστεύετε[1] ἀλλὰ δοκιμάζετε(시험하라!) τὰ πνεύματα

εἰ ἐκ τοῦ θεοῦ ἐστιν, ὅτι πολλοὶ(많은) ψευδοπροφῆται ἐξεληλύθασιν(그들/그녀들/그것들이 나

---

1   이 동사는 "믿으라"라는 의미이며, 여격을 직접 목적어로 취한다.

와 있다) εἰς τὸν κόσμον. **2** ἐν τούτῳ(이것) γινώσκετε(너희가 안다) τὸ πνεῦμα τοῦ θεοῦ· πᾶν(모

든) πνεῦμα [2]ὃ(~하는 것) ὁμολογεῖ(그/그녀/그것이 ~를 고백한다) Ἰησοῦν Χριστὸν ἐν σαρκὶ(육체)

ἐληλυθότα(그/그녀/그것이 왔다) ἐκ τοῦ θεοῦ ἐστιν, **3** καὶ πᾶν πνεῦμα ὃ μὴ ὁμολογεῖ τὸν Ἰησοῦν

ἐκ τοῦ θεοῦ οὐκ ἔστιν· καὶ τοῦτό(이것) ἐστιν τὸ[3] τοῦ ἀντιχρίστου, ὃ ἀκηκόατε(너희가 들었다)

ὅτι ἔρχεται(그/그녀/그것이 오고 있다), καὶ νῦν ἐν τῷ κόσμῳ ἐστὶν ἤδη.

4 ὑμεῖς ἐκ τοῦ θεοῦ ἐστε, τεκνία(자녀들), καὶ νενικήκατε(너희가 이겼다) αὐτούς, ὅτι μείζων

ἐστὶν ὁ(~하는 자) ἐν ὑμῖν ἢ ὁ ἐν τῷ κόσμῳ. **5** αὐτοὶ ἐκ τοῦ κόσμου εἰσίν, διὰ τοῦτο[4] ἐκ τοῦ

κόσμου λαλοῦσιν(그들/그녀들/그것들이 말한다) καὶ ὁ κόσμος αὐτῶν ἀκούει.[5] **6** ἡμεῖς ἐκ τοῦ

θεοῦ ἐσμεν, ὁ γινώσκων(아는 자) τὸν θεὸν ἀκούει ἡμῶν(우리의), ὃς(~하는 자) οὐκ ἔστιν ἐκ τοῦ

---

2   이것은 상당히 긴 관계절로 πνεῦμα에 대해 설명하고 있다.

3   여기에 τό가 수식할 수 있는 단어가 생략되어 있다. 이 단어는 무엇인가?

4   διὰ τοῦτο는 관용구로 "이 때문에"라는 뜻이다.

5   이 동사는 "그/그녀/그것이 듣는다"라는 의미이며, 직접 목적어로 속격이나 대격을 취할 수 있다.

θεοῦ οὐκ ἀκούει ἡμῶν. ἐκ τούτου[6] γινώσκομεν(우리가 안다) τὸ πνεῦμα τῆς ἀληθείας καὶ τὸ

πνεῦμα τῆς πλάνης.

---

6   ἐκ τούτου는 관용구로 여기서는 "이로써"라는 뜻이다.

두 가지 경로의 학습법

로버트 프로스트(Robert Frost)의 시에 등장하는 "노란 숲 속에 갈라진 두 개의 길"이라는 표현처럼, 이제 우리는 헬라어라는 여정의 갈림길에 서게 되었다. 다음에는 무엇을 배우게 될까? 첫 번째 경로를 따르면 명사 체계를 마친 후 동사로 이동하게 되고, 두 번째 경로를 따르면 동사로 먼저 이동하게 된다.

≪ 경로 ❶ 명사 체계 끝내기 ≫	≪ 경로 ❷ 동사 먼저 배우기 ≫
10. 제3변화 명사	15. 동사 개요
11. 1, 2인칭 대명사	16. 현재 능동태 직설법
12. αὐτός	17. 축약동사
13. 지시대명사/지시형용사	18. 현재 중간태/수동태 직설법
14. 관계대명사	21. 미완료과거 직설법
복습 3—경로 1	복습 3—경로 2
15. 동사 개요	10. 제3변화 명사
16. 현재 능동태 직설법	11. 1, 2인칭 대명사
17. 축약동사	12. αὐτός
18. 현재 중간태/수동태 직설법	13. 지시대명사/지시형용사
19. 미래 능동태/중간태 직설법(패턴 1)	14. 관계대명사
20. 동사 어근(패턴 2-4)	19. 미래 능동태/중간태 직설법(패턴 1)
복습 4—경로 1	20. 동사 어근(패턴 2-4)
21. 미완료과거 직설법	복습 4—경로 2

교재는 첫 번째 경로를 따라 집필했지만, 두 번째 경로로 가르쳐 보니 학생들이 명사와 동사 체계를
혼동하지 않았다.

- 첫 번째 경로를 따르기 원한다면, 55-136쪽 연습문제를 푼 다음에 137-212쪽을 건너뛰고 213
  쪽부터 다시 시작하면 된다.
- 두 번째 경로를 따르기 원한다면, 55-136쪽을 건너뛴 다음에 137-212쪽 연습문제를 풀고 213
  쪽부터 계속 이어가면 된다.

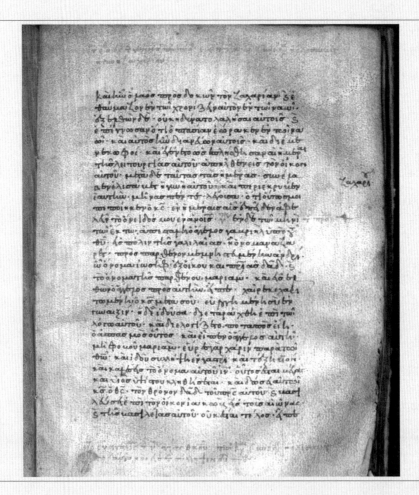

▲ 코덱스 2882는 누가복음의 헬라어 사본이다. 이 사본은 46개(92쪽)의 낱장으로 구성되어 있는데, 20세기 초 그리스에서 아메리카로 이주한 한 사람이 소유하고 있었다. 그가 죽은 후에는 펜실베니아에 있는 희귀 서적 및 사본을 취급하는 상점에서 이 사본을 구입했고, 그 후 2005년에 신약 사본 연구 센터(Center for the Study of New Testament Manuscripts)가 구입하게 되었다(www.csntm.org, 허가를 받아 여기서 사용함). 이 사본은 독일의 뮌스터에 있는 신약 본문 연구 기관(Institut für neutestamentliche Textforschung)에 2008년 1월 등록이 되었고, 2882라는 숫자를 얻게 되었다. 이 코덱스는 10-11세기 사본으로, 헬라어 신약 사본들이 걸쳐 있는 연대 가운데 비교적 이른 시기의 것이다. 이 사진에 나오는 본문은 누가복음 1:21-34이다. 첫 줄은 21절 전반부이며 "백성들이 사가랴를 기다리며"에 해당한다. 이 페이지의 마지막 줄은 "그 나라가 무궁하리라"(33절)라고 기록되어 있으며 34절의 첫 번째 단어인 "말하다"("마리아가 말하되"에서)가 뒤이어 등장한다.

이 사진은 이 사본이 양피지의 "털이 있는 면"이라는 사실을 보여준다. 보통 심미적인 이유로 털 쪽(외피)이 마주보거나, 가죽 안쪽(내피)이 마주볼 수 있게 배치한다. 이 사진에서 동물의 모낭 부분을 분명히 관찰할 수 있을 것이다.

10 3변화 명사

다음 격어미 마스터 차트를 채우라.

	제1, 2변화			제3변화	
	남성	여성	중성	남성/여성	여성
주격 단수					
속격 단수					
여격 단수					
대격 단수					
주격 복수					
속격 복수					
여격 복수					
대격 복수					

분해

변화형	격	수	성	기본형	번역
1. σαρκί					
2. τίνος					

3. πάσας				
4. ἑνός				
5. σῶμα				
6. ὀνομάτων				
7. ἕνα				
8. τινες				
9. σαρξί				
10. πνεύματα				

복습

α. τῷ ὀνόματί μου

β. τὴν ἀγάπην τὴν εἰς πάντας τοὺς ἁγίους

γ. εἰς σάρκα μίαν

δ. τινῶν ἀνθρώπεν αἱ ἁμαρτίαι

ε. ἐν τῷ σώματι τῆς σαρκὸς αὐτοῦ

ζ. τίνες εἰσὶν οἱ ἀδελφοί μου;

η. ἐν τῇ σαρκὶ αὐτοῦ

번역

1. πάντες ἔρχονται(그들/그녀들/그것들이 가고 있다) πρὸς αὐτόν.

2. Παῦλος καὶ Τιμόθεος δοῦλοι[1] Χριστοῦ Ἰησοῦ πᾶσιν τοῖς ἁγίοις ἐν Χριστῷ Ἰησοῦ τοῖς οὖσιν(있는 자들) ἐν Φιλίπποις.

3. τί ἀγαθὸν ποιήσω(나는 해야 한다) ἵνα σχῶ(내가 얻다) ζωὴν αἰώνιον;

4. καὶ ἐλάλησαν(그들/그녀들/그것들이 말했다) αὐτῷ τὸν λόγον τοῦ κυρίου σὺν πᾶσιν τοῖς ἐν τῇ οἰκίᾳ αὐτοῦ.

5. [2]καὶ ἅγιον τὸ ὄνομα αὐτοῦ.

6. ἔλεγεν(그/그녀/그것이 말하고 있었다) περὶ τοῦ ναοῦ(성전) τοῦ[3] σώματος αὐτοῦ.

---

1 힌트: 동격 구문을 기억하는가?(연습문제 7, 문장 10)
2 힌트: 이 문장은 구(phrase)가 아니라 하나의 완전한 문장(sentence)이다. 여러분이 동사를 넣어야 한다.
3 힌트: σώματος와 ναοῦ의 문법 관계는 어떻게 되는가? 연습문제 7 참조.

7. οὐδεὶς ἐν πνεύματι θεοῦ λαλῶν(말할 때) λέγει(그/그녀/그것이 말한다). Ἀνάθεμα[4] Ἰησοῦς, καὶ οὐδεὶς δύναται(그/그녀/그것이 할 수 있다) εἰπεῖν(부. 말하다). Κύριος Ἰησοῦς, εἰ μὴ ἐν πνεύματι ἁγίῳ.

8. τί με[5] λέγεις(네가 부른다) ἀγαθόν;[6] οὐδεὶς ἀγαθὸς εἰ μὴ εἷς ὁ θεός.[7]

9. τίνα λέγουσιν(그들/그녀들/그것들이 말한다) οἱ ἄνθρωποι εἶναι(부. ~이다) τὸν υἱὸν τοῦ ἀνθρώπου;

10. [8]τοῖς πᾶσιν γέγονα(내가 되었다) πάντα.

심화

11. καθαρίζομαι(내가 깨끗하게 된다) ἀπὸ ἁμαρτίας μου ὑπὸ τῆς σαρκὸς τοῦ Ἰησοῦ.

---

4   발음을 해보면 무슨 뜻인지 알 수 있을 것이다.
5   με는 ἐγώ의 대격이다.
6   동사는 종종 두 개의 직접 목적어를 취하기도 한다. 어떤 경우에는 목적어 하나는 인칭을 나타내고 다른 하나는 비인칭을 나타내기도 한다(이 예문처럼). 다른 경우에는 두 목적어가 비인칭이 되기도 한다. 이것을 "이중 대격"이라고 부른다.
7   θεός와 εἷς의 문법 관계는 어떻게 되는가?
8   힌트: 두 형용사가 어떤 성을 가질 수 있는지 각각 다른 가능성을 생각해 보라.

12. τὰ γὰρ ὀνόματα τῶν ἁγίων παρὰ τῷ θεῷ ἐστὶν ἐν τοῖς αἰωνίοις οὐρανοῖς.

13. κατατριβῶσιν(그들/그녀들/그것들이 쇠약해진다) σάρκες σώματός σου.

14. ἀσπάζομαι(내가 문안한다) ἐν ὀνόματι Ἰησοῦ Χριστοῦ, υἱοῦ πατρός· κατὰ σάρκα καὶ
    πνεῦμα ἡνωμένοις(하나된 자들) πάσῃ ἐντολῇ αὐτοῦ.

15. καὶ ἐκάλεσεν(그/그녀/그것이 주었다) Ἀδὰμ ὀνόματα πᾶσιν.

16. καὶ ἐδικαιώθη(그/그녀/그것이 입증된다) ἡ σοφία ἀπὸ πάντων τῶν τέκνων αὐτῆς.

17. ἀγαπητοί, μὴ παντὶ πνεύματι πιστεύετε[9] ἀλλὰ δοκιμάζετε(시험하라!) τὰ πνεύματα εἰ ἐκ
    τοῦ θεοῦ ἐστιν.

18. πάντα ἐνώπιον αὐτοῦ εἰσίν, καὶ οὐδὲν λέληθεν(그/그녀/그것이 ~로 부터 숨겨진다) τὴν
    βουλὴν αὐτοῦ.

---

9   "믿으라!" 이 동사는 여격을 직접 목적어로 취한다.

19. Παῦλος ἀπόστολος Χριστοῦ Ἰησοῦ διὰ θελήματος θεοῦ καὶ Τιμόθεος ὁ ἀδελφὸς τῇ ἐκκλησίᾳ τοῦ θεοῦ τῇ οὔσῃ(~에 있는) ἐν Κορίνθῳ σὺν τοῖς ἁγίοις πᾶσιν τοῖς οὖσιν(~에 있는) ἐν ὅλῃ τῇ Ἀχαΐᾳ.

20. ἐν ἀγάπῃ προσελάβετο(그/그녀/그것이 받았다) ἡμᾶς(우리를) ὁ δεσπότης.[10] διὰ τὴν ἀγάπην, ἣν(~인) ἔσχεν(그/그녀/그것이 가졌다) πρὸς ἡμᾶς, τὸ αἷμα αὐτοῦ ἔδωκεν(그/그녀/그것이 주었다) ὑπὲρ ἡμῶν Ἰησοῦς Χριστὸς ὁ κύριος ἡμῶν(우리의) ἐν θελήματι θεοῦ, καὶ τὴν[11] σάρκα ὑπὲρ τῆς σαρκὸς ἡμῶν καὶ τὴν ψυχὴν ὑπὲρ τῶν ψυχῶν ἡμῶν.

요약
1. 어떤 동사는 때로 두 개의 직접 목적어("이중 대격")를 취하기도 한다. 이때 두 목적어는 각각 인칭과 비인칭이 되거나 둘 다 비인칭이 된다. 두 번째 목적어는 때로 "~에 관하여/대하여"(about)와 같이 번역을 돕는 단어를 취하기도 한다.

참조

복습 **α.** 막 9:37 **β.** 엡 1:15 **γ.** 마 19:5 **δ.** 딤전 5:24 **ε.** 골 1:22 **ζ.** 마 12:48 **η.** 엡 2:14

번역 **1.** 요 3:26 **2.** 빌 1:1 **3.** 마 19:16 **4.** 행 16:32 **5.** 눅 1:49 **6.** 요 2:21 **7.** 고전 12:3 **8.** 막 10:18 **9.** 마 16:13 **10.** 고전 9:22

심화 **11.** — **12.** — **13.** 잠 5:11 **14.** 이그나티우스의 로마서 1:0 **15.** 창 2:20 **16.** 눅 7:35 **17.** 요일 4:1 **18.** 클레멘트1서 27:6 **19.** 고후 1:1 **20.** 클레멘트1서 49:6

---

10 δεσπότης, -ου, ὁ, "주인," "주".
11 힌트: 관사에 다른 기능이 있다는 사실을 기억하는가?

11 1, 2인칭 대명사

분해

변화형	격	수	성	기본형	번역
1. σοι					
2. ὑμῖν					
3. πίστιν					
4. σε					
5. πατρός					
6. ὑμεῖς					
7. ὕδατα					
8. ἡμᾶς					
9. πίστεις					
10. ἐμοῦ (3×)					

복습

α. ἤνεγκα(내가 데려왔다) τὸν υἱόν μου πρὸς σέ.

β. ὁ κύριός μου καὶ ὁ θεός μου

γ. υἱοὶ τοῦ πατρὸς ὑμῶν

δ. ἐπὶ τῇ πίστει τοῦ ὀνόματος αὐτοῦ

ε. τοῖς λόγοις τῆς πίστεως καὶ τῆς καλῆς διδασκαλίας(가르침)

ζ. ἀσπάζονται(그들/그녀들/그것들이 문안한다) ὑμᾶς αἱ ἐκκλησίαι πᾶσαι.

η. οὐκ ἔχω(내가 [기지고] 있다) ἄνδρα.

번역

1. [1]ἐγὼ ἐβάπτισα(내가 세례를 주었다) ὑμᾶς ὕδατι, αὐτὸς δὲ βαπτίσει(그/그녀/그것이 세례를 줄 것이다) ὑμᾶς ἐν πνεύματι ἁγίῳ.

2. ἐγὼ ἐλήλυθα(내가 왔다) ἐν τῷ ὀνόματι τοῦ πατρός μου.

3. ἰδοὺ ἡμεῖς ἀφήκαμεν(우리가 버렸다) πάντα καὶ ἠκολουθήκαμεν[2] σοι.

---

1   이 문장에 인칭대명사를 사용하며 어떤 강조점을 갖게 되었는가? 늘 그렇듯 문맥에 따라 결정하라.
2   "우리가 따랐다". 이 동사는 직접 목적어로 여격을 취하는데, 이는 σοι를 우리가 배운 여격의 의미 그대로 번역해서는 안 된다는 의미이다.

4. καὶ καυχώμεθα(우리가 기뻐한다) ἐπ᾽ ἐλπίδι τῆς δόξης τοῦ θεοῦ.

5. ὃς(누구) ἂν ἓν τῶν τοιούτων(이러한) παιδίων(어린아이들) δέξηται(그/그녀/그것이 영접한다) ἐπὶ[3] τῷ ὀνόματί μου, ἐμὲ δέχεται·[4] καὶ ὃς ἂν ἐμὲ δέχηται(그/그녀/그것이 영접한다), οὐκ ἐμὲ δέχεται ἀλλὰ τὸν ἀποστείλαντά(보낸 자) με.

6. εἷς γάρ ἐστιν ὑμῶν ὁ διδάσκαλος(선생), πάντες δὲ ὑμεῖς ἀδελφοί ἐστε.

7. καὶ ἰδὼν(본 후에) ὁ Ἰησοῦς[5] τὴν πίστιν αὐτῶν λέγει(그/그녀/그것이 말한다) τῷ παραλυτικῷ(마비된). τέκνον, ἀφίενταί(그들/그녀들/그것들이 용서받았다) σου αἱ ἁμαρτίαι.

8. ἰδοὺ ἡ μήτηρ σου καὶ οἱ ἀδελφοί σου [καὶ αἱ ἀδελφαί[6] σου] ἔξω ζητοῦσίν(그들이 찾는다) σε. καὶ ἀποκριθεὶς(대답하면서) αὐτοῖς λέγει(그/그녀/그것이 말한다)· τίς ἐστιν ἡ μήτηρ μου καὶ οἱ ἀδελφοί [μου]; ··· ἴδε ἡ μήτηρ μου καὶ οἱ ἀδελφοί μου. ὃς(누구) [γὰρ] ἂν ποιήσῃ(그/그녀/그것이 행한다) τὸ θέλημα τοῦ θεοῦ, οὗτος ἀδελφός μου καὶ ἀδελφὴ καὶ μήτηρ ἐστίν.

---

3   우리가 배우는 헬라어 단어는 대부분 실제로 훨씬 유연한 의미로 해석할 수 있다. 본문에서는 해당 단어의 기본 의미를 익힐 수 있도록 분명한 정의를 제시했지만, 대부분의 단어는 일종의 의미 범주가 있다. 이 부분은 이어지는 장에서 개념을 잡아갈 것이다.

특히 전치사의 경우에는 더 그렇다. 보통 전치사가 한두 가지 의미만 갖는 경우는 드문데, 그중에서도 ἐπί는 가장 유연하게 번역할 수 있는 전치사일 것이다. 때로는 전치사로 나타낼 수 있는 거의 모든 의미를 지니고 있는 것처럼 보이기도 한다. 물론 그렇지 않지만, 그 의미는 그만큼 유연하게 번역할 수 있다. 이 전치사가 지닌 가장 중요한 의미 중 하나는 "감정이나 행위의 기반이 되는 어떤 토대"를 묘사하는 것이다. 여기서는 어린아이 하나를 받아들이는 행위의 기반이 되는 토대를 묘사하며, "나의 이름으로"(in my name)라고 말한다.

9. πάντα μοι παρεδόθη(그들/그녀들/그것들이 주어졌다) ὑπὸ τοῦ πατρός μου, καὶ οὐδεὶς ἐπιγινώσκει[7] τὸν υἱὸν εἰ μὴ ὁ πατήρ,[8] οὐδὲ τὸν πατέρα τις ἐπιγινώσκει εἰ μὴ ὁ υἱός.

10. οὐκ[9] εἰμὶ ἐλεύθερος(자유로운); οὐκ εἰμὶ ἀπόστολος; οὐκ Ἰησοῦν τὸν κύριον ἡμῶν ἑόρακα(내가 보았다); οὐ τὸ ἔργον μου ὑμεῖς ἐστε ἐν κυρίῳ;[10]

심화

11. ὑμῖν δὲ ἡ ἀγάπη τοῦ θεοῦ καὶ ἡ πίστις εἰς τὸν Ἰησοῦν.

12. τὸ θέλημα τοῦ θεοῦ ἡμῶν ἐστιν ἵνα τηρῶμεν(우리가 지킨다) τὰς ἐντολὰς τὰς ἀγαθὰς αὐτοῦ.

---

4   힌트: "그/그녀/그것이 받는다"라는 뜻을 가진 δέχεται의 주어는 무엇인가?

5   Ἰησοῦς는 주격이므로 분사인 ἰδὼν의 목적어가 될 수 없다. 성경 헬라어에서는 저자가 문장의 주어(ὁ Ἰησοῦς)를 분사구문(ἰδὼν τὴν πίστιν αὐτῶν)에 포함하는 것이 일반적이다.

"분사"는 "먹고 있는"(eating), "보고 있는"(seeing)과 같이 영어의 –ing를 의미하는 단어이다. "분사구문"은 분사와 분사의 직접 목적어, 수식어로 이루어져 있다. 분사구문은 종속적 구문이므로 본 주어와 본 동사가 포함되어 있지 않을 수 있다. 이 부분은 26장에서 다룰 것이다.

6   이 단어는 실제로 존재하지만 50번 이상 등장하는 단어는 아니다. 하지만 이 단어가 자연적 성을 따른다는 사실을 알면, 의미를 알아낼 수 있을 것이다.

7   "그/그녀/그것이 안다". ἐπιγινώσκω는 γινώσκω보다 더욱 풍부하고 완벽한 지식을 묘사한다.

8   힌트: πατήρ는 주격이다. 그다음에 ἐπιγινώσκει가 생략되어 있기 때문이다.

9   헬라어는 질문을 던지는 방식이 다양하다. 그중 두 가지 방식에는 원하는 대답이 질문에 암시되어 있다. 어떤 문장이 οὐ로 시작하면, "예"라는 대답을 기대하는 것이다. 반면 μή로 문장을 시작하면 "아니오"라는 대답을 기대하는 것이다.

영어도 마찬가지이다. "너는 헬라어를 배우고 싶어 하지, 그렇지 않니?"와 "너는 헬라어를 배우고 싶지 않지, 그렇지?" 이 두 질문 모두 어떤 대답을 암시하고 있다. 이 부분은 31.19에서 더 자세히 논의할 것이다.

13. καὶ ἐπωνόμασεν(그/그녀/그것이 이름 붙였다) τὴν πόλιν(도시) ἐπὶ τῷ ὀνόματι τοῦ υἱοῦ αὐτοῦ Ἐνώχ.

14. οὐχ ἕνα θεὸν ἔχομεν(우리가 [가지고] 있다) καὶ ἕνα Χριστὸν καὶ ἕν πνεῦμα τῆς χάριτος τὸ ἐκχυθὲν(우리에게 부어졌던 자) ἐφ᾽ ἡμᾶς, καὶ μία κλῆσις(부르심) ἐν Χριστῷ;

15. τιμήσει(그/그녀/그것이 존귀하게 할 것이다) αὐτοὺς ὁ κύριος Ἰησοῦς Χριστός, εἰς ὃν(그 자에게) ἐλπίζουσιν(그들/그녀들/그것들이 소망을 둔다) σαρκί, ψυχῇ,[11] πνεύματι, πίστει, ἀγάπῃ.

16. καὶ εἶπεν ὁ θεός· τί ἐποίησας(네가 행했다); φωνὴ αἵματος αἵματος τοῦ ἀδελφοῦ σου βοᾷ(그/그녀/그것이 부르짖고 있다) πρός με ἐκ τῆς γῆς.

17. ὁδοὶ δύο εἰσὶν διδαχῆς καὶ ἐξουσίας, ἡ ⋯ τοῦ φωτὸς καὶ ἡ τοῦ σκότους· διαφορὰ[12] δὲ πολλὴ[13] τῶν δύο ὁδῶν.

---

10   의문문을 번역할 때 처음에는 일반적인 직설법 문장으로 번역한 후 의문문으로 바꾸는 것이 가장 쉽다. 또한 앞에 있는 οὐ와 οὐχ를 무시하고 번역하는 것이 처음에는 도움이 될 수 있다.

11   ψυχή, -ῆς, ἡ, "영혼, 생명, 자기 자신".

12   διαφορά,-ᾶς, ἡ, "차이".

13   힌트: πολλή는 서술적 위치에 있다.

18. καὶ εἶπεν Δαυὶδ πάσῃ τῇ ἐκκλησίᾳ· εὐλογήσατε(찬양하라!) κύριον τὸν θεὸν ὑμῶν· καὶ εὐλόγησεν(그/그녀/그것이 찬양했다) πᾶσα ἡ ἐκκλησία κύριον τὸν θεὸν τῶν πατέρων αὐτῶν.

19. οὗτος ἦλθεν(그/그녀/그것이 왔다) εἰς μαρτυρίαν ἵνα μαρτυρήσῃ(그/그녀/그것이 증언하다) περὶ τοῦ φωτός, ἵνα πάντες πιστεύσωσιν(그들/그녀들/그것들이 믿을 수 있다) δι᾽ αὐτοῦ. οὐκ ἦν ⋯ τὸ φῶς, ἀλλ᾽ ἵνα μαρτυρήσῃ περὶ τοῦ φωτός.

20. Καὶ Ἰησοῦς προέκοπτεν(그/그녀/그것이 자랐다) [ἐν τῇ] σοφίᾳ καὶ ἡλικίᾳ[14] καὶ χάριτι παρὰ θεῷ καὶ ἀνθρώποις.

영어를 헬라어로

영어를 헬라어로 바꾸는 연습이 필자가 선호하는 학습 방식은 아니다. 아직은 여러분이 헬라어를 알아 가는 데 집중하는 단계이기 때문이다. 하지만 인칭대명사는 중요하면서도 쉬운 편이다. 그런 점에서 영어를 헬라어로 바꾸는 연습을 해보는 것도 유익할 것이다. 특히 서로 다른 형태의 영어 대명사를 이해하는 데 좋은 연습이다.

1. 나에게(to me)

2. 우리의(our)

3. 우리에게/우리를(us)

6. 너희에게(to you [복수])

7. 나(I)

8. 너의/너희의(your)

---

14 ἡλικία, -ας, ἡ, "키".

4. 너(you)

5. 나의(my)

9. 우리가(we)

10. 너희가(you [복수])

요약

1. ἐπί는 어떤 행동이나 감정의 기초가 되는 토대를 묘사하기 위해 사용될 수 있다.
2. 본 동사의 주어가 분사 구문 안에 위치할 수도 있다.
3. 의문문이 μή로 시작하면, 저자는 부정의 대답을 기대하고 있는 것이다. 반면 οὐ로 시작하면, 저자는 긍정의 대답을 기대하고 있다. 31.19를 참조하라.

참조

복습 α. 막 9:17 β. 요 20:28 γ. 마 5:45 δ. 행 3:16 ε. 딤전 4:6 ζ. 롬 16:16 η. 요 4:17

번역 1. 막 1:8 2. 요 5:43 3. 막 10:28 4. 롬 5:2 5. 막 9:37 6. 마 23:8 7. 막 2:5 8. 막 3:32 – 35 9. 마 11:27 10. (고전 9:1)

심화 11. — 12. — 13. 창 4:17 14. (클레멘트1서 46:6) 15. 이그나티누스의 빌라델비아서 11:2 16. 창 4:10 17. 바나바서 18:1 18. 대상 29:20 19. 요 1:7 – 8 20. 눅 2:52

ΠΑΤΕΡ ΗΜΩΝ Ο ΕΝ ΤΟΙC ΟΥΡΑΝΟΙC
ΑΓΙΑCΘΗΤΩ Τ᾽ΟΝΟΜΑ COY
ΕΛΘΕΤΩ Η ΒΑCΙΛΕΙΑ COY ΓΕΝΗΘΗΤΩ
ΤΟ ΘΕΛΗΜΑ COY ΩC ΕΝ ΟΥΡΑΝΩ ΚΑΙ
ΕΠΙ ΤΗC ΓΗC ΤΟΝ ΑΡΤΟΝ ΗΜΩΝ ΤΟΝ
ΕΠΙΟΥCΙΟΝ ΔΟC ΗΜΙΝ CΗΜΕΡΟΝ ΚΑΙ
ΑΦΕC ΗΜΙΝ ΤΑ ΟΦΕΙΛΗΜΑΤΑ ΗΜΩΝ
ΩC ΚΑΙ ΗΜΕΙC ΑΦΙΕΜΕΝ ΤΟΙC ΟΦΕΙΛΕΤΑΙC
ΗΜΩΝ ΚΑΙ ΜΗ ΕΙCΕΝΕΓΚΗC ΗΜΑC ΕΙC
ΠΕΙΡΑCΜΟΝ ΑΛΛΑ ΡΥCΑΙ ΗΜΑC ΑΠΟ ΤΟΥ
ΠΟΝΗΡΟΥ ΟΤΙ COY ΕCΤΙΝ Η ΒΑCΙΛΕΙΑ ΚΑΙ
Η ΔΥΝΑΜΙC ΚΑΙ Η ΔΟΞΑ ΕΙC ΤΟΥC ΑΙΩΝΑC
ΑΜΗΝ

이것은 주기도문으로 그리스에 있는 한 복음주의 교회 내부에 새겨진 것이다. 현대 헬라어는 아니지만, 오늘날 교회에서 암송되는 형태의 헬라어이다. 아래는 현대 헬라어로 쓰인 것이다.

Πατέρα μας, που βρίσκεσαι στους ουρανούς,
κάνε να σε δοξάσουν όλοι ως Θεό,
να έρθει η βασιλεία σου
ας γίνει το θέλημά σου
και από τους ανθρώπους,
όπως γίνεται από τις ουράνιες δυνάμεις.
Δώσε μας σήμερα τον απαραίτητο για τη ζωή μας άρτο.
Και χάρισέ μας τα χρέη των αμαρτιών μας,
όπως κι᾽ εμείς τα χαρίζουμε στους δικούς μας οφειλέτες.
Και μη μας αφήσεις να πέσουμε σε πειρασμό,
αλλά γλίτωσέ μας από τον πονηρό.

아래는 코이네 헬라어로 쓰인 것인데 원문상의 불확실한 마지막 결말 부분은 없는 것이다.

Πάτερ ἡμῶν ὁ ἐν τοῖς οὐρανοῖς·
ἁγιασθήτω τὸ ὄνομά σου·
ἐλθέτω ἡ βασιλεία σου· γενηθήτω
τὸ θέλημά σου, ὡς ἐν οὐρανῷ καὶ
ἐπὶ γῆς· τὸν ἄρτον ἡμῶν τὸν
ἐπιούσιον δὸς ἡμῖν σήμερον· καὶ
ἄφες ἡμῖν τὰ ὀφειλήματα ἡμῶν,
ὡς καὶ ἡμεῖς ἀφήκαμεν τοῖς ὀφειλέταις
ἡμῶν· καὶ μὴ εἰσενέγκης ἡμᾶς εἰς
πειρασμόν, ἀλλὰ ῥῦσαι ἡμᾶς ἀπὸ τοῦ πονηροῦ.

12 αὐτός

분해

변화형	격	수	성	기본형	번역
1. αὐτό					
2. σοι					
3. αὐταί					
4. αὐτοῖς					
5. αὐτήν					
6. ἡμῖν					
7. αὐτῷ					
8. πόδα					
9. αὐτῆς					
10. ὑμῶν					

복습

α. αὐτὸς εἶπεν αὐτῇ

β. ὑπὲρ αὐτῆς

γ. ὁ διδάσκαλος αὐτῶν ἐστιν μαθητὴς αὐτοῦ.

δ. αὐτοὶ γάρ εἰσιν οἱ πόδες ὑμῶν.

ε. ἡ αὐτὴ σάρξ

ζ. αὐτὸς ὁ ὀφθαλμός ἐστιν καλός.

η. πιστεύω(내가 믿는다) τὸ αὐτό.

번역

1. φέρετε(데려오라!) αὐτὸν πρός με. καὶ ἤνεγκαν(그들/그녀들/그것들이 데려왔다) αὐτὸν πρὸς αὐτόν.

2. πάλιν οὖν αὐτοῖς ἐλάλησεν(그/그녀/그것이 말했다) ὁ Ἰησοῦς λέγων(말하기를). ἐγώ εἰμι τὸ φῶς τοῦ κόσμου.

3. ὁ δὲ παρήγγειλεν(그/그녀/그것이 명령했다) αὐτοῖς μηδενὶ εἰπεῖν(부. 말하다).

4. προσηύξαντο(그들/그녀들/그것들이 기도했다) περὶ αὐτῶν ὅπως λάβωσιν(그들/그녀들/그것들이 받다) πνεῦμα ἅγιον.

5. Ἰησοῦς αὐτὸς οὐκ ἐβάπτιζεν(그/그녀/그것이 세례를 주고 있었다) ἀλλ᾽ οἱ μαθηταὶ αὐτοῦ.

6. ¹πιστεύετέ(믿으라!) μοι ὅτι ἐγὼ ἐν τῷ πατρὶ καὶ ὁ πατὴρ ἐν ἐμοί· εἰ δὲ μή, διὰ τὰ ἔργα αὐτὰ πιστεύετε.

7. παρακαλῶ(내가 권한다) δὲ ὑμᾶς, ἀδελφοί, διὰ² τοῦ ὀνόματος τοῦ κυρίου ἡμῶν Ἰησοῦ Χριστοῦ, ἵνα³ τὸ αὐτὸ⁴ λέγητε(너희가 말한다) πάντες.⁵

8. πορευθέντες(가다) οὖν μαθητεύσατε(제자로 삼으라!) πάντα τὰ ἔθνη(민족), βαπτίζοντες(세례를 주다) αὐτοὺς εἰς τὸ ὄνομα τοῦ πατρὸς καὶ τοῦ υἱοῦ καὶ τοῦ ἁγίου πνεύματος, διδάσκοντες(가르치다) αὐτοὺς τηρεῖν(부. 지키다) πάντα ὅσα ἐνετειλάμην(내가 명령했다) ὑμῖν· καὶ ἰδοὺ ἐγὼ μεθ᾽ ὑμῶν εἰμι πάσας τὰς ἡμέρας⁶ ἕως τῆς συντελείας(끝) τοῦ αἰῶνος.

9. ἐπάραντες(그들이 들었을 때) δὲ τοὺς ὀφθαλμοὺς αὐτῶν οὐδένα⁷ εἶδον(그들/그녀들/그것들이 보았다) εἰ μὴ αὐτὸν Ἰησοῦν μόνον.

---

1   힌트: ὅτι절에 동사를 넣어야 할 수도 있다.
2   이 문맥에서 διά는 "~으로"(in)라는 뜻이다.
3   이 구절은 "~하기 위하여"(in order that)라는 일반적인 번역이 어울리지 않는다는 사실을 발견했는가? 그러면 어떤 번역이 적절하겠는가?
4   이 단어를 번역하려면 다른 단어를 추가해야 한다. 자연적 성에서 성, 수를 가져오라.
5   힌트: 이 단어는 주격이므로 주어가 되어야 한다. 그렇다면 어떤 동사의 주어인가?

10. ^{8}ἀδελφοί μου, χαίρετε(기뻐하라!) ἐν κυρίῳ. τὰ αὐτὰ γράφειν(부. 쓰다) ὑμῖν ἐμοὶ μὲν οὐκ ὀκνηρόν(귀찮은/수고로운).

심화

11. ὁ δὲ μαθητὴς οὐκ ἐστὶν ὑπὲρ τὸν κύριον αὐτοῦ, οὗτος γὰρ ὁ πρῶτος τῶν πάντων.

12. πάλιν δὲ ὁ Ἰησοῦς ἀπεκρίθη· οἱ πιστοὶ αὐτοὶ εἰσελεύσονται(그들/그녀들/그것들이 들어갈 것이다) εἰς τὴν αὐτὴν ζωήν.

13. καὶ ἔδωκεν(그/그녀/그것이 주었다) τὸν καρπὸν αὐτοῦ ^{9} καὶ τῷ ἀνδρὶ αὐτῆς μετ᾽ αὐτῆς.

14. σὺ οὖν ἐπιγνοὺς(분간하다) τὰ ἔργα αὐτοῦ ἀπόστα(떨어져 있으라!) ἀπ᾽ αὐτοῦ καὶ μηδὲν αὐτῷ πίστευε(믿으라!), ὅτι τὰ ἔργα αὐτοῦ πονηρά εἰσι καὶ ἀσύμφορα ^{10} τοῖς δούλοις τοῦ θεοῦ.

---

6   행위가 "언제"(when) 일어났는가에 대한 시간 지시어는 여격(시간의 여격: "언제")으로 온다. 그리고 "얼마나 오래"(how long) 행위가 일어났는가에 대한 시간 지시어는 대격(시간의 대격: "얼마나 오래")으로 온다.

7   οὐδένα는 남성인가 중성인가?

8   두 번째 문장에 동사가 생략되어 있다.

9   αὐτοῦ의 선행사는 선악을 알게 하는 나무이다.

10   ἀσύμφορος, -ov, "해로운".

15. καὶ ηὐλόγησεν(그/그녀/그것이 축복했다) ὁ θεὸς τὸν Νῶε καὶ τοὺς υἱοὺς αὐτοῦ καὶ εἶπεν αὐτοῖς· αὐξάνεσθε(생육하라!).

16. [εἰ ὁ θεὸς ἐδοξάσθη(영광을 받다) ἐν αὐτῷ] καὶ ὁ θεὸς δοξάσει(그/그녀/그것이 영화롭게 하다) αὐτὸν ἐν αὐτῷ, καὶ εὐθὺς δοξάσει αὐτόν.

17. αὐτὸς δὲ Ἰησοῦς οὐκ ἐπίστευεν(그/그녀/그것이 의탁했다) αὐτὸν αὐτοῖς.

18. διαιρέσεις(다양함) δὲ χαρισμάτων εἰσίν, τὸ δὲ αὐτὸ πνεῦμα· καὶ διαιρέσεις διακονιῶν εἰσιν, καὶ ὁ αὐτὸς κύριος· καὶ διαιρέσεις ἐνεργημάτων[11] εἰσίν, ὁ δὲ αὐτὸς θεός ὁ ἐνεργῶν(행하는 자) τὰ πάντα ἐν πᾶσιν.[12]

19. [13]τὰ αὐτὰ γὰρ ἐποίουν(그들/그녀들/그것들이 행하고 있었다) τοῖς προφήταις οἱ πατέρες αὐτῶν.

20. [14]καὶ κύριον αὐτὸν καὶ Χριστὸν ἐποίησεν(그/그녀/그것이 만들었다) ὁ θεός.

---

11 ἐνέργημα, -ματος, τό, "행위", "일".
12 πᾶσιν은 남성인가 중성인가?
13 힌트: 주어는 무엇인가? 단어의 배열 순서는 이 구절을 이해하는 데 어떤 도움을 주는가?
14 힌트: αὐτόν은 직접 목적어이다. 주어를 먼저 찾으라. καί … καί 구문은 "~와 ~ 둘 다"로 번역할 수 있다. "상관접속사"는 연습문제 22, 문장 7에서 논의할 것이다.

영어를 헬라어로

다음 대명사에 해당하는 헬라어를 쓰라.

1. 그를(him)

2. 그것의(its)

3. 그들에게(to them)

4. 그들의(their)

5. 그녀의(소유)(her)

6. 그의(his)

7. 그것에(to it)

8. 그녀(she)

9. 그들(they)

10. 그(he)

요약
1. 여격은 "언제"(when) 그 행위가 발생했는지 나타내기 위해 사용되며, 대격은 "얼마나 오래"(how long) 지속되었는지 말할 때 쓰인다.

참조

복습 α. ― β. ― γ. ― δ. ― ε. 고전 15:39 ζ. ― η. ―

번역 1. 막 9:19 – 20 2. 요 8:12 3. 눅 8:56 4. 행 8:15 5. 요 4:2 6. 요 14:11 7. 고전 1:10 8. 마 28:19 – 20 9. 마 17:8 10. 빌 3:1

심화 11. ― 12. ― 13. (창 3:6) 14. 헤르마스의 목자서, 12편의 계명 6.2.6 15. 창 9:1 16. 요 13:32 17. 요 2:24 18. 고전 12:4 – 6 19. 눅 6:23 20. 행 2:36

13 지시대명사/지시형용사(οὗτος, ἐκεῖνος) · 연습문제 ·

분해

변화형	격	수	성	기본형	번역
1. τούτων					
2. ἐκείνας					
3. με					
4. αὐτή					
5. ἐκεῖνο					
6. ἑνί					
7. ταῦτα					
8. αὕτη					
9. τούτου					
10. ἡμᾶς					

복습

α. ἐκ τοῦ κόσμου τούτου

β. ἐν δὲ ταῖς ἡμέραις ἐκείναις

γ. πῶς ἐστιν τοῦτο;

δ. πάτερ ἡμῶν

ε. καὶ ἐκείνοις εἶπεν

ζ. οὗτός ἐστιν ὁ υἱός μου.

η. ἐν τῇ πόλει ταύτῃ

번역

1. ταύτην τὴν ἐντολὴν ἔλαβον(내가 받았다) παρὰ τοῦ πατρός μου.

2. αὕτη ἐστὶν ἡ μεγάλη[1] καὶ πρώτη ἐντολή.

3. εἰ ταῦτα οἴδατε(너희가 안다), μακάριοί ἐστε ἐὰν ποιῆτε(너희가 행한다) αὐτά.

4. ἐκ δὲ τῆς πόλεως ἐκείνης πολλοὶ ἐπίστευσαν(그들/그녀들/그것들이 믿었다) εἰς αὐτὸν τῶν Σαμαριτῶν[2] διὰ τὸν λόγον τῆς γυναικός.

---

1 헬라어에는 최상급이 없고 비교급이 그 기능을 대신하는데, 이 구절에서는 원급(positive degree)이 최상급으로 사용되고 있다는 점에서 좀 더 예외적인 구문이라고 할 수 있다.

2 τῶν Σαμαριτῶν이 수식하는 단어는 무엇인가?

5. διὰ τοῦτο[3] ὑμεῖς οὐκ ἀκούετε(너희가 듣는다), ὅτι ἐκ τοῦ θεοῦ οὐκ ἐστέ.

6. οὗτος ἦλθεν(그/그녀/그것이 왔다) … ἵνα μαρτυρήσῃ(그/그녀/그것이 증언할 수 있다) περὶ τοῦ φωτός, ἵνα πάντες πιστεύσωσιν(그들/그녀들/그것들이 믿을 수 있다) δι᾽ αὐτοῦ. οὐκ ἦν ἐκεῖνος τὸ φῶς, αλλ᾽ ἵνα μαρτυρήσῃ περὶ τοῦ φωτός.

7. λέγει(그/그녀/그것이 말한다) πρὸς αὐτὸν ἡ γυνή· κύριε, δός(주시오!) μοι τοῦτο τὸ ὕδωρ.

8. καὶ πᾶς ὁ ἔχων[4] τὴν ἐλπίδα ταύτην ἐπ᾽ αὐτῷ ἁγνίζει(그/그녀/그것이 깨끗하게 하다) ἑαυτόν, καθὼς ἐκεῖνος ἁγνός(깨끗한) ἐστιν.

9. ἐν ποίᾳ[5] ἐξουσίᾳ ταῦτα ποιεῖς(네가 행한다); ἢ τίς σοι ἔδωκεν(그/그녀/그것이 주었다) τὴν ἐξουσίαν ταύτην ἵνα ταῦτα ποιῇς(네가 행할 수 있다);

10. νῦν ἡ ψυχή(영혼) μου τετάρακται(그/그녀/그것이 괴롭다), καὶ τί εἴπω;[6] πάτερ, σῶσόν(구원하라!) με ἐκ τῆς ὥρας ταύτης; ἀλλὰ διὰ τοῦτο ἦλθον(내가 왔다) εἰς τὴν ὥραν ταύτην. πάτερ, δόξασόν(영화롭게 하라!) σου τὸ ὄνομα. ἦλθεν(그/그녀/그것이 왔다) οὖν φωνὴ ἐκ τοῦ οὐρανοῦ· καὶ ἐδόξασα(내가 영화롭게 했다) καὶ πάλιν δοξάσω(나는 영화롭게 할 것이다).… ἀπεκρίθη Ἰησοῦς καὶ εἶπεν· οὐ δι᾽ ἐμὲ ἡ φωνὴ αὕτη γέγονεν(그/그녀/그것이 왔다) ἀλλὰ δι᾽ ὑμᾶς.

심화

11. ^{7}αἱ δὲ γυναῖκες αὗται οὐκ ἐλπίδα ἔχουσιν(그들/그녀들/그것들이 [가지고] 있었다) ὅτι αὐταῖς οὐ δικαιοσύνη ἐν τῷ ὀνόματι τοῦ Ἰησοῦ Χριστοῦ.

12. οἱ δώδεκα μαθηταὶ οἱ μετὰ τοῦ Ἰησοῦ τοὺς πολλοὺς λόγους ἐκείνους ἤκουσαν(그들/그녀들/그것들이 들었다) ἐν τῷ οἰκῷ τοῦ θεοῦ.

13. καὶ εἶπεν Ἀδάμ· τοῦτο νῦν ὀστοῦν^8 ἐκ τῶν ὀστέων μου καὶ σὰρξ ἐκ τῆς σαρκός μου· αὕτη κληθήσεται(그/그녀/그것이 불릴 것이다) γυνή ὅτι ἐκ τοῦ ἀνδρὸς αὐτῆς ἐλήμφθη(그/그녀/그것이 취해졌다) αὕτη.

14. καὶ ἐκάλεσεν(그/그녀/그것이 불렀다) Ἀδὰμ τὸ ὄνομα τῆς γυναικὸς αὐτοῦ Ζωὴ ὅτι αὕτη μήτηρ πάντων τῶν ζώντων.^{9}

15. πολλαὶ γυναῖκες ἐκοπίησαν(그들/그녀들/그것들이 일했다) διὰ τῆς χάριτος τοῦ θεοῦ αὐτῶν.

---

3   διὰ τοῦτο는 관용구로 "이 때문에"라는 뜻이다.
4   ὁ ἔχων은 "가진 자"라는 뜻이다.
5   ἐν ποίᾳ는 "무슨 ~로"라는 뜻이다.
6   "나는 말할 수 있다." 하지만 이 문장은 의문문이므로, 어순을 바꿔야 한다.
7   힌트: 이 문장은 두 번째 문장에 동사가 없기 때문에 어렵다.
8   ὀστέον, ου, τό, 속격 복수는 ὀστέων, "뼈". 축약형인 ὀστοῦν, οῦ, τό으로 나올 수도 있다(εο가 ου로 축약되었다).
9   τῶν ζώντων은 "살아 있는 자들"이라는 뜻이다.

16. ζητεῖτε(찾으라!) δὲ πρῶτον[10] τὴν βασιλείαν [τοῦ θεοῦ] καὶ τὴν δικαιοσύνην αὐτοῦ, καὶ ταῦτα πάντα προστεθήσεται(그/그녀/그것이 더해질 것이다) ὑμῖν.

17. τί ποιοῦμεν(우리가 행한다) ὅτι οὗτος ὁ ἄνθρωπος πολλὰ ποιεῖ(그/그녀/그것이 행하고 있다) σημεῖα;

18. τῶν δὲ δώδεκα ἀποστόλων τὰ ὀνόματά ἐστιν ταῦτα.

19. ἐν ἐκείνῃ τῇ ἡμέρᾳ γνώσεσθε(너희가 알 것이다) ὑμεῖς ὅτι ἐγὼ ἐν τῷ πατρί μου καὶ ὑμεῖς ἐν ἐμοὶ κἀγὼ ἐν ὑμῖν.

20. περὶ δὲ τῆς ἡμέρας ἐκείνης ἢ τῆς ὥρας οὐδεὶς οἶδεν(그/그녀/그것이 안다), οὐδὲ[11] οἱ ἄγγελοι ἐν οὐρανῷ οὐδὲ ὁ υἱός, εἰ μή[12] ὁ πατήρ.

10 이 문맥에서 πρῶτον은 부사적으로 쓰였다. 사실 형용사도 부사적 기능을 할 수 있다. 이런 경우 보통 대격으로 오며 대부분 중성이다.

11 앞 장에서 본 καί처럼, οὐδέ가 두 번 등장하여 상관접속사의 기능을 하며, 이때는 "어느 것도 ~이 아니다"라고 번역한다.

12 이 문맥에서 εἰ μή는 "오직"이라는 뜻이다.

참조

복습 **α.** 요 18:36 **β.** 마 3:1 **γ.** (눅 1:34) **δ.** 마 6:9 **ε.** 마 20:4 **ζ.** 마 3:17 **η.** 마 10:23

번역 **1.** 요 10:18 **2.** 마 22:38 **3.** 요 13:17 **4.** 요 4:39 **5.** 요 8:47 **6.** 요 1:7 - 8 **7.** 요 4:15 **8.** 요일 3:3 **9.** 막 11:28 **10.** 요 12:27 - 28, 30

심화 **11.** — **12.** — **13.** 창 2:23 **14.** 창 3:20 **15.** (클레멘트1서 55:3) **16.** 마 6:33 **17.** 요 11:47 **18.** 마 10:2 **19.** 요 14:20 **20.** 막 13:32

14 관계대명사

분해

변화형	격	수	성	기본형	번역
1. ἅ					
2. ᾧ					
3. ἡ					
4. ἐκείνους					
5. ἅς					
6. οὗτοι					
7. ἧς					
8. ὧν					
9. φωτί					
10. ἥν					

복습

α. τὰ σημεῖα ἃ ἐποίει(그/그녀/그것이 행하고 있었다)

β. ἡ ἐπαγγελία ἣν αὐτὸς ἐπηγγείλατο(그/그녀/그것이 약속했다) ἡμῖν

γ. ὃς κατασκευάσει(그/그녀/그것이 준비할 것이다) τὴν ὁδόν σου

δ. ἓν τῶν πλοίων, ὃ ἦν Σίμωνος

ε. ὃς γὰρ οὐκ ἔστιν καθ᾽ ἡμῶν, ὑπὲρ ἡμῶν ἐστιν.

ζ. [1]ἀπὸ τῶν ἑπτὰ πνευμάτων ἃ ἐνώπιον τοῦ θρόνου αὐτοῦ

η. ὁ θεὸς τῆς εἰρήνης ὃς ἔσται μεθ᾽ ὑμῶν

번역

관계대명사를 모두 찾아내어, 격, 수, 성이 무엇인지, 관계절이 수식하는 단어는 무엇이고 해당 문장에서 어떤 역할을 하는지 설명하라.

1. τὰ ῥήματα ἃ ἐγὼ λελάληκα(내가 말했다) ὑμῖν πνεῦμά ἐστιν καὶ ζωή ἐστιν.

2. ἐπίστευσαν(그들/그녀들/그것들이 믿었다) τῇ γραφῇ καὶ τῷ λόγῳ ὃν εἶπεν ὁ Ἰησοῦς.

3. [2]γνωρίζω(내가 알린다) δὲ ὑμῖν, ἀδελφοί, τὸ εὐαγγέλιον ὃ εὐηγγελισάμην(내가 전했다) ὑμῖν, ὃ καὶ παρελάβετε(너희가 전해 받았다), ἐν ᾧ καὶ ἑστήκατε(너희가 선다), δι᾽ οὗ καὶ σῴζεσθε(너희가 구원을 받는다).

---

1 이번 "복습" 문제는 동사가 나오지 않으며, 구와 절로 구성되어 있다.
2 힌트: 문장 구조를 도식화해 보면 번역이 좀 더 수월할 것이다.

4. χάριτι δὲ θεοῦ εἰμι ὅ εἰμι.

5. [3]ἔρχεται(그/그녀/그것이 온다) ὥρα ἐν ᾗ πάντες οἱ ἐν τοῖς μνημείοις(무덤들) ἀκούσουσιν [4] τῆς φωνῆς αὐτοῦ.

6. ὃς γὰρ ἐὰν [5] θέλῃ(그/그녀/그것이 원한다) τὴν ψυχὴν αὐτοῦ σῶσαι(부. 구하다) ἀπολέσει[6] αὐτήν· ὃς δ᾽ ἂν ἀπολέσει τὴν ψυχὴν σὐτοῦ ἕνεκεν [7] ἐμοῦ καὶ τοῦ εὐαγγελίου σώσει(그/그녀/그것이 구할 것이다) αὐτήν.

7. ἀληθεύοντες(진리를 말하다) δὲ ἐν ἀγάπῃ αὐξήσωμεν(우리가 자라 가자) εἰς αὐτὸν ⋯ ὅς ἐστιν ἡ κεφαλή, Χριστός.

8. ὥσπερ(마치 ~처럼) γὰρ ὁ πατὴρ ἐγείρει(그/그녀/그것이 일으킨다) τοὺς νεκροὺς καὶ ζῳοποιεῖ(그/그녀/그것이 살린다), οὕτως καὶ ὁ υἱὸς οὓς θέλει(그/그녀/그것이 원한다) ζῳοποιεῖ(그/그녀/그것이 살린다).

---

3   이 문장을 이해하는 데 어려움이 있다면 문장 구조를 도식화해 보는 것도 좋다. 주어와 본 동사, 관계절의 역할을 찾으라.

4   "그들이 들을 것이다." 이 동사는 직접 목적어로 속격이나 대격을 취할 수 있다.

5   γάρ는 후치사여서 보통 때는 붙어 다니는 단어들(관용구—옮긴이)을 나눌 수 있음을 기억하라. ἐάν은 ὅς와 함께 사용되어 "누구든지"라는 뜻을 갖는다.

6   ἀπολέσει는 "그/그녀/그것이 잃을 것이다"라는 뜻이다. 이 동사의 주어는 무엇인가?

7   ἕνεκεν은 전치사로 "~때문에"(on account of)라는 뜻이며, 속격을 취한다.

9. νῦν δὲ ζητεῖτέ(너희가 ~하려 한다) με ἀποκτεῖναι(부. 죽이다) ἄνθρωπον ὃς τὴν ἀλήθειαν ὑμῖν λελάληκα[8](내가 말했다) ἣν ἤκουσα(내가 들었다) παρὰ τοῦ θεοῦ.

10. καὶ ἡμεῖς μάρτυρες(증인들) πάντων ὧν[9] ἐποίησεν(그/그녀/그것이 행했다) ἔν τε[10] τῇ χώρᾳ(지역) τῶν Ἰουδαίων(유대인) καὶ [ἐν] Ἰερουσαλήμ.

심화

11. κατὰ τὸ εὐαγγέλιον τοῦ Ἰωάννου ὁ Ἰησοῦς ἐποίησεν(그/그녀/그것이 행했다) σημεῖα μέγαλα καὶ πόλλα ἐν τῇ πόλει τῆς Ἰερουσαλήμ, ἅ οἱ ὄχλοι εἶδον(그들/그녀들/그것들이 보았다).

12. ὁ ἀνὴρ καὶ ἡ γυνὴ οἷς ἐστὶν ὁ οἶκος οὗτός εἰσιν ἐν τῇ ὁδῷ πρὸς τὸ πλοῖον αὐτῶν ἐπὶ τῇ θαλάσσῃ.

13. καὶ ἔδωκεν(그/그녀/그것이 주었다) τὰ ἐδέσματα[11] … ἃ ἐποίησεν(그/그녀/그것이 만들었다) εἰς τὰς χεῖρας Ἰακὼβ τοῦ υἱοῦ αὐτῆς.

---

8 1인칭 동사에 "나"라는 주어가 다소 어색하게 느껴질 수 있지만, 이는 ὅς를 반복한 것으로, 문법을 생각해 보면 이해가 갈 것이다.

9 관계대명사의 격이 선행사의 격에 동화되었음을 알았는가?

10 τε ··· καί는 "~뿐만 아니라 ~도 또한"이라는 의미로 상관접속사 역할을 한다.

11 ἔδεσμα, -ματος, τό, "음식".

14. ἡ χάρις τοῦ κυρίου ἡμῶν Ἰησοῦ Χριστοῦ μεθ᾽ ὑμῶν καὶ μετὰ πάντων ··· τῶν κεκλημένων(부름을 받은 자들) ὑπὸ τοῦ θεοῦ καὶ δι᾽ αὐτοῦ, δι᾽ οὗ αὐτῷ δόξα, ··· θρόνος αἰώνιος ἀπὸ τῶν αἰώνων εἰς τοὺς αἰῶνας τῶν αἰώνων. ἀμήν.

15. σῴζεσθε,[12] ἀγάπης τέκνα καὶ εἰρήνης. ὁ κύριος τῆς δόξης καὶ πάσης χάριτος μετὰ τοῦ πνεύματος ὑμῶν.

16. Ἰγνάτιος, ὁ καὶ Θεοφόρος, τῇ εὐλογημένῃ(복을 받은 자) ἐν χάριτι θεοῦ πατρὸς ἐν Χριστῷ Ἰησοῦ τῷ σωτῆρι[13] ἡμῶν, ἐν ᾧ ἀσπάζομαι(내가 문안한다) τὴν ἐκκλησίαν.

17. ἐκεῖνός[14] μοι εἶπεν· ἐφ᾽ ὃν ἂν ἴδῃς(네가 본다) τὸ πνεῦμα καταβαῖνον(내려오다) καὶ μένον(머물다) ἐπ᾽ αὐτόν, οὗτός ἐστιν ὁ βαπτίζων(세례를 주는 자) ἐν πνεύματι ἁγίῳ. κἀγὼ ἑώρακα(내가 보았다), καὶ μεμαρτύρηκα(내가 증언했다) ὅτι οὗτός ἐστιν ὁ υἱὸς τοῦ θεοῦ.

18. ἤγγιζεν(그/그녀/그것이 가까이 왔다) ὁ χρόνος τῆς ἐπαγγελίας ἧς[15] ὡμολόγησεν(그/그녀/그것이 약속했다) ὁ θεὸς τῷ Ἀβραάμ.

---

12 이 문장에는 관계대명사가 없다. 관계대명사 없이도 정말 멋진 문장을 만들어 냈다. 그리고 이 문장에는 이번 장에 등장하는 단어가 사용되었다. σῴζεσθε는 복수 명령으로 "구원을 받으라!"라는 뜻이다. 작별 인사를 나눌 때 사용하는 표현이다. 수업을 마친 후, 선생님과 동료 학생들에게 인사를 건넬 때 사용해 보라. 물론 작별 인사를 나눌 때 사용하는 다른 표현도 있다.

13 σωτήρ, -ῆρος, ὁ, "구원자, 구속자".

14 이것은 앞서 13.9에서 다루었던 연습문제이다. 여기서 지시대명사를 인칭대명사 역할의 정도로 "약화"시킬 수 있다.

15 ἧς는 선행사의 격으로 "동화"(인접한 선행사의 수, 격으로 바뀌는 현상—옮긴이)되었다. 자세한 설명은 "심화" 부분을 보라.

19. καὶ κύριον αὐτὸν καὶ Χριστὸν ἐποίησεν(그/그녀/그것이 만들었다) ὁ θεός, τοῦτον τὸν Ἰησοῦν ὃν ὑμεῖς ἐσταυρώσατε(너희가 십자가에 못 박았다).

20. ἃ δὲ γράφω(내가 쓴다) ὑμῖν, ἰδοὺ ἐνώπιον τοῦ θεοῦ ὅτι οὐ ψεύδομαι(내가 거짓말한다).

참조

복습 **α.** 요 2:23 **β.** 요일 2:25 **γ.** 막 1:2 **δ.** 눅 5:3 **ε.** 막 9:40 **ζ.** 계 1:4 **η.** (빌 4:9)

번역 **1.** 요 6:63 **2.** 요 2:22 **3.** 고전 15:1 –2 **4.** 고전 15:10 **5.** 요 5:28 **6.** 막 8:35 **7.** 엡 4:15 **8.** 요 5:21 **9.** 요 8:40 **10.** 행 10:39

심화 **11.** — **12.** — **13.** (창 27:17) **14.** 클레멘트1서 65:2 **15.** 바나바서 21:9 **16.** 이그나티우스의 마그네시아서 1:0 **17.** 요 1:33 –34 **18.** 행 7:17 **19.** 행 2:36 **20.** 갈 1:20

문법

1. 어미 변화가 일어난 아래 형태에서 어간이 어떻게 바뀌었는지 설명해 보라. 우선 해당 단어의 어간을 쓰고, 격어미를 추가한 후, 최종 형태를 보여주고, 마지막으로 이 변화를 설명하라.

    a. σάρξ

    b. ὄνομα

    c. χάριτας

    d. πίστεως

    e. πᾶς

2. 명사 법칙 일곱 번째와 여덟 번째를 쓰라.

    7)

    8)

3. 아래 폐쇄음에 σ가 결합되면 어떤 변화가 생기는지 쓰라.

    a. τ + σ →   d. π + σ →

    b. β + σ →   e. γ + σ →

    c. δ + σ →   f. κ + σ →

4. 다음 빈칸에 알맞은 격어미를 채우라.

	제1, 2변화			제3변화	
	남성	여성	중성	남성/여성	중성
주격 단수					
속격 단수					
여격 단수					
대격 단수					
주격 복수					
속격 복수					
여격 복수					
대격 복수					

5. 인칭대명사의 격, 수, 성을 결정하는 것은 무엇인가?

    a. 격
    b. 수/성

6. 영어의 인칭대명사 변화표를 채우라.

	1인칭	2인칭		1인칭	2인칭
주격 단수			주격 복수		
소유격 단수			소유격 복수		
목적격 단수			목적격 복수		

7. αὐτός의 세 가지 용법은 무엇인가?

  a.

  b.

  c.

8. 여성 인칭대명사의 형태를 여성 지시사와 어떻게 구분하는가?

9. 지시사가 명사를 수식할 때 형용사적으로 어떤 위치에 있는가?

10. 호격의 네 가지 기본 법칙은 무엇인가?

  a.

  b.

  c.

  d.

11. 관계대명사의 격, 수, 성을 결정하는 요소는 무엇인가?

  a.   격/수

  b.   성

12. 관사와 관계대명사의 형태는 어떻게 구분할 수 있는가?

분해

변화형	격	수	성	기본형	번역
1. πόλεσιν					
2. ὀνόματι					
3. ἡμάς					
4. αὕτη					
5. ὄν					
6. πᾶσαν					
7. ἐκκλησίαις					
8. ἐμοί (2×)					
9. τούτους					
10. ἡ					
11. οἷς					
12. πολλοῖς					
13. ποδί					
14. ἐκεῖνα					
15. ὕδωρ					

번역 | 요한일서 1:5-2:5

1:5 καὶ ἔστιν αὕτη ἡ ἀγγελία¹ ἣν ἀκηκόαμεν(우리가 들었다) ἀπ᾽ αὐτοῦ καὶ ἀναγγέλλομεν(우

---

1   ἀγγελία, -ας, ἡ, "소식".

리가 선포한다) ὑμῖν, ὅτι ὁ θεὸς φῶς ἐστιν καὶ σκοτία ἐν αὐτῷ οὐκ ἔστιν οὐδεμία. 6 ἐὰν

εἴπωμεν(우리가 말한다) ὅτι κοινωνίαν ἔχομεν(우리가 [가지고] 있다) μετ᾽ αὐτοῦ καὶ ἐν τῷ σκότει

περιπατῶμεν(우리가 걷고 있다), ψευδόμεθα(우리가 거짓말한다) καὶ οὐ ποιοῦμεν(우리가 행한다) τὴν

ἀλήθειαν· 7 ἐὰν δὲ ἐν τῷ φωτὶ περιπατῶμεν(우리가 걷는다) ὡς αὐτός ἐστιν ἐν τῷ φωτί, κοινωνίαν

ἔχομεν(우리가 [가지고] 있다) μετ᾽ ἀλλήλων καὶ τὸ αἷμα Ἰησοῦ τοῦ υἱοῦ αὐτοῦ καθαρίζει(그/그녀/
그것이 깨끗하게 한다) ἡμᾶς ἀπὸ πάσης ἁμαρτίας. 8 ἐὰν εἴπωμεν(우리가 말한다) ὅτι ἁμαρτίαν οὐκ

ἔχομεν(우리가 [가지고] 있다), ἑαυτοὺς πλανῶμεν(우리가 속인다) καὶ ἡ ἀλήθεια οὐκ ἔστιν ἐν ἡμῖν.

9 ἐὰν ὁμολογῶμεν(우리가 고백한다) τὰς ἁμαρτίας ἡμῶν, πιστός ἐστιν καὶ δίκαιος, ἵνα ἀφῇ(그/그
녀/그것이 용서할 것이다) ἡμῖν τὰς ἁμαρτίας καὶ καθαρίσῃ(그/그녀/그것이 깨끗하게 할 것이다) ἡμᾶς

ἀπὸ πάσης ἀδικίας. 10 ἐὰν εἴπωμεν(우리가 말한다) ὅτι οὐχ ἡμαρτήκαμεν(우리가 죄를 지었다),

ψεύστην ποιοῦμεν[1] αὐτὸν καὶ ὁ λόγος αὐτοῦ οὐκ ἔστιν ἐν ἡμῖν.

2:1 τεκνία³ μου, ταῦτα γράφω(내가 쓴다) ὑμῖν ἵνα μὴ ἁμάρτητε(너희가 죄를 지을 수 있다).

καὶ ἐάν τις ἁμάρτῃ(그/그녀/그것이 죄를 짓는다), παράκλητον⁴ ἔχομεν(우리가 가지고 있다) πρὸς

τὸν πατέρα Ἰησοῦν Χριστὸν δίκαιον· **2** καὶ αὐτὸς ἱλασμός⁵ ἐστιν περὶ τῶν ἁμαρτιῶν ἡμῶν, οὐ

περὶ τῶν ἡμετέρων⁶ δὲ μόνον ἀλλὰ καὶ περὶ ὅλου τοῦ κόσμου.

3 καὶ ἐν τούτῳ γινώσκομεν(우리가 안다) ὅτι ἐγνώκαμεν(우리가 알고 있다) αὐτόν, ἐὰν τὰς

ἐντολὰς αὐτοῦ τηρῶμεν(우리가 지킨다). **4** ὁ λέγων(말하는 자) ὅτι ἔγνωκα(내가 알고 있다) αὐτὸν

καὶ τὰς ἐντολὰς αὐτοῦ μὴ τηρῶν(지키다), ψεύστης ἐστὶν καὶ ἐν τούτῳ ἡ ἀλήθεια οὐκ ἔστιν· **5**

ὃς δ᾽ ἂν τηρῇ(그/그녀/그것이 지키고 있다) αὐτοῦ τὸν λόγον, ἀληθῶς ἐν τούτῳ ἡ ἀγάπη τοῦ θεοῦ

τετελείωται(그/그녀/그것이 온전하게 되었다), ἐν τούτῳ γινώσκομεν(우리가 안다) ὅτι ἐν αὐτῷ ἐσμεν.

2 "우리는 만든다". 이 동사는 이중 대격을 취할 수 있다.
3 τεκνίον, -ου, τό, "작은 자, 어린아이".
4 παράκλητος, -ου, ὁ, "변호자, 대언자".
5 ἱλασμός, -οῦ, ὁ, "화목제물".
6 ἡμέτερος, -α, -ον, "우리의".

▲ 이것은 81-96년에 로마를 통치한 도미티아누스(Titus Flavius Caesar Domitianus Augustus) 황제가 주조한 고대 주화이다. 그는 독재자로서 세속적, 종교적 권력을 공고히 하고 로마의 화폐 가치를 강화했다. 그는 제국 의례(imperal cult)와 자신의 신성화를 추종하며 스스로 "Dominus et Deus"(주와 신)라는 칭호를 부여했다. 우리에게는 공격적인 그리스도인 박해로 잘 알려진 인물이다. 자세한 사항은 https://www.biblicaltraining.org/library/domitian 을 참조하라. 이 주화의 실제 크기는 지름이 2.5cm 미만이다. 이 사진은 리버티 성경 박물관(Liberty Biblical Museum)의 랜달 프라이스 박사(Dr. Randall Price)에게 허락을 받아 사용했다.

16 현재 능동태 직설법

분해

변화형	시제/태/법	인칭/격/수/성	기본형	번역
1. λέγουσιν				
2. ἀκούει				
3. πιστεύομεν				
4. λύεις				
5. ἀκούω				
6. βλέπουσι				
7. λύει				
8. λέγετε				
9. ὤν				
10. πιστεύεις				

복습

α. πιστεύω.

β. τὴν φωνὴν αὐτοῦ ἀκούεις.

γ. ἐξουσίαν ἔχει ὁ υἱὸς τοῦ ἀνθρώπου.

δ. τὸ φῶς τοῦ κόσμου τούτου βλέπουσιν.

ε. τότε ἀκούομεν τὸν νόμον μετὰ χαρᾶς.

ζ. τὸν δὲ νόμον τοῦ κυρίου οὐ λύετε.

η. καὶ ἀκούει ὁ τυφλὸς τὴν φωνήν.

번역

1. τούτῳ ὑμεῖς οὐ πιστεύετε.

2. ἀπεκρίθη ὁ ὄχλος· δαιμόνιον ἔχεις.

3. οὐκ ἔχω ἄνδρα.

4. τί δὲ βλέπεις τὸ κάρφος(티끌) τὸ ἐν τῷ ὀφθαλμῷ τοῦ ἀδελφοῦ σου;

5. ὁ ὤν(~하는 자) ἐκ τοῦ θεοῦ τὰ ῥήματα τοῦ θεοῦ ἀκούει· διὰ τοῦτο ὑμεῖς οὐκ ἀκούετε, ὅτι ἐκ τοῦ θεοῦ οὐκ ἐστέ.

6. πάντοτε(항상) γὰρ τοὺς πτωχοὺς(가난한) ἔχετε μεθ᾽ ἑαυτῶν,¹ ἐμὲ δὲ οὐ πάντοτε ἔχετε.

7. σὺ πιστεύεις εἰς τὸν υἱὸν τοῦ ἀνθρώπου;

8. λέγω γὰρ ὑμῖν ὅτι οἱ ἄγγελοι αὐτῶν² ἐν οὐρανοῖς διὰ παντός³ βλέπουσι τὸ πρόσωπον τοῦ πατρός μου τοῦ ἐν οὐρανοῖς.

9. ⁴ὑμῶν⁵ δὲ μακάριοι οἱ ὀφθαλμοὶ ὅτι βλέπουσιν καὶ τὰ ὦτα(귀들) ὑμῶν ὅτι ἀκούουσιν.

10. λέγουσιν οὖν τῷ τυφλῷ πάλιν· τί σὺ λέγεις περὶ αὐτοῦ, ὅτι ἠνέῳξέν(그/그녀/그것이 열었다) σου τοὺς ὀφθαλμούς; ὁ δὲ εἶπεν ὅτι προφήτης ἐστίν.

    οὗτός ἐστιν ὁ υἱὸς ὑμῶν, ὃν ὑμεῖς λέγετε ὅτι τυφλὸς ἐγεννήθη(그/그녀/그것이 태어났다); πῶς οὖν βλέπει ἄρτι(지금);

    ἀπεκρίθη οὖν ἐκεῖνος· εἰ ἁμαρτωλός(죄인) ἐστιν οὐκ οἶδα(내가 안다). ἓν οἶδα ὅτι τυφλὸς ὢν⁶ ἄρτι βλέπω.

---

1 ἑαυτοῦ가 항상 3인칭은 아니라는 것의 좋은 예이다.
2 이 단어의 선행사는 무엇인가? 지금 이 문장에는 선행사가 없으므로 여러분이 가지고 있는 일반적인 성경 상식에 의지해야 한다.
3 διὰ παντός는 관용구로 "항상"이라는 뜻이다.
4 이 구절은 두 개의 문장인데 둘 다 본 동사가 생략되어 있다. 번역하기 전에 이 구절을 두 부분으로 나누라.
5 ὑμῶν이 수식하는 단어는 무엇인가?
6 이 단어는 "being"을 뜻하지만, 이 문맥에서는 "비록 내가 ~였다"(even though I was)로 번역할 수 있다.

11. πιστὸν τὸ ῥῆμα τοῦτο· διὰ τὴν πίστιν ὑμῶν ἐν τῷ υἱῷ τοῦ θεοῦ εἰρήνην τε καὶ χαρὰν ἐν τῷ πνεύματι τῷ ἁγίῳ ἔχετε.

12. ὅτε δὲ τῶν λόγων τῶν καλῶν τοῦ θεοῦ ἀκούομεν, ταῦτα πάντα πιστεύομεν, ἔχουσιν γὰρ ἡμῖν τὴν ἐπαγγελίαν τῆς αἰωνίας ζωῆς.

13. καὶ εἶπεν κύριος πρὸς Μωϋσῆν· τί οὐ πιστεύουσίν μοι ἐν πᾶσιν τοῖς σημείοις οἷς βλέπουσιν ἐν αὐτοῖς;

14. σὺ γὰρ ζωῆς καὶ θανάτου ἐξουσίαν ἔχεις.

15. καὶ νῦν οὐ πιστεύετέ μοι; οὐ μέγας ὁ βασιλεὺς[7] τῇ ἐξουσίᾳ αὐτοῦ;

16. τὴν ἀγάπην τοῦ θεοῦ οὐκ ἔχετε ἐν ἑαυτοῖς.

17. [8]ἐγὼ δὲ ὅτι τὴν ἀλήθειαν λέγω, οὐ πιστεύετέ μοι.

18. ἀλλὰ διὰ τῆς χάριτος τοῦ κυρίου Ἰησοῦ πιστεύομεν σωθῆναι(부. 구원받다).

19. νῦν δὲ ὑπὸ ἀγγέλου βλέπεις, διὰ τοῦ αὐτοῦ μὲν πνεύματος.

20. Ἰησοῦς δὲ ἔκραξεν(그/그녀/그것이 소리쳤다) καὶ εἶπεν· ὁ πιστεύων(믿는 자) εἰς ἐμὲ οὐ πιστεύει εἰς ἐμὲ ἀλλὰ εἰς τὸν πέμψαντά(보낸 자) με.

영어에서 헬라어로

1. 그들이 말한다(they say)

2. 너희가 갖는다(you have)

3. 우리가 믿는다(we believe)

4. 그가 본다(he sees)

5. 네가 듣는다(you hear)

7   βασιλεύς, -έως, ὁ, "왕".

8   힌트: 문장의 본 주어와 본 동사를 찾으라. 본 동사는 종속절에 나올 수 없다.
      힌트: 엄밀히 말하면 ἐγώ는 ὅτι절 안에 위치해야 한다.

요약

1. διὰ παντός는 "항상"(always)이라는 의미의 관용구로 사용된다.

참조

복습 α. 막 9:24 β. 요 3:8 γ. 막 2:10 δ. (요 11:9) ε. — ζ. — η. —

번역 1. 요 5:38 2. 요 7:20 3. 요 4:17 4. 마 7:3 5. 요 8:47 6. 마 26:11 7. 요 9:35 8. 마 18:10 9. 마 13:16 10. 요 9:17, 19, 25

심화 11. — 12. — 13. (민 14:11) 14. 솔로몬의 지혜서 16:13 15. (에스라1서 4:28) 16. 요 5:42 17. 요 8:45 18. 행 15:11 19. 목자서, 10편의 비유 9.1.2 20. 요 12:44

17 축약동사

분해

변화형	시제/태/법	인칭/격/수/성	기본형	번역
1. λαλοῦμεν				
2. ἀγαπῶσι				
3. τηρῶ				
4. πληροῦτε				
5. ζητοῦσιν				
6. ἀγαπᾷ				
7. καλεῖς				
8. πληροῖ				
9. λαλεῖτε				
10. ποιεῖ				

복습

α. τὰς ἐντολὰς αὐτοῦ τηροῦμεν.

β. οὐ ποιῶ τὰ ἔργα τοῦ πατρός μου.

γ. ζητοῦσίν σε.

δ. ἀγαπᾷς με;

ε. τὸ σάββατον οὐ τηρεῖ.

ζ. τί λαλεῖς μετ᾿ αὐτῆς;

η. ἀγαπῶμεν τὰ τέκνα τοῦ θεοῦ.

번역

1. τί δέ με καλεῖτε· κύριε, κύριε, καὶ οὐ ποιεῖτε ἃ λέγω;

2. οἱ μαθηταὶ εἶπαν(그들/그녀들/그것들이 말했다) αὐτῷ διὰ τί[1] ἐν παραβολαῖς λαλεῖς αὐτοῖς;

3. ἡμεῖς οἴδαμεν ὅτι μεταβεβήκαμεν(우리가 넘어갔다) ἐκ τοῦ θανάτου εἰς τὴν ζωήν, ὅτι ἀγαπῶμεν[2] τοὺς ἀδελφούς.

4. ὁ πατὴρ ἀγαπᾷ τὸν υἱὸν καὶ πάντα δέδωκεν(그/그녀/그것이 주었다) ἐν τῇ χειρὶ αὐτοῦ.

---

1   διὰ τί는 관용구로 "왜?"라는 뜻이다. 이 어구를 플래시 카드로 만들어 외우는 것도 좋다.
2   이 동사의 시상이 갖는 신학적 중요성은 무엇인가?

5. αὐτοὶ ἐκ τοῦ κόσμου εἰσίν, διὰ τοῦτο ἐκ τοῦ κόσμου λαλοῦσιν καὶ ὁ κόσμος αὐτῶν ἀκούει.

6. σὺ πιστεύεις ὅτι εἷς ἐστιν ὁ θεός, καλῶς(잘) ποιεῖς· καὶ τὰ δαιμόνια πιστεύουσιν καὶ φρίσσουσιν(그들/그녀들/그것들이 떤다).

7. ὁ μὴ ἀγαπῶν(사랑하는 자) με τοὺς λόγους μου οὐ τηρεῖ· καὶ ὁ λόγος ὃν ἀκούετε οὐκ ἔστιν ἐμὸς.

8. τί³ ποιοῦμεν ὅτι οὗτος ὁ ἄνθρωπος πολλὰ ποιεῖ σημεῖα;

9. λέγει οὖν αὐτῷ ὁ Πιλᾶτος· ἐμοὶ οὐ λαλεῖς; οὐκ οἶδας ὅτι ἐξουσίαν ἔχω ἀπολῦσαί(부. 자유롭게 하다) σε καὶ ἐξουσίαν ἔχω σταυρῶσαί(십자가에 못 박다) σε;

10. ἰδοὺ οἱ μαθηταί σου ποιοῦσιν ὃ οὐκ ἔξεστιν⁴ ποιεῖν(부. 행하다) ἐν σαββάτῳ.

---

3   힌트: τί가 항상 "왜?"(why)라는 뜻으로 쓰이는 것은 아니다.

4   ἔξεστιν은 특별한 유형의 동사이다. 엄밀히 말하면, 이 단어는 3인칭 단수이며 "~이 합당하다"라는 뜻이다. 그리고 항상 중성 주어를 갖는다.

11. εἰ οὖν τὰς ἐντολὰς καὶ τοὺς νόμους τοῦ θεοῦ τηροῦμεν, οἴδαμεν ὅτι ἔχομεν τὴν ἀγάπην τὴν μεγάλην αὐτοῦ ἐν ταῖς καρδίαις ἡμῶν.

12. πῶς ὁ Ἰησοῦς τὰ πολλὰ σημεῖα ποιεῖ ἃ βλέπετε; ἐπὶ τῇ ἐξουσίᾳ τοῦ πνεύματος τοῦ ἁγιοῦ.

13. ἐν ταῖς ἡμέραις ἐκείναις οὐκ ἦν βασιλεὺς[5] ἐν Ἰσραήλ· ἀνὴρ τὸ ἀγαθὸν ἐν ὀφθαλμοῖς αὐτοῦ ποιεῖ.

14. ἀκούεις μου, Ἰακώβ, καὶ Ἰσραήλ, ὃν ἐγὼ καλῶ· ἐγώ εἰμι πρῶτος καὶ ἐγώ εἰμι εἰς τὸν αἰῶνα.[6]

15. οὐ λαλεῖ περὶ ἐμοῦ καλά ἀλλὰ ··· κακά.

16. εἰ οὖν Δαυὶδ καλεῖ αὐτὸν κύριον, πῶς υἱὸς αὐτοῦ ἐστιν;

---

5   βασιλεύς, -έως, ὁ, "왕".
6   εἰς τὸν αἰῶνα는 관용구로 "영원히"라는 뜻이다.

17. τί οὗτος οὕτως λαλεῖ;

18. [7]οἱ πάντες γὰρ τὰ ἑαυτῶν ζητοῦσιν, οὐ τὰ Ἰησοῦ Χριστοῦ.

19. [8]ἃ ἐγὼ ἑώρακα(내가 보았다) παρὰ τῷ πατρὶ λαλῶ· καὶ ὑμεῖς οὖν ἃ ἠκούσατε(너희가 들었다) παρὰ τοῦ πατρὸς ποιεῖτε.··· ὑμεῖς ποιεῖτε τὰ ἔργα τοῦ πατρὸς ὑμῶν.

20. καὶ κατεδίωξεν[9] αὐτὸν Σίμων καὶ οἱ μετ᾽ αὐτοῦ, καὶ εὗρον(그들/그녀들/그것들이 찾았다) αὐτὸν καὶ λέγουσιν αὐτῷ ὅτι πάντες ζητοῦσίν σε.

요약
1. διὰ τί는 "왜?"(why)라는 뜻이다.
2. εἰς τὸν αἰῶνα는 관용구로 "영원히"(forever)라는 뜻이다.
3. 때로 전치사는 합성어(compound word)를 만드는 데 사용되어, 단일어(simple word)의 의미를 강화하는 역할을 한다. 이를 전치사의 "완결적" 용법이라고 한다. 하지만 항상 완료적 의미를 갖는다고 단정할 수는 없다. 이 단어가 다른 곳과 인접 문맥에서는 어떤 의미로 사용되는지 살펴야 한다(문장 20).

7   힌트: τά는 두 경우 모두 명사 기능을 한다.
8   힌트: λαλῶ의 직접 목적어는 무엇인가?
9   κατεδίωξεν은 "그/그녀/그것이 열심히 찾았다"라는 뜻이다. 이 단어는 성실히 탐색하는 것을 말한다. 이러한 설명이 본 구절을 보다 잘 이해하는 데 어떤 도움을 주는가? κατά는 복합동사를 만드는 데 자주 사용되며, 의미를 강화하는 역할을 한다. 이것을 전치사의 "완결적"(perfective) 용법이라고 부른다. 예를 들어, ἐργάζομαι는 "내가 일한다"를 의미하는 반면, κατεργάζομαι는 "내가

참조

복습 **α.** 요일 3:22 **β.** 요 10:37 **γ.** 막 3:32 **δ.** 요 21:15 **ε.** 요 9:16 **ζ.** 요 4:27 **η.** 요일 5:2

번역 **1.** 눅 6:46 **2.** 마 13:10 **3.** 요일 3:14 **4.** 요 3:35 **5.** 요일 4:5 **6.** 약 2:19 **7.** 요 14:24 **8.** 요 11:47 **9.** 요 19:10 **10.** 마 12:2

심화 **11.** — **12.** — **13.** (삿 17:6) **14.** (사 48:12) **15.** 왕상 22:8 **16.** 마 22:45 **17.** 막 2:7 **18.** 빌 2:21 **19.** 요 8:38, 41 **20.** 막 1:36 – 37

완벽히 일했다. 성취했다"라는 의미를 갖는다. ἐσθίω는 "내가 먹는다"를 의미하는 반면, κατεσθίω는 "내가 철저히 먹는다, 게걸스럽게 먹는다"라는 의미를 갖는다. 마찬가지로, διώκω는 "내가 찾는다"를 의미하는 반면, καταδιώκω는 "내가 철저히 찾는다"라는 의미를 갖는다. (전치사의 완결적 용법에 대해 더 많은 예를 보려면, Metzger, 81 – 85을 참조하라). 하지만 여기도 위험은 존재한다. 즉, 복합동사가 그것을 구성하는 개별 단어의 의미를 항상 가져올 것이라고 단정해서는 안 된다. 이것을 우리는 "어원상의 오류"라고 부른다(D. A. Carson, *Exegetical Fallacies* [Baker, 1996]를 보라). 때로 복합동사는 해당 동사의 단순형과 동일한 의미를 갖는다. 늘 그렇듯, 문맥을 보고 결정하면 된다.

18   현재 중간태/수동태 직설법

분해

변화형	시제/태/법	인칭/격/수/성	기본형	번역
1. πιστεύεται				
2. λύεσθε				
3. συνάγει				
4. δύναται				
5. πορευόμεθα				
6. ἔρχεσθε				
7. ἀποκρίνῃ				
8. νυξίν				
9. ἀγαπώμεθα				
10. δύνανται				

복습

α.   οἱ τόποι τοῦ κακοῦ λύονται.

β.   ἔρχεται εἰς οἶκον.

γ.   αὐτοὶ πιστεύονται ὑπὸ τῶν δαιμονίων.

δ.   ἀκούεται ἐν ὑμῖν.

ε.   τίς δύναται σωθῆναι(부. 구원받다);

ζ.   ἔρχομαι ὡς κλέπτης.[1]

η.   καὶ οὐδενὶ οὐδὲν ἀποκρίνεται.

번역

디포넌트가 아닌 동사는 신약성경에서(칠십인역에서조차) 중간태나 수동태 형태로는 거의 등장하지 않는데, 그러한 이유로 아래 예문에서도 드물게 나온다. δύναμαι와 ἔρχομαι는 잘 알려진 디포넌트 동사이다.

1.   οὐχὶ ἀκούονται αἱ φωναὶ αὐτῶν.

2.   ἐγὼ πρὸς τὸν πατέρα πορεύομαι.

3.   οὐχ ἡ μήτηρ αὐτοῦ λέγεται[2] Μαριὰμ καὶ οἱ ἀδελφοὶ αὐτοῦ Ἰάκωβος καὶ Ἰωσὴφ καὶ Σίμων καὶ Ἰούδας;

---

1   κλέπτης, -ου, ὁ, "도둑". 이 단어를 보고 영어에서 동족어라고 할 수 있는 "도벽이 있는 사람"(kleptomaniac)을 연상할 수 있다.
2   λέγω는 의미의 범주가 넓다. 여기서처럼 누군가를 "부름"을 가리킬 수 있다. 그런가 하면 요 20:16에서는 이 동사가 다른 예로 쓰인다. ραββουνι ὃ λέγεται διδάσκαλε. 여기서는 "~으로 번역된다"라는 의미에서 "~으로 불린다"라고 옮겨진다.

4. [3]ὅπου εἰμὶ ἐγὼ ὑμεῖς οὐ δύνασθε ἐλθεῖν(부. 가다/오다).

5. ὁ δὲ Πιλᾶτος πάλιν ἐπηρώτα(그/그녀/그것이 묻기 시작했다) αὐτὸν λέγων(말하면서). οὐκ ἀποκρίνῃ οὐδέν;

6. [4]καὶ συνάγονται οἱ ἀπόστολοι πρὸς τὸν Ἰησοῦν καὶ ἀπήγγειλαν(그들/그녀들/그것들이 말했다) αὐτῷ πάντα ὅσα[5] ἐποίησαν(그들/그녀들/그것들이 행했다) καὶ ὅσα ἐδίδαξαν(그들/그녀들/그것들이 가르쳤다).

7. λέγουσιν αὐτῷ· ἐρχόμεθα καὶ ἡμεῖς σὺν σοί.

8. ὁ δὲ Ἰησοῦς ἀποκρίνεται αὐτοῖς λέγων(말하기를). ἐλήλυθεν(그/그녀/그것이 왔다) ἡ ὥρα ἵνα δοξασθῇ(그/그녀/그것이 영광을 받다) ὁ υἱὸς τοῦ ἀνθρώπου.

9. οὐδεὶς γὰρ δύναται ταῦτα τὰ σημεῖα ποιεῖν(부. 행하다) ἃ σὺ ποιεῖς, ἐὰν μὴ ᾖ(그/그녀/그것이 있다) ὁ θεὸς μετ᾽ αὐτοῦ.

3   인칭대명사의 강조 용법이라는 사실에 주의하라.
4   문장 구조를 도식화해 보면 큰 도움이 될 수 있다.
5   이 단어는 번역할 때 매우 유연하게 접근할 필요가 있다.

10. καὶ οἱ μαθηταὶ Ἰωάννου καὶ οἱ Φαρισαῖοι ἔρχονται καὶ λέγουσιν αὐτῷ· διὰ τί οἱ μαθηταὶ Ἰωάννου καὶ οἱ μαθηταὶ τῶν Φαρισαίων νηστεύουσιν(그들/그녀들/그것들이 금식한다), οἱ δὲ σοὶ μαθηταὶ οὐ νηστεύουσιν;

심화

11. οἱ πόδες μου πορεύονται πρὸς τὸν τόπον ἐφ᾽ ᾧ ὁ Ἰησοῦς λαλεῖ καὶ οἱ ὀφθαλμοί μου βλέπουσιν τὰ σημεῖα αὐτοῦ καὶ τὰ ὦτα[6] μου ἀκούει τῶν παραβολῶν αὐτοῦ.

12. ἡμέρᾳ καὶ νυκτὶ οἱ ὄχλοι συνάγουσιν περὶ τὸν Ἰησοῦν, οἴδασιν γὰρ ἐκεῖνοι ὅτι ἔρχεται αὐτοῖς λαλεῖν(부. 말하다) τινὰς λόγους τῆς ἐλπίδος καὶ τῆς ζωῆς.

13. καὶ ἔρχονται οἱ ἄγγελοι εἰς τὸν τόπον ἐκεῖνον καὶ λαλοῦσιν τοὺς λόγους εἰς τὰ ὦτα τοῦ ὄχλου.

14. καὶ εἶπεν αὐτῇ ὁ ἄγγελος κυρίου, Ἁγάρ, ποῦ(어디에[where]) πορεύῃ;

---

6   οὖς, ὠτός, τό, "귀".

15. τέλος[7] λόγου· τὸ πᾶν ἀκούεται· τὸν θεὸν φοβοῦ(두려워하라!) καὶ τὰς ἐντολὰς αὐτοῦ φύλασσε(지키라!) ὅτι τοῦτο τὸ ὅλον ἔργον τοῦ ἀνθρώπου.

16. καὶ εἶπεν Νωεμίν· ἐπιστράφητε(돌아오라/돌아가라!) ··· θυγατέρες μου.··· τί πορεύεσθε μετ᾿ ἐμοῦ; μὴ ἔτι μοι υἱοὶ ἐν τῇ κοιλίᾳ μου καὶ ἔσονται(그들/그녀들/그것들이 ~이 될 것이다) ὑμῖν εἰς ἄνδρας;

17. λέγει αὐτοῖς ὁ Ἰησοῦς· πιστεύετε ὅτι δύναμαι τοῦτο ποιῆσαι(부. 행하다); λέγουσιν αὐτῷ· ναί, κύριε.

18. καὶ εἶπεν αὐτῷ Ναθαναήλ· ἐκ Ναζαρὲτ δύναταί τι ἀγαθὸν εἶναι(부. 나오다);

19. ἀνέβη(그/그녀/그것이 올라왔다/올라갔다) δὲ καὶ Ἰωσὴφ ἀπὸ τῆς Γαλιλαίας ἐκ πόλεως Ναζαρὲθ εἰς τὴν Ἰουδαίαν εἰς πόλιν Δαυὶδ ἥτις καλεῖται Βηθλέεμ.

20. τί οὗτος οὕτως λαλεῖ; βλασφημεῖ· τίς δύναται ἀφιέναι(부. 용서하다) ἁμαρτίας εἰ μὴ εἷς ὁ θεός;

---

7   τέλος, -ους, τό, "끝".

참조

복습 α. — β. — γ. — δ. — ε. 막 10:26 ζ. 계 16:15 η. 목자서, 12편의 계명 11.1.8

번역 1. (시 19:3[LXX 18:4]) 2. 요 14:12 3. 마 13:55 4. 요 7:34 5. 막 15:4 6. 막 6:30 7. 요 21:3 8. 요 12:23 9. 요 3:2 10. (막 2:18)

심화 11. — 12. — 13. (삼상 11:4) 14. (창 16:8) 15. (전 12:13) 16. 룻 1:11 17. 마 9:28 18. 요 1:46 19. 눅 2:4 20. 막 2:7

19 미래 능동태/중간태 직설법(패턴 1) ·연습문제·

분해

변화형	시제/태/법	인칭/격/수/성	기본형	번역
1. λύσει				
2. ἀκούσεις				
3. γεννήσομεν				
4. ζήσουσι				
5. πορεύσεται				
6. βλέψεις				
7. ἕξετε				
8. καλέσομεν				
9. ὅλον				
10. συνάξουσιν				

복습

α. πάντες πιστεύσουσιν εἰς αὐτόν.

β. αὐτὸς περὶ ἑαυτοῦ λαλήσει.

γ. συνάξω τοὺς καρπούς μου.

δ. ἕξει τὸ φῶς τῆς ζωῆς.

ε. σὺν ἐμοὶ πορεύσονται.

ζ. βλέψετε καὶ οὐ λαλήσει.

η. ἀκούσει τις ⋯ τὴν φωνὴν αὐτοῦ.

번역

1. κύριον τὸν θεόν σου προσκυνήσεις.[1]

2. [2]βασιλεὺς Ἰσραήλ ἐστιν, καταβάτω(그/그녀/그것이 내려오게 하라!) νῦν ἀπὸ τοῦ σταυροῦ(십자가) καὶ πιστεύσομεν ἐπ᾿ αὐτόν.

3. ἡ γυνή σου Ἐλισάβετ γεννήσει υἱόν σοι καὶ καλέσεις τὸ ὄνομα αὐτοῦ Ἰωάννην.

4. ὁ δὲ θεός μου πληρώσει πᾶσαν χρείαν(필요) ὑμῶν κατὰ τὸ πλοῦτος(부요함) αὐτοῦ ἐν δόξῃ ἐν Χριστῷ Ἰησοῦ.

---

1   미래 동사지만 명령을 나타내는 명령형으로 사용되고 있다는 사실에 주의하라. 헬라어와 영어에서 미래형이 이런 방식으로 사용되는 경우를 자주 볼 수 있다. 이번 장의 "본문 주해 맛보기"를 보라.

5. ἀμὴν ἀμὴν λέγω ὑμῖν ὅτι ἔρχεται ὥρα καὶ νῦν ἐστιν ὅτε οἱ νεκροὶ ἀκούσουσιν τῆς φωνῆς τοῦ υἱοῦ τοῦ θεοῦ καὶ οἱ ἀκούσαντες(들은 자들) ζήσουσιν.

6. καὶ ἔσεσθε μισούμενοι(미움을 받다) ὑπὸ πάντων διὰ τὸ ὄνομά μου.

7. ³ἀμὴν ἀμὴν λέγω ὑμῖν, ὁ πιστεύων(믿는 자) εἰς ἐμὲ τὰ ἔργα ἃ ἐγὼ ποιῶ κἀκεῖνος⁴ ποιήσει καὶ μείζονα τούτων⁵ ποιήσει, ὅτι ἐγὼ πρὸς τὸν πατέρα πορεύομαι.

8. ὑμεῖς προσκυνεῖτε ὃ οὐκ οἴδατε· ἡμεῖς προσκυνοῦμεν ὃ οἴδαμεν, ὅτι ἡ σωτηρία(구원) ἐκ τῶν Ἰουδαίων ἐστίν. ἀλλὰ ἔρχεται ὥρα καὶ νῦν ἐστιν, ὅτε οἱ ἀληθινοὶ(참된) προσκυνηταὶ(예배자) προσκυνήσουσιν τῷ πατρὶ ἐν πνεύματι καὶ ἀληθείᾳ.

9. ζητήσετέ με, καὶ καθὼς εἶπον(내가 말했다) τοῖς Ἰουδαίοις ὅτι ὅπου ἐγὼ ὑπάγω(내가 간다) ὑμεῖς οὐ δύνασθε ἐλθεῖν(부. 가다), καὶ ὑμῖν λέγω.

---

2   힌트: 사람들은 아마도 예수님을 비웃고 조롱하고 있을 것이다. 흥미롭게도, 일부 사본(A, ???, Latin, Syriac 등)에서는 βασιλεύς 앞에 εἰ가 나오기도 한다.

3   요한의 반복 기법을 보여주는 좋은 예이다. 요한은 문장의 주어를 절의 형태로 만들고, 이것을 대명사나 몇몇 다른 단어로 반복하곤 한다.

4   κἀκεῖνος가 "저 사람도"를 의미하는 καὶ ἐκεῖνος의 모음 축합 형태임을 알았는가? 몰랐다면 교재의 부록 544쪽에서 모음 축합 형태들을 확인하라.

5   τούτων은 "비교의 속격"을 보여주는 좋은 예이다. μείζων과 같은 비교 형용사는 주로 속격 단어와 함께 사용되어 비교를 나타내며, "~보다"(than)로 번역한다.

10. ἄκουε(들으라!), Ἰσραήλ, κύριος ὁ θεὸς ἡμῶν κύριος εἷς ἐστιν, καὶ ἀγαπήσεις κύριον τὸν θεόν σου ἐξ ὅλης τῆς καρδίας σου καὶ ἐξ ὅλης τῆς ψυχῆς σου καὶ ἐξ ὅλης τῆς διανοίας(지각) σου καὶ ἐξ ὅλης τῆς ἰσχύος(힘) σου.

심화

11. τίνι ἡμέρᾳ ἡ μητὴρ καὶ ὁ πατήρ σου πορεύσονται ὧδε ἀπὸ τοῦ οἴκου αὐτῶν παρὰ τῇ θαλάσσῃ; τῇ τρίτῃ ἡμέρᾳ μετὰ τὸ σάββατον.

12. προσκυνήσομεν τὸν κύριον τὸν βασιλέα ἡμῶν διὰ τὴν μεγαλὴν ἀγάπην αὐτοῦ ἡμῖν καὶ τὰς ἐπαγγελίας αὐτοῦ τῆς εἰρήνης καὶ τῆς δικαιοσύνης.

13. υἱοὺς καὶ θυγατέρας[6] γεννήσεις καὶ οὐκ ἔσονταί σοι.

14. οὐ προσκυνήσεις τοῖς θεοῖς αὐτῶν οὐδὲ ποιήσεις κατὰ τὰ ἔργα αὐτῶν.

15. καὶ εἶπεν κύριος τῷ Ἀβράμ· ἔξελθε(밖으로 나가라!) ἐκ τῆς γῆς[7] σου ⋯ καὶ ἐκ τοῦ οἴκου τοῦ πατρός σου εἰς τὴν γῆν ἣν ἄν σοι δείξω(내가 보여줄 것이다) καὶ ποιήσω σε εἰς ἔθνος[8] μέγα καὶ εὐλογήσω[9] σε ⋯ καὶ ἔσῃ εὐλογητός.[10]

16. ἔσεσθε οὖν ὑμεῖς τέλειοι ὡς ὁ πατὴρ ὑμῶν ὁ οὐράνιος[11] τέλειός ἐστιν.

17. δικαιοσύνη γὰρ θεοῦ ἐν αὐτῷ ἀποκαλύπτεται ἐκ πίστεως εἰς πίστιν, καθὼς γέγραπται(그/
그녀/그것이 기록되었다)· ὁ δὲ δίκαιος ἐκ πίστεως ζήσεται.

18. ἐὰν ἀγαπᾶτέ με, τὰς ἐντολὰς τὰς ἐμὰς τηρήσετε.

19. εἴ τις θέλει πρῶτος εἶναι,[12] ἔσται πάντων ἔσχατος.

20. εὗρον(내가 찾아냈다) Δαυὶδ τὸν[13] τοῦ Ἰεσσαί, ἄνδρα κατὰ τὴν καρδίαν μου, ὃς ποιήσει
πάντα τὰ θελήματά μου.

---

6   θυγάτηρ, -τρός, ἡ, "딸".
7   γῆ, γῆς, ἡ, "지구, 땅, 지역".
8   ἔθνος, -ους, τό, "민족".
9   εὐλογέω, "(내가) 축복하다".
10   εὐλογητός, -ή, -όν, "복을 받은, 칭송받는".
11   οὐράνιος, -ον, "하늘의".
12   "~이 되다." 술어적 주격을 취한다.
13   τόν이 수식하는 단어는 이런 종류의 문장 구조에서 종종 탈락한다. 이 단어는 무엇인가?

참조

복습 **α.** 요 11:48 **β.** 요 9:21 **γ.** 눅 12:17 **δ.** 요 8:12 **ε.** 고전 16:4 **ζ.** — **η.** 마 12:19

번역 **1.** 마 4:10 **2.** 마 27:42 **3.** 눅 1:13 **4.** 빌 4:19 **5.** 요 5:25 **6.** 막 13:13 **7.** 요 14:12 **8.** 요 4:22 – 23 **9.** 요 13:33 **10.** 막 12:29 – 31

심화 **11.** — **12.** — **13.** 신 28:41 **14.** (출 23:24) **15.** 창 12:1 – 2 **16.** 마 5:48 **17.** 롬 1:17 **18.** 요 14:15 **19.** 막 9:35 **20.** 행 13:22

20 동사 어근(패턴 2-4)

미래시제의 동사가 현재시제에서는 어떻게 변하는지, 또 그 반대의 경우는 어떻게 변하는지 알고 있어야 한다.

분해

변화형	시제/태/법	인칭/격/수/성	기본형	번역
1. ἀρεῖς				
2. ὄψεται				
3. ἐκβαλοῦμεν				
4. ἐγεροῦσιν				
5. ποιοῦσι				
6. ἀποκτενεῖτε				
7. σώσει				
8. ἀποστελεῖ				
9. βαπτίσεις				
10. κρινεῖτε				

복습

α. ἐκεῖνος κρινεῖ αὐτὸν ἐν τῇ ἐσχάτῃ ἡμέρᾳ.

β. πολλοὶ γὰρ ἐλεύσονται ἐπὶ τῷ ὀνόματί μου.

γ. ἐν τῷ ὀνόματί μου δαιμόνια ἐκβαλοῦσιν.

δ. γνωσόμεθα τὴν ἀλήθειαν.

ε. ἐρῶ τῇ ψυχῇ μου.

ζ. αὐτὸς μένει ἐπὶ τὸν κόσμον ἀλλὰ σὺ μενεῖς εἰς τοὺς αἰῶνας.

η. πῶς πάσας τὰς παραβολὰς γνώσεσθε;

번역

1. ἐγὼ ἐβάπτισα(내가 세례를 주었다) ὑμᾶς ὕδατι, αὐτὸς δὲ βαπτίσει ὑμᾶς ἐν πνεύματι ἁγίῳ.

2. ἀποστελεῖ ὁ υἱὸς τοῦ ἀνθρώπου τοὺς ἀγγέλους αὐτοῦ.

3. ἐκεῖ αὐτὸν ὄψεσθε, καθὼς εἶπεν ὑμῖν.

4. ἀπεκρίθη Ἰησοῦς καὶ εἶπεν αὐτῷ· ἐάν τις ἀγαπᾷ[1] με τὸν λόγον μου τηρήσει καὶ ὁ πατήρ μου ἀγαπήσει αὐτὸν καὶ πρὸς αὐτὸν ἐλευσόμεθα.

5. τέξεται(그/그녀/그것이 낳을 것이다) δὲ υἱόν, καὶ καλέσεις τὸ ὄνομα αὐτοῦ Ἰησοῦν. αὐτὸς γὰρ σώσει τὸν λαὸν αὐτοῦ ἀπὸ τῶν ἁμαρτιῶν αὐτῶν.

6. ἢ οὐκ οἴδατε ὅτι οἱ ἅγιοι τὸν κόσμον κρινοῦσιν; ⋯ οὐκ οἴδατε ὅτι ἀγγέλους κρινοῦμεν;

7. πάντες πιστεύσουσιν εἰς αὐτόν, καὶ ἐλεύσονται οἱ Ῥωμαῖοι καὶ ἀροῦσιν τὸν τόπον ἡμῶν.

8. ἀλλὰ ἐρεῖ τις· πῶς ἐγείρονται οἱ νεκροί; ποίῳ(어떤 종류의) δὲ σώματι ἔρχονται;

9. λέγει αὐτῷ· ἐκ τοῦ στόματός σου κρινῶ σε, πονηρὲ δοῦλε.

10. διὰ τοῦτο καὶ ἡ σοφία τοῦ θεοῦ εἶπεν· ἀποστελῶ εἰς αὐτοὺς προφήτας καὶ ἀποστόλους, καὶ ἐξ αὐτῶν[2] ἀποκτενοῦσιν.

---

1   ἀγαπᾷ는 실제로는 가정법이지만(31장), 이 경우는 직설법과 형태가 동일하여 직설법으로 번역된다.

11. τί οἱ κακοὶ ἀποκτείνουσιν τοὺς ἀγαθούς, οἳ τηροῦσιν τὸν νόμον τοῦ θεοῦ καὶ ἀγαπῶσι πάντας;

12. ἐν τῷ στόματί μου μεγαλὴν σοφίαν λαλήσω καὶ κατὰ τὴν ὅλην ζωὴν ἐρῶ περὶ τῆς δικαιοσύνης τε καὶ τῆς ὁδοῦ τῆς ἀληθείας.

13. καὶ καλέσεις τὰ σάββατα ἅγια τῷ θεῷ σου καὶ οὐκ ἀρεῖς τὸν πόδα σου ἐπ᾽ ἔργῳ οὐδὲ λαλήσεις λόγον ἐν ὀργῇ³ ἐκ τοῦ στόματός σου.

14. ὁ θεός ἐστιν κύριος, καὶ αὐτὸς οἶδεν, καὶ Ἰσραὴλ αὐτὸς γνώσεται.

15. τὸ ὕδωρ αὐτοῦ πιστόν· βασιλέα μετὰ δόξης ὄψεσθε, καὶ ἡ ψυχὴ ὑμῶν μελετήσει⁴ φόβον⁵ κυρίου.

---

2   αὐτῶν은 "부분 속격"이라고 부르는데, 여기서 속격 단어는 '더 큰 무리'(αὐτῶν, 전체)를 가리키고, 수식받는 단어는 '작은 무리'(부분)를 가리킨다. 그런데 문제는 이 단어가 수식하는 명사가 겉으로 드러나지 않는다는 것이다. 번역할 때는 '작은 무리'에 "약간의, 몇몇의"(some)를 첨가하라.

3   ὀργή, -ῆς, ἡ, "분노", "화".

4   μελετάω, "(내가) 연습하다", "연마하다/양성하다/힘쓰다"(cultivate).

5   φόβος, -ου, ὁ, "두려움", "경외".

16. καὶ τὰ τέκνα αὐτῆς ἀποκτενῶ ἐν θανάτῳ. καὶ γνώσονται πᾶσαι αἱ ἐκκλησίαι ὅτι ἐγώ εἰμι ὁ ἐραυνῶν(살피는 자) νεφροὺς[6] καὶ καρδίας, καὶ δώσω(내가 줄 것이다) ὑμῖν ἑκάστῳ κατὰ τὰ ἔργα ὑμῶν.

17. μὴ μόνον οὖν αὐτὸν καλῶμεν(우리가 부르자!) κύριον, οὐ γὰρ τοῦτο σώσει ἡμᾶς.

18. [7]μακάριοι οἱ καθαροὶ τῇ καρδίᾳ, ὅτι αὐτοὶ τὸν θεὸν ὄψονται.

19. ἀλλ᾽ ἐρεῖ τις, σὺ πίστιν ἔχεις, κἀγὼ ἔργα ἔχω. δεῖξόν(보여라!) μοι τὴν πίστιν σου χωρὶς τῶν ἔργων, κἀγώ σοι δείξω(내가 보여줄 것이다) ἐκ τῶν ἔργων μου τὴν πίστιν. σὺ πιστεύεις ὅτι εἷς ἐστιν ὁ θεός, καλῶς ποιεῖς. καὶ τὰ δαιμόνια πιστεύουσιν καὶ φρίσσουσιν.[8]

20. ἐὰν τὰς ἐντολάς μου τηρήσητε(너희가 지킨다), μενεῖτε ἐν τῇ ἀγάπῃ μου, καθὼς ἐγὼ τὰς ἐντολὰς τοῦ πατρός μου τετήρηκα(내가 지켰다) καὶ μένω αὐτοῦ[9] ἐν τῇ ἀγάπῃ.

---

6   νεφρός, -οῦ, ὁ, "생각".
7   문장 전반부에 동사가 있다고 가정해야 한다.
8   φρίσσω, "(내가) 떨다".
9   알다시피 αὐτοῦ는 일반적으로 뒤에 수식하는 단어가 따라오지만 항상 그런 것은 아니다. 이 단어가 수식하는 단어가 무엇인지는 어떻게 알 수 있겠는가?

참조

복습 **α.** 요 12:48 **β.** 마 24:5 **γ.** 막 16:17 **δ.** (요 8:32) **ε.** 눅 12:19 **ζ.** — **η.** 막 4:13

번역 **1.** 막 1:8 **2.** 마 13:41 **3.** 막 16:7 **4.** 요 14:23 **5.** 마 1:21 **6.** 고전 6:2−3 **7.** (요 11:48) **8.** 고전 15:35 **9.** 눅 19:22 **10.** 눅 11:49

심화 **11.** — **12.** — **13.** (사 58:13) **14.** (수 22:22) **15.** 바나바서 11:5 **16.** 계 2:23 **17.** 클레멘트2서 4:1 **18.** 마 5:8 **19.** 약 2:18−19 **20.** 요 15:10

복습 4 | 15-20장

문법

1. 다음 세 가지 시상의 차이를 명확하게 구분하여 정의하라.

   a. 미완료적 시상
   b. 완료적 시상
   c. 즉각적/순간적 시상

2. λύω의 현재 능동태와 수동태의 열두 가지 형태를 쓰라.

능동태			
1인칭 단수		1인칭 복수	
2인칭 단수		2인칭 복수	
3인칭 단수		3인칭 복수	
수동태			
1인칭 단수		1인칭 단수	
2인칭 단수		2인칭 단수	
3인칭 단수		3인칭 단수	

3. 동사 마스터 차트를 채우라.

시제	시상 접두 모음 /어간 중복	시제 어간	시제 형태소	연결 모음	인칭 어미	1단수 변화형
현재 능동						
현재 중간/수동						
미래 능동						
유음 미래 능동						
미래 중간						

4. 축약 법칙의 "다섯 가지 핵심 법칙"은 무엇인가?

a.

b.

c.

d.

e.

5. 어떤 모음들이 아래의 축약형을 만드는가?

a. ει

b. ει(다른 조합)

c. α

d. ου

e. ου(다른 조합)

f. ου(다른 조합)

g. ω

6. 영어의 "먹다"(eat)라는 다음 시세로 만들면 어떻게 되는가?

    a. 현재 능동태 지속적

    b. 현재 수동태 즉각적/순간적

7. "디포넌트" 동사를 정의하고, 예를 하나 들어 보라.

8. "폐쇄음의 사각형"(Square of Stops)을 쓰고, σ가 결합되면 각각의 폐쇄음에 어떤 현상이 나타나는지 쓰라.

    a. 순음

    b. 연구개음

    c. 치음

9. 동사의 "어근"과 시제 "어간"의 차이는 무엇인가?

    a. 어근

    b. 어간

10. 동사 어근에서 시제 어간을 만드는 세 가지 기본적인 방법은 무엇인가?

    a.

    b.

    c.

분해

변화형	시제/태/법	인칭/격/수/성	가본형	번역
1. ἀκούετε				
2. ἀκούσεις				
3. πορεύεται				
4. οὕστινας				
5. ζήσουσιν				
6. τηροῦμαι				
7. γνώσεται				
8. ἔσονται				
9. ἀγαπῶμεν				
10. βλέψεται				
11. λαλῶ				
12. ὄψῃ				
13. πληροῖς				
14. σώσω				

번역 | 요한복음 12:27-36

12:27 νῦν ἡ ψυχή μου τετάρακται(그/그녀/그것이 괴로웠다), καὶ τί εἴπω(내가 말할 수 있다);

πάτερ, σῶσόν(구원하소서!) με ἐκ τῆς ὥρας ταύτης; ἀλλὰ διὰ τοῦτο ἦλθον(내가 왔다) εἰς τὴν ὥραν ταύτην. **28** πάτερ, δόξασόν(영화롭게 하소서!) σου τὸ ὄνομα. ἦλθεν(그/그녀/그것이 왔다) οὖν φωνὴ ἐκ τοῦ οὐρανοῦ· καὶ ἐδόξασα(내가 영화롭게 했다) καὶ πάλιν δοξάσω. **29** ὁ οὖν ὄχλος ὁ ἑστὼς(서 있던 자) καὶ ἀκούσας(들었던) ἔλεγεν(그/그녀/그것이 말하고 있었다) βροντὴν γεγονέναι,[1] ἄλλοι ἔλεγον(그들/그녀들/그것들이 말하고 있었다), ἄγγελος αὐτῷ λελάληκεν(그/그녀/그것이 말했다). **30** ἀπεκρίθη Ἰησοῦς καὶ αἶπεν· οὐ δι᾽ ἐμὲ ἡ φωνὴ αὕτη γέγονεν(그/그녀/그것이 있었다) ἀλλὰ δι᾽ ὑμᾶς. **31** νῦν κρίσις ἐστὶν τοῦ κόσμου τούτου, νῦν ὁ ἄρχων τοῦ κόσμου τούτου ἐκβληθήσεται(그/그녀/그것이 쫓겨날 것이다) ἔξω· **32** κἀγὼ ἐὰν ὑψωθῶ(내가 들어 올려지다) ἐκ τῆς γῆς, πάντας ἑλκύσω(내가 끌어당길 것이다) πρὸς ἐμαυτόν. **33** τοῦτο δὲ ἔλεγεν(그/그녀/그것이 말하고 있었다) σημαίνων(암시하다) ποίῳ θανάτῳ ἤμελλεν(그/그녀/그것이 ~하려고 하다) ἀποθνῄσκειν(부. 죽다).

---

1 βροντὴν γεγονέναι는 "천둥이 쳤다"라는 뜻이다.

34 ἀπεκρίθη οὖν αὐτῷ ὁ ὄχλος· ἡμεῖς ἠκούσαμεν(우리가 들었다) ἐκ τοῦ νόμου ὅτι ὁ

Χριστὸς μένει εἰς τὸν αἰῶνα, καὶ πῶς λέγεις σὺ ὅτι δεῖ ὑψωθῆναι(부. 들어 올려지다) τὸν υἱὸν

τοῦ ἀνθρώπου;[2] τίς ἐστιν οὗτος ὁ υἱὸς τοῦ ἀνθρώπου; **35** εἶπεν οὖν αὐτοῖς ὁ Ἰησοῦς· ἔτι

μικρὸν χρόνον τὸ φῶς ἐν ὑμῖν ἐστιν. περιπατεῖτε(걸으라!) ὡς τὸ φῶς ἔχετε, ἵνα μὴ σκοτία

ὑμᾶς καταλάβῃ(그/그녀/그것이 압도하다). καὶ ὁ περιπατῶν(걷는 자) ἐν τῇ σκοτίᾳ οὐκ οἶδεν ποῦ

ὑπάγει. **36** ὡς τὸ φῶς ἔχετε, πιστεύετε(믿으라!) εἰς τὸ φῶς, ἵνα υἱοὶ φωτὸς γένησθε(너희가 되다).

---

2   τὸν υἱὸν τοῦ ἀνθρώπου는 ὑψωθῆναι의 주어 역할을 한다.

21 미완료과거 직설법

분해

변화형	시제/태/법	인칭/격/수/성	기본형	번역
1. ἐβάπτιζες				
2. ἤκουον				
3. ἠθέλετε				
4. ἐσῴζεσθε				
5. ἐποίει				
6. ἐξέβαλλες				
7. ἦσαν				
8. ἐπορευόμην				
9. ἕξουσι				
10. ἐπηρώτων				

복습

α. ἐβάπτιζεν αὐτούς.

β. δαιμόνια πολλὰ ἐξέβαλλον.

γ. ἐβαπτίζοντο ὑπ᾽ αὐτοῦ.

δ. ἤρχοντο πρὸς αὐτόν.

ε. οὐκ ἐκρινόμεθα.

ζ. εἰ γὰρ ἐπιστεύετε Μωϋσεῖ, πιστεύσετε ἐμοί.

η. ἐλάλει αὐτοῖς τὸν λόγον.

번역

1. ἐκεῖνος¹ δὲ ἔλεγεν περὶ τοῦ ναοῦ(성전) τοῦ σώματος αὐτοῦ.

2. καὶ πᾶς ὁ ὄχλος ἤρχετο πρὸς αὐτόν, καὶ ἐδίδασκεν αὐτούς.

3. ἤκουον δὲ ταῦτα πάντα οἱ Φαρισαῖοι.

4. ἦσαν γὰρ πολλοὶ καὶ ἠκολούθουν αὐτῷ.

---

1 지시대명사가 인칭대명사 역할을 하고 있는 사실을 알았는가? 문맥을 살펴보면 보다 분명해진다.

5. ἠγάπα[2] δὲ ὁ Ἰησοῦς τὴν Μάρθαν καὶ τὴν ἀδελφὴν[3] αὐτῆς καὶ τὸν Λάζαρον.

6. καὶ ἐπηρώτα αὐτόν· τί ὄνομά σοι;[4] καὶ λέγει αὐτῷ· Λεγιὼν ὄνομά μοι, ὅτι πολλοί ἐσμεν.

7. αὐτὸς γὰρ ἐγίνωσκεν[5] τί ἦν ἐν τῷ ἀνθρώπῳ.

8. ἐπηρώτων αὐτὸν οἱ μαθηταὶ αὐτοῦ τὴν παραβολήν.[6]

9. καὶ μετὰ ταῦτα περιεπάτει ὁ Ἰησοῦς ἐν τῇ Γαλιλαίᾳ· οὐ γὰρ ἤθελεν ἐν τῇ Ἰουδαίᾳ περιπατεῖν(부. 걷다), ὅτι ἐζήτουν αὐτὸν οἱ Ἰουδαῖοι ἀποκτεῖναι(부. 죽이다).

10. οἱ[7] μὲν οὖν συνελθόντες(함께 왔을 때) ἠρώτων αὐτὸν λέγοντες(말하면서)· κύριε, εἰ[8] ἐν τῷ χρόνῳ τούτῳ ἀποκαθιστάνεις(당신이 회복하고 있다) τὴν βασιλείαν τῷ Ἰσραήλ;

---

2   이 시제에서 왜 이 동사 형태가 나오는가?

3   ἀδελφή는 신약성경에 26번 나오지만 외우기는 어렵지 않다.

4   이것은 신약성경에 자주 등장하는 관용적 표현이다. 어떤 의미인지 알 수 있어야 한다.

5   이 문장에서는 미완료과거시제의 일반적인 번역이 잘 맞지 않는다는 사실을 눈치챘는가? 미완료과거의 기본적인 의미를 생각해 보고, 여기서 왜 미완료과거형이 나오게 되었는지 알 수 있어야 한다.

6   αὐτόν과 παραβολήν이 이중 대격임을 알았는가?

7   교재 32쪽 각주 10에서 언급한 ὁ δέ와 동일한 구문이다. 하지만 복수로 나왔기 때문에 "그들이"라고 번역한다.

8   여기서 εἰ는 의문문을 만드는 데 사용되었으며, 굳이 번역할 필요는 없다.

11. ὅτε ὁ Ἰησοῦς ἐν ταῖς συναγωγαῖς τῶν Ἰουδαίων ἐδίδασκεν ἐπὶ παντὶ τῷ σαββάτῳ, οἱ
    Φαρισαῖοι ἐπηρώτων τίνι ἐξουσίᾳ ἐκείνους τοὺς λόγους λαλεῖ.

12. οἱ ἄνθρωποι οἳ διδάσκουσιν τὸν λόγον τοῦ θεοῦ αὐτοὶ ἐδιδάσκοντο μὴ κηρύσσειν(부. 선포
    하다) ἐν πολλῷ χρόνῳ;

13. ὁ δὲ οὐκ ἤθελεν,[9] εἶπεν δὲ τῇ γυναικὶ τοῦ κυρίου αὐτοῦ· ὁ κύριός μου οὐ γινώσκει[10] δι᾽
    ἐμὲ οὐδὲν ἐν τῷ οἴκῳ αὐτοῦ καὶ πάντα ὅσα ἐστὶν αὐτῷ ἔδωκεν(그/그녀/그것이 주었다) εἰς
    τὰς χεῖράς μου.⋯ τότε πῶς ποιήσω τὸ ῥῆμα[11] τὸ πονηρὸν τοῦτο;

14. καὶ ἠρώτα αὐτὸν ὁ βασιλεὺς κρυφαίως[12] εἰπεῖν(부. 말하다) εἰ ἔστιν λόγος παρὰ κυρίου, καὶ
    εἶπεν· ἔστιν.

15. καὶ αὐτὴ ἐλάλει ἐν τῇ καρδίᾳ αὐτῆς ⋯ καὶ φωνὴ αὐτῆς οὐκ ἠκούετο.

9　이 동사는 어떤 일에 대한 바람뿐 아니라 그것을 기꺼이 하려는 의지도 나타낸다.

10　이 문맥에서 γίνωσκω는 "의식하다, 신경을 쓰다"라는 뜻으로 쓰였다.

11　ῥῆμα는 이 문맥에서 "일/것"(thing)으로 번역할 수 있다.

12　κρυφαίως, "은밀히".

16. ἠρώτων αὐτὸν οἱ περὶ αὐτὸν σὺν τοῖς δώδεκα τὰς παραβολάς.

17. ἀληθῶς οὗτος ὁ ἄνθρωπος υἱὸς[13] θεοῦ ἦν.

18. παραβολαῖς πολλαῖς ἐλάλει αὐτοῖς τὸν λόγον καθὼς ἠδύναντο ἀκούειν(부. 듣다).

19. ἀγαπητοί, οὐκ ἐντολὴν καινὴν γράφω ὑμῖν ἀλλ᾽ ἐντολὴν παλαιὰν ἣν εἴχετε[14] ἀπ᾽ ἀρχῆς.

20. ἐδίδασκεν γὰρ τοὺς μαθητὰς αὐτοῦ καὶ ἔλεγεν αὐτοῖς ὅτι ὁ υἱὸς τοῦ ἀνθρώπου παραδίδοται(그/그녀/그것이 넘겨질 것이다)[15] εἰς χεῖρας ἀνθρώπων, καὶ ἀποκτενοῦσιν αὐτόν.

첫 번째 경로의 종착점

첫 번째 경로를 따르고 있다면, 213쪽으로 가서 연습문제 22를 풀면 된다.
번역 연습이 좀 더 필요하다면, 두 번째 경로로 이동해서 문제를 풀 수 있다.

---

13 백부장이 하는 말인데, 이 단어 앞에 "그"(the)를 붙여야 하는가?

14 이 동사의 시제가 갖는 중요성은 무엇인가?

15 실제로 이 동사는 현재형으로 "넘겨지다"라는 뜻이다. 하지만 여기서 예수님은 이 사건이 반드시 일어나리라는 확실성을 표현하기 위해 현재시제를 사용하고 계신다.

참조

복습 α. — β. 막 6:13 γ. 막 1:5 δ. 막 1:45 ε. (고전 11:31) ζ. (요 5:46) η. 막 2:2

번역 1. 요 2:21 2. 막 2:13 3. 눅 16:14 4. 막 2:15 5. 요 11:5 6. 막 5:9 7. 요 2:25 8. 막 7:17 9. 요 7:1
10. 행 1:6

심화 11. — 12. — 13. (창 39:8, 9) 14. 렘 37:17[LXX 44:17] 15. 삼상 1:13 16. 막 4:10 17. 막 15:39
18. 막 4:33 19. 요일 2:7 20. 막 9:31

16 현재 능동태 직설법

분해

변화형	시제/태/법	인칭/격/수/성	기본형	번역
1. λέγουσιν				
2. ἀκούει				
3. πιστεύομεν				
4. λύεις				
5. ἀκούω				
6. βλέπουσι				
7. λύει				
8. λέγετε				
9. ὦν				
10. πιστεύεις				

복습

α. πιστεύω.

β. τὴν φωνὴν αὐτοῦ ἀκούεις.

γ. πιστεύετε εἰς τὸν θεὸν.

δ. τὸ πρόσωπον τοῦ ἀγαπητοῦ μου βλέπουσιν.

ε. τότε ἀκούομεν τὸν νόμον μετὰ χαρᾶς.

ζ. τὸν δὲ νόμον τοῦ κυρίου οὐ λύετε.

η. βλέπει τὸν Ἰησοῦν.

번역

1. τὴν ἀγάπην τοῦ θεοῦ οὐκ ἔχετε.

2. ὁ Πέτρος λέγει αὐτῷ· σὺ εἶ ὁ χριστός.

3. σὺ πιστεύεις εἰς τὸν υἱὸν τοῦ ἀνθρώπου;

4. ἐξουσίαν ἔχει ὁ υἱὸς τοῦ ἀνθρώπου ἀφιέναι(부. 용서하다) ἁμαρτίας.

5. βλέπω Τωβιαν τὸν υἱόν μου.

6. εἶπεν αὐτοῖς ὁ Ἰησοῦς ⋯ νῦν δὲ λέγετε ὅτι βλέπομεν.

7. οὐκ ἀκούετε, ὅτι ἐκ τοῦ θεοῦ οὐκ ἐστέ.

8. λέγουσιν τῷ τυφλῷ πάλιν(다시). τί(무엇) σὺ λέγεις περὶ[1] αὐτοῦ;

9. καὶ εἶπεν Δαυὶδ πρὸς Σαούλ· τί(왜) ἀκούεις τῶν λόγων τοῦ ὄχλου;

10. ὀφθαλμοὶ(눈들) αὐτοῖς[2] καὶ οὐ βλέπουσιν, ὦτα(귀들) αὐτοῖς καὶ οὐκ ἀκούουσιν.

심화

11. ὅτι ἐν τῷ οἴκῳ ἐστὶν ὁ Ἰησοῦς, οἱ ὄχλοι ἀκούουσιν τῶν λόγων τοῦ θεοῦ καὶ οἱ τυφλοὶ βλέπουσιν.

12. τὴν χαρὰν τοῦ κυρίου ἐν ταῖς καρδίαις τῶν ἀγαπητῶν βλέπεις;

13. καὶ εἶπεν κύριος πρὸς Μωϋσῆν· τί(왜?) οὐ πιστεύουσίν μοι ἐν πᾶσιν(모든) τοῖς σημείοις[3] οἷς(~하는 것) βλέπουσιν ἐν αὐτοῖς;

14. σὺ γὰρ ζωῆς καὶ θανάτου ἐξουσίαν ἔχεις.

15. καὶ ἀκούουσιν οἱ ἀδελφοὶ αὐτοῦ καὶ ὁ οἶκος τοῦ πατρὸς(아버지) αὐτοῦ καὶ καταβαίνουσιν[4] πρὸς αὐτὸν.

16. ἀπὸ δὲ καρποῦ τοῦ ξύλου ὅ(~하는 것) ἐστιν ἐν μέσῳ τοῦ παραδείσου[5] εἶπεν ὁ θεός· οὐ φάγεσθε(너희가 먹을 것이다) ἀπ᾽αὐτοῦ.

17. ἐγὼ δὲ ὅτι τὴν ἀλήθειαν λέγω, οὐ πιστεύετέ μοι.

18. ἀλλὰ διὰ τῆς χάριτος(은혜) τοῦ κυρίου Ἰησοῦ πιστεύομεν σωθῆναι(부. 구원하다).

---

1   περί는 "~에 대하여"(about)라는 뜻이며, 전치사의 목적어로 속격을 취한다.
2   이 여격 단어는 관용적으로 번역할 필요가 있다.
3   σημεῖον, -ου, τό, "기적/이적".
4   καταβαίνω, "(내가) 내려가다/내려오다".
5   παράδεισος, -ου, ὁ, "낙원".

19. τότε λέγει αὐτῷ ὁ Πιλᾶτος· οὐκ[6] ἀκούεις πόσα(얼마나 많은 것들) σου καταμαρτυροῦσιν;[7]

20. Ἰησοῦς δὲ ἔκραξεν(그/그녀/그것이 소리쳤다) καὶ εἶπεν· ὁ πιστεύων(믿는 자) εἰς ἐμὲ οὐ πιστεύει εἰς ἐμὲ ἀλλὰ εἰς τὸν πέμψαντά(보낸 자) με.

영어를 헬라어로

1. 그들이 말한다(they say)

2. 너희가 갖는다(you have)

3. 우리가 믿는다(we believe)

4. 그가 본다(he sees)

5. 네가 듣는다(you hear)

참조

복습 α. 막9:24 **β.** 요3:8 **γ.** 요14:1 **δ.** — **ε.** — **ζ.** — **η.** 요1:29

번역 1. 요5:42 **2.** 막8:29 **3.** 요9:35 **4.** 막2:10 **5.** 토빗서11:14 **6.** 요9:41 **7.** 요8:47 **8.** (요9:17) **9.** (삼상24:10) **10.** 렘5:21

심화 11. — **12.** — **13.** (민14:11) **14.** 솔로몬의 지혜서16:13 **15.** 삼상22:1 **16.** 창3:3 **17.** 요8:45 **18.** 행15:11 **19.** (마27:13) **20.** 요12:44

---

6   οὐκ는 화자가 긍정의 대답을 기대한다는 사실을 보여준다. 이 부분은 31.19에서 자세히 다루었다.

7   καταμαρτυρέω, "(내가) ~반대하여 증언하다". 이 단어는 속격을 직접 목적어로 취한다.

17 축약동사

분해

변화형	시제/태/법	인칭/격/수/성	기본형	번역
1. λαλοῦμεν				
2. ἀγαπῶσι				
3. τηρῶ				
4. πληροῦτε				
5. ζητοῦσιν				
6. ἀγαπᾷ				
7. καλεῖς				
8. πληροῖ				
9. δαιμόνια				
10. ποιεῖ				

복습

α. οὐ λαλῶ.

β. ἁμαρτίαν οὐ ποιεῖς.

γ.   αὐτοὺς ἀγαπῶσιν.

δ.   τὰς ἐντολὰς αὐτοῦ τηροῦμεν.

ε.   Ἰησοῦν ζητεῖτε.

ζ.   Δαυὶδ καλεῖ αὐτὸν.

η.   λέγουσιν γὰρ καὶ οὐ ποιοῦσιν.

번역

1. ὁ πατὴρ(아버지) ἀγαπᾷ τὸν υἱόν.

2. οὐκ ἀνθρώποις λαλεῖ ἀλλὰ θεῷ.

3. οἶδα αὐτὸν καὶ τὸν λόγον αὐτοῦ τηρῶ.

4. οὐ γὰρ οἴδασιν τί(무엇) ποιοῦσιν.

5. τί(왜?) δέ με[1] καλεῖτε· κύριε, κύριε, καὶ οὐ ποιεῖτε ἃ(~하는 것) λέγω;

6. ἐκ τοῦ κόσμου λαλοῦσιν καὶ ὁ κόσμος αὐτῶν ἀκούει.

7. οἴδαμεν ὅτι μεταβεβήκαμεν(우리가 넘어갔다) ἐκ τοῦ θανάτου εἰς τὴν ζωήν, ὅτι ἀγαπῶμεν τοὺς ἀδελφούς(형제들).

8. λέγει τῷ Σίμωνι Πέτρῳ ὁ Ἰησοῦς· Σίμων Ἰωάννου,[2] ἀγαπᾷς με;

9. λέγει οὖν αὐτῷ· ὁ Πιλᾶτος· ἐμοὶ[3] οὐ λαλεῖς; οὐκ οἶδας ὅτι ἐξουσίαν ἔχω;

10. σὺ πιστεύεις ὅτι εἷς(하나) ἐστιν ὁ θεός, καλῶς(잘) ποιεῖς· καὶ τὰ δαιμόνια πιστεύουσιν καὶ φρίσσουσιν(그들/그녀들/그것들이 떤다).

심화

11. τοὺς νόμους καὶ τὰς ἐντολὰς τηροῦμεν, ὅτι ἀγαπῶμεν τὸν κύριον καὶ πιστεύομεν εἰς τὸν υἱὸν τοῦ θεοῦ.

---

1   με는 ἐγώ의 대격이다.
2   여기는 Ἰωάννου가 일반적으로 수식할 수 있는 단어가 생략되었다. 이 단어는 Σίμων과 Ἰωάννου의 관계를 구체적으로 명시하는 단어일 것이다.

12. ἐν τῇ πρώτῃ ἡμέρᾳ τοῦ σαββάτου τὸν λόγον τοῦ θεοῦ λαλῶ τοῖς πιστοῖς.

13. ἀκούεις μου, Ἰακώβ, καὶ Ἰσραήλ, ὃν (~하는 자) ἐγὼ καλῶ· ἐγώ εἰμι πρῶτος καὶ ἐγώ εἰμι εἰς τὸν αἰῶνα.[4]

14. οὐ λαλεῖ περὶ[5] ἐμοῦ καλά ἀλλὰ ⋯ κακά.

15. λέγει δὲ κύριος· ἰδού (보라!), ποιῶ τὰ ἔσχατα ὡς (~처럼) τὰ πρῶτα.

16. εἰ οὖν Δαυὶδ καλεῖ αὐτὸν κύριον, πῶς υἱὸς αὐτοῦ ἐστιν;

17. ὁ μὴ ἀγαπῶν (사랑하는 자) με τοὺς λόγους μου οὐ τηρεῖ· καὶ ὁ λόγος ὃν (~하는 자) ἀκούετε οὐκ ἔστιν ἐμὸς ἀλλὰ τοῦ ⋯ πατρός.[6]

---

3   ἐμοι는 ἐγώ의 여격이다.

4   εἰς τὸν αἰῶνα는 관용구로 "영원한"이라는 뜻이다.

5   περί는 이 문맥에서 "~에 관하여"(concerning)라는 뜻이며, 전치사의 목적어로 속격을 취한다.

6   πατρός는 "아버지"라는 뜻이며 속격이다.

18. καὶ κατεδίωξεν⁷ αὐτὸν Σίμων καὶ οἱ μετ᾽ αὐτοῦ, καὶ εὖρον(그들/그녀들/그것들이 찾았다) αὐτὸν καὶ λέγουσιν αὐτῷ ὅτι πάντες(모두) ζητοῦσίν σε.

19. οἱ μαθηταὶ λέγουσιν αὐτῷ· διὰ τί⁸ ἐν παραβολαῖς λαλεῖς αὐτοῖς;

20. ὁ δοῦλος οὐκ οἶδεν τί(무엇) ποιεῖ αὐτοῦ ὁ κύριος.

요약
1. διὰ τί는 "왜?"(why)라는 뜻이다(문장 19).

참조

복습 α. 요 14:10 β. (요일 3:9) γ. 눅 6:32 δ. 요일 3:22 ε. 막 16:6 ζ. 마 22:45 η. 마 23:3

번역 1. 요 3:35 2. 고전 14:2 3. 요 8:55 4. 눅 23:34 5. 눅 6:46 6. 요일 4:5 7. 요일 3:14 8. 요 21:15 9.

7 κατεδίωξεν은 "그/그녀/그것이 열심히 찾았다"라는 뜻이다. 이 단어는 성실히 탐색하는 것을 말한다. 이러한 설명이 본 구절을 보다 잘 이해하는 데 어떤 도움을 주는가?

κατά는 복합동사를 만드는 데 자주 사용되며, 의미를 강화하는 역할을 한다. 이것을 전치사의 "완결적"(perfective) 용법이라고 부른다. 예를 들어, ἐργάζομαι는 "내가 일한다"를 의미하는 반면, κατεργάζομαι는 "내가 완벽히 일했다, 성취했다"라는 의미를 갖는다. ἐσθίω는 "내가 먹는다"를 의미하는 반면, κατεσθίω는 "내가 철저히 먹는다, 게걸스럽게 먹는다"라는 의미를 갖는다. 마찬가지로, διώκω는 "내가 찾는다"를 의미하는 반면, καταδιώκω는 "내가 철저히 찾는다"라는 의미를 갖는다. (전치사의 완결적 용법에 대해 더 많은 예를 보려면, Metzger, 81-85을 참조하라). 하지만 여기도 위험은 존재한다. 즉, 복합동사가 그것을 구성하는 개별 단어의 의미를 항상 가져올 것이라고 단정해서는 안 된다. 이것을 우리는 "어원상의 오류"라고 부른다(D. A. Carson, *Exegetical Fallacies* [Baker, 1996]를 보라). 때로 복합동사는 해당 동사의 단순형과 동일한 의미를 갖는다. 늘 그렇듯 문맥을 보고 결정하면 된다.

8 διὰ τί는 관용구로 "왜?"라는 뜻이다. 여러분은 아마 이 두 단어를 보고 뜻을 유추할 수 있었을 것이다.

요19:10 **10.** 약2:19

심화 **11.** ─ **12.** ─ **13.** (사48:12) **14.** (왕상22:8) **15.** 바나바서 6:13 **16.** 마 22:45 **17.** 요14:24 **18.** 막 1:36 ─ 37 **19.** (마13:10) **20.** 요15:15

18 현재 중간태/수동태 직설법　　　　・연습문제・

분해

변화형	시제/태/법	인칭/격/수/성	기본형	번역
1. ἀκούεται				
2. λύεσθε				
3. ἔρχομαι				
4. ἀποκρίνεται				
5. πορεύονται				
6. ἔρχεσθε				
7. ἀποκρίνῃ				
8. συνάγει				
9. ἀγαπώμεθα				
10. δύνανται				

복습

α. συνάγεται πρὸς αὐτὸν ὄχλος.

β. ἔρχεται εἰς οἶκον.

γ. καλεῖται Βηθλέεμ.

δ. λέγουσιν αὐτῷ· ἐρχόμεθα.

ε. ὁ δὲ Ἰησοῦς ἀποκρίνεται αὐτοῖς.

ζ. ἔρχονται πρὸς τὸν Ἰησοῦν.

η. καὶ πορεύεσθε εἰς τὸν τόπον.

번역

디포넌트가 아닌 동사는 신약성경에서(칠십인역에서조차) 중간태나 수동태 형태로는 거의 등장하지 않는데, 그러한 이유로 아래 예문에서도 드물게 나온다. δύναμαι와 ἔρχομαι는 잘 알려진 디포넌트 동사이다.

1. καὶ συνάγονται οἱ ἀπόστολοι πρὸς τὸν Ἰησοῦν.

2. λέγουσιν αὐτῷ· δυνάμεθα.

3. τότε ἔρχεται μετ᾽ αὐτῶν ὁ Ἰησοῦς.

4. ὅπου εἰμὶ ἐγὼ ὑμεῖς(너희) οὐ δύνασθε ἐλθεῖν(부. 가다/오다).

5. πορεύομαι ἑτοιμάσαι(부. 예비하다) τόπον ὑμῖν(너희를 위해).

6. νῦν δὲ πρὸς σὲ(당신) ἔρχομαι καὶ ταῦτα(이것들) λαλῶ ἐν τῷ κόσμῳ.

7. μὴ γὰρ ἐκ τῆς Γαλιλαίας ὁ χριστὸς ἔρχεται;

8. λέγει αὐτοῖς ὁ Ἰησοῦς· πιστεύετε ὅτι δύναμαι τοῦτο(이것) ποιῆσαι(부. 하다); λέγουσιν αὐτῷ· ναί(예!).

9. καὶ γὰρ ἐγὼ ἄνθρωπός εἰμι ὑπὸ ἐξουσίαν, καὶ λέγω τούτῳ(이 자에게)· πορεύθητι(가라!), καὶ πορεύεται, καὶ ἄλλῳ· ἔρχου(오라!), καὶ ἔρχεται, καὶ τῷ δούλῳ μου· ποίησον(하라!) τοῦτο, καὶ ποιεῖ.

10. καὶ εἶπεν αὐτῇ ὁ ἄγγελος κυρίου· Ἁγὰρ ⋯ πόθεν(어디로부터?) ἔρχῃ καὶ ποῦ(어디로?) πορεύῃ· καὶ εἶπεν· ἀπὸ προσώπου Σάρας τῆς κυρίας.[1]

1　이 단어의 성을 보고 κυρίας가 무슨 뜻인지 유추할 수 있어야 한다.

심화

11. εἰς τὴν οἰκίαν ἐρχόμεθα, οἴδαμεν γὰρ ὅτι ὁ Ἰησοῦς τοῖς ὄχλοις ἐκεῖ(거기에) λαλεῖ.

12. ὁ δὲ Ἰησοῦς ἀποκρίνεται τοῖς πονηροῖς ὅτι ὑπὸ τῶν πιστῶν ἀγαπᾶται.

13. καὶ ἔρχονται οἱ ἄγγελοι εἰς τὸν τόπον ἐκεῖνον[2] καὶ λαλοῦσιν τοὺς λόγους εἰς τὰ ὦτα[3] τοῦ ὄχλου.

14. οὐκ εἰσὶν λόγοι ὅτι οὐκ ἀκούονται αἱ φωναὶ αὐτῶν.

15. γενεὰ[4] πορεύεται καὶ γενεὰ ἔρχεται καὶ ἡ γῆ[5] εἰς τὸν αἰῶνα ἕστηκεν(그/그녀/그것이 서 있다).

16. καρδίᾳ γὰρ πιστεύεται εἰς δικαιοσύνην, στόματι[6] δὲ ὁμολογεῖται εἰς σωτηρίαν.

---

2 ἐκεῖνος, -η, -ο, "저것", "저것들".

3 οὖς, ὠτός, τό, "귀".

4 γενεά, -ᾶς, ἡ, "세대".

5 γῆ, γῆς, ἡ, "지구, 땅, 지역".

6 στόματι는 "입"이라는 뜻이며, 단수 여격 형태이다.

17. καὶ εἶπεν ὁ ἀνὴρ ὁ πρεσβύτης· ποῦ πορεύῃ καὶ πόθεν ἔρχῃ;

18. τί οὗτος οὕτως λαλεῖ; βλασφημεῖ· τίς δύναται ἀφιέναι(부. 용서하다) ἁμαρτίας εἰ μὴ εἷς ὁ θεός;

19. πιστεύεται τὰ ἔργα τοῦ σατανᾶ, τῷ δὲ κόσμῳ λύεται ἡ κακὴ ζωὴ αὐτοῦ ὑπὸ τοῦ Ἰησοῦ.

20. καὶ εἶπεν αὐτῷ Ναθαναήλ· ἐκ Ναζαρὲτ δύναταί τι(어떤) ἀγαθὸν εἶναι(부. 나오다);

참조

복습 α. 막 4:1 **β.** 막 3:20 **γ.** 눅 2:4 **δ.** 요 21:3 **ε.** 요 12:23 **ζ.** 막 5:15 **η.** 삼상 29:10

번역 1. 막 6:30 **2.** 마 20:22 **3.** 마 26:36 **4.** 요 7:34 **5.** 요 14:2 **6.** 요 17:13 **7.** 요 7:41 **8.** 마 9:28 **9.** 눅 7:8 **10.** 창 16:8

심화 11. — **12.** — **13.** (삼상 11:4) **14.** (시 19:3[LXX 18:4]) **15.** 전 1:4 **16.** 롬 10:10 **17.** 삿 19:17 **18.** 막 2:7 **19.** — **20.** 요 1:46

21 미완료과거 직설법

분해

변화형	시제/태/법	인칭/격/수/성	기본형	번역
1. ἐπίστευες				
2. ἠκούετε				
3. ἠκολουθοῦμεν				
4. ἤρχετο				
5. ἐπορεύοντο				
6. ἐπληροῦ				
7. ἐδιδάσκετε				
8. ἐπορευόμην				
9. περιεπάτει				
10. ἐπηρώτων				

복습

α. ἐζητοῦμεν αὐτόν.

β. ἐποίεις τὸν κόσμον.

γ. ἠκολούθουν αὐτῷ.

δ. οἱ Φαρισαῖοι ἔβλεπον πρὸς αὐτόν.

ε. ἐγὼ δὲ ⋯ ἠρχόμην ἐκ Μεσοποταμίας.

ζ. ἐπορεύοντο καὶ ἐλάλουν.

η. οἱ νόμοι τοῦ θεοῦ ὑπὸ τοῦ Ἰησοῦ ἐποιοῦντο.

번역

1. αὐτὸς ἐδίδασκεν[1] ἐν ταῖς συναγωγαῖς αὐτῶν.

2. ἐποίει ὡς ἤθελε.

3. ὁ ἄνθρωπος υἱὸς[2] θεοῦ ἦν.

4. παραβολαῖς πολλαῖς(많은) ἐλάλει αὐτοῖς τὸν λόγον καθὼς ἠδύναντο ἀκούειν(부. 듣다).

---

1   문맥에 어울린다면 미완료시제를 "~하기 시작했다"라고 번역해도 된다. 이것은 특별한 시제 용법으로, 미완료의 "기동적 용법"이라고 불리며 어떤 행위의 시작을 강조하는 용법이다. 교재 21.2 "주해 원리"를 보라.
2   로마의 백부장이 하는 말인데, 이 단어 앞에 "그"(the)를 붙여야 하는가?

5. καὶ αὐτὴ ἐλάλει ἐν τῇ καρδίᾳ αὐτῆς ⋯ καὶ φωνὴ αὐτῆς οὐκ ἠκούετο.

6. ὁ ⋯ Πέτρος ἐτηρεῖτο ἐν τῇ φυλακῇ (감옥).

7. ἠγάπα[3] δὲ ὁ Ἰησοῦς τὴν Μάρθαν καὶ τὴν ἀδελφὴν[4] αὐτῆς καὶ τὸν Λάζαρον.

8. [5]ἠρώτων αὐτὸν οἱ περὶ (~주위에) αὐτὸν σὺν (~와 함께) τοῖς δώδεκα (열둘) τὰς παραβολάς.

9. λέγει αὐτοῖς ὁ Ἰησοῦς· εἰ τέκνα (자녀들) τοῦ Ἀβραάμ ἐστε, τὰ ἔργα τοῦ Ἀβραὰμ ἐποιεῖτε.[6]

10. καὶ μετὰ ταῦτα[7] περιεπάτει ὁ Ἰησοῦς ἐν τῇ Γαλιλαίᾳ· οὐ γὰρ ἤθελεν ἐν τῇ Ἰουδαίᾳ (유대) περιπατεῖν (부. 걷다), ὅτι ἐζήτουν αὐτὸν οἱ Ἰουδαῖοι (유대인들) ἀποκτεῖναι (부. 죽이다).

---

3 이 동사는 왜 이 시제가 왔는가?

4 단어의 성에 주의하라. ἀδελφή는 신약에서 26번 나오지만 기억하기 쉽다.

5 힌트: 주어를 찾으라. 주어는 구로 이루어져 있다.

6 이것은 "조건문"(conditional sentence)이라고 불리며, "만약 ~하면"(if ⋯ then ⋯)의 구조를 갖는다. 또한 이 문장은 특별한 형태의 조건문으로서 "사실과 반대되는 조건문"이라고 불리는데, 이 조건문에서 화자는 "만약"(if) 이하의 절이 사실이 아니라는 것을 알고 있다. 고전 헬라어에서는 현재의 상황과 관련이 있는 "사실과 반대되는 조건문"이 "if절"(조건절)에서 미완료과거시제를 갖게 되며, "then절"(결과절)에서도 미완료과거시제를 갖게 된다(그러나 이 문장에서는 "if절"[조건절]에서 현재시제가 나왔다). 영어에서 이런 형태의 조건문은 "would"를 사용하여 "then절"을 만들게 된다. 조건문에 대한 더 자세한 설명은 35장에서 다룰 것이다.

7 ταῦτα는 οὗτος의 중성 복수 대격이다.

11. ἐν ταῖς ἡμέραις τοῦ Ἰησοῦ οἱ πονηροὶ δαιμονίοις ἠκολούθουν ἀλλὰ οἱ ἀγαθοὶ τῷ κυρίῳ.

12. οἱ δὲ ἄγγελοι ἤκουον τοῦ ἀποστόλου, ἐδίδασκεν γὰρ τοὺς Φαρισαίους ἐν τῇ συναγωγῇ.

13. καὶ ἔλεγον· ἀγαθὴ ἡ γῆ(땅).

14. οἱ Λευῖται ἐδίδασκον τὸν νόμον κυρίου.

15. ὁ ὄχλος ἤρχετο πρὸς αὐτόν, καὶ ἐδίδασκεν αὐτούς.

16. καὶ ἐπορεύεσθε ὀπίσω θεῶν ἀλλοτρίων.

17. ὅτε ἤμην νήπιος, ἐλάλουν ὡς νήπιος.

18. ἐπηρώτα αὐτὸν καὶ λέγει αὐτῷ· σὺ εἶ ὁ χριστὸς ὁ υἱὸς τοῦ εὐλογητοῦ;

19. ἀγαπητοί, οὐκ ἐντολὴν καινὴν γράφω ὑμῖν(너희에게) ἀλλ᾽ ἐντολὴν παλαιὰν ἣν(~하는 것) εἴχετε ἀπ᾽ ἀρχῆς.

20. καὶ εὐθὺς τοῖς σάββασιν[8] εἰσελθὼν(들어간 후에) εἰς τὴν συναγωγὴν ἐδίδασκεν.

요약
1. 어떤 행동의 시작을 강조하는 데 사용될 수 있다(미완료과거시제의 "기동적 용법"). 이러한 경우에 "~하기 시작했다"라고 번역할 수 있다.
2. 고전 헬라어에서는, 현재 상황과 관련되어 있는 '사실과 반대되는 조건문'(a contrary to fact condition)은 "만약"(if)과 "그러면"(then) 구문 모두에서 미완료과거시제를 갖는다. 영어에서는 "would"를 사용하여 "then"절에서 이런 형태의 조건문을 형성하며, 미완료과거는 과거 진행형으로 번역되지 않는다.

참조

복습 α. (눅 2:48) β. 솔로몬의 지혜서 9:9 γ. 막 2:15 δ. — ε. 창 48:7 ζ. 왕하 2:11 η. —

번역 1. 눅 4:15 2. 단 8:4 3. 막 15:39 4. 막 4:33 5. 삼상 1:13 6. 행 12:5 7. 요 11:5 8. 막 4:10 9. 요 8:39 10. 요 7:1

심화 11. — 12. — 13. 신 1:25 14. 에스라1서 9:48 15. 막 2:13 16. 렘 7:9 17. 고전 13:11 18. 막 14:61 19. 요일 2:7 20. 막 1:21

---

8   이 단어가 마치 σάββατοις인 것처럼 번역해 보라. 교재 10장을 보면 이해가 될 것이다(즉, 이 단어는 복수 여격에서 제3변화 어미를 사용한다).

복습 3 | 15-18, 21장

문법

1. 다음 세 가지 시상의 차이를 명확하게 구분하여 정의하라.

    a. 미완료적 시상
    b. 완료적 시상
    c. 즉각적/순간적 시상

2. λύω의 현재 능동태와 수동태의 열두 가지 형태를 쓰라.

<table>
<tr><td colspan="4" align="center">능동태</td></tr>
<tr><td>1인칭 단수</td><td></td><td>1인칭 복수</td><td></td></tr>
<tr><td>2인칭 단수</td><td></td><td>2인칭 복수</td><td></td></tr>
<tr><td>3인칭 단수</td><td></td><td>3인칭 복수</td><td></td></tr>
<tr><td colspan="4" align="center">수동태</td></tr>
<tr><td>1인칭 단수</td><td></td><td>1인칭 단수</td><td></td></tr>
<tr><td>2인칭 단수</td><td></td><td>2인칭 단수</td><td></td></tr>
<tr><td>3인칭 단수</td><td></td><td>3인칭 단수</td><td></td></tr>
</table>

3. 동사 마스터 차트를 채우라.

시제	시상 접두 모음/어간 중복	시제 어간	시제 형태소	연결 모음	인칭 어미	1인칭 단수 변화형
현재 능동						
현재 중간/수동						
미래 능동						
유음 미래 능동						

4. 축약 법칙의 "다섯 가지 핵심 법칙"은 무엇인가?

    a.

    b.

    c.

    d.

    e.

5. 어떤 모음들이 아래의 축약형을 만드는가?

    a.   ει

    b.   ει(다른 조합)

    c.   α

    d.   ου

    e.   ου(다른 조합)

    f.   ου(다른 조합)

    g.   ω

6. 영어에서 "먹다"(eat)라는 다음 시제로 만들면 어떻게 되는가?

    a.   현재 능동태 지속적

b. 현재 수동태 즉각적/순간적

7. "디포넌트" 동사를 정의하고, 예를 하나 들어 보라.

8. 제1시제와 제2시제의 어미는 각각 언제 사용되는가?

   a. 제1시제
   b. 제2시제

9. 시상 접두 모음의 세 가지 기본 법칙은 무엇인가?

   a. 자음으로 시작하는 동사
   b. 모음으로 시작하는 동사
   c. 이중모음으로 시작하는 동사

분해

변화형	시제/태/법	인칭/격/수/성	기본형	번역
1. ἀκούετε				
2. ἤθελεν				
3. πορεύεται				
4. ἀγαθαί				
5. πιστεύει				
6. εἶχεν				
7. τηροῦμαι				
8. ἐδίδασκεν				

9. ἠρώτουν				
10. ἀγαπῶμεν				
11. ἐδύνατο				
12. λαλῶ				
13. περιπατοῦμεν				
14. πληροῖ				
15 ἤρχοντο				

번역 | 요한일서 1:5-2:5

1:5 καὶ ἔστιν αὕτη(이것) ἡ ἀγγελία[1] ἦν(~하는 것) ἀκηκόαμεν(우리가 들었다) ἀπ᾽ αὐτοῦ καὶ

ἀναγγέλλομεν[2] ὑμῖν(너희에게), ὅτι ὁ θεὸς φῶς[3] ἐστιν καὶ σκοτία ἐν αὐτῷ οὐκ ἔστιν οὐδεμία(아

무것도 ~아닌). **6** ἐὰν εἴπωμεν(우리가 말하다) ὅτι κοινωνίαν ἔχομεν μετ᾽ αὐτοῦ καὶ ἐν τῷ

σκότει(어두움) περιπατῶμεν(우리가 걷고 있다), ψευδόμεθα[4] καὶ οὐ ποιοῦμεν τὴν ἀλήθειαν· **7** ἐὰν

δὲ ἐν τῷ φωτὶ περιπατῶμεν ὡς αὐτός ἐστιν ἐν τῷ φωτί, κοινωνίαν ἔχομεν μετ᾽ ἀλλήλων καὶ

---

1   ἀγγελία, -ας, ἡ, "소식".
2   ἀναγγέλλω, "(내가) 선포하다".
3   φῶς는 "빛"이라는 뜻이다. 이 단어의 여격 형태는 다음에 나온다: φωτί.
4   ψεύδομαι, "(내가) 거짓말하다".

τὸ αἷμα Ἰησοῦ τοῦ υἱοῦ αὐτοῦ καθαρίζει[5] ἡμᾶς(우리를) ἀπὸ πάσης ἁμαρτίας. **8** ἐὰν εἴπωμεν

ὅτι ἁμαρτίαν οὐκ ἔχομεν, ἑαυτοὺς(우리 자신을) πλανῶμεν[6] καὶ ἡ ἀλήθεια οὐκ ἔστιν ἐν ἡμῖν(우

리). **9** ἐὰν ὁμολογῶμεν(우리가 고백하다) τὰς ἁμαρτίας ἡμῶν(우리의), τιστός ἐστιν καὶ δίκαιος,

ἵνα ἀφῇ(그/그녀/그것이 용서할 것이다) ἡμῖν τὰς ἁμαρτίας καὶ καθαρίσῃ(그/그녀/그것이 깨끗하게

할 것이다) ἡμᾶς ἀπὸ πάσης ἀδικίας. **10** ἐὰν εἴπωμεν ὅτι οὐχ ἡμαρτήκαμεν(우리가 죄를 지었다),

ψεύστην ποιοῦμεν αὐτὸν καὶ ὁ λόγος αὐτοῦ οὐκ ἔστιν ἐν ἡμῖν.

2:1 τεκνία[7] μου, ταῦτα(이것들) γράφω[8] ὑμῖν(너희에게) ἵνα μὴ ἁμάρτητε(너희가 죄를 짓다).

καὶ ἐάν τις(누가) ἁμάρτῃ(그/그녀/그것이 죄를 짓다), παράκλητον[9] ἔχομεν πρὸς τὸν πατέρα(아버지)

Ἰησοῦν Χριστὸν δίκαιον· **2** καὶ αὐτὸς ἱλασμός[10] ἐστιν περὶ τῶν ἁμαρτιῶν ἡμῶν, οὐ περὶ τῶν

---

5   καθαρίζω, "(내가) 깨끗하게 하다".
6   πλανάω, "(내가) 속이다".
7   τεκνίον, -ου, τό, "작은 자, 어린아이".
8   γράφω, "(내가) 쓰다".
9   παράκλητος, -ου, ὁ, "변호자, 대언자".
10   ἱλασμός, -οῦ, ὁ, "속죄, 화목제물".

ἡμετέρων[11] δὲ μόνον ἀλλὰ καὶ περὶ ὅλου[12] τοῦ κόσμου.

3 καὶ ἐν τούτῳ(이것) γινώσκομεν ὅτι ἐγνώκαμεν(우리가 알고 있다) αὐτόν, ἐὰν τὰς ἐντολὰς

αὐτοῦ τηρῶμεν. 4 ὁ λέγων(말하는 자) ὅτι ἔγνωκα(내가 알고 있다) αὐτὸν καὶ τὰς ἐντολὰς αὐτοῦ

μὴ τηρῶν(지키다), ψεύστης ἐστὶν καὶ ἐν τούτῳ[13] ἡ ἀλήθεια οὐκ ἔστιν· 5 ὃς(~하는 자는 누구든

지) δ᾽ ἂν τηρῇ(그/그녀/그것이 지키고 있다) αὐτοῦ τὸν λόγον, ἀληθῶς ἐν τούτῳ ἡ ἀγάπη τοῦ θεοῦ

τετελείωται(그/그녀/그것이 온전하게 되었다), ἐν τούτῳ γινώσκομεν ὅτι ἐν αὐτῷ ἐσμεν.

---

11 ἡμέτερος, -α, -ον, "우리의".
12 ὅλος, -η, -ον, "전체의"(whole). 이 형용사는 수식적 용법으로 사용될 때 서술적 위치에 온다는 특징이 있다.
13 τούτῳ는 οὗτος의 여격이다. 이 경우에 이 단어는 남성형이다. 같은 형태가 중성이 될 수도 있다. 2:5에서 2번 나오는 것에
주목하라. 첫 번째 단어는 남성형이고 두 번째 단어는 중성형이다.

10 3변화 명사

다음 격어미 마스터 차트를 채우라.

	제1, 2변화			제3변화	
	남성	여성	중성	남성/여성	중성
주격 단수					
속격 단수					
여격 단수					
대격 단수					
주격 복수					
속격 복수					
여격 복수					
대격 복수					

분해

변화형	격	수	성	기본형	번역
1. σαρκί					
2. πάσας					

3. σῶμα				
4. σαρξί				
5. πνεύματα				
6. ἕνα				
7. πᾶσιν				
8. σάρκες				
9. τίνας				
10. οὐδένα				

복습

α. πάντες ἔρχονται πρὸς αὐτόν.

β. διὰ τὸ ὄνομα μου

γ. τὴν σάρκα τοῦ υἱοῦ τοῦ ἀνθρώπου

δ. εἰς ὄνομα προφήτου

ε. οὐ περὶ πάντων ⋯ λέγω.

ζ. τινὰς ἐξ αὐτῶν

η. οὐδὲν ἀποκρίνῃ τί οὗτοι λέγουσιν;

번역

1. πάντα δὲ ποιῶ διὰ τὸ εὐαγγέλιον.

2. ἔλεγεν περὶ τοῦ ναοῦ(성전) τοῦ σώματος αὐτοῦ.

3. πνεῦμα σάρκα καὶ ὀστέα(뼈) οὐκ ἔχει.

4. τὸ γεγεννημένον[1] ἐκ τῆς σαρκὸς σάρξ ἐστιν, καὶ τὸ γεγεννημένον ἐκ τοῦ πνεύματος πνεῦμά ἐστιν.

5. ἀποκατήλλαξεν(그/그녀/그것이 화목하게 했다) ἐν τῷ σώματι τῆς σαρκὸς αὐτοῦ διὰ τοῦ θανάτου.

6. τί με λέγεις ἀγαθόν; οὐδεὶς ἀγαθὸς εἰ μὴ εἷς ὁ θεός.

7. οὐκ ἐστὲ ἐν σαρκὶ ἀλλὰ ἐν πνεύματι, εἴπερ(만약 ~라면) πνεῦμα θεοῦ οἰκεῖ(그/그녀/그것이 거한다) ἐν ὑμῖν(너희). εἰ δέ τις πνεῦμα Χριστοῦ οὐκ ἔχει, οὗτος οὐκ ἔστιν αὐτοῦ.

8. ἔλεγον οὖν ἐκ τῶν Φαρισαίων τινές· οὐκ ἔστιν οὗτος παρὰ θεοῦ ⋯ ὅτι τὸ σάββατον οὐ τηρεῖ.

9. ἀγαπητοί, μὴ παντὶ πνεύματι πιστεύετε[2] ἀλλὰ δοκιμάζετε(분별하라!) τὰ πνεύματα εἰ ἐκ τοῦ θεοῦ ἐστιν.⋯ ἐν τούτῳ(이것) γινώσκετε(너희가 안다) τὸ πνεῦμα τοῦ θεοῦ· πᾶν πνεῦμα ὃ(~하는 것) ὁμολογεῖ(그/그녀/그것이 고백한다) Ἰησοῦν Χριστὸν ἐν σαρκὶ ἐληλυθότα(왔다) ἐκ τοῦ θεοῦ ἐστιν, καὶ πᾶν πνεῦμα ὃ μὴ ὁμολογεῖ τὸν Ἰησοῦν[3] ἐκ τοῦ θεοῦ οὐκ ἔστιν·[4] καὶ τοῦτό ἐστιν τὸ[5] τοῦ ἀντιχρίστου(적그리스도), ὃ ἀκηκόατε(너희가 들었다) ὅτι ἔρχεται, καὶ νῦν ἐν τῷ κόσμῳ ἐστὶν ἤδη.[6]

10. οἶδά σε(당신) τίς εἶ, ὁ ἅγιος τοῦ θεοῦ.

---

1   τὸ γεγεννημένον은 "태어난 것"이라는 뜻이다.

2   πιστεύετε는 직설법으로 보이지만, 실제로는 지시나 명령을 뜻하는 명령법이다.

3   필자가 앞서 말한 것처럼 두 개의 병행되는 개념이 있을 때, 저자는 후반부에서 몇몇 단어를 자유롭게 생략할 수 있다는 사실을 기억하라. 이 단어들은 전반부에 가정되어 있다.

4   여기서 요한이 논박하고 있는 이단은 "가현설"(docetism)이라고 알려지게 되었는데, 이 명칭은 "~라고 생각하다"(think), "~인 듯하다"(appear), "~처럼 보이다"(seem)라는 뜻을 지닌 헬라어 단어 δοκέω에서 파생된 것이다. 가현설은 그리스도가 (신이 아닌) 인간으로만 나타났다고 가르친다. 사람들은 언제나 성육신을 이해하는 데 어려움을 겪어 왔지만, 다행스럽게도 교회는 가현설을 이단으로 정죄했다.

5   요한은 이 구절들의 병행 구조를 염두에 두고 일반적으로 τό 다음에 나오리라 예상되는 단어를 생략한다. 이 단어가 무엇이라고 생각하는가? 힌트: 이 단어는 관사 때문에 중성 단수가 되어야 한다. 여러분이 이미 알고 있는 단어이다! 그렇다! πνεῦμα이다.

6   헬라어가 중요성을 극대화하기 위해 부사를 얼마나 쌓아 올릴 수 있는지에 주목하라(νῦν ⋯ ἤδη).

심화

11. πάντες οἱ πιστοὶ σὺν τῷ κυρίῳ περιπατοῦσιν δία τὸν θάνατον τοῦ υἱοῦ τοῦ θεοῦ.

12. ὁ δὲ θεὸς οἶδεν τὰ ὀνόματα τῶν ἁγίων καὶ καλεῖ τοὺς ἀγαπητοὺς αὐτοῦ εἰς τὴν βασιλείαν τοῦ Χρίστου.

13. ὁ γὰρ λαλῶν(말하는 자) γλώσσῃ[7] οὐκ ἀνθρώποις λαλεῖ ἀλλὰ θεῷ· οὐδεὶς γὰρ ἀκούει, πνεύματι δὲ λαλεῖ μυστήρια.[8]

14. τοῦτο νῦν ⋯ σὰρξ ἐκ τῆς σαρκὸς μου.

15. ἐγὼ καὶ ὁ πατὴρ ἕν ἐσμεν.

16. οἴδαμεν ὅτι οἶδας πάντα.

---

7   γλῶσσα, -ης, ἡ, "방언", "언어".
8   μυστήριον, -ου, τό, "신비", "비밀".

17. τοῖς πᾶσιν γέγονα(내가 되었다) πάντα.[9]

18. λέγει αὐτῷ [ὁ] Ἰησοῦς· ἐγώ εἰμι ἡ ὁδὸς καὶ ἡ ἀλήθεια καὶ ἡ ζωή· οὐδεὶς ἔρχεται πρὸς τὸν πατέρα(아버지) εἰ μὴ δι᾽ ἐμοῦ.

19. οὐκέτι λέγω ὑμᾶς(너희를) δούλους, ὅτι ὁ δοῦλος οὐκ οἶδεν τί ποιεῖ αὐτοῦ ὁ κύριος.

20. λέγει αὐτῷ ὁ Πιλᾶτος· τί ἐστιν ἀλήθεια; ··· καὶ λέγει αὐτοῖς· ἐγὼ οὐδεμίαν εὑρίσκω ἐν αὐτῷ αἰτίαν.

참조

복습 α. 요 3:26 **β.** 마 10:22 **γ.** 요 6:53 **δ.** 마 10:41 **ε.** 요 13:18 **ζ.** 롬 11:14 **η.** (마 26:62)

번역 1. 고전 9:23 **2.** 요 2:21 **3.** 눅 24:39 **4.** 요 3:6 **5.** 골 1:22 **6.** 막 10:18 **7.** 롬 8:9 **8.** 요 9:16 **9.** 요일 4:1-3 **10.** 눅 4:34

심화 11. — **12.** — **13.** 고전 14:2 **14.** 클레멘트1서 6:3 **15.** 요 10:30 **16.** 요 16:30 **17.** 고전 9:22 **18.** 요 14:6 **19.** 요 15:15 **20.** 요 18:38

---

9 힌트: 첫 번째 πᾶς는 남성이고 두 번째는 중성이다.

11 1, 2인칭 대명사

분해

변화형	격	수	성	기본형	번역
1. σοι					
2. ἡμῶν					
3. ὑμεῖς					
4. ἐλπίδα					
5. σε					
6. χάριτας					
7. ἡμᾶς					
8. πίστεως					
9. ὑμῖν					
10. πατρός					

복습

α. οὐκ οἶδα ὑμᾶς.

β. σὺ ἔρχῃ πρός με;

γ. ἔχετε πίστιν;

δ. ἐν τῷ ὀνόματι τοῦ πατρός μου

ε. διὰ πίστεως γὰρ περιπατοῦμεν.

ζ. ὑμεῖς ἐστε τὸ φῶς τοῦ κόσμου.

η. οὐδὲν ἀποκρίνῃ;

번역

1. ἀπεκρίθη Θωμᾶς καὶ εἶπεν αὐτῷ· ὁ κύριός μου καὶ ὁ θεός μου.

2. Παῦλος ἀπόστολος Χριστοῦ Ἰησοῦ κατ᾽ ἐπιταγὴν(명령) θεοῦ σωτῆρος(구원자) ἡμῶν καὶ Χριστοῦ Ἰησοῦ τῆς ἐλπίδος ἡμῶν.

3. Παῦλος καὶ Σιλουανὸς καὶ Τιμόθεος τῇ ἐκκλησίᾳ Θεσσαλονικέων ἐν θεῷ πατρὶ ἡμῶν καὶ κυρίῳ Ἰησοῦ Χριστῷ.

4. λέγω δὲ ὑμῖν ὅτι οὐδὲ Σολομὼν ἐν πάσῃ τῇ δόξῃ αὐτοῦ περιεβάλετο(그/그녀/그것이 입었다) ὡς ἓν τούτων(이것들의).

5. οὐ τὸ ἔργον μου ὑμεῖς ἐστε ἐν κυρίῳ;[1]

6. μισθὸν(보상) οὐκ ἔχετε παρὰ τῷ πατρὶ ὑμῶν τῷ ἐν τοῖς οὐρανοῖς.

7. δικαιωθέντες(의롭게 되다) οὖν ἐκ πίστεως εἰρήνην(평화) ἔχομεν πρὸς τὸν θεὸν διὰ τοῦ κυρίου ἡμῶν Ἰησοῦ Χριστοῦ.

8. ποιεῖτε τὰ ἔργα τοῦ πατρὸς ὑμῶν. εἶπαν(그들/그녀들/그것들이 말했다) [οὖν] αὐτῷ· … ἕνα πατέρα ἔχομεν τὸν θεόν.

9. καὶ εὑρεθῶ(내가 발견되기를 원한다) ἐν αὐτῷ, μὴ ἔχων([가지고] 있다) ἐμὴν δικαιοσύνην(의) τὴν ἐκ νόμου ἀλλὰ τὴν διὰ πίστεως Χριστοῦ, τὴν ἐκ θεοῦ δικαιοσύνην ἐπὶ τῇ πίστει.

10. ἰδοὺ ἡ μήτηρ σου καὶ οἱ ἀδελφοί σου [καὶ αἱ ἀδελφαί[2] σου] ἔξω ζητοῦσίν σε. καὶ ἀποκριθεὶς(대답하다) αὐτοῖς λέγει· τίς ἐστιν ἡ μήτηρ μου καὶ οἱ ἀδελφοί [μου]; … ἴδε ἡ μήτηρ μου καὶ οἱ ἀδελφοί μου. ὃς(~하는 자) [γὰρ] ἂν ποιήσῃ(그/그녀/그것이 행하다) τὸ θέλημα τοῦ θεοῦ, οὗτος(이 사람) ἀδελφός μου καὶ ἀδελφὴ καὶ μήτηρ ἐστίν.

심화

11. ὅτι ὁ πατὴρ καὶ ἡ μήτηρ ἡμῶν ἡμᾶς ἀγαπῶσιν, δυνάμεθα χαρὰν ἐν ταῖς καρδίαις ἡμῶν εὑρίσκειν(부. 발견하다).

12. ἐπὶ τῇ ἡμέρᾳ οἱ ἄνδρες πορεύονται πρὸς τοὺς τόπους τοῦ ἔργου καὶ ἐπὶ τῇ νυκτὶ ἔρχονται εἰς τοὺς οἴκους αὐτῶν.

13. τίμα(존경하라!) τὸν πατέρα σου καὶ τὴν μητέρα σου.

14. οὐ πᾶς ὁ λέγων[3] μοι· κύριε[4] κύριε, εἰσελεύσεται(그/그녀/그것이 들어갈 것이다) εἰς τὴν βασιλείαν τῶν οὐρανῶν, ἀλλ᾽ ὁ ποιῶν(행하는 자) τὸ θέλημα τοῦ πατρός μου τοῦ ἐν τοῖς οὐρανοῖς.

15. εἷς γάρ ἐστιν ὑμῶν ὁ διδάσκαλος,[5] πάντες δὲ ὑμεῖς ἀδελφοί ἐστε.

---

1   문장 처음에 나오는 οὐ는 화자가 "예"(yes)라는 대답을 기대한다는 사실을 알려 주는 헬라어의 화법이다. 더 자세한 내용은 31장에서 다룰 것이다.

2   이 단어는 실제로 존재하지만 50번 이상 등장하는 단어는 아니다. 하지만 이 단어가 자연적 성을 따른다는 사실을 알면, 의미를 알아낼 수 있을 것이다.

3   이 문맥에서 ὁ λέγων은 분사 앞에 관사가 붙어 "말하는 자"라는 의미를 갖는다.

4   격어미를 알아볼 수 있겠는가? 지금은 어려울 것이다. 이것은 다섯 번째이자 마지막 격인 호격으로 13장에서 공부하게 될 것이다. 호격은 어떤 사람을 직접 부를 때 사용하는 격이다. "주여!"라고 번역하면 된다.

5   διδάσκαλος, -ου, ὁ, "선생".

16. ἀπεκρίθη αὐτοῖς ὁ Ἰησοῦς· εἶπον(내가 말했다) ὑμῖν καὶ οὐ πιστεύετε. τὰ ἔργα ἄ(~하는 것) ἐγὼ ποιῶ ἐν τῷ ὀνόματι τοῦ πατρός μου ταῦτα(이것들) μαρτυρεῖ[6] περὶ ἐμοῦ. ἀλλὰ ὑμεις οὐ πιστεύετε, ὅτι οὐκ ἐστὲ ἐκ τῶν προβάτων τῶν ἐμῶν.

17. εὐχαριστῶ τῷ θεῷ μου … ἀκούων(왜냐하면 내가 ~을 들었기 때문이다) σου τὴν ἀγάπην καὶ τὴν πίστιν, ἣν(~하는 것) ἔχεις πρὸς τὸν κύριον Ἰησοῦν καὶ εἰς πάντας τοὺς ἁγίους.

18. πάντα μοι παρεδόθη(그들/그녀들/그것들이 주어졌다) ὑπὸ τοῦ πατρός μου, καὶ οὐδεὶς ἐπιγινώσκει[7] τὸν υἱὸν εἰ μὴ ὁ πατήρ, οὐδὲ τὸν πατέρα τις ἐπιγινώσκει εἰ μὴ ὁ υἱὸς.

19. καὶ ἐπηρώτα αὐτόν· τί ὄνομά σοι; καὶ λέγει αὐτῷ· Λεγιὼν ὄνομά μοι, ὅτι πολλοί ἐσμεν.

20. πέντε γὰρ ἄνδρας ἔσχες(네가 가지고 있었다) καὶ νῦν ὃν(~하는 자) ἔχεις οὐκ ἔστιν σου ἀνήρ.

영어를 헬라어로

때때로 영어에서 헬라어로 넘어가는 연습이 특별히 도움이 된다는 사실을 발견하곤 한다. 인칭대명사는 중요하지만 그렇게 어렵지 않은 부분이다. 특히 서로 다른 형태의 영어 대명사를 이해하고 있

6   μαρτυρέω, "(내가) 증거하다". 동사는 단수인데 주어는 왜 복수인가? 이 사실은 저자의 의도에 대해 무엇을 말해 주고 있는가? BBH의 9.16을 보라.

7   ἐπιγινώσκω, "(내가) 알다". ἐπιγινώσκω는 γινώσκω보다 더 완전한 지식을 묘사하거나 알게 되는 과정을 가리킬 때 사용할 수 있다.

는지 확인해 보는 것이 매우 좋은 방법이다.

1. 나에게(to me)

6. 너희에게(to you)

2. 우리의(our)

7. 나(I)

3. 우리를(us)

8. 너의(your)

4. 너(you)

9. 우리가(we)

5. 나의(my)

10. 너희가(you)

참조

복습 **α.** 마 25:12 **β.** 마 3:14 **γ.** 막 4:40 **δ.** 요 5:43 **ε.** 고후 5:7 **ζ.** 마 5:14 **η.** 마 26:62

번역 **1.** 요 20:28 **2.** 딤전 1:1 **3.** 딤후 1:1 **4.** 마 6:29 **5.** 고전 9:1 **6.** 마 6:1 **7.** 롬 5:1 **8.** 요 8:41 **9.** 빌 3:9 **10.** 막 3:32-35

심화 **11.** — **12.** — **13.** 막 7:10 **14.** 마 7:21 **15.** 마 23:8 **16.** 요 10:25-26 **17.** 몬 1:4-5 **18.** 마 11:27 **19.** 막 5:9 **20.** 요 4:18

12 αὐτός

분해

변화형	격	수	성	기본형	번역
1. αὐτό					
2. αὐτοῦ					
3. σοι					
4. αὐτήν					
5. ἐμοῦ					
6. αὐτῷ					
7. ἡμῖν					
8. θανάτου					
9. αὐτῆς					
10. ὑμῶν					

복습

α. αὐτός ἐστιν Ἠλίας.

β. ἐγὼ δὲ οἶδα αὐτήν.

γ. καὶ αὐτὸς ἐπηρώτα αὐτούς.

δ. ἡ αὐτὴ σάρξ

ε. ἐν αὐτῇ τῇ ὥρᾳ

ζ. ὁ διδάσκαλος αὐτῶν ἐστιν μαθητὴς αὐτοῦ.

η. αὐτὸς Δαυὶδ εἶπεν ἐν τῷ πνεύματι τῷ ἁγίῳ.

번역

1. καὶ εὐθὺς λέγουσιν αὐτῷ περὶ αὐτῆς.

2. καὶ λέγει αὐτοῖς· τίνα ζητεῖτε;

3. καὶ γὰρ ποιεῖτε αὐτὸ εἰς πάντας τοὺς ἀδελφούς.

4. οὐκ ἔστιν μαθητὴς ὑπὲρ τὸν διδάσκαλον οὐδὲ δοῦλος ὑπὲρ τὸν κύριον αὐτοῦ.

5. ¹οὐ πᾶσα σὰρξ ἡ αὐτὴ σάρξ.

6. λέγουσιν οὖν τῷ τυφλῷ πάλιν· τί σὺ λέγεις περὶ αὐτοῦ, ὅτι ἠνέῳξέν(그/그녀/그것이 열었다) σου τοὺς ὀφθαλμούς; ὁ δὲ εἶπεν ὅτι προφήτης ἐστίν.

7. αὐτὸ τὸ πνεῦμα συμμαρτυρεῖ(그/그녀/그것이 ~을 함께 증언하다) τῷ πνεύματι ἡμῶν ὅτι ἐσμὲν τέκνα θεοῦ.

8. ²τὰ αὐτὰ γὰρ ἐποίουν τοῖς προφήταις οἱ πατέρες αὐτῶν.

9. αὐτὸς δὲ Ἰησοῦς οὐκ ἐπίστευεν³ αὐτὸν αὐτοῖς.

10. καὶ πολλοὶ ἦλθον(그들/그녀들/그것들이 왔다) πρὸς αὐτὸν καὶ ἔλεγον ὅτι Ἰωάννης μὲν σημεῖον ἐποίησεν(그/그녀/그것이 행했다) οὐδέν, πάντα δὲ ὅσα εἶπεν Ἰωάννης περὶ τούτου(이) ἀληθῆ(사실) ἦν.

심화

11. καλὸς διδάσκαλος τοῖς αὐτοῖς μαθηταῖς ἀποκρίνεται ὅτι δεῖ αὐτοῖς τὸ ἔργον αὐτῶν ποιεῖν(부. 하다).

12. εἰ οὐ τὰ ἱμάτια[4] ἐπὶ τῷ σώματι τοῦ βασίλεως[5] βλέπω, εἰμὶ πονηρός;

13. ἀνέβη(그/그녀/그것이 올라갔다) δὲ Ἀβρὰμ ἐξ Αἰγύπτου, αὐτὸς καὶ ἡ γυνὴ[6] αὐτοῦ καὶ πάντα τὰ αὐτοῦ καὶ Λώτ μετ αὐτοῦ εἰς τὴν ἔρημον.[7]

14. διέμειναν(그들/그녀들/그것들이 머물러 있었다) πάσας τὰς ἡμέρας τῆς ζωῆς αὐτῶν ἐν τῇ αὐτῇ φρονήσει.[8]

15. οὐκ αὐτός μοι εἶπεν· ἀδελφή μού ἐστιν, καὶ αὐτή μοι εἶπεν· ἀδελφός μού ἐστιν;

16. [9]Ἰησοῦς Χριστὸς ἐχθὲς(어제) καὶ σήμερον ὁ αὐτός καὶ εἰς τοὺς αἰῶνας.

17. παρακαλῶ δὲ ὑμᾶς, ἀδελφοί, διὰ τοῦ ὀνόματος τοῦ κυρίου ἡμῶν Ἰησοῦ Χριστοῦ, ἵνα τὸ αὐτὸ λέγητε(너희가 말하다) πάντες.

1   이 문장은 다소 까다로운 문장이다. 여기에 동사를 추가해야 할 것이다. 문장의 주어는 무엇인가?
2   힌트: 문장의 주어는 무엇인가? 단어의 배열 순서는 이 구절을 이해하는 데 어떤 도움이 되는가?
3   πιστεύω는 "(내가) 맡기다"라는 뜻도 있다.
4   ἱμάτιον, -ου, τό, "옷".
5   βασιλεύς, -έως, ὁ, "왕".
6   γυνή, γυναικός, ἡ, "여자", "아내".
7   ἔρημος, -ον, 형용사: "외로운", "버림받은", 명사: "사막", "광야".

18. διαιρέσεις[10] δὲ χαρισμάτων εἰσίν, τὸ δὲ αὐτὸ πνεῦμα· καὶ διαιρέσεις διακονιῶν εἰσιν, καὶ ὁ αὐτὸς κύριος· καὶ διαιρέσεις ἐνεργημάτων[11] εἰσίν, ὁ δὲ αὐτὸς θεός ὁ ἐνεργῶν(일하는 자) τὰ πάντα ἐν πᾶσιν.[12]

19. τὸν νόμον τῶν ἐντολῶν ἐν δόγμασιν[13] καταργήσας,[14] ἵνα τοὺς δύο κτίσῃ(그가 창조하다) ἐν αὐτῷ εἰς ἕνα καινὸν ἄνθρωπον ποιῶν(그 결과로 ~을 만들면서) εἰρήνην.

20. αὐτὸς δὲ ὁ κύριος ἡμῶν Ἰησοῦς Χριστὸς καὶ [ὁ] θεὸς ὁ πατὴρ ἡμῶν ὁ ἀγαπήσας(사랑한 자) ἡμᾶς καὶ δοὺς(준 자) παράκλησιν αἰωνίαν καὶ ἐλπίδα ἀγαθὴν ἐν χάριτι, παρακαλέσαι(부. 위로하다) ὑμῶν τὰς καρδίας καὶ στηρίξαι(부. 굳세게 하다) ἐν παντὶ ἔργῳ καὶ λόγῳ ἀγαθῷ.

영어를 헬라어로

아래 대명사에 알맞은 헬라어를 쓰시오.

1. 그를(him)

6. 그의(his)

---

8 φρόνησις, -εως, ἡ, "생각의 방식", "마음(의 틀)".

9 이제는 문장에 동사를 추가하는 것에 익숙해져야 한다. 앞으로 이 부분에 대해서는 더 이상 언급하지 않을 것이다.

10 διαίρεσις, -εως, ἡ, "다양함", "분할".

11 ἐνέργημα, -ματος, τό, "행동", "활동", "경험".

12 πᾶσιν은 남성인가 중성인가?

13 δόγμα, -ματος, τό, "법령", "결정", "명령".

14 καταργήσας는 실제로는 분사지만, 여기서는 "그가 폐지했다"로 번역할 수 있다.

2. 그것의(its)

3. 그들에게(to them)

4. 그들의(their)

5. 그녀의(her)

7. 그것에(to it)

8. 그녀(she)

9. 그들(they)

10. 그(he)

참조

복습 **α.** 마 11:14 **β.** — **γ.** 막 8:29 **δ.** 고전 15:39 **ε.** 눅 12:12 **ζ.** — **η.** 막 12:36 **θ.** —

번역 **1.** 막 1:30 **2.** 요 18:4 **3.** 살전 4:10 **4.** 마 10:24 **5.** 고전 15:39 **6.** 요 9:17 **7.** 롬 8:16 **8.** 눅 6:23 **9.** 요 2:24 **10.** 요 10:41

심화 **11.** — **12.** — **13.** 창 13:1 **14.** 목자서, 10편의 비유, 9.29.2 **15.** 창 20:5 **16.** 히 13:8 **17.** 고전 1:10 **18.** 고전 12:4 – 6 **19.** 엡 2:15 **20.** 살후 2:16 – 17

13 지시대명사/지시형용사(οὗτος, ἐκεῖνος) · 연습문제 ·

분해

변화형	격	수	성	기본형	번역
1. τούτων					
2. αὐτή					
3. με					
4. ἐκείνας					
5. ἑνί					
6. ταῦτα					
7. ἐκεῖνο					
8. αὕτη					
9. τούτου					
10. ἡμᾶς					

복습

α. οὐκ οἶδα τὸν ἄνθρωπον τοῦτον.

β. οὐκ οἴδατε τὴν παραβολὴν ταύτην;

γ. τὸ φῶς τοῦ κόσμου τούτου βλέπει.

δ. αὕτη ἐστὶν ἡ ἐντολὴ ἡ ἐμή.

ε. οὐκ ἦν ἐκεῖνος τὸ φῶς.

ζ. ἄνδρες, τί ταῦτα ποιεῖτε;

η. ἐν δὲ ταῖς ἡμέραις ἐκείναις

번역

1. οὗτος ὁ ἄνθρωπος υἱὸς θεοῦ ἦν.

2. αὕτη ἐστὶν ἡ μεγάλη[1] καὶ πρώτη ἐντολή.

3. εἰ ταῦτα οἴδατε, μακάριοί ἐστε ἐὰν ποιῆτε(너희가 행한다) αὐτά.

4. τῶν δὲ δώδεκα ἀποστόλων τὰ ὀνόματά ἐστιν ταῦτα.

---

1 형용사의 원급이 최상급으로 사용된 사실을 알았는가?

5. ὑμεῖς[2] ἐκ τούτου τοῦ κόσμου ἐστέ, ἐγὼ οὐκ εἰμὶ ἐκ τοῦ κόσμου τούτου.

6. διὰ τοῦτο[3] ὑμεῖς οὐκ ἀκούετε, ὅτι ἐκ τοῦ θεοῦ οὐκ ἐστέ.

7. εἶπεν δὲ ὁ Πέτρος· κύριε, πρὸς ἡμᾶς τὴν παραβολὴν ταύτην λέγεις ἢ καὶ πρὸς πάντας;

8. εἶπον(그들/그녀들/그것들이 말했다). σὺ μαθητὴς εἶ ἐκείνου, ἡμεῖς δὲ τοῦ Μωϋσέως ἐσμὲν μαθηταί.

9. οὐκ ἔστιν οὗτος[4] παρὰ θεοῦ ὁ ἄνθρωπος, ὅτι τὸ σάββατον οὐ τηρεῖ.

10. περὶ δὲ τῆς ἡμέρας ἐκείνης ἢ τῆς ὥρας οὐδεὶς οἶδεν, οὐδὲ[5] οἱ ἄγγελοι ἐν οὐρανῷ οὐδὲ ὁ υἱός, εἰ μὴ[6] ὁ πατήρ.

---

2 2인칭 대명사들이 강조의 위치에 있다는 것에 주목하라. 이 강조는 예수님의 말씀을 이해하는 데 어떤 도움을 주는가?

3 διὰ τοῦτο는 "이 때문에"(for this reason)라는 뜻이다. ἐν τούτῳ처럼 자주 사용되는 관용구이다.

4 힌트: οὗτος가 수식하는 단어는 무엇인가?

5 οὐδέ가 두 번 나오면 "상관접속사" 역할을 하며, "~도 아니고 ~도 아닌"(neither … nor)이라는 뜻을 갖는다.

6 이 문맥에서, εἰ μὴ는 "오직"(only)이라는 뜻이다.

심화

11. ἐὰν ἀγαπῶμεν τὸν κύριον, τηροῦμεν τὰς ἐντολὰς ταύτας οὐ μόνον ἐν τοῖς σαββάτοις ἀλλὰ καὶ ἐν πᾶσιν ταῖς ἡμέραις.

12. ἐκεῖνοι οἱ ἄνδρες ζητοῦσιν τὰς γυναῖκας αὐτῶν ἐν τῇ ἀγορᾷ[7] τῆς μεγάλης πόλεως.

13. καὶ εἶπεν Ἀδάμ· τοῦτο νῦν ὀστοῦν[8] ἐκ τῶν ὀστέων μου καὶ σὰρξ ἐκ τῆς σαρκός μοῦ αὕτη κληθήσεται(그/그녀/그것이 불릴 것이다) γυνή ὅτι ἐκ τοῦ ἀνδρὸς αὐτῆς ἐλήμφθη(그/그녀/그것이 취해졌다) αὕτη.

14. καὶ ἐκάλεσεν(그/그녀/그것이 불렀다) Ἀδὰμ τὸ ὄνομα τῆς γυναικὸς αὐτοῦ Ζωὴ ὅτι αὕτη μήτηρ πάντων τῶν ζώντων.[9]

15. πολλαὶ γυναῖκες ἐκοπίησαν(그들/그녀들/그것들이 열심히 일했다) διὰ τῆς χάριτος τοῦ θεοῦ αὐτῶν.

---

7 ἀγορά, -ᾶς, ἡ, "장터".

8 ὀστέον, -ου, τό, 복수 속격 ὀστέων, "뼈". 축약 형태 ὀστοῦν, -οῦ, τό(다시 말해, εο는 ου로 축약되었다).

9 τῶν ζώντων은 "살아 있는 자들"이라는 뜻이다.

16. ἡ βασιλεία ἡ ἐμὴ οὐκ ἔστιν ἐκ τοῦ κόσμου τούτου.

17. τί ποιοῦμεν ὅτι οὗτος ὁ ἄνθρωπος πολλὰ ποιεῖ σημεῖα;

18. νῦν δὲ πρὸς σὲ ἔρχομαι καὶ ταῦτα λαλῶ ἐν τῷ κόσμῳ.

19. λέγει πρὸς αὐτὸν ἡ γυνή· κύριε, δός(주어라!) μοι τοῦτο τὸ ὕδωρ.

20. [10]πάτερ, σῶσόν(구원하라!) με ἐκ τῆς ὥρας ταύτης; ἀλλὰ διὰ τοῦτο ἦλθον(내가 왔다) εἰς τὴν ὥραν ταύτην. πάτερ, δόξασόν(영화롭게 하소서!) σου τὸ ὄνομα.… ἀπεκρίθη Ἰησοῦς καὶ εἶπεν· οὐ δι᾿ ἐμὲ ἡ φωνὴ αὕτη γέγονεν(그/그녀/그것이 왔다) ἀλλὰ δι᾿ ὑμᾶς.

요약
1. διὰ τοῦτο는 "이 때문에"(for this reason)라는 뜻이다.
2. οὐδέ가 두 번 나오면 "상관접속사" 역할을 하며 "~도 아니고 ~도 아닌"이라는 뜻을 갖는다.

10 이 문장 앞에 나오는 헬라어를 번역하면, "(그리고) 내가 무슨 말을 하겠는가"이다.

참조

복습 **α.** 막 14:71　**β.** 막 4:13　**γ.** 요 11:9　**δ.** 요 15:12　**ε.** 요 1:8　**ζ.** 행 14:15　**η.** 마 3:1

번역 **1.** 막 15:39　**2.** 마 22:38　**3.** 요 13:17　**4.** 마 10:2　**5.** 요 8:23　**6.** 요 8:47　**7.** 눅 12:41　**8.** 요 9:28　**9.** 요 9:16　**10.** 막 13:32

심화 **11.** ─　**12.** ─　**13.** 창 2:23　**14.** 창 3:20　**15.** (클레멘트 1서 55:3)　**16.** 요 18:36　**17.** 요 11:47　**18.** 요 17:13　**19.** 요 4:15　**20.** 요 12:27 – 28, 30

14 관계대명사

분해

변화형	격	수	성	기본형	번역
1. ἅ					
2. ᾧ					
3. οὗ					
4. ὅ					
5. ἅς					
6. ἥ					
7. ἧς					
8. ὧν					
9. ἐκείνους					
10. ἥν					

복습

α. τὰ ῥήματα ἃ ἐγὼ λαλῶ

β. πιστεύουσιν ⋯ τῷ λόγῳ ὃν εἶπεν ὁ Ἰησοῦς.

γ. ἓν τῶν πλοίων, ὃ ἦν Σίμωνος

δ. ἐν τῇ ὁδῷ ταύτῃ ᾗ ἐγὼ πορεύομαι

ε. τὸ πνεῦμα τῆς ἀληθείας, ὃ ὁ κόσμος οὐ δύναται λαβεῖν

ζ. καὶ πᾶς ὃς πορεύεται ἐπὶ χειρῶν

η. ὁ θεὸς τῆς εἰρήνης ὅς ἐστιν μεθ᾽ ὑμῶν

번역

관계대명사를 모두 찾아내고 격, 수, 성을 설명하라. 또한 관계사 구문이 수식하는 단어가 무엇인지 설명하고, 문장 내에서 어떤 기능을 수행하는지도 설명하라.

1. τί δέ με καλεῖτε· κύριε κύριε, καὶ οὐ ποιεῖτε ἃ λέγω;

2. τί ποιοῦσιν τοῖς σάββασιν ὃ οὐκ ἔξεστιν(~이 합당하다);

3. καὶ ἔλεγον· οὐχ οὗτός ἐστιν Ἰησοῦς ὁ υἱὸς Ἰωσήφ, οὗ ἡμεῖς οἴδαμεν τὸν πατέρα καὶ τὴν μητέρα; πῶς νῦν λέγει ὅτι ἐκ τοῦ οὐρανοῦ καταβέβηκα(내가 내려왔다);

4. ἀλλ᾽ εἰσὶν ἐξ ὑμῶν τινες οἳ οὐ πιστεύουσιν.

5. ὃς γὰρ οὐκ ἔστιν καθ᾽ ἡμῶν, ὑπὲρ ἡμῶν ἐστιν.

6. χάριτι δὲ θεοῦ εἰμι ὅ εἰμι.

7. εἶπεν δὲ Ἡρῴδης· ⋯ τίς δέ ἐστιν οὗτος περὶ οὗ ἀκούω;

8. καὶ ἰδοὺ ἄνθρωπος ἦν ἐν Ἰερουσαλὴμ ᾧ ὄνομα Συμεὼν καὶ ὁ ἄνθρωπος οὗτος δίκαιος(의 로운) ⋯ καὶ πνεῦμα ἦν ἅγιον ἐπ᾽ αὐτόν.

9. Ἰωάννης ταῖς ἑπτὰ ἐκκλησίαις ταῖς ἐν τῇ Ἀσίᾳ· χάρις ὑμῖν καὶ εἰρήνη ⋯ ἀπὸ τῶν ἑπτὰ πνευμάτων ἃ ἐνώπιον τοῦ θρόνου αὐτοῦ.

10. οὐ πιστεύεις ὅτι ἐγὼ ἐν τῷ πατρὶ καὶ ὁ πατὴρ ἐν ἐμοί ἐστιν; τὰ ῥήματα ἃ ἐγὼ λέγω ὑμῖν ἀπ᾽ ἐμαυτοῦ(나 자신의) οὐ λαλῶ, ὁ δὲ πατὴρ ἐν ἐμοὶ μένων(거하는 자) ποιεῖ τὰ ἔργα αὐτοῦ.

심화

11. οἱ μαθηταὶ πάντας τοὺς ἐν τῇ συναγώγῃ ἐδίδασκον ὅτι ὅστις ἂν τὸν κύριον ἀγαπᾷ ζωὴν αἰώνιον ἔχει.

12. ἐπαγγελίαν γὰρ ἔχομεν τῆς εἰρήνης καὶ τῆς δικαιουσύνης ἣν ὁ θέος πληροῖ ἐκείνοις οἳ εἰς αὐτὸν πιστεύουσιν.

13. σῴζεσθε,[1] ἀγάπης τέκνα καὶ εἰρήνης. ὁ κύριος τῆς δόξης καὶ πάσης χάριτος μετὰ τοῦ πνεύματος ὑμῶν.

14. ἐγὼ δὲ ἀπεκρίθην(내가 대답했다)· τίς εἶ, κύριε; εἶπέν τε πρός με· ἐγώ εἰμι Ἰησοῦς ὁ Ναζωραῖος,[2] ὃν σὺ διώκεις.[3]

15. οὐχ οὗτός ἐστιν ὃν ζητοῦσιν ἀποκτεῖναι(부. 죽이다);

---

1   이 문장에는 관계대명사가 없다. 관계대명사를 넣지 않고도 정말 멋진 문장을 만들어 냈다. 그리고 이 문장에는 이번 장에 등장하는 단어가 사용되었다. σῴζεσθε는 복수 명령으로 "구원을 받으라!"는 뜻이다. 작별인사를 나눌 때 사용하는 표현이다. 수업을 마친 후, 선생님과 학우들에게 인사를 건넬 때 사용해 보라. 물론 작별 인사를 나눌 때 사용하는 다른 표현도 있다.

2   Ναζωραῖος, -ου, ὁ, "나사렛 사람".

3   διώκω, "(내가) 괴롭히다", "(내가) 박해하다".

16. καὶ αὐτός ἐστιν ἡ κεφαλὴ τοῦ σώματος τῆς ἐκκλησίας· ὅς ἐστιν ἀρχή, πρωτότοκος[4] ἐκ τῶν νεκρῶν.

17. καὶ αὕτη ἐστὶν ἡ ἐπαγγελία ἣν αὐτὸς ἐπηγγείλατο(그/그녀/그것이 약속했다) ἡμῖν, τὴν ζωὴν τὴν αἰώνιον.

18. νῦν δὲ ζητεῖτέ με ἀποκτεῖναι(부. 죽이다) ἄνθρωπον ὃς τὴν ἀλήθειαν ὑμῖν λελάληκα(내가 말했다) ἣν ἤκουσα(내가 들었다) παρὰ τοῦ θεοῦ.

19. καταβὰς(내려온 후) δὲ Πέτρος πρὸς τοὺς ἄνδρας εἶπεν· ἰδοὺ ἐγώ εἰμι ὃν ζητεῖτε.

20. ὥσπερ γὰρ ὁ πατὴρ ἐγείρει[5] τοὺς νεκροὺς καὶ ζωοποιεῖ,[6] οὕτως καὶ ὁ υἱὸς οὓς θέλει ζωοποιεῖ.

참조

복습 **α.** (요 6:63) **β.** (요 2:22) **γ.** 눅 5:3 **δ.** 창 28:20 **ε.** 요 14:17 **ζ.** 레 11:27 **η.** (빌 4:9)

번역 **1.** 눅 6:46 **2.** 막 2:24 **3.** 요 6:42 **4.** 요 6:64 **5.** 막 9:40 **6.** 고전 15:10 **7.** 눅 9:9 **8.** 눅 2:25 **9.** 계 1:4

---

4   πρωτότοκος, ον, "먼저(처음) 난 자".

5   ἐγείρω, "(내가) 일어나다, 일어나게 하다".

6   ζωοποιέω, "(내가) 살리다".

10. 요 14:10

심화 **11.** — **12.** — **13.** 바나바서 21:9 **14.** 행 22:8 **15.** 요 7:25 **16.** 골 1:18 **17.** 요일 2:25 **18.** 요 8:40

19. 행 10:21 **20.** 요 5:21

19 미래 능동태/중간태 직설법(패턴 1) ·연습문제·

분해

변화형	시제/태/법	인칭/격/수/성	기본형	번역
1. λύσει				
2. ἀκούσεις				
3. γεννήσομεν				
4. ζήσουσι				
5. πορεύσεται				
6. βλέψεις				
7. ἕξετε				
8. καλέσομεν				
9. ὅλους				
10. συνάξουσιν				

복습

α. πάντες πιστεύσουσιν εἰς αὐτόν.

β. αὐτὸς περὶ ἑαυτοῦ λαλήσει.

γ. συνάξω τοὺς καρπούς μου.

δ. ἕξει τὸ φῶς τῆς ζωῆς.

ε. σὺν ἐμοὶ πορεύσονται.

ζ. βλέψετε καὶ οὐ λαλήσει.

η. ἐπὶ Καίσαρα πορεύσῃ.

번역

1. κύριον τὸν θεόν σου προσκυνήσεις.[1]

2. [2]βασιλεὺς Ἰσραήλ ἐστιν, καταβάτω(그/그녀/그것이 내려오게 하라!) νῦν ἀπὸ τοῦ σταυροῦ(십자가) καὶ πιστεύσομεν ἐπ᾽ αὐτόν.

3. ἡ γυνή σου Ἐλισάβετ γεννήσει υἱόν σοι καὶ καλέσεις τὸ ὄνομα αὐτοῦ Ἰωάννην.

4. ὁ δὲ θεός μου πληρώσει πᾶσαν χρείαν(필요) ὑμῶν κατὰ τὸ πλοῦτος(부요함) αὐτοῦ ἐν δόξῃ ἐν Χριστῷ Ἰησοῦ.

---

1   이 단어는 비록 미래 동사지만 명령을 나타내는 명령형으로 사용되고 있다는 사실에 주의하라. 헬라어와 영어에서 미래형이 이런 방식으로 사용되는 경우를 자주 볼 수 있다. 이번 장의 "본문 주해 맛보기"를 보라.

5. ἀμὴν ἀμὴν λέγω ὑμῖν ὅτι ἔρχεται ὥρα καὶ νῦν ἐστιν ὅτε οἱ νεκροὶ ἀκούσουσιν τῆς φωνῆς τοῦ υἱοῦ τοῦ θεοῦ καὶ οἱ ἀκούσαντες(듣는 자들) ζήσουσιν.

6. καὶ ἔσεσθε μισούμενοι(미움을 받다) ὑπὸ πάντων διὰ τὸ ὄνομά μου.

7. [3]ἀμὴν ἀμὴν λέγω ὑμῖν, ὁ πιστεύων(믿는 자) εἰς ἐμὲ τὰ ἔργα ἃ ἐγὼ ποιῶ κἀκεῖνος(그 사람) ποιήσει καὶ μείζονα τούτων[4] ποιήσει, ὅτι ἐγὼ πρὸς τὸν πατέρα πορεύομαι.

8. ὑμεῖς προσκυνεῖτε ὃ οὐκ οἴδατε· ἡμεῖς προσκυνοῦμεν ὃ οἴδαμεν, ὅτι ἡ σωτηρία(구원) ἐκ τῶν Ἰουδαίων ἐστίν. ἀλλὰ ἔρχεται ὥρα καὶ νῦν ἐστιν, ὅτε οἱ ἀληθινοὶ(진리) προσκυνηταὶ(예배자들) προσκυνήσουσιν τῷ πατρὶ ἐν πνεύματι καὶ ἀληθείᾳ.

9. ζητήσετέ με, καὶ καθὼς εἶπον(내가 말했다) τοῖς Ἰουδαίοις ὅτι ὅπου ἐγὼ ὑπάγω(내가 간다) ὑμεῖς οὐ δύνασθε ἐλθεῖν(부. 가다), καὶ ὑμῖν λέγω.

---

2   힌트: 사람들은 아마도 예수님을 비웃고 조롱하고 있을 것이다. 흥미롭게도, 일부 사본(A, m, Latin, Syriac 등)에서는 βασιλεύς 앞에 εἰ가 삽입되어 있다.

3   이 구절은 요한의 반복 기법을 보여주는 좋은 예이다. 요한은 문장의 주어를 절의 형태로 만들고, 이것을 대명사나 몇몇 다른 단어로 반복한다.

4   τούτων은 "비교의 속격"을 보여주는 좋은 예이다. μείζων과 같은 비교 형용사는 주로 속격 단어와 함께 사용되어 비교를 나타내며, "~보다"(than)로 번역한다.

10. ἄκουε(들으라!), Ἰσραήλ, κύριος ὁ θεὸς ἡμῶν κύριος εἷς ἐστιν, καὶ ἀγαπήσεις κύριον τὸν θεόν σου ἐξ ὅλης τῆς καρδίας σου καὶ ἐξ ὅλης τῆς ψυχῆς σου καὶ ἐξ ὅλης τῆς διανοίας(마음) σου καὶ ἐξ ὅλης τῆς ἰσχύος(힘) σου.

심화

11. οἱ Ἰουδαῖοι συνάξουσιν ἐπὶ τῇ θαλάσσῃ τῆς Γαλιλαίας ὅτι ὁ Ἰησοῦς παραβολὰς λαλήσει.

12. πορευσόμεθα πρὸς τὴν βασιλείαν τοῦ Ἰσραήλ, ἀλλὰ ἀκούσομεν τοῦ εὐαγγελίου τῆς ἀγάπης τοῦ θεοῦ;

13. υἱοὺς καὶ θυγατέρας[5] γεννήσεις καὶ οὐκ ἔσονταί σοι.

14. οὐ προσκυνήσεις τοῖς θεοῖς αὐτῶν οὐδὲ ποιήσεις κατὰ τὰ ἔργα αὐτῶν.

15. καὶ εἶπεν κύριος τῷ Ἀβράμ· ἔξελθε(나가라!) ἐκ τῆς γῆς[6] σου ⋯ καὶ ἐκ τοῦ οἴκου τοῦ πατρός σου εἰς τὴν γῆν ἣν ἄν σοι δείξω(내가 보여줄 것이다) καὶ ποιήσω σε εἰς ἔθνος[7] μέγα καὶ εὐλογήσω[8] σε ⋯ καὶ ἔσῃ εὐλογητός.[9]

16. ἔσεσθε οὖν ὑμεῖς τέλειοι ὡς ὁ πατὴρ ὑμῶν ὁ οὐράνιος τέλειός[10] ἐστιν.

17. δικαιοσύνη γὰρ θεοῦ ἐν αὐτῷ ἀποκαλύπτεται ἐκ πίστεως εἰς πίστιν, καθὼς γέγραπται(~이 기록되었다). ὁ δὲ δίκαιος ἐκ πίστεως ζήσεται.

18. ἐὰν ἀγαπᾶτέ με, τὰς ἐντολὰς τὰς ἐμὰς τηρήσετε.

19. εἴ τις θέλει πρῶτος εἶναι,[11] ἔσται πάντων ἔσχατος.

20. εὗρον(내가 찾아냈다) Δαυὶδ τὸν[12] τοῦ Ἰεσσαί, ἄνδρα κατὰ τὴν καρδίαν μου, ὃς ποιήσει πάντα τὰ θελήματά μου.

---

5   θυγάτηρ, -τρός, ἡ, "딸".
6   γῆ, γῆς, ἡ, "지구", "땅", "지역".
7   ἔθνος, -ους, τό, "민족".
8   εὐλογέω, "(내가) 축복하다".
9   εὐλογητός, -ή, -όν, "복을 받은", "칭송받는".
10 οὐράνιος, -ον, "하늘의".
11 "~이 되다". 술어적 주격을 취한다.
12 τόν이 수식하는 단어는 이런 종류의 문장 구조에서 종종 탈락한다. 이 단어는 무엇인가?

1. 미래시제는 명령을 나타낼 때도 사용할 수 있다.
2. μείζων과 같은 비교 형용사는 주로 속격 단어("비교의 속격")와 함께 사용되어 비교를 나타내며, "~보다"(than)로 번역할 수 있다.

참조

복습 α. 요 11:48 β. 요 9:21 γ. 눅 12:17 δ. 요 8:12 ε. 고전 16:4 ζ. — η. 행 25:12

번역 1. 마 4:10 2. 마 27:42 3. 눅 1:13 4. 빌 4:19 5. 요 5:25 6. 막 13:13 7. 요 14:12 8. 요 4:22 – 23 9. 요 13:33 10. 막 12:29 – 31

심화 11. — 12. — 13. 신 28:41 14. (출 23:24) 15. 창 12:1 – 2 16. 마 5:48 17. 롬 1:17 18. 요 14:15 19. 막 9:35 20. 행 13:22

20 동사 어근(패턴 2-4)

미래시제 동사가 현재시제에서는 어떻게 변하는지, 또 그 반대의 경우는 어떻게 변하는지 알고 있어야 한다.

분해

변화형	시제/태/법	인칭/격/수/성	기본형	번역
1. ἀρεῖς				
2. ὄψεται				
3. ἐκβαλοῦμεν				
4. ἐγειροῦσιν				
5. ἀποκτενεῖτε				
6. σώσει				
7. ἀποστελεῖ				
8. βαπτίσεις				
9. ποιοῦσι				
10. κρινεῖτε				

복습

α. ἐκεῖνος κρινεῖ αὐτὸν ἐν τῇ ἐσχάτῃ ἡμέρᾳ.

β. πολλοὶ γὰρ ἐλεύσονται ἐπὶ τῷ ὀνόματί μου.

γ. ἐν τῷ ὀνόματί μου δαιμόνια ἐκβαλοῦσιν.

δ. γνώσεσθε τὴν ἀλήθειαν.

ε. ἐρῶ τῇ ψυχῇ μου.

ζ. αὐτὸς μένει ἐπὶ τὸν κόσμον ἀλλὰ σὺ μενεῖς εἰς τοὺς αἰῶνας.

η. πῶς πάσας τὰς παραβολὰς γνώσεσθε;

번역

1. ἐγὼ ἐβάπτισα(내가 세례를 주었다) ὑμᾶς ὕδατι, αὐτὸς δὲ βαπτίσει ὑμᾶς ἐν πνεύματι ἁγίῳ.

2. ἀποστελεῖ ὁ υἱὸς τοῦ ἀνθρώπου τοὺς ἀγγέλους αὐτοῦ.

3. ἐκεῖ αὐτὸν ὄψεσθε, καθὼς εἶπεν ὑμῖν.

4. ἀπεκρίθη Ἰησοῦς καὶ εἶπεν αὐτῷ· ἐάν τις ἀγαπᾷ[1] με τὸν λόγον μου τηρήσει καὶ ὁ πατήρ μου ἀγαπήσει αὐτὸν καὶ πρὸς αὐτὸν ἐλευσόμεθα.

5. τέξεται(그/그녀/그것이 낳을 것이다) δὲ υἱόν, καὶ καλέσεις τὸ ὄνομα αὐτοῦ Ἰησοῦν. αὐτὸς γὰρ σώσει τὸν λαὸν αὐτοῦ ἀπὸ τῶν ἁμαρτιῶν αὐτῶν.

6. ἢ οὐκ οἴδατε ὅτι οἱ ἅγιοι τὸν κόσμον κρινοῦσιν; ··· οὐκ οἴδατε ὅτι ἀγγέλους κρινοῦμεν;

7. πάντες πιστεύσουσιν εἰς αὐτόν, καὶ ἐλεύσονται οἱ Ῥωμαῖοι καὶ ἀροῦσιν τὸν τόπον ἡμῶν.

8. ἀλλὰ ἐρεῖ τις· πῶς ἐγείρονται οἱ νεκροί; ποίῳ(어떤 종류의) δὲ σώματι ἔρχονται;

9. λέγει αὐτῷ· ἐκ τοῦ στόματός σου κρινῶ σε, πονηρὲ δοῦλε.

10. διὰ τοῦτο καὶ ἡ σοφία τοῦ θεοῦ εἶπεν· ἀποστελῶ εἰς αὐτοὺς προφήτας καὶ ἀποστόλους, καὶ ἐξ αὐτῶν[2] ἀποκτενοῦσιν.

---

1 이 형태는 실제로는 가정법이지만(31 장), 이 경우는 직설법과 형태상 동일하여 직설법으로 번역된다.

심화

11. τί οἱ κακοὶ ἀποκτείνουσιν τοὺς ἀγαθούς, οἳ τηροῦσιν τὸν νόμον τοῦ θεοῦ καὶ ἀγαπῶσι πάντας;

12. ἐν τῷ στόματί μου μεγαλὴν σοφίαν λαλήσω καὶ κατὰ τὴν ὅλην ζωὴν ἐρῶ περὶ τῆς δικαιοσύνης τε καὶ τῆς ὁδοῦ τῆς ἀληθείας.

13. καὶ καλέσεις τὰ σάββατα ἅγια τῷ θεῷ σου καὶ οὐκ ἀρεῖς τὸν πόδα σου ἐπ᾽ ἔργῳ οὐδὲ λαλήσεις λόγον ἐν ὀργῇ[3] ἐκ τοῦ στόματός σου.

14. ὁ θεός ἐστιν κύριος, καὶ αὐτὸς οἶδεν, καὶ Ἰσραὴλ αὐτὸς γνώσεται.

15. τὸ ὕδωρ αὐτοῦ πιστόν· βασιλέα μετὰ δόξης ὄψεσθε, καὶ ἡ ψυχὴ ὑμῶν μελετήσει[4] φόβον[5] κυρίου.

---

2 αὐτῶν은 "부분 속격"이라고 부르는데, 여기서 속격 단어는 '큰 무리'(αὐτῶν, 전체)를 가리키고, 수식받는 단어는 '작은 무리'(부분)를 가리킨다. 그런데 여기서 문제는 이 단어가 수식하는 명사가 겉으로 드러나지 않는다는 것이다. 번역할 때는 '작은 무리'에 "약간의, 몇몇의"(some)를 덧붙여라.

3 ὀργή, -ῆς, ἡ, "분노", "화".

4 μελετάω, "(내가) 연습하다", "연마하다/양성하다/힘쓰다"(cultivate).

5 φόβος, -ου, ὁ, "두려움", "경외".

16. καὶ τὰ τέκνα αὐτῆς ἀποκτενῶ ἐν θανάτῳ. καὶ γνώσονται πᾶσαι αἱ ἐκκλησίαι ὅτι ἐγώ εἰμι ὁ ἐραυνῶν(살피는 자) νεφροὺς[6] καὶ καρδίας, καὶ δώσω(내가 줄 것이다) ὑμῖν ἑκάστῳ κατὰ τὰ ἔργα ὑμῶν.

17. μὴ μόνον οὖν αὐτὸν καλῶμεν(우리가 부르자!) κύριον, οὐ γὰρ τοῦτο σώσει ἡμᾶς.

18. μακάριοι οἱ καθαροὶ τῇ καρδίᾳ, ὅτι αὐτοὶ τὸν θεὸν ὄψονται.

19. ἀλλ᾿ ἐρεῖ τις· σὺ πίστιν ἔχεις, κἀγὼ ἔργα ἔχω. δεῖξόν(보여 달라!) μοι τὴν πίστιν σου χωρὶς τῶν ἔργων, κἀγώ σοι δείξω(내가 보여줄 것이다) ἐκ τῶν ἔργων μου τὴν πίστιν. σὺ πιστεύεις ὅτι εἷς ἐστιν ὁ θεός, καλῶς ποιεῖς. καὶ τὰ δαιμόνια πιστεύουσιν καὶ φρίσσουσιν.[7]

20. ἐὰν τὰς ἐντολάς μου τηρήσητε(너희가 지킨다), μενεῖτε ἐν τῇ ἀγάπῃ μου, καθὼς ἐγὼ τὰς ἐντολὰς τοῦ πατρός μου τετήρηκα(내가 지켰다) καὶ μένω αὐτοῦ[8] ἐν τῇ ἀγάπῃ.

---

6   νεφρός, -οῦ, ὁ, "생각".
7   φρίσσω, "(내가) 떨다".
8   알다시피 αὐτοῦ는 일반적으로 뒤에 수식하는 단어가 따라오지만 항상 그런 것은 아니다. 이 단어가 수식하는 단어가 무엇인지는 어떻게 알 수 있겠는가?

참조

복습 α. 요 12:48 β. 마 24:5 γ. 막 16:17 δ. 요 8:32 ε. 눅 12:19 ζ. — η. 막 4:13

번역 1. 막 1:8 2. 마 13:41 3. 막 16:7 4. 요 14:23 5. 마 1:21 6. 고전 6:2 – 3 7. (요 11:48) 8. 고전 15:35
    9. 눅 19:22 10. 눅 11:49

심화 11. — 12. — 13. (사 58:13) 14. (수 22:22) 15. 바나바서 11:5 16. 계 2:23 17. 클레멘트2서 4:1 18.
    마 5:8 19. 약 2:18 – 19 20. 요 15:10

복습 4 | 10-14, 19-20장

문법

1. 어미 변화가 일어난 아래 형태에서 어간이 어떻게 바뀌었는지 설명해 보라. 우선 해당 단어의 어간을 쓰고, 격어미를 추가한 후, 최종 형태를 보여주고, 마지막으로 이 변화를 설명하라.

  a. σάρξ

  b. ὄνομα

  c. χάρισιν

  d. πίστεως

  e. πᾶς

2. 명사 법칙 일곱 번째와 여덟 번째를 쓰라.

  7)

  8)

3. 다음 빈칸에 알맞은 격어미를 채우라.

	제1, 2변화			제3변화	
	남성	여성	중성	남성/여성	중성
주격 단수					
속격 단수					
여격 단수					
대격 단수					
주격 복수					
속격 복수					
여격 복수					
대격 복수					

4. 인칭대명사의 격, 수, 성을 결정하는 것은 무엇인가?

    a. 격/수
    b. 성

5. 영어의 인칭대명사 변화표를 채우라.

	1인칭	2인칭		1인칭	2인칭
주격 단수			주격 복수		
소유격 단수			소유격 복수		
목적격 단수			목적격 복수		

6. αὐτός의 세 가지 용법은 무엇인가?

   a.

   b.

   c.

7. 여성 인칭대명사의 형태를 여성 지시사와 어떻게 구분하는가?

8. 지시사가 명사를 수식할 때 형용사적으로 어떤 위치에 있는가?

9. 호격의 네 가지 기본 법칙은 무엇인가?

   a.

   b.

   c.

   d.

10. 관계대명사의 격, 수, 성을 결정하는 요소는 무엇인가?

   a.   격

   b.   수/성

11. 관사와 관계대명사의 형태는 어떻게 구분할 수 있는가?

12. "폐쇄음의 사각형"(Square of Stops)을 쓰고, σ가 결합되면 각각의 폐쇄음에 어떤 현상이 나타나
는지 쓰라.

    a. 순음

    b. 연구개음

    c. 치음

13. 동사의 "어근"과 시제 "어간"의 차이는 무엇인가?

    a. 어근

    b. 어간

14. 동사 어근에서 시제 어간을 만드는 세 가지 기본적인 방법은 무엇인가.

    a.

    b.

    c.

15. 동사 마스터 차트를 채우라.

시제	사상 접두 모음 /어간 중복	시제 어간	시제 형태소	연결 모음	인칭 어미	1인칭 단수 변화형
현재 능동						
현재 중간/수동						
미래 능동						
유음 미래 능동						
미래 중간						

분해

변화형	시제/태/법	인칭/격/수/성	기본형	번역
1. πόλεσιν				
2. ὀνόματι				
3. ἀροῦσιν				
4. αὕτη				
5. ζήσῃ				
6. ἀκούσεις				
7. οἷς				
8. σώσω				
9. γνώσεται				
10. πολλοῖς				
11. βλέψεται				
12. ὄψονται				
13. ποδί				
14. γνώσονται				
15 ὄψῃ				

번역 | 요한복음 12:27-36

12:27 νῦν ἡ ψυχή μου τετάρακται(그/그녀/그것이 괴로웠다), καὶ τί εἴπω(내가 말할 수 있다);

πάτερ, σῶσόν(구원하소서!) με ἐκ τῆς ὥρας ταύτης; ἀλλὰ διὰ τοῦτο ἦλθον(내가 왔다) εἰς τὴν ὥραν ταύτην. **28** πάτερ, δόξασόν(영화롭게 하소서!) σου τὸ ὄνομα. ἦλθεν(그/그녀/그것이 왔

다) οὖν φωνὴ ἐκ τοῦ οὐρανοῦ· καὶ ἐδόξασα(내가 영화롭게 했다) καὶ πάλιν δοξάσω. **29** ὁ οὖν

ὄχλος ὁ ἑστὼς(서 있었던 자) καὶ ἀκούσας(들었던) ἔλεγεν(그/그녀/그것이 말하고 있었다) βροντὴν

γεγονέναι,[1] ἄλλοι ἔλεγον(그들/그녀들/그것들이 말하고 있었다), ἄγγελος αὐτῷ λελάληκεν(그/그

녀/그것이 말했다). **30** ἀπεκρίθη Ἰησοῦς καὶ εἶπεν· οὐ δι᾿ ἐμὲ ἡ φωνὴ αὕτη γέγονεν(그/그녀/그

것이 있었다) ἀλλὰ δι᾿ ὑμᾶς. **31** νῦν κρίσις ἐστὶν τοῦ κόσμου τούτου, νῦν ὁ ἄρχων τοῦ κόσμου

τούτου ἐκβληθήσεται(그/그녀/그것이 쫓겨날 것이다) ἔξω· **32** κἀγὼ ἐὰν ὑψωθῶ(내가 들어 올려지

다) ἐκ τῆς γῆς, πάντας ἑλκύσω(내가 끌어당길 것이다) πρὸς ἐμαυτόν. **33** τοῦτο δὲ ἔλεγεν(그/그

녀/그것이 말하고 있었다) σημαίνων(암시하다) ποίῳ θανάτῳ ἤμελλεν(그/그녀/그것이 ~하려고 하다)

ἀποθνήσκειν(부. 죽다). **34** ἀπεκρίθη οὖν αὐτῷ ὁ ὄχλος· ἡμεῖς ἠκούσαμεν(우리가 들었다) ἐκ τοῦ

---

1   βροντὴν γεγονέναι는 "천둥이 쳤다"라는 뜻이다.

νόμου ὅτι ὁ Χριστὸς μένει εἰς τὸν αἰῶνα, καὶ πῶς λέγεις σὺ ὅτι δεῖ ὑψωθῆναι(부. 들어 올려지다)

τὸν υἱὸν τοῦ ἀνθρώπου; [2] τίς ἐστιν οὗτος ὁ υἱὸς τοῦ ἀνθρώπου; 35 εἶπεν οὖν αὐτοῖς ὁ Ἰησοῦς·

ἔτι μικρὸν χρόνον τὸ φῶς ἐν ὑμῖν ἐστιν. περιπατεῖτε(걸으라!) ὡς τὸ φῶς ἔχετε, ἵνα μὴ σκοτία

ὑμᾶς καταλάβῃ(그/그녀/그것이 붙잡다). καὶ ὁ περιπατῶν(걷는 자) ἐν τῇ σκοτίᾳ οὐκ οἶδεν ποῦ

ὑπάγει. 36 ὡς τὸ φῶς ἔχετε, πιστεύετε(믿으라!) εἰς τὸ φῶς, ἵνα υἱοὶ φωτὸς γένησθε(너희가 되다).

2   τὸν υἱὸν τοῦ ἀνθρώπου는 ὑψωθῆναι의 주어 역할을 한다.

22 제2부정과거 능동태/중간태 직설법 · 연습문제 ·

첫 번째 경로를 따르든 두 번째 경로를 따르든, 이제 22장부터 마지막 장까지는 문법 내용이 똑같다.

분해

변화형	시제/태/법	인칭/격/수/성	기본형	번역
1. ἤλθομεν				
2. ἐγενόμεθα				
3. ἀπεθάνετε				
4. εἰσῆλθες				
5. ἔβαλεν				
6. ἔσχον				
7. ἔγνων				
8. εὗρον				
9. ἀπεθάνομεν				
10. ἐγινόμην				

복습

α. ἦλθεν πρὸς τὸν Ἰησοῦν.

β. προσῆλθον αὐτῷ οἱ μαθηταί.

γ. ἔβαλεν αὐτοὺς εἰς τὴν γῆν.

δ. πνεῦμα ἅγιον ἐλάβετε;

ε. οἱ προφῆται ἀπέθανον.

ζ. εἰσῆλθεν εἰς γῆν Ἰσραήλ.[1]

η. εὗρες γὰρ χάριν παρὰ τῷ θεῷ.

번역

1. Χριστὸς ἀπέθανεν ὑπὲρ τῶν ἁμαρτιῶν ἡμῶν κατὰ τὰς γραφάς.

2. καὶ ἐξῆλθον οἱ μαθηταὶ καὶ ἦλθον εἰς τὴν πόλιν καὶ εὗρον[2] καθὼς εἶπεν αὐτοῖς.

3. καὶ φωνὴ ἐγένετο ἐκ τῶν οὐρανῶν· σὺ εἶ ὁ υἱός μου ὁ ἀγαπητός.

4. διδάσκαλε, εἴδομέν τινα ἐν τῷ ὀνόματί σου ἐκβάλλοντα (쫓아내고 있다) δαιμόνια.

1 　외래어는 격변화가 없는 경우가 자주 있으므로, 문맥을 보고 단어의 격을 파악해야 한다는 사실을 명심하라.
2 　εὗρον을 분해할 때 단어의 어근을 아는 것이 중요한 단서가 된다. εὗρω라는 기본형은 없다.

5. ὁ δὲ Ἰησοῦς εἶπεν αὐτῷ· τί με λέγεις ἀγαθόν; οὐδεὶς ἀγαθὸς εἰ μὴ εἷς ὁ θεός.[3]

6. ἐξῆλθεν καὶ ἀπῆλθεν εἰς ἔρημου(한적한 곳) τόπον κἀκεῖ(그리고 거기서) προσηύχετο. καὶ εὗρον αὐτὸν καὶ λέγουσιν αὐτῷ ὅτι πάντες ζητοῦσίν σε.

7. πολλάκις(자주) καὶ[4] εἰς πῦρ αὐτὸν ἔβαλεν καὶ εἰς ὕδατα.

8. οὔτε οἶδα οὔτε ἐπίσταμαι(내가 깨닫는다) σὺ τί λέγεις. καὶ ἐξῆλθεν ἔξω.

9. ἀπεθάνομεν τῇ ἁμαρτίᾳ, πῶς ἔτι ζήσομεν ἐν αὐτῇ;

10. ἀπεκρίθη αὐτοῖς ὁ Ἰησοῦς καὶ εἶπεν· ἀμὴν ἀμὴν λέγω ὑμῖν, ζητεῖτέ με οὐχ ὅτι εἴδετε σημεῖα, ἀλλ᾽ ὅτι ἐφάγετε(네가 먹었다) ἐκ τῶν ἄρτων καὶ ἐχορτάσθητε(너희가 배불렀다).

---

3 ὁ θεός가 주격으로 나온 이유는 무엇인가?

4 "상관접속사"는 쌍으로 이루어진 접속사를 말한다. καί ··· καί는 "~와 ~ 둘 다"를 의미하며, οὔτε ··· οὔτε는 "~도 아니고 ~도 아닌"을 의미한다.

심화

11. ἐν τῷ οἴκῳ ἐν ᾧ οἱ μαθηταὶ τὸν ἄρτον ἀπὸ τῆς χειρὸς τοῦ Ἰησοῦ ἔλαβον, εἶπον σὺν ἀλλήλοις καὶ τῷ κυρίῳ αὐτῶν.

12. οἱ ὄχλοι προσῆλθον τὴν πόλιν καὶ ἐν τῇ συναγώγῃ συνήγαγον ὅτι ὁ Παῦλος ἐδίδασκε τὴν ἀλήθειαν περὶ Ἰησοῦ τοῦ Χριστοῦ τε καὶ τοῦ κυρίου.

13. καὶ ἀπέθανεν Σαούλ καὶ τρεῖς(셋) υἱοὶ αὐτοῦ ἐν τῇ ἡμέρᾳ ἐκείνῃ καὶ πᾶς ὁ οἶκος αὐτοῦ ἐπὶ τὸ αὐτὸ ἀπέθανεν.

14. εἰσῆλθεν δὲ Νῶε καὶ οἱ υἱοὶ αὐτοῦ καὶ ἡ γυνὴ αὐτοῦ καὶ αἱ γυναῖκες τῶν υἱῶν αὐτοῦ μετ᾽ αὐτοῦ εἰς τὴν κιβωτὸν[5] διὰ τὸ ὕδωρ.

15. ἐν ἀγάπῃ προσελάβετο[6] ἡμᾶς ὁ δεσπότης[7]. διὰ τὴν ἀγάπην, ἣν ἔσχεν πρὸς ἡμᾶς, τὸ αἷμα[8] αὐτοῦ ἔδωκεν(그/그녀/그것이 주었다) ὑπὲρ ἡμῶν Ἰησοῦς Χριστὸς ὁ κύριος ἡμῶν ἐν θελήματι θεοῦ, καὶ τὴν[9] σάρκα ὑπὲρ τῆς σαρκὸς ἡμῶν καὶ τὴν ψυχὴν ὑπὲρ τῶν ψυχῶν ἡμῶν.

---

5   κιβωτός, -οῦ, ἡ, "방주".

16. ὁ οὖν Ἰησοῦς ⋯ ἦλθεν εἰς Βηθανίαν, ὅπου ἦν Λάζαρος, ὃν ἤγειρεν(그/그녀/그것이 일으켰다) ἐκ νεκρῶν Ἰησοῦς.

17. ἐν τῷ κόσμῳ ἦν, καὶ ὁ κόσμος δι᾽ αὐτοῦ ἐγένετο, καὶ ὁ κόσμος αὐτὸν οὐκ ἔγνω.

18. μετὰ ταῦτα ἦλθεν[10] ὁ Ἰησοῦς καὶ οἱ μαθηταὶ αὐτοῦ εἰς τὴν Ἰουδαίαν γῆν καὶ ἐκεῖ διέτριβεν(그/그녀/그것이 지내고 있었다) μετ᾽ αὐτῶν καὶ ἐβάπτιζεν.

19. πέντε γὰρ ἄνδρας ἔσχες καὶ νῦν ὃν ἔχεις οὐκ ἔστιν σου ἀνήρ.

20. εἶπον [οὖν] αὐτῷ οἱ Ἰουδαῖοι· νῦν ἐγνώκαμεν(우리가 안다) ὅτι δαιμόνιον ἔχεις. Ἀβραάμ ἀπέθανεν καὶ οἱ προφῆται, καὶ σὺ λέγεις· ἐάν τις τὸν λόγον μου τηρήσῃ(그/그녀/그것이 지킬 수 있다), οὐ μὴ[11] γεύσηται[12] θανάτου εἰς τὸν αἰῶνα.

---

6   προσλαμβάνω, "(내가) 받다".

7   δεσπότης, -ου, ὁ, "주인", "주님".

8   αἷμα, -ματος, τό, "피".

9   힌트: 이 관사는 본 문맥에서 관사의 다른 역할을 하고 있으며, ἡμῶν과 병렬 관계를 갖는다.

10 ἦλθεν은 두 개 이상의 명사가 연결된 복합 주어(Ἰησοῦς와 μαθηταί)를 갖지만 단수 형태이다. 동사는 가장 가까이 있는 주어와 수를 일치시킨다는 법칙에 따른 것이다. 만약 ἦλθεν이 μαθηταί 뒤에 오면 동사는 복수 형태가 된다.

11 연속적으로 두 번 등장하는 부정(이중 부정)은 영어에서처럼 부정의 의미를 서로 무효화시키지는 않는다. οὐ μή는 강한 부정을 나타낸다.

12 "그/그녀/그것은 맛볼 것이다". 이 단어는 속격을 직접 목적어로 취한다.

1. "상관접속사"는 문법적으로 동일한 두 개의 절을 연결하는 한 쌍의 접속사를 말한다. καί … καί는 "A 와 B 둘 다"를 의미하며, μέν … δέ는 "한편으로는 ~하고 다른 한편으로는 ~하다"을 의미한다.
2. 어떤 동사가 복합 주어를 갖는다면, 그 동사는 주로 어순상 가장 가까운 주어와 수가 일치한다(문장 18).

참조

복습 **α.** 마 14:29 **β.** 마 14:15 **γ.** 계 12:4 **δ.** 행 19:2 **ε.** 요 8:53 **ζ.** 마 2:21 **η.** 눅 1:30

번역 **1.** 고전 15:3 **2.** 막 14:16 **3.** 막 1:11 **4.** 막 9:38 **5.** 막 10:18 **6.** 막 1:35, 37 **7.** 막 9:22 **8.** 막 14:68 **9.** 롬 6:2 **10.** 요 6:26

심화 **11.** ― **12.** ― **13.** 대상 10:6 **14.** 창 7:7 **15.** 클레멘트1서 49:6 **16.** 요 12:1 **17.** 요 1:10 **18.** 요 3:22 **19.** 요 4:18 **20.** 요 8:52

23 제1부정과거 능동태/중간태 직설법 · 연습문제 ·

분해

변화형	시제/태/법	인칭/격/수/성	기본형	번역
1. ἐπιστεύσαμεν				
2. ἠκούσατε				
3. ἐζήτησε				
4. ἐπλήρωσαν				
5. ἐγένετο				
6. προσηύξατο				
7. ἐβάπτισας				
8. ἔσχομεν				
9. ἦλθαν				
10. ἠρξάμεθα				

복습

α. πολλοὶ ἐπίστευσαν εἰς τὸ ὄνομα αὐτοῦ.

β. ἔγραψεν ὑμῖν τὴν ἐντολὴν ταύτην.

γ. καὶ εὐθὺς ἐκάλεσεν αὐτούς.

δ. ἐκήρυξαν ⋯ καὶ δαιμόνια πολλὰ ἐξέβαλλον.

ε. ἤγειρεν αὐτήν.

ζ. ὁ δὲ ⋯ ἀπεκρίνατο οὐδέν.

η. ἦλθεν οὖν καὶ ἦρεν τὸ σῶμα αὐτοῦ.

번역

1. ἐπίστευσα, διὸ ἐλάλησα, καὶ ἡμεῖς πιστεύομεν, διὸ καὶ λαλοῦμεν.

2. ἐγὼ ἐβάπτισα ὑμᾶς ὕδατι, αὐτὸς δὲ βαπτίσει ὑμᾶς ἐν πνεύματι ἁγίῳ.

3. καθὼς ἐμὲ ἀπέστειλας εἰς τὸν κόσμον, κἀγὼ ἀπέστειλα αὐτοὺς εἰς τὸν κόσμον.

4. ἤκουσεν Ἰησοῦς ὅτι ἐξέβαλον αὐτὸν ἔξω καὶ εὑρὼν(찾은 후) αὐτὸν εἶπεν· σὺ πιστεύεις εἰς τὸν υἱὸν τοῦ ἀνθρώπου;

5. λέγει αὐτοῖς ὅτι ἦραν τὸν κύριόν μου, καὶ οὐκ οἶδα ποῦ(어디에) ἔθηκαν(그들/그녀들/그것들이 두었다) αὐτόν.

6. καὶ ἀπῆλθεν καὶ ἤρξατο κηρύσσειν(부. 전파하다) ἐν τῇ Δεκαπόλει[1] ὅσα[2] ἐποίησεν αὐτῷ ὁ Ἰησοῦς.

7. λέγει αὐτοῖς· ἔρχεσθε(오라!) καὶ ὄψεσθε. ἦλθαν οὖν καὶ εἶδαν ποῦ(어디에) μένει καὶ παρ᾽ αὐτῷ ἔμειναν τὴν ἡμέραν ἐκείνην.

8. ταῦτα ἔγραψα ὑμῖν ἵνα εἰδῆτε(너희가 알다) ὅτι ζωὴν ἔχετε αἰώνιον, τοῖς πιστεύουσιν(믿는 자들) εἰς τὸ ὄνομα τοῦ υἱοῦ τοῦ θεοῦ.

9. καὶ συνάγονται οἱ ἀπόστολοι πρὸς τὸν Ἰησοῦν καὶ ἀπήγγειλαν[3] αὐτῷ πάντα ὅσα ἐποίησαν καὶ ὅσα ἐδίδαξαν.

10. πολλοὶ ἐροῦσίν μοι ἐν ἐκείνῃ τῇ ἡμέρᾳ· κύριε κύριε, οὐ τῷ σῷ[4] ὀνόματι ἐπροφητεύσαμεν,[5] καὶ τῷ σῷ ὀνόματι δαιμόνια ἐξεβάλομεν, καὶ τῷ σῷ ὀνόματι δυνάμεις πολλὰς ἐποιήσαμεν; καὶ τότε ὁμολογήσω(내가 말할 것이다) αὐτοῖς ὅτι οὐδέποτε(결코 ~않다) ἔγνων ὑμᾶς.

11. οἱ πονηροὶ ἑπτὰ ἀνδρὰς καὶ μίαν γυναῖκα ἀπέκτειναν, ὁ δὲ λαὸς τοῦ θεοῦ ἐν τῇ ἐκκλησίᾳ ἔμενεν ὅτι ἐκεῖ ἤκουσαν τὸ εὐαγγέλιον τῆς ζωῆς.

12. ὁ γὰρ Πέτρος ἔγραψε τοῖς ἐν Ἰερουσαλὴμ ὅτι δυνάμεις πολλὰς καὶ μεγάλας ποιεῖ ἐν τῷ ἁγίῳ πνεύματι· δόξα τῷ θεῷ.

13. καὶ ἐποίησεν αὐτὸν ἕνα τῶν φίλων[6] αὐτοῦ καὶ ἐδόξασεν αὐτὸν δόξῃ μεγάλῃ.

14. καὶ οὐκ ἠκούσατε τῆς φωνῆς κυρίου ἧς[7] ἀπέστειλέν με πρὸς ὑμᾶς.

15. καὶ ἔγραψεν Μωϋσῆς τὴν ᾠδὴν[8] ταύτην ἐν ἐκείνῃ τῇ ἡμέρᾳ καὶ ἐδίδαξεν αὐτὴν τοὺς υἱοὺς Ἰσραήλ.

1 "데가볼리"는 요단 동편에 있는 "10개의 도시" 지역이다. 헬라어로 된 지명이라는 점에서 짐작했겠지만 이곳은 이방인 지역이다.

2 이 단어는 다른 문맥에서도 자주 사용된다. 어떤 경우에는 핵심 단어 "~만큼 대단한/~만큼 많은"으로 번역하기 어려울 수 있다. NIV에서는 "얼마나 많이"(how much)로 번역하고 있는데, "모든"(everything)으로 번역하는 것도 좋겠다.

3 ἀπαγγέλλω, "(내가) 보고하다".

4 형용사 σός, σή, σόν은 모든 형태에서 "너의"라는 뜻이며, 이는 ἐμός가 항상 "나의"라는 뜻으로 사용되는 것과 같다. σός는 신약성경에 27번 등장한다. 이 단어는 이 구절 전반에 반복적으로 나타난다.

5 προφητεύω, "(내가) 예언하다".

6 φίλος, -η, -ον, "사랑하는 자", "친구".

7 ἧς는 κυρίου의 격에 동화되었다. 이것은 수단의 의미를 지니므로 여격이 "되어야" 했다.

16. καὶ ἐλάλησαν αὐτῷ τὸν λόγον τοῦ κυρίου σὺν πᾶσιν τοῖς ἐν τῇ οἰκίᾳ αὐτοῦ.

17. ἄλλους ἔσωσεν, ἑαυτὸν οὐ δύναται σῶσαι(부. 구원하다).

18. πάντες γὰρ αὐτὸν εἶδον καὶ ἐταράχθησαν(그들/그녀들/그것들이 놀랐다). ὁ δὲ εὐθὺς ἐλάλησεν μετ᾽ αὐτῶν.

19. πάτερ δίκαιε, καὶ ὁ κόσμος σε οὐκ ἔγνω, ἐγὼ δέ σε ἔγνων, καὶ οὗτοι ἔγνωσαν ὅτι σύ με ἀπέστειλας.

20. νῦν δὲ ζητεῖτέ με ἀποκτεῖναι(부. 죽이다) ἄνθρωπον ὃς τὴν ἀλήθειαν ὑμῖν λελάληκα(내가 말했다) ἣν ἤκουσα παρὰ τοῦ θεοῦ· τοῦτο Ἀβραὰμ οὐκ ἐποίησεν. ὑμεῖς ποιεῖτε τὰ ἔργα τοῦ πατρὸς ὑμῶν. εἶπαν [οὖν] αὐτῷ· ἡμεῖς ἐκ πορνείας οὐ γεγεννήμεθα(우리가 태어났다). ἕνα πατέρα ἔχομεν τὸν θεόν. εἶπεν αὐτοῖς ὁ Ἰησοῦς· εἰ ὁ θεὸς πατὴρ ὑμῶν ἦν ἠγαπᾶτε ἂν[9] ἐμέ, ἐγὼ γὰρ ἐκ τοῦ θεοῦ ἐξῆλθον.

---

8   ᾠδή, -ῆς, ἡ, "노래".
9   ἠγαπᾶτε ἄν은 "너희가 사랑했을 것이다"라는 뜻이다.

참조

복습 **α.** 요 2:23 **β.** 막 10:5 **γ.** 막 1:20 **δ.** 막 6:12 – 13 **ε.** 막 1:31 **ζ.** 막 14:61 **η.** 요 19:38

번역 **1.** 고후 4:13 **2.** 막 1:8 **3.** 요 17:18 **4.** 요 9:35 **5.** 요 20:13 **6.** 막 5:20 **7.** 요 1:39 **8.** 요일 5:13 **9.** 막 6:30 **10.** 마 7:22 – 23

심화 **11.** — **12.** — **13.** (마카비1서 14:39) **14.** 렘 42:21 [LXX 49:21] **15.** 신 31:22 **16.** 행 16:32 **17.** 마 27:42 **18.** 막 6:50 **19.** 요 17:25 **20.** 요 8:40 – 42

24 부정과거와 미래 수동태 직설법 ·연습문제·

분해

변화형	시제/태/법	인칭/격/수/성	기본형	번역
1. ἐπιστεύθημεν				
2. ἐβλήθητε				
3. τηρηθήσεται				
4. κριθήσεσθε				
5. ἠκούσθητε				
6. συνήχθη				
7. ἀπεκρίθησαν				
8. βλέψεις				
9. ἐγράφη				
10. σωθήσεσθε				

복습

α. αὐτὸς ἠγέρθη ἀπὸ τῶν νεκρῶν.

β. ἐκεῖ σοι λαληθήσεται περὶ πάντων.

γ. κηρυχθήσεται τοῦτο τὸ εὐαγγέλιον.

δ. ἡ δὲ ἀπεκρίθη καὶ λέγει αὐτῷ· κύριε.

ε. ἐν τούτῳ ἐδοξάσθη ὁ πατήρ μου.

ζ. ὁ οἶκός μου οἶκος προσευχῆς(기도) κληθήσεται.[1]

η. ὅτε δὲ ἐξεβλήθη ὁ ὄχλος.

번역

1. καὶ συνήχθησαν πολλοὶ ⋯ καὶ ἐλάλει αὐτοῖς τὸν λόγον.

2. ὁ δὲ ἀγαπῶν(사랑하는 자) με ἀγαπηθήσεται ὑπὸ τοῦ πατρός μου, κἀγὼ ἀγαπήσω αὐτόν.

3. καὶ ἐγένετο ἐν ἐκείναις ταῖς ἡμέραις ἦλθεν Ἰησοῦς ἀπὸ Ναζαρὲτ τῆς Γαλιλαίας καὶ ἐβαπτίσθη εἰς τὸν Ἰορδάνην ὑπὸ Ἰωάννου.

4. ἤγαγεν αὐτὸν πρὸς τὸν Ἰησοῦν.⋯ ὁ Ἰησοῦς εἶπεν· σὺ εἶ Σίμων ὁ υἱὸς Ἰωάννου, σὺ κληθήσῃ Κηφᾶς, ὃ ἑρμηνεύεται(~로 번역된다) Πέτρος.

---

1 καλέω와 같은 동사는 수동태형에서 실제로는 εἰμί와 동일한 의미로 사용된다. 따라서 οἶκος는 술어적 주격의 기능을 한다.

5. οὐκ ἔστιν ὧδε, ἠγέρθη γὰρ καθὼς εἶπεν.

6. καὶ ἐπορεύθησαν ἕκαστος εἰς τὸν οἶκον αὐτοῦ, Ἰησοῦς δὲ ἐπορεύθη εἰς τὸ ὄρος τῶν ἐλαιῶν(올리브).

7. ἔλεγεν γὰρ ὅτι ἐὰν ἅψωμαι[2] κἂν(~조차) τῶν ἱματίων αὐτοῦ σωθήσομαι.

8. ὁ μὲν υἱὸς τοῦ ἀνθρώπου ὑπάγει καθὼς γέγραπται(그/그녀/그것이 기록된다) περὶ αὐτοῦ, οὐαὶ(화 있을진저!) δὲ τῷ ἀνθρώπῳ ἐκείνῳ δι᾽ οὗ ὁ υἱὸς τοῦ ἀνθρώπου παραδίδοται(그/그녀/그것이 넘겨지다). καλὸν[3] αὐτῷ εἰ οὐκ ἐγεννήθη ὁ ἄνθρωπος ἐκεῖνος.

9. πάλιν δὲ ὄψομαι ὑμᾶς, καὶ χαρήσεται ὑμῶν ἡ καρδία, καὶ τὴν χαρὰν ὑμῶν οὐδεὶς αἴρει ἀφ᾽ ὑμῶν.

10. καὶ ἐζήτουν αὐτὸν κρατῆσαι(부. 체포하다), καὶ[4] ἐφοβήθησαν τὸν ὄχλον, ἔγνωσαν γὰρ ὅτι πρὸς αὐτοὺς τὴν παραβολὴν εἶπεν.

---

2   ἅψωμαι는 "(내가) 만지다"라는 뜻이며, 속격을 직접 목적어로 취한다.
3   일반적으로 καλός는 "좋은"이라는 뜻이지만, 여기서는 분명 그런 뜻이 아닐 것이다. 이 단어는 비교급의 의미로 "더 나은"이라는 뜻으로도 쓰인다.
4   일반적으로 καί는 "그리고"(순접)라는 뜻이지만, 이 구절에서는 δέ처럼 역접의 의미("그러나")가 있음을 볼 수 있다.

심화

11. ἐχάρημεν γὰρ ἐγὼ καὶ ἡ γυνή μου ὅτι μετὰ ἑπτὰ ἡμέρας ἕξομεν οἰκίαν ἐπὶ τοῖς ὄρεσιν τοῖς περὶ ταύτην τὴν πόλιν.

12. ὅτε οἱ δοῦλοι τοῦ θεοῦ ἐν ταῖς συναγώγαις τὸ εὐαγγέλιον ἐκήρυξαν, τινὲς ἐκ τῆς πόλεως ἐβλήθησαν ὑπὸ τῶν Φαρισαίων καὶ ἄλλοι ἀπεκτάνθησαν.

13. εἶδεν δὲ Ἰσραὴλ τὴν χεῖρα τὴν μεγάλην ἃ ἐποίησεν κύριος τοῖς Αἰγυπτίοις,⁵ ἐφοβήθη δὲ ὁ λαὸς τὸν κύριον καὶ ἐπίστευσαν τῷ θεῷ καὶ Μωϋσῇ τῷ θεράποντι⁶ αὐτοῦ.

14. καὶ φοβηθήσονται τὰ ἔθνη τὸ ὄνομα κυρίου καὶ πάντες οἱ βασιλεῖς τῆς γῆς τῆς δόξαν σου.

15. καὶ εἶπεν Ἀδάμ· τοῦτο νῦν ὀστοῦν⁷ ἐκ τῶν ὀστέων μου καὶ σὰρξ ἐκ τῆς σαρκός μου, αὕτη κληθήσεται γυνή ὅτι ἐκ τοῦ ἀνδρὸς αὐτῆς ἐλήμφθη αὕτη.

16. καὶ ἐφοβήθησαν φόβον μέγαν καὶ ἔλεγον πρὸς ἀλλήλους· τίς ἄρα οὗτός ἐστιν;

---

5   Αἰγύπτιος, -ία, -ιον, "이집트인".

6   θεράπων, -οντος, ὁ, "종".

7   ὀστέον, -ου, τό, "뼈"(주격과 대격 단수에서 ὀστοῦν으로 축약될 수 있다).

17. ὅσοι δὲ ἔλαβον αὐτόν, ἔδωκεν(그/그녀/그것이 주었다) αὐτοῖς ἐξουσίαν τέκνα θεοῦ γενέσθαι(부. ~이 되다), τοῖς πιστεύουσιν(믿는 자들) εἰς τὸ ὄνομα αὐτοῦ, οἳ οὐκ ἐξ αἱμάτων[8] οὐδὲ ἐκ θελήματος σαρκὸς οὐδὲ ἐκ θελήματος ἀνδρὸς ἀλλ᾽ ἐκ θεοῦ ἐγεννήθησαν.

18. μακάριοι οἱ πτωχοὶ τῷ πνεύματι
    ὅτι αὐτῶν ἐστιν ἡ βασιλεία τῶν οὐρανῶν.
    μακάριοι οἱ καθαροὶ τῇ καρδίᾳ,
    ὅτι αὐτοὶ τὸν θεὸν ὄψονται.
    μακάριοι οἱ εἰρηνοποιοί(화평하게 하는 자),
    ὅτι αὐτοὶ υἱοὶ θεοῦ κληθήσονται.

19. οἱ δὲ υἱοὶ τῆς βασιλείας ἐκβληθήσονται εἰς τὸ σκότος.

20. οὔπω γὰρ ἦν πνεῦμα, ὅτι Ἰησοῦς οὐδέπω(아직 ~아니다) ἐδοξάσθη.

요약
1. καλέω와 같은 동사는 수동태형에서 εἰμί와 거의 동일한 의미로 사용된다. 따라서 술어적 주격이 따라온다.
2. καί도 또한 반대의 기능이 있어서, 문맥에 따라 "그러나"를 의미할 수 있다.

---

8   NIV에서는 "혈통"(natural descent)으로 번역되었다.

참조

복습 α. 마 14:2 β. 행 22:10 γ. 마 24:14 δ. 막 7:28 ε. 요 15:8 ζ. 마 21:13 η. 마 9:25

번역 1. 막 2:2 2. 요 14:21 3. 막 1:9 4. 요 1:42 5. 마 28:6 6. 요 7:53 – 8:1 7. 막 5:28 8. 막 14:21 9. 요 16:22 10. 막 12:12

심화 11. — 12. — 13. 출 14:31 14. 시 102:15[LXX 101:16] 15. 창 2:23 16. 막 4:41 17. 요 1:12 – 13 18. 마 5:3, 8 – 9 19. 마 8:12 20. 요 7:39

25 현재완료 직설법

분해

변화형	시제/태/법	인칭/격/수/성	기본형	번역
1. ἠγάπηκα				
2. πεπιστεύμεθα				
3. γεγέννησαι				
4. κέκλησθε				
5. ἠκολούθηκεν				
6. ἔγνωκαν				
7. ἀπέθανεν				
8. ἀκηκόαμεν				
9. σεσώκατε				
10. γέγραφας				

복습

α. πεπίστευκεν εἰς τὸ ὄνομα.

β. θεὸν οὐδεὶς ἑώρακεν.

γ. πεπλήρωται ὁ καιρός.

δ. ἐγὼ εἰς τοῦτο γεγέννημαι καὶ εἰς τοῦτο ἐλήλυθα.

ε. βέβληται εἰς τὴν θάλασσαν.

ζ. ἔχομεν ταῦτα ἃ ᾐτήκαμεν ἀπ᾽ αὐτοῦ.

η. ὁ διδάσκαλος τοῦ κόσμου τούτου κέκριται.

번역

아래 구절들을 번역할 때 현재완료시제의 중요성을 마음에 새겨야 한다는 사실을 명심하라. 완료형은 신학적인 측면에서 본문에 활력을 불어넣어 줄 것이다.

1. ἐγὼ πεπίστευκα ὅτι σὺ εἶ ὁ χριστὸς ὁ υἱὸς τοῦ θεοῦ.

2. ἀπάγγειλον(알리라!) αὐτοῖς ὅσα ὁ κύριός σοι πεποίηκεν.

3. οὐ δύναται ἁμαρτάνειν(부. 죄를 짓다), ὅτι ἐκ τοῦ θεοῦ γεγέννηται.[1]

4. κἀγὼ ἑώρακα, καὶ μεμαρτύρηκα ὅτι οὗτός ἐστιν ὁ υἱὸς[2] τοῦ θεοῦ.

5. ἡ πίστις σου σέσωκέν σε. καὶ ἐσώθη ἡ γυνὴ ἀπὸ τῆς ὥρας ἐκείνης.

6. ὁ πιστεύων(믿는 자) εἰς αὐτὸν οὐ κρίνεται· ὁ δὲ μὴ πιστεύων(믿는 자) ἤδη κέκριται, ὅτι μὴ πεπίστευκεν εἰς τὸ ὄνομα τοῦ μονογενοῦς(유일한) υἱοῦ τοῦ θεοῦ.

7. [3]τοῖς πᾶσιν γέγονα πάντα.

8. αὕτη δέ ἐστιν ἡ κρίσις(심판) ὅτι τὸ φῶς ἐλήλυθεν εἰς τὸν κόσμον καὶ ἠγάπησαν οἱ ἄνθρωποι μᾶλλον τὸ σκότος(어두움) ἢ τὸ φῶς· ἦν[4] γὰρ αὐτῶν πονηρὰ τὰ ἔργα.

9. ἀλλὰ λέγω ὑμῖν ὅτι καὶ Ἠλίας ἐλήλυθεν, καὶ ἐποίησαν αὐτῷ ὅσα ἤθελον, καθὼς γέγραπται ἐπ᾿ αὐτόν.

10. ἀλλὰ ἔγνωκα ὑμᾶς ὅτι τὴν ἀγάπην τοῦ θεοῦ οὐκ ἔχετε ἐν ἑαυτοῖς. ἐγὼ ἐλήλυθα ἐν τῷ ὀνόματι τοῦ πατρός μου, καὶ οὐ λαμβάνετέ με.

---

1 이 구절은 어떻게 이 단어의 시제가 갖는 신학적 중요성을 설명하고 있는가? ἁμαρτάνειν은 지속의 의미를 나타내는 동사형이다.
2 다른 사본에는 ἐκλέκτος, "선택된".
3 힌트: 첫 번째 πᾶς는 남성이고, 두 번째는 중성이다.
4 힌트: ἦν의 주어를 찾으라. 동사는 단수지만, 주어는 복수이다.

11. ὅτι πεπιστεύκαμεν τὴν ἀληθείαν περὶ τοῦ Ἰησοῦ, βαπτισθησόμεθα ἐν τοῖς ὕδασιν τῆς θαλάσσης ὑπὸ τοῦ Ἰωάννου τοῦ ἀποστόλου.

12. αἱ οὖν γλῶσσαι τῶν στομάτων ἡμῶν μεμαρτύρηκαν περὶ τοῦ κυρίου τῶν οὐρανῶν ὅτι ἡμᾶς σέσωκεν ἀπὸ τῶν ἁμαρτιῶν ἡμῶν διὰ τοῦ αἵματος τοῦ υἱοῦ αὐτοῦ.

13. καὶ εἶπεν Ἰσραὴλ πρὸς Ἰωσήφ· ἀποθανοῦμαι ἀπὸ τοῦ νῦν, ἐπεί(왜냐하면) ἑώρακα τὸ πρόσωπόν σου ἔτι γὰρ σὺ ζῇς.

14. καὶ εἶπεν Μωϋσῆς πρὸς τὸν θεόν· ἰδοὺ ἐγὼ ἐλεύσομαι πρὸς τοὺς υἱοὺς Ἰσραὴλ καὶ ἐρῶ πρὸς αὐτούς· ὁ θεὸς τῶν πατέρων ὑμῶν ἀπέσταλκέν με πρὸς ὑμᾶς· ἐρωτήσουσίν με· τί ὄνομα αὐτῷ, τί ἐρῶ πρὸς αὐτούς;

15. καὶ εἶπεν κύριος πρὸς Μωϋσῆν· καὶ τοῦτόν σοι τὸν λόγον ὃν εἴρηκας ποιήσω, εὕρηκας γὰρ χάριν ἐνώπιόν μου καὶ οἶδά σε παρὰ πάντας.

16. τὰ ῥήματα ἃ ἐγὼ λελάληκα ὑμῖν πνεῦμά ἐστιν καὶ ζωή ἐστιν.

17. καὶ ἡμεῖς πεπιστεύκαμεν καὶ ἐγνώκαμεν ὅτι σὺ εἶ ὁ ἅγιος τοῦ θεοῦ.

18. ἀμὴν ἀμὴν λέγω σοι ὅτι ὃ οἴδαμεν λαλοῦμεν καὶ ὃ ἑωράκαμεν μαρτυροῦμεν, καὶ τὴν μαρτυρίαν ἡμῶν οὐ λαμβάνετε.

19. ὑμεῖς ἀπεστάλκατε πρὸς Ἰωάννην, καὶ μεμαρτύρηκεν τῇ ἀληθείᾳ· ἐγὼ δὲ οὐ παρὰ ἀνθρώπου τὴν μαρτυρίαν λαμβάνω, ἀλλὰ ταῦτα λέγω ἵνα ὑμεῖς σωθῆτε(너희가 구원받다).

20. τότε λέγει αὐτῷ ὁ Ἰησοῦς· ὕπαγε(떠나라!), σατανᾶ· γέγραπται γάρ· κύριον τὸν θεόν σου προσκυνήσεις.

참조

복습 α. 요 3:18 β. 요 1:18 γ. 막 1:15 δ. 요 18:37 ε. 막 9:42 ζ. (요일 5:15) η. (요 16:11)

번역 1. 요 11:27 2. 막 5:19 3. 요일 3:9 4. 요 1:34 5. 마 9:22 6. 요 3:18 7. 고전 9:22 8. 요 3:19 9. 막 9:13 10. 요 5:42 – 43

심화 11. ― 12. ― 13. 창 46:30 14. 출 3:13 15. 출 33:17 16. 요 6:63 17. 요 6:69 18. 요 3:11 19. 요 5:33 – 34 20. 마 4:10

문법

1. 동사 마스터 차트를 채우라.

시제	시상 접두 모음	시제 어간	시제 형태소	연결 모음	인칭 어미	1인칭 단수 변화형
미완료과거 능동						
제2미래 수동						
제1부정과거 능동						
유음 부정과거 능동						
제2부정과거 중간						
제1부정과거 수동						
제1현재완료 능동						
제2현재완료 능동						
현재완료 중간/수동						

2. λύω의 미완료과거 능동태/수동태의 12가지 형태를 쓰라.

능동태			
1인칭 단수		1인칭 복수	
2인칭 단수		2인칭 복수	
3인칭 단수		3인칭 복수	
수동태			
1인칭 단수		1인칭 단수	
2인칭 단수		2인칭 단수	
3인칭 단수		3인칭 단수	

3. 제1시제와 제2시제의 어미는 각각 언제 사용되는가?

    a. 제1시제

    b. 제2시제

4. 시상 접두 모음의 세 가지 기본 법칙은 무엇인가?

    a. 자음으로 시작하는 동사

    b. 모음으로 시작하는 동사

    c. 이중모음으로 시작하는 동사

5. 같은 동사의 현재형과 제2부정과거형(능동태와 중간태)을 구분하는 세 가지 단서는 무엇인가?

    a.

    b.

    c.

6. 다음 세 가지 시제의 일차적 의미는 무엇인지 쓰라.

a. 미완료과거시제

b. 부정과거시제

c. 현재완료시제

7. 중간태의 세 가지 다른 용법을 쓰라.

a.

b.

c.

분해

변화형	시제/태/법	인칭/격/수/성	기본형	번역
1. ἠκολούθουν				
2. εἰσῆλθεν				
3. ἐκήρυξας				
4. ζητηθήσεται				
5. ἔλαβον				
6. πεπιστεύκατε				
7. ἐπιστεύετο				
8. ἐγράφη				
9. ἐγένου				
10. ἠγάπων				
11 ἤχθησαν				
12. ἐμείναμεν				
13. ἐλήλυθα				

9:18 οὐκ ἐπίστευσαν οὖν οἱ Ἰουδαῖοι περὶ αὐτοῦ ὅτι ἦν τυφλὸς καὶ ἀνέβλεψεν, ἕως ὅτου[1]

ἐφώνησαν τοὺς γονεῖς αὐτοῦ τοῦ ἀναβλέψαντος[2] **19** καὶ ἠρώτησαν αὐτοὺς λέγοντες(말하

면서), οὗτός ἐστιν ὁ υἱὸς ὑμῶν, ὃν ὑμεῖς λέγετε ὅτι τυφλὸς ἐγεννήθη; πῶς οὖν βλέπει ἄρτι;

20 ἀπεκρίθησαν οὖν οἱ γονεῖς αὐτοῦ καὶ εἶπαν· οἴδαμεν ὅτι οὗτός ἐστιν ὁ υἱὸς ἡμῶν καὶ ὅτι

τυφλὸς ἐγεννήθη· **21** πῶς δὲ νῦν βλέπει οὐκ οἴδαμεν, ἢ τίς ἤνοιξεν αὐτοῦ τοὺς ὀφθαλμοὺς

ἡμεῖς οὐκ οἴδαμεν· αὐτὸν ἐρωτήσατε(물으라!), ἡλικίαν[3] ἔχει, αὐτὸς περὶ ἑαυτοῦ λαλήσει.

22 ταῦτα εἶπαν οἱ γονεῖς αὐτοῦ ὅτι ἐφοβοῦντο τοὺς Ἰουδαίους, ἤδη γὰρ συνετέθειντο(그

들이 결정했다) οἱ Ἰουδαῖοι ἵνα ἐάν τις αὐτὸν ὁμολογήσῃ(그/그녀/그것이 고백하다) Χριστόν,

ἀποσυνάγωγος(회당에서 쫓아내다) γένηται(그/그녀/그것이 되다). **23** διὰ τοῦτο οἱ γονεῖς αὐτοῦ

---

1   ἕως ὅτου는 관용구로 "~까지"라는 뜻이다.
2   τοῦ ἀναβλέψαντος는 "시력을 회복한 자"라는 뜻이다.
3   ἡλικία, -ας, ἡ, "나이". ἡλικίαν ἔχει는 관용구로 "그는 나이가 들었다"라는 뜻이다. 스스로 대답할 수 있을 정도로 나이가
들었다는 의미이다.

εἶπαν ὅτι ἡλικίαν ἔχει, αὐτὸν ἐπερωτήσατε(물으라!).

24 ἐφώνησαν οὖν τὸν ἄνθρωπον ἐκ δευτέρου[4] ὃς ἦν τυφλὸς καὶ εἶπαν αὐτῷ· δὸς(주

라!) δόξαν τῷ θεῷ· ἡμεῖς οἴδαμεν ὅτι οὗτος ὁ ἄνθρωπος ἁμαρτωλός ἐστιν. **25** ἀπεκρίθη οὖν

ἐκεῖνος· εἰ ἁμαρτωλός ἐστιν οὐκ οἶδα· ἓν οἶδα, ὅτι τυφλὸς ὢν(되는 것) ἄρτι βλέπω. **26** εἶπον

οὖν αὐτῷ· τί ἐποίησέν σοι; πῶς ἤνοιξέν σου τοὺς ὀφθαλμούς; **27** ἀπεκρίθη αὐτοῖς· εἶπον ὑμῖν

ἤδη καὶ οὐκ ἠκούσατε· τί πάλιν θέλετε ἀκούειν(부. 듣다); μὴ καὶ ὑμεῖς θέλετε αὐτοῦ μαθηταὶ

γενέσθαι(부. 되다); **28** καὶ ἐλοιδόρησαν[5] αὐτὸν καὶ εἶπον· σὺ μαθητὴς εἶ ἐκείνου, ἡμεῖς δὲ τοῦ

Μωϋσέως ἐσμὲν μαθηταί· **29** ἡμεῖς οἴδαμεν ὅτι Μωϋσεῖ λελάληκεν ὁ θεός, τοῦτον δὲ οὐκ

οἴδαμεν πόθεν ἐστίν. **30** ἀπεκρίθη ὁ ἄνθρωπος καὶ εἶπεν αὐτοῖς· ἐν τούτῳ[6] γὰρ τὸ θαυμαστόν[7]

ἐστιν ὅτι ὑμεῖς οὐκ οἴδατε πόθεν ἐστίν, καὶ ἤνοιξέν μου τοὺς ὀφθαλμούς. **31** οἴδαμεν ὅτι

---

4   문맥을 통해 유추할 수 있겠지만, ἐκ δευτέρου는 "두 번째"(a second time)라는 뜻이다.
5   λοιδορέω, "(내가) 욕설을 퍼붓다".

ἁμαρτωλῶν ὁ θεὸς οὐκ ἀκούει, ἀλλ᾽ ἐάν τις θεοσεβὴς[8] ἦ(그/그녀/그것이 ~이다) καὶ τὸ θέλημα

αὐτοῦ ποιῇ(그/그녀/그것이 행하다) τούτου ἀκούει. **32** ἐκ τοῦ αἰῶνος οὐκ ἠκούσθη ὅτι ἠνέῳξέν

τις ὀφθαλμοὺς τυφλοῦ γεγεννημένου(태어난 자)· **33** εἰ μὴ ἦν οὗτος παρὰ θεοῦ, οὐκ ἠδύνατο

ποιεῖν(부. 하다) οὐδέν. **34** ἀπεκρίθησαν καὶ εἶπαν αὐτῷ· ἐν ἁμαρτίαις σὺ ἐγεννήθης ὅλος, καὶ

σὺ διδάσκεις ἡμᾶς; καὶ ἐξέβαλον αὐτὸν ἔξω.

6   ἐν τούτῳ는 관용적인 표현이다. 문맥을 통해 그 의미를 유추할 수 있다.

7   θαυμαστός, -ή, -όν, "놀라운", "경이로운".

8   θεοσεβής, -ές, "하나님을 두려워하는", "경건한".

27 현재(미완료적) 부사적 분사

· 연습문제 ·

분해

변화형	시제/태/법	인칭/격/수/성	기본형	번역
1. ἀκουόντων				
2. ζητοῦντι				
3. ἀναβαῖνον				
4. πιστευομένην				
5. φωνῆς				
6. ποιοῦντας				
7. καταβαίνοντα				
8. ἐμαρτύρησαν				
9. οὔσας				
10. προσευχομένους				

복습

α. ἀναβαίνοντες εἰς Ἱεροσόλυμα

β. εἶδον αὐτοὺς ὑπάγοντας.

γ. ἀπέστειλαν πρὸς αὐτὸν καλοῦντες αὐτόν.

δ. προσῆλθον αὐτῷ διδάσκοντι οἱ ἀρχιερεῖς.

ε. καὶ καθήμενοι ἐτήρουν αὐτόν.

ζ. μὴ ὁρῶντες ἀλλὰ πιστεύοντες

η. βλέποντες οὐ βλέπουσιν καὶ ἀκούοντες οὐκ ἀκούουσιν.

번역

각각의 분사를 분해할 수 있고, 그것이 수식하는 단어를 파악할 수 있는지 확인해 보라.

1. ταῦτα εἶπεν ἐν συναγωγῇ διδάσκων ἐν Καφαρναούμ.

2. ἦλθεν ὁ Ἰησοῦς εἰς τὴν Γαλιλαίαν κηρύσσων τὸ εὐαγγέλιον τοῦ θεοῦ.

3. πολλοὶ ἐλεύσονται ἐπὶ τῷ ὀνόματί μου λέγοντες ὅτι ἐγώ εἰμι.[1]

4. ἐπορεύετο γὰρ τὴν ὁδὸν αὐτοῦ χαίρων.

---

1 마지막 구절에 생략된 것은 무엇인가?

5. Παῦλος δὲ καὶ Βαρναβᾶς διέτριβον(그들/그녀들/그것들이 머물렀다) ἐν Ἀντιοχείᾳ διδάσκοντες καὶ εὐαγγελιζόμενοι[2] μετὰ καὶ ἑτέρων πολλῶν τὸν λόγον τοῦ κυρίου.

6. [3]καὶ ἀναβαίνων ὁ Ἰησοῦς εἰς Ἱεροσόλυμα παρέλαβεν(그/그녀/그것이 취했다) τοὺς δώδεκα.

7. καὶ ἦλθεν κηρύσσων εἰς τὰς συναγωγὰς αὐτῶν εἰς ὅλην τὴν Γαλιλαίαν καὶ τὰ δαιμόνια ἐκβάλλων. καὶ ἔρχεται πρὸς αὐτὸν λεπρὸς(나병 환자) παρακαλῶν αὐτόν.

8. ὡς δὲ ἦν ἐν τοῖς Ἱεροσολύμοις ἐν τῷ πάσχα(유월절) ἐν τῇ ἑορτῇ(절기), πολλοὶ ἐπίστευσαν εἰς τὸ ὄνομα αὐτοῦ, θεωροῦντες αὐτοῦ τὰ σημεῖα ἃ ἐποίει.

9. τότε προσῆλθεν αὐτῷ ἡ μήτηρ τῶν υἱῶν Ζεβεδαίου μετὰ τῶν υἱῶν αὐτῆς προσκυνοῦσα καὶ αἰτοῦσά τι ἀπ᾽ αὐτοῦ.

10. δικαιοσύνη θεοῦ πεφανέρωται(그/그녀/그것이 드러났다) μαρτυρουμένη ὑπὸ τοῦ νόμου καὶ τῶν προφητῶν.

---

2 기본형은 εὐαγγελίζω이지만, 거의 항상 중간태로만 사용되거나 수동태로 사용된다.
3 분사 구문 안에 있는 본동사의 주어 배치에 관해서는, 연습문제 11, 문장 7을 보라.

심화

11. εὐαγγελίζοντες τὸν λαὸν ἐν τῇ Ἱεροσόλυμα οἱ μαθηταὶ ἐδόξαζον τὸν Ἰησοῦν διὰ πάντα τὰ σημεῖα καὶ τὰς δυναμεῖς αὐτοῦ.

12. καθήμενος σὺν τοῖς δυσὶν ἐν τῇ ἐκκλησίᾳ οὗτος παρεκάλεσεν τὸν ἄνδρα καὶ τὴν γυναῖκα ἀλλήλοις λαλεῖν(부. 말하다) ἐν τοῖς λόγοις τῆς ἀγάπης.

13. ᾔδει γὰρ ὁ θεὸς ὅτι ἐν ᾗ ἂν ἡμέρᾳ φάγητε(너희가 먹다) ἀπ᾽ αὐτοῦ διανοιχθήσονται[4] ὑμῶν οἱ ὀφθαλμοὶ καὶ ἔσεσθε ὡς θεοὶ γινώσκοντες καλὸν καὶ πονηρόν.

14. καὶ εἶπεν[5] πρὸς τοὺς ἄνδρας· γινώσκουσα γινώσκω ἐγὼ ὅτι ὁ θεὸς ὑμῶν παραδίδωσιν(그/그녀/그것이 넘겨주고 있다) ὑμῖν τὴν γῆν ταύτην.

15. ποιοῦντες γὰρ τὸ θέλημα τοῦ Χριστοῦ εὑρήσομεν ἀνάπαυσιν.[6]

---

4 διανοίγω, "(내가) 열다".

5 힌트: 말하고 있는 사람은 남성인가, 아니면 여성인가?

6 ἀνάπαυσις, -εως, ἡ, "쉼", "안식".

16. καὶ ἀπεκρίθη αὐτῷ εἷς ἐκ τοῦ ὄχλου· διδάσκαλε, ἤνεγκα[7] τὸν υἱόν μου πρὸς σέ, ἔχοντα πνεῦμα ἄλαλον.[8]

17. ὀφθαλμοὺς ἔχοντες οὐ βλέπετε καὶ ὦτα[9] ἔχοντες οὐκ ἀκούετε;

18. πολλὰ μὲν οὖν καὶ ἕτερα παρακαλῶν εὐηγγελίζετο τὸν λαόν.

19. αὐτὸς διώδευεν[10] κατὰ[11] πόλιν καὶ κώμην κηρύσσων καὶ εὐαγγελιζόμενος τὴν βασιλείαν τοῦ θεοῦ, καὶ οἱ δώδεκα σὺν αὐτῷ.

20. εἰσελθὼν(들어간 후에) δὲ εἰς τὴν συναγωγὴν ἐπαρρησιάζετο[12] ἐπὶ μῆνας τρεῖς διαλεγόμενος καὶ πείθων [τὰ] περὶ τῆς βασιλείας τοῦ θεοῦ.

---

7   이 단어는 φέρω에서 나온 예외적인 부정과거 형태이다.

8   영어에서는 어떤 단어에 부정의 의미를 더할 때, 단어 앞에 "ir-" 또는 "un-"을 붙일 수 있다(예. "irreligious," "unnecessary"). 헬라어에서도 단어 앞에 "ἀ"를 붙이면 동일한 기능을 하게 된다. 이것을 "알파 부정"(alpha privative)이라고 부른다. ἄλαλον은 ἀ와 λάλος가 결합되어 만들어지는데, 같은 어근에서 나온 명사로부터 동사인 λαλέω까지 적용된다. ἄλαλον은 무슨 뜻인가?

9   οὖς, ὠτός, τό, "귀".

10   διοδεύω, "(내가) 여행하다".

11   이것은 κατά의 특별 용법이다. 이것을 "분배적"(distributive) 용법이라고 부르는데, 여기서는 예수님이 "각각의 도시"에 가셨다는 사실을 강조하고 있다.

12   παρρησιάζομαι, "(내가) 담대히 말하다".

1. 헬라어에서는 단어 앞에 부정의 의미를 나타내는 ἀ를 붙임으로써 그 단어를 부정한다(문장 16).

2. κατά의 배분적 기능을 자주 보게 될 것이므로 확실히 기억해 두어야 한다(문장 19).

참조

복습 α. 막 10:32 β. 막 6:33 γ. 막 3:31 δ. 마 21:23 ε. 마 27:36 ζ. (벧전 1:8) η. 마 13:13

번역 1. 요 6:59 2. 막 1:14 3. 막 13:6 4. 행 8:39 5. 행 15:35 6. 마 20:17 7. 막 1:39−40 8. 요 2:23 9. 마 20:20 10. 롬 3:21

심화 11. — 12. — 13. 창 3:5 14. 클레멘트1서 12:5 15. 클레멘트2서 6:7 16. 막 9:17 17. 막 8:18 18. 눅 3:18 19. 눅 8:1 20. 행 19:8

부정과거(완료적) 부사적 분사 　　　·연습문제·

분해

변화형	시제/태/법	인칭/격/수/성	기본형	번역
1. μαρτυρήσασαν				
2. μαρτυρήσαντες				
3. ἐρχομένων				
4. γραφείσης				
5. λαμβάνουσι (2×)				
6. ποιησάσῃ				
7. ἀκουσάμεναι				
8. εἰσελθόντος				
9. πιστευθέντες				
10. ἐπίστευσας				

복습

α.　ἐλθόντες εἰς τὴν οἰκίαν εἶδον τὸ παιδίον μετὰ Μαρίας.

β.　προσελθὼν εἷς γραμματεὺς εἶπεν αὐτῷ· διδάσκαλε.

γ. εἶπεν τῷ ἀγγέλῳ κράξαντι.

δ. ἀρξάμενος ἀπὸ τῆς Γαλιλαίας

ε. εἶπον τῷ ἀνδρὶ ἀποστείλαντι ὑμᾶς πρός με.

ζ. ἐλθούσῃ εἰς τὴν οἰκίαν λέγει αὐτῇ.

η. ἄγγελον τοῦ θεοῦ εἰσελθόντα πρὸς αὐτὸν καὶ εἰπόντα αὐτῷ

번역

신약성경에는 1,586개의 부정과거 능동태 분사가 있으며, 그 중에서 1,395개는 주격(86%)이다. 연습문제에 주격이 자주 등장하는 이유가 여기에 있다.

1. ἐλθόντι δὲ εἰς τὴν οἰκίαν προσῆλθον αὐτῷ.

2. ἀσπασάμενοι τοὺς ἀδελφοὺς ἐμείναμεν ἡμέραν μίαν παρ᾿ αὐτοῖς.

3. καὶ εὐθὺς τοῖς σάββασιν[1] εἰσελθὼν εἰς τὴν συναγωγὴν ἐδίδασκεν.

4. εὐθὺς κράξας ὁ πατὴρ τοῦ παιδίου ἔλεγεν· πιστεύω.

5. προσελθόντες δὲ οἱ δοῦλοι τοῦ οἰκοδεσπότου(주인) εἶπον αὐτῷ· κύριε, οὐχὶ καλὸν σπέρμα(씨앗) ἔσπειρας;

6. ἀκούσας δὲ ὁ Ἡρῴδης ἔλεγεν, ὃν ἐγὼ ἀπεκεφάλισα(내가 목을 베었다) Ἰωάννην, οὗτος ἠγέρθη.

7. ὁ δὲ Σίμων καὶ αὐτὸς ἐπίστευσεν, καὶ βαπτισθεὶς ἦν προσκαρτερῶν[2] τῷ Φιλίππῳ, θεωρῶν τε σημεῖα καὶ δυνάμεις μεγάλας.

8. καὶ ἀποκριθεῖσα ἡ μήτηρ αὐτοῦ εἶπεν· οὐχί, ἀλλὰ κληθήσεται Ἰωάννης.

9. καὶ ἰδὼν[3] τὸν Ἰησοῦν ἀπὸ μακρόθεν(멀리서) ἔδραμεν(그/그녀/그것이 달려왔다) καὶ προσεκύνησεν αὐτῷ καὶ κράξας φωνῇ μεγάλῃ λέγει, τί ἐμοὶ καὶ σοί,[4] Ἰησοῦ υἱὲ τοῦ θεοῦ τοῦ ὑψίστου(가장 높은);

---

1 "시간의 여격"의 한 예이다. 이에 대한 논의는 연습문제 12, 문장 8을 보라.

2 ἦν προσκαρτερῶν은 "그가 ~의 뒤를 따랐다"라는 뜻이며 뒤에 여격이 온다.

3 이 단어의 형태 분석에 어려움을 겪는다면, 여기서 제시하는 힌트를 참조하라. 이 단어는 세 가지 다른 형태, 곧 부정과거 분사(ἰδών)와 명령형(ἰδού, ἴδε)으로 자주 등장한다.

4 여격의 관용적 용법은 이런 유형의 의문문에서 자주 볼 수 있다. 연습문제 21, 문장 6을 보라.

10. καὶ ἀποκριθεὶς ὁ Ἰησοῦς ἔλεγεν διδάσκων ἐν τῷ ἱερῷ· πῶς λέγουσιν οἱ γραμματεῖς ὅτι ὁ Χριστὸς υἱὸς Δαυίδ ἐστιν; αὐτὸς Δαυὶδ εἶπεν ἐν τῷ πνεύματι τῷ ἁγίῳ· εἶπεν κύριος τῷ κυρίῳ μου· κάθου(앉으라!) ἐκ[5] δεξιῶν μου ἕως ἂν θῶ(내가 둔다) τοὺς ἐχθρούς(원수들) σου ὑποκάτω[6] τῶν ποδῶν σου.

심화

11. ἀσπασάμενα τοὺς πατρὰς καὶ τὰς μητρὰς αὐτῶν τὰ παιδία ἐξῆλθεν σὺν τοῖς ἄλλοις τέκνοις.

12. ὁ δὲ Ἰησοῦς ἐκ τῆς οἰκίας καὶ εἰς τὸ ἱερὸν ἐλθὼν ἔκραξεν ἐν μεγάλῃ φωνῇ· πάντες οἳ εἰς ἐμὲ πιστεύουσιν σωθήσονται ἀπὸ τῆς ἐξουσίας τοῦ πονηροῦ.

13. ἰδόντες δὲ οἱ υἱοὶ τοῦ θεοῦ τὰς θυγατέρας[7] τῶν ἀνθρώπων ὅτι καλαί εἰσιν, ἔλαβον ἑαυτοῖς γυναῖκας ἀπὸ πασῶν, ὧν ἐξελέξαντο.[8]

---

5   전치사 ἐκ의 예외적인 용법이다. "~에"(at)로 번역한다.
6   ὑποκάτω는 "~아래에"(under)라는 뜻이며, 전치사의 목적어로 속격을 취한다.
7   θυγάτηρ, –τρός, ἡ, "딸".
8   ἐκλέγομαι, "(내가) 선택하다".

14. καθὼς καὶ Μωϋσῆς προσηύξατο πρὸς κύριον καὶ κατέβη πῦρ ἐκ τοῦ οὐρανοῦ καὶ τὰ⁹ τῆς θυσίας¹⁰ ἐδαπάνησεν¹¹ οὕτως καὶ Σαλωμὼν προσηύξατο καὶ καταβὰν τὸ πῦρ τὰ τῆς θυσίας ἐδαπάνησεν.

15. καὶ λαβοῦσα τοῦ καρποῦ αὐτοῦ¹² ἔφαγεν καὶ ἔδωκεν(그/그녀/그것이 주었다) καὶ τῷ ἀνδρὶ αὐτῆς μετ᾽ αὐτῆς καὶ ἔφαγον.

16. καὶ ἠγέρθη καὶ εὐθὺς ἄρας τὸν κράβαττον ἐξῆλθεν.

17. ἀκούσας δὲ ὁ βασιλεὺς Ἡρῴδης ἐταράχθη καὶ πᾶσα Ἱεροσόλυμα μετ᾽ αὐτοῦ.

18. καὶ πάλιν ἀπελθὼν προσηύξατο τὸν αὐτὸν λόγον εἰπών. καὶ πάλιν ἐλθὼν εὗρεν αὐτοὺς καθεύδοντας.

19. εἶπεν· λάβετε(받으라!), τοῦτό ἐστιν τὸ σῶμά μου. καὶ λαβὼν ποτήριον εὐχαριστήσας ἔδωκεν(그/그녀/그것이 주었다) αὐτοῖς, καὶ ἔπιον ἐξ αὐτοῦ πάντες.

---

9   여기서 어떤 단어가 탈락했는가?
10 θυσία, -ας, ἡ, "제물", "헌물".
11 δαπανάω, I consume. "(내가) 사르다".
12 αὐτοῦ의 선행사는 선악을 알게 하는 나무이다.

20. αὐτὸς δὲ ἐκβαλὼν πάντας παραλαμβάνει τὸν πατέρα τοῦ παιδίου καὶ τὴν μητέρα καὶ τοὺς μετ᾽ αὐτοῦ καὶ εἰσπορεύεται ὅπου ἦν τὸ παιδίον.

참조

복습 α. 마 2:11 β. 마 8:19 γ. — δ. 눅 23:5 ε. — ζ. — η. 행 10:3

번역 1. 마 9:28 2. 행 21:7 3. 막 1:21 4. 막 9:24 5. 마 13:27 6. 막 6:16 7. 행 8:13 8. 눅 1:60 9. 막 5:6 – 7 10. 막 12:35 – 36

심화 11. — 12. — 13. 창 6:2 14. (마카비2서 2:10) 15. 창 3:6 16. 막 2:12 17. 마 2:3 18. 막 14:39 – 40 19. 막 14:22 – 23 20. 막 5:40

29 형용사적 분사

분해

변화형	시제/태/법	인칭/격/수/성	기본형	번역
1. φερούσης				
2. βαπτιζομένου				
3. βαλόμεναι				
4. ποίησαν				
5. ἐνεχθέντι				
6. σαρξίν				
7. προσελθόντων				
8. ἐποίησαν				
9. κηρύσσουσι (2×)				
10. γράψασιν				

복습

α. ὁ ζῶν πατήρ

β. τῷ πατρὶ τῷ πέμψαντι ἡμᾶς

254 마운스 헬라어 워크북

γ. δέχεται τὸν ἀποστείλαντά με.

δ. τῷ ἐκ νεκρῶν ἐγερθέντι

ε. περὶ τοῦ ῥήματος τοῦ λαληθέντος

ζ. τῇ ἐρχομένῃ ἡμέρᾳ

η. θεὸν τὸν γεννήσαντά σε

번역

형용사적 분사와 부사적 분사를 구분하여 번역하라.

1. βλέπει τὸν Ἰησοῦν ἐρχόμενον πρὸς αὐτόν καὶ λέγει· ἴδε ὁ ἀμνὸς(어린 양) τοῦ θεοῦ ὁ αἴρων τὴν ἁμαρτίαν τοῦ κόσμου.

2. ὁ λαὸς ὁ καθήμενος ἐν σκότει φῶς εἶδεν μέγα.

3. καὶ ὁ θεωρῶν ἐμὲ θεωρεῖ τὸν πέμψαντά με.

4. ὁ πιστεύσας καὶ βαπτισθεὶς σωθήσεται.

5. περιπατῶν δὲ παρὰ τὴν θάλασσαν τῆς Γαλιλαίας εἶδεν δύο ἀδελφούς, Σίμωνα τὸν λεγόμενον Πέτρον καὶ Ἀνδρέαν τὸν ἀδελφὸν αὐτοῦ, βάλλοντας ἀμφίβληστρον(그물) εἰς τὴν θάλασσαν.

6. καὶ ἔρχονται φέροντες πρὸς αὐτὸν παραλυτικὸν(중풍병자) αἰρόμενον[1] ὑπὸ τεσσάρων(넷).

7. ὁ ἔχων τὰς ἐντολάς μου καὶ τηρῶν αὐτὰς ἐκεῖνός ἐστιν ὁ ἀγαπῶν με· ὁ δὲ ἀγαπῶν με ἀγαπηθήσεται ὑπὸ τοῦ πατρός μου, κἀγὼ ἀγαπήσω αὐτόν.

8. οἱ δὲ ἰδόντες αὐτὸν ἐπὶ τῆς θαλάσσης περιπατοῦντα ἔδοξαν[2] ὅτι φάντασμά(유령) ἐστιν.

9. ὁ δεχόμενος ὑμᾶς ἐμὲ δέχεται, καὶ ὁ ἐμὲ δεχόμενος δέχεται τὸν ἀποστείλαντά με. ὁ δεχόμενος προφήτην εἰς ὄνομα προφήτου μισθὸν(상) προφήτου λήμψεται, καὶ ὁ δεχόμενος δίκαιον[3] εἰς ὄνομα δικαίου μισθὸν δικαίου λήμψεται.

1   여러분이 알고 있는 이 단어의 일반적인 의미는 문맥과 잘 맞지 않는다. 다양한 뜻을 알기 위해 사전을 찾아볼 수 있다. 또는 이런 경우 문맥에 비추어 여러분이 알고 있는 의미를 수정하는 것도 안전한 방법이다.
     이 분사와 문장 1에 나오는 ἐρχόμενον은 어떤 차이가 있는가? 맞다. 선행하는 명사(παραλυτικὸν)에 관사가 없다. 그렇다면 αἰρόμενον은 수식적 용법일까, 아니면 부사적 용법일까? 이 경우는 해당 구절의 의미가 무엇인지에 의존해야만 하는데, 여기서 αἰρόμενον은 동사에 관한 것이 아니라 중풍병자에 관한 무언가를 말하고 있는 것처럼 보인다.
2   힌트: ἔδοξαν은 δοξάζω에서 파생된 동사가 아니며, οἱ δὲ ἰδόντες αὐτὸν ἐπὶ τῆς θαλάσσης περιπατοῦντα라는 분사 구문 전체가 이 동사의 주어가 된다.
3   δίκαιος, -αία, -αιον, "옳은", "공평한", "정의로운".

10. ὅτε δὲ ἐπίστευσαν τῷ Φιλίππῳ εὐαγγελιζομένῳ περὶ τῆς βασιλείας τοῦ θεοῦ καὶ τοῦ ὀνόματος Ἰησοῦ Χριστοῦ, ἐβαπτίζοντο ἄνδρες τε καὶ γυναῖκες.

심화

11. οἱ ἕπτα οἱ περὶ τὴν γῆν πορευθέντες πολλὰς ἡμέρας ἀπεκτάνθησαν ἐν μεγάλῳ πυρὶ ἐρχόμενοι ἀπὸ τῶν οὐρανῶν πρὸς τοὺς οἴκους αὐτῶν.

12. οἱ φαγόντες τε καὶ πιόντες μετὰ τοῦ κυρίου αὐτῶν ζῶντος ἐχάρησαν[4] ἰδόντες τὸν ἐγερθέντα ἐκ τῶν νεκρῶν.

13. καὶ ἐκάλεσεν Ἀδὰμ τὸ ὄνομα τῆς γυναικὸς αὐτοῦ Ζωὴ ὅτι αὕτη μήτηρ πάντων τῶν ζώντων.

14. εἶπεν αὐτῷ· σὺ εἶ ὁ ἀνὴρ ὁ λαλήσας πρὸς τὴν γυναῖκα; καὶ εἶπεν ὁ ἄγγελος· ἐγώ.

---

4   ἐχάρησαν이 형태론적으로는 수동태이지만 의미상으로는 중간태와 같다는 사실을 눈치챘는가? 이 동사는 능동태로 번역할 수 있다.

15. καὶ εἶπεν ὁ θεὸς τῷ Νῶε καὶ τοῖς υἱοῖς αὐτοῦ μετ᾽ αὐτοῦ λέγων· ἐγὼ ἰδοὺ ἀνίστημι(내가 세우고 있다) τὴν διαθήκην[5] μου ὑμῖν καὶ τῷ σπέρματι[6] ὑμῶν μεθ᾽ ὑμᾶς καὶ πάσῃ ψυχῇ τῇ ζώσῃ μεθ᾽ ὑμῶν ἀπὸ ὀρνέων[7] καὶ ἀπὸ κτηνῶν[8] ··· ὅσα μεθ᾽ ὑμῶν ἀπὸ πάντων τῶν ἐξελθόντων ἐκ τῆς κιβωτοῦ.[9]

16. εἰ οὖν ὑμεῖς πονηροὶ ὄντες οἴδατε δόματα[10] ἀγαθὰ διδόναι(부. 주다) τοῖς τέκνοις ὑμῶν, πόσῳ μᾶλλον ὁ πατὴρ ὑμῶν ὁ ἐν τοῖς οὐρανοῖς δώσει(그/그녀/그것이 줄 것이다) ἀγαθὰ τοῖς αἰτοῦσιν αὐτόν.

17. ὁ ἄνωθεν ἐρχόμενος ἐπάνω πάντων ἐστίν· ὁ ὢν ἐκ τῆς γῆς ἐκ τῆς γῆς ἐστιν καὶ ἐκ τῆς γῆς λαλεῖ.

18. καὶ οἱ γραμματεῖς οἱ ἀπὸ Ἱεροσολύμων καταβάντες ἔλεγον ὅτι Βεελζεβοὺλ ἔχει καὶ ὅτι ἐν τῷ ἄρχοντι τῶν δαιμονίων ἐκβάλλει τὰ δαιμόνια.

19. εἶπεν αὐτῇ ὁ Ἰησοῦς· ἐγώ εἰμι ἡ ἀνάστασις καὶ ἡ ζωή· ὁ πιστεύων εἰς ἐμὲ κἂν[11] ἀποθάνῃ(그/그녀/그것이 죽다) ζήσεται, καὶ πᾶς ὁ ζῶν καὶ πιστεύων εἰς ἐμὲ οὐ μὴ ἀποθάνῃ εἰς τὸν αἰῶνα· πιστεύεις τοῦτο; λέγει αὐτῷ· ναί, κύριε, ἐγὼ πεπίστευκα ὅτι σὺ εἶ ὁ Χριστὸς ὁ υἱὸς τοῦ θεοῦ ὁ εἰς τὸν κόσμον ἐρχόμενος.

20. ὁ μὴ τιμῶν τὸν υἱὸν οὐ τιμᾷ τὸν πατέρα τὸν πέμψαντα αὐτόν. Ἀμὴν ἀμὴν λέγω ὑμῖν ὅτι ὁ τὸν λόγον μου ἀκούων καὶ πιστεύων τῷ πέμψαντί με ἔχει ζωὴν αἰώνιον καὶ εἰς κρίσιν οὐκ ἔρχεται, ἀλλὰ μεταβέβηκεν[12] ἐκ τοῦ θανάτου εἰς τὴν ζωήν. ἀμὴν ἀμὴν λέγω ὑμῖν ὅτι ἔρχεται ὥρα καὶ νῦν ἐστιν ὅτε οἱ νεκροὶ ἀκούσουσιν τῆς φωνῆς τοῦ υἱοῦ τοῦ θεοῦ καὶ οἱ ἀκούσαντες ζήσουσιν.

참조

복습 α. 요 6:57 **β.** — **γ.** 눅 9:48 **δ.** 롬 7:4 **ε.** 눅 2:17 **ζ.** 행 21:26 **η.** 솔로몬의 송시 2:18

번역 1. 요 1:29 **2.** 마 4:16 **3.** 요 12:45 **4.** 막 16:16 **5.** 마 4:18 **6.** 막 2:3 **7.** 요 14:21 **8.** 막 6:49 **9.** 마 10:40–41 **10.** 행 8:12

심화 11. — **12.** — **13.** 창 3:20 **14.** 삿 13:11 **15.** 창 9:8–10 **16.** 마 7:11 **17.** 요 3:31 **18.** 막 3:22 **19.** 요 11:25–27 **20.** 요 5:23–25

---

5   διαθήκη, -ης, ἡ, "언약".

6   σπέρμα, -ατος, τό, "후손".

7   ὄρνεον, -ου, τό, "새".

8   κτῆνος, -ους, τό, "가축".

9   κιβωτός, -οῦ, ἡ, "방주".

10   δόμα, δόματος, τό, "선물".

11   이 문맥에서 κἄν은 "비록 ~할지라도"로 번역할 수 있다.

12   힌트: 이것은 복합동사의 완료형으로 어근에 ιν을 붙여 현재시제 어간을 만든 것이다.

30 현재완료(복합적) 분사와 독립 속격 ·연습문제·

분해

변화형	시제/태/법	인칭/격/수/성	기본형	번역
1. γεγεννηκότος				
2. ἠγαπημένων				
3. λελυκυία				
4. πεπληρωμένη				
5. πεποιήκοσι				
6. βεβαπτισμένου				
7. πεπίστευκεν				
8. βεβαπτισμένοις				
9. βεβλημένην				
10. ἀπεσταλμέναις				

복습

α. ὁ Ἰησοῦς εἶπεν τοῖς πρεσβυτέροις λελυκόσι τὸ ἱερόν.

β. οἱ καταβεβηκότες ἀπὸ Ἱεροσολύμων

γ. πρὸς τοὺς πεπιστευκότας αὐτῷ

δ. ἐστὶν γεγραμμένον· ἔφαγεν ἄρτον ἐκ τοῦ οὐρανοῦ.

ε. ἔλεγεν … τῷ κεκληκότι αὐτόν

ζ. γενομένου σαββάτου αὐτος ἔρχεται εἰς τὸν συναγωγήν.

η. μὴ εἰδότες τὰς γραφὰς μηδὲ τὴν δύναμιν τοῦ θεοῦ

번역

1. πεπιστεύκοτες δὲ ἠκολούθησαν αὐτῷ οἱ ὄχλοι.

2. ὁ ἑωρακὼς ἐμὲ ἑώρακεν τὸν πατέρα.

3. ἐγένετο[1] ἄνθρωπος, ἀπεσταλμένος παρὰ θεοῦ, ὄνομα αὐτῷ[2] Ἰωάννης.

4. τὸ γεγεννημένον ἐκ τῆς σαρκὸς σάρξ ἐστιν, καὶ τὸ γεγεννημένον ἐκ τοῦ πνεύματος πνεῦμά ἐστιν.

---

1   기억하라! γίνομαι는 일반적으로 "~이 되다", "발생하다"라는 두 가지 기본 의미를 갖는다.
2   이 여격은 관용적 용법이며 누군가의 이름을 명시하는 일반적인 방식이다. 연습문제 21, 문장 6과 연습문제 28, 문장 9를 보라.

5. καὶ ἐξεπλήσσοντο(그들/그녀들/그것들이 놀랐다) ἐπὶ τῇ διδαχῇ(가르침) αὐτοῦ· ἦν γὰρ διδάσκων αὐτοὺς ὡς ἐξουσίαν ἔχων καὶ οὐχ ὡς οἱ γραμματεῖς.

6. καὶ εὐθὺς ἔτι αὐτοῦ λαλοῦντος παραγίνεται(그/그녀/그것이 온다) Ἰούδας εἷς τῶν δώδεκα καὶ μετ᾽ αὐτοῦ ὄχλος.

7. οὔπω(아직) γὰρ ἦν βεβλημένος εἰς τὴν φυλακὴν(감옥) ὁ Ἰωάννης.

8. καὶ ἐγένετο ἐκ τοῦ οὐρανοῦ ἦχος(소리) ⋯ καὶ ἐπλήρωσεν ὅλον τὸν οἶκον οὗ ἦσαν καθήμενοι.

9. ταῦτα αὐτοῦ λαλοῦντος πολλοὶ ἐπίστευσαν εἰς αὐτόν. ἔλεγεν οὖν ὁ Ἰησοῦς πρὸς τοὺς πεπιστευκότας αὐτῷ Ἰουδαίους· ἐὰν ὑμεῖς μείνητε(너희가 머무르다) ἐν τῷ λόγῳ τῷ ἐμῷ, ἀληθῶς(진실로) μαθηταί μού ἐστε.

10. καὶ οἱ προάγοντες(앞서가는 자) καὶ οἱ ἀκολουθοῦντες ἔκραζον. ὡσαννά·
εὐλογημένος[3] ὁ ἐρχόμενος ἐν ὀνόματι κυρίου·
εὐλογημένη ἡ ἐρχομένη βασιλεία τοῦ πατρὸς ἡμῶν Δαυίδ·
ὡσαννὰ ἐν τοῖς ὑψίστοις(가장 높은).

심화

11. οἱ δὲ πρεσβύτεροι τῶν Ἰουδαίων ἑωρακότες τὸν Ἰησοῦν μετὰ τῶν μαθητῶν ἐδέξαντο ἕνα ἐκείνων ὃς τὴν ἐπαγγελίαν ἐποίησεν αὐτὸν παραδοῦναι(부. 배반하다).

12. οἱ πεπιστευκότες εἰς τὸν Ἰησοῦν Χριστιανοὶ[4] καλοῦνται ὅτι αὐτὸν ὡς τὸν Χριστόν τε καὶ τὸν κύριον γινώσκουσιν.

13. ἡ χάρις τοῦ κυρίου ἡμῶν Ἰησοῦ Χριστοῦ μεθ᾽ ὑμῶν καὶ μετὰ πάντων πανταχῆ[5] τῶν κεκλημένων ὑπὸ τοῦ θεοῦ καὶ δι᾽ αὐτοῦ.

14. καὶ μετὰ ταῦτα οὕτως ἀνέγνω(그/그녀/그것이 읽었다) Ἰησοῦς πάντα τὰ ῥήματα τοῦ νόμου τούτου ⋯ κατὰ πάντα τὰ γεγραμμένα ἐν τῷ νόμῳ.

15. προσευξαμένου μου ἐν τῷ οἴκῳ εἰσῆλθεν ἀνὴρ καὶ ἠσπάσατό με, κἀγὼ ἠσπασάμην αὐτόν.

3 이 분사는 복을 빌 때 사용하는 감탄사이다. 여기서 동사는 이미 전제되어 있다고 볼 수 있다.
4 여러분은 이 단어의 형태를 알아볼 수 있어야 한다.
5 πανταχῆ, "도처에".

16. οἱ πατέρες ἡμῶν τὸ μάννα ἔφαγον ἐν τῇ ἐρήμῳ, καθώς ἐστιν γεγραμμένον· ἄρτον ἐκ τοῦ οὐρανοῦ ἔδωκεν(그/그녀/그것이 주었다) αὐτοῖς φαγεῖν(부. 먹다).

17. ταῦτα οὐκ ἔγνωσαν αὐτοῦ οἱ μαθηταὶ τὸ πρῶτον,[6] ἀλλ᾿ ὅτε ἐδοξάσθη Ἰησοῦς τότε ἐμνήσθησαν(기억했다) ὅτι ταῦτα ἦν ἐπ᾿ αὐτῷ γεγραμμένα καὶ ταῦτα ἐποίησαν αὐτῷ.

18. ἐλθόντος τοῦ λόγου γνώσονται τὸν προφήτην ὃν ἀπέστειλεν αὐτοῖς κύριος ἐν πίστει.

19. καὶ ἔρχονται πάλιν εἰς Ἱεροσόλυμα. καὶ ἐν τῷ ἱερῷ περιπατοῦντος αὐτοῦ ἔρχονται πρὸς αὐτὸν οἱ ἀρχιερεῖς καὶ οἱ γραμματεῖς καὶ οἱ πρεσβύτεροι καὶ ἔλεγον αὐτῷ· ἐν ποίᾳ ἐξουσίᾳ ταῦτα ποιεῖς;

20. [7]καλέσω τὸν οὐ λαόν μου λαόν μου καὶ τὴν οὐκ ἠγαπημένην ἠγαπημένην.

참조

복습 α. — β. — γ. 요 8:31 δ. — ε. 눅 14:12 ζ. — η. 막 12:24

번역 1. — 2. 요 14:9 3. 요 1:6 4. 요 3:6 5. 막 1:22 6. 막 14:43 7. 요 3:24 8. 행 2:2 9. 요 8:30–31

6 τὸ πρῶτον은 비록 형태는 형용사적이지만 실제로는 부사적으로 기능하는데, 이러한 용법은 드물지 않게 등장한다.

7 힌트: 우선 이 문장의 구조를 도식화하여 어떤 관사가 어떤 명사에 연결되는지 파악하라. τόν과 τήν은 지시형용사 역할을 한다.

10. 막 11:9–10

심화 **11.** — **12.** — **13.** 클레멘트1서 65:2 **14.** 수 8:34 **15.** (목자서, 5편의 묵시 5.1) **16.** 요 6:31 **17.** 요 12:16 **18.** 렘 28:9[LXX 35:9] **19.** 막 11:27–28 **20.** 롬 9:25

문법

1. 분사의 격, 수, 성을 결정하는 요인은 무엇인가?

    a. 형용사적 분사

    b. 부사적 분사

2. 분사가 아래와 같은 용법으로 사용될 때 나타나는 단서는 무엇인가?

    a. 형용사적 용법

    b. 부사적 용법

    c. 명사적 용법

3. 분사를 만날 때 던져야 할 일곱 가지 질문은 무엇인가?

    1)

    2)

    3)

    4)

    5)

    6)

    7)

4. 독립 속격이란 무엇인가?

5. 다음 시제의 우언적 동사 구문은 어떻게 만드는가?

   a. 현재시제
   b. 미래시제
   c. 현재완료시제

6. 다음 시제에서 세 가지 성의 분사 형태소(시제 형태소와 격어미 포함)의 주격과 속격 단수형을 쓰라.

시제	남성	여성	중성
현재 능동			
제1부정과거 능동			
제1부정과거 수동			
제2부정과거 중간			
제1현재완료 능동			
현재완료 중간/수동			

분해

변화형	시제/태/법	인칭/격/수/성	기본형	번역
1. θέλοντος				
2. γραφεῖσι				
3. λελαληκότες				
4. πιστευομένας				

5. ὅν				
6. βαλόντα				
7. δεχθέντα				
8. βεβληκότα				
9. λυθείσῃ				
10. βλέψασα				

번역 | 마가복음 1:1-22

1:1 ἀρχὴ τοῦ εὐαγγελίου Ἰησοῦ Χριστοῦ [υἱοῦ θεοῦ]. **2** καθὼς γέγραπται ἐν τῷ Ἠσαΐᾳ τῷ

προφήτῃ· ἰδοὺ ἀποστέλλω τὸν ἄγγελόν μου πρὸ προσώπου σου, ὃ ς κατασκευάσει τὴν ὁδόν

σου· **3** φωνὴ βοῶντος ἐν τῇ ἐρήμῳ· ἑτοιμάσατε(예비하라!) τὴν ὁδὸν κυρίου, εὐθείας[1] ποιεῖτε(만

들라!) τὰς τρίβους[2] αὐτοῦ, **4** ἐγένετο Ἰωάννης [ὁ] βαπτίζων ἐν τῇ ἐρήμῳ καὶ κηρύσσων

βάπτισμα μετανοίας εἰς ἄφεσιν ἁμαρτιῶν. **5** καὶ ἐξεπορεύετο πρὸς αὐτὸν πᾶσα ἡ Ἰουδαία

χώρα καὶ οἱ Ἱεροσολυμῖται πάντες, καὶ ἐβαπτίζοντο ὑπ᾽ αὐτοῦ ἐν τῷ Ἰορδάνῃ ποταμῷ

---

1   εὐθύς, εὐθεῖα, εὐθύ, 속격, -έως, "곧은".
2   τρίβος, -ου, ἡ, "길".

ἐξομολογούμενοι τὰς ἁμαρτίας αὐτῶν. **6** καὶ ἦν ὁ Ἰωάννης ἐνδεδυμένος τρίχας[3] καμήλου[4] καὶ

ζώνην[5] δερματίνην[6] περὶ τὴν ὀσφὺν[7] αὐτοῦ, καὶ ἐσθίων ἀκρίδας[8] καὶ μέλι[9] ἄγριον.[10] **7** καὶ

ἐκήρυσσεν λέγων· ἔρχεται ὁ ἰσχυρότερός (~보다 더 능력이 있는 자) μου ὀπίσω μου, οὗ οὐκ εἰμὶ

ἱκανὸς κύψας[11] λῦσαι (부. 풀다) τὸν ἱμάντα[12] τῶν ὑποδημάτων αὐτοῦ· **8** ἐγὼ ἐβάπτισα ὑμᾶς

ὕδατι, αὐτὸς δὲ βαπτίσει ὑμᾶς ἐν πνεύματι ἁγίῳ.

9 καὶ ἐγένετο ἐν ἐκείναις ταῖς ἡμέραις ἦλθεν Ἰησοῦς ἀπὸ Ναζαρὲτ τῆς Γαλιλαίας καὶ

ἐβαπτίσθη εἰς τὸν Ἰορδάνην ὑπὸ Ἰωάννου. **10** καὶ εὐθὺς ἀναβαίνων ἐκ τοῦ ὕδατος εἶδεν

σχιζομένους τοὺς οὐρανοὺς καὶ τὸ πνεῦμα ὡς περιστερὰν καταβαῖνον εἰς αὐτόν· **11** καὶ φωνὴ

---

3   θρίξ, τριχός, ἡ, "털".

4   κάμηλος, -ου, ὁ, 그리고 ἡ, "낙타".

5   ζώνη, -ης, ἡ, "허리띠".

6   δερμάτινος, -η, -ον, "가죽(으로 만든)".

7   ὀσφῦς, -ύος, ἡ, "허리".

8   ἀκρίς, -ίδος, ἡ, "메뚜기".

9   μέλι, -ιτος, -τό, "꿀".

10   ἄγριος, -ία, -ον, "야생".

11   κύπτω, "(내가) 절하다", "(내가) 몸을 구부리다".

12   ἱμάς, -άντος, ὁ, "끈".

ἐγένετο ἐκ τῶν οὐρανῶν· σὺ εἶ ὁ υἱός μου ὁ ἀγαπητός, ἐν σοὶ εὐδόκησα.

12 καὶ εὐθὺς τὸ πνεῦμα αὐτὸν ἐκβάλλει εἰς τὴν ἔρημον. **13** καὶ ἦν ἐν τῇ ἐρήμῳ

τεσσεράκοντα ἡμέρας πειραζόμενος ὑπὸ τοῦ σατανᾶ, καὶ ἦν μετὰ τῶν θηρίων, καὶ οἱ ἄγγελοι

διηκόνουν αὐτῷ.

14 μετὰ δὲ τὸ παραδοθῆναι τὸν Ἰωάννην[13] ἦλθεν ὁ Ἰησοῦς εἰς τὴν Γαλιλαίαν κηρύσσων

τὸ εὐαγγέλιον τοῦ θεοῦ **15** καὶ λέγων ὅτι πεπλήρωται ὁ καιρὸς καὶ ἤγγικεν ἡ βασιλεία τοῦ

θεοῦ· μετανοεῖτε(회개하라!) καὶ πιστεύετε(믿으라!) ἐν τῷ εὐαγγελίῳ.

16 καὶ παράγων παρὰ τὴν θάλασσαν τῆς Γαλιλαίας εἶδεν Σίμωνα καὶ Ἀνδρέαν τὸν

ἀδελφὸν Σίμωνος ἀμφιβάλλοντας[14] ἐν τῇ θαλάσσῃ· ἦσαν γὰρ ἁλιεῖς.[15] **17** καὶ εἶπεν αὐτοῖς

---

13   μετὰ τὸ παραδοθῆναι τὸν Ἰωάννην은 "요한이 넘겨진 후에"라는 뜻이다.

14   ἀμφιβάλλω, "(내가) 그물을 던지다".

15   ἁλιεύς, -έως, ὁ, "어부".

ὁ Ἰησοῦς· δεῦτε(따르라!) ὀπίσω μου, καὶ ποιήσω ὑμᾶς γενέσθαι(부. 되다) ἁλιεῖς ἀνθρώπων.

18 καὶ εὐθὺς ἀφέντες(버린 후에) τὰ δίκτυα ἠκολούθησαν αὐτῷ. **19** Καὶ προβὰς[16] ὀλίγον εἶδεν

Ἰάκωβον τὸν τοῦ Ζεβεδαίου καὶ Ἰωάννην τὸν ἀδελφὸν αὐτοῦ, καὶ αὐτοὺς ἐν τῷ πλοίῳ

καταρτίζοντας τὰ δίκτυα, **20** καὶ εὐθὺς ἐκάλεσεν αὐτούς. καὶ ἀφέντες τὸν πατέρα αὐτῶν

Ζεβεδαῖον ἐν τῷ πλοίῳ μετὰ τῶν μισθωτῶν[17] ἀπῆλθον ὀπίσω αὐτοῦ.

21 καὶ εἰσπορεύονται εἰς Καφαρναούμ. καὶ εὐθὺς τοῖς σάββασιν εἰσελθὼν εἰς τὴν

συναγωγὴν ἐδίδασκεν. **22** καὶ ἐξεπλήσσοντο ἐπὶ τῇ διδαχῇ αὐτοῦ, ἦν γὰρ διδάσκων αὐτοὺς ὡς

ἐξουσίαν ἔχων καὶ οὐχ ὡς οἱ γραμματεῖς.

16   προβαίνω, "(내가) 가다", "전진하다".
17   μισθωτός, -οῦ, ὁ, "품꾼".

31 가정법

분해

변화형	시제/태/법	인칭/격/수/성	기본형	번역
1. περιπατήσητε				
2. βαπτίζωμεν				
3. διδαχθῶσι				
4. ἔλθωμεν				
5. ἀκούῃ (3×)				
6. κρινῶ				
7. σώσῃς				
8. προσέλθωμεν				
9. ἐγείρωσι				
10. ποιηθῇ				

복습

α. ἵνα ἀγαπῶμεν ἀλλήλους

β. ὅταν ἔλθῃ ἐν τῇ δόξῃ τοῦ πατρὸς αὐτοῦ

γ. ταῦτα λέγω ἵνα ὑμεῖς σωθῆτε.

δ. θέλομεν ἵνα ὃ ἐὰν αἰτήσωμέν σε ποιήσῃς ἡμῖν.

ε. ἵνα ἀποστέλλῃ αὐτούς

ζ. ἦραν[1] οὖν λίθους ἵνα βάλωσιν ἐπ᾿ αὐτόν.

η. τί αἰτήσωμαι;

번역

1. καὶ ἐν τούτῳ γινώσκομεν ὅτι ἐγνώκαμεν αὐτόν, ἐὰν τὰς ἐντολὰς αὐτοῦ τηρῶμεν.

2. ἀμὴν λέγω ὑμῖν, ὃς ἂν μὴ δέξηται τὴν βασιλείαν τοῦ θεοῦ ὡς παιδίον, οὐ μὴ εἰσέλθῃ[2] εἰς αὐτήν.

3. ἠρώτα αὐτὸν ἵνα[3] τὸ δαιμόνιον ἐκβάλῃ ἐκ τῆς θυγατρὸς(딸) αὐτῆς.

---

1 힌트: 이 동사는 어근에 ι를 붙여 현재시제 어간을 만든다.
2 강한 부정은 예수님의 말씀을 이해하는 데 어떤 도움을 주는가?
3 이것은 ἵνα가 "~하기 위하여"(in order that)가 아닌 "~하는 것"(that)으로 번역되는 또 다른 좋은 예이다. 어떤 학자들은 이것을 "설명"의 ἵνα라고 부르는데, 여기서 ἵνα절은 앞의 진술을 묘사하거나 주해한다(Wallace, 476쪽 참조).

4. αὕτη δέ ἐστιν ἡ αἰώνιος ζωή ἵνα γινώσκωσιν σὲ τὸν μόνον ἀληθινὸν(참된) θεὸν καὶ ὃν ἀπέστειλας Ἰησοῦν Χριστόν.

5. καὶ πάντα ὅσα ἂν αἰτήσητε ἐν τῇ προσευχῇ πιστεύοντες[4] λήμψεσθε.

6. μετὰ τοῦτο λέγει τοῖς μαθηταῖς· ἄγωμεν[5] εἰς τὴν Ἰουδαίαν πάλιν.

7. οὕτως γὰρ ἠγάπησεν ὁ θεὸς τὸν κόσμον, ὥστε τὸν υἱὸν τὸν μονογενῆ(유일한) ἔδωκεν(그/그녀/그것이 주었다), ἵνα πᾶς ὁ πιστεύων εἰς αὐτὸν μὴ ἀπόληται(그/그녀/그것이 멸망하다) ἀλλ᾽ ἔχῃ ζωὴν αἰώνιον. οὐ γὰρ ἀπέστειλεν ὁ θεὸς τὸν υἱὸν εἰς τὸν κόσμον ἵνα κρίνῃ τὸν κόσμον, ἀλλ᾽ ἵνα σωθῇ ὁ κόσμος δι᾽ αὐτοῦ.

8. καὶ ἐζήτουν οἱ ἀρχιερεῖς καὶ οἱ γραμματεῖς πῶς αὐτὸν … ἀποκτείνωσιν.

---

4   분사의 또 다른 용법은 조건을 가리키는 것이다. 이것을 "조건적 분사"(conditional participle)라고 부른다. 이 분사는 해당 분사가 수식하는 동사에 적용되는 조건을 묘사한다. 핵심 단어 "만약 ~라면"(if)을 사용하여 번역할 수 있다.

5   일반적으로 알고 있는 ἄγω의 뜻이 여기서는 적용되지 않는다. "가자"가 적절한 번역이다.

9. οἱ πατέρες ὑμῶν ἔφαγον ἐν τῇ ἐρήμῳ (광야) τὸ μάννα καὶ ἀπέθανον· οὗτός ἐστιν ὁ ἄρτος ὁ ἐκ τοῦ οὐρανοῦ καταβαίνων, ἵνα τις ἐξ αὐτοῦ φάγῃ καὶ μὴ ἀποθάνῃ. ἐγώ εἰμι ὁ ἄρτος ὁ ζῶν ὁ ἐκ τοῦ οὐρανοῦ καταβάς· ἐάν τις φάγῃ ἐκ τούτου τοῦ ἄρτου ζήσει εἰς τὸν αἰῶνα,[6] καὶ ὁ ἄρτος δὲ[7] ὃν ἐγὼ δώσε (나는 줄 것이다) ἡ σάρξ μού ἐστιν ὑπὲρ τῆς τοῦ κόσμου ζωῆς. Ἐμάχοντο (그들/그녀들/그것들이 싸우고[다투고] 있었다) οὖν πρὸς ἀλλήλους οἱ Ἰουδαῖοι λέγοντες· πῶς δύναται οὗτος ἡμῖν δοῦναι (부. 주다) τὴν σάρκα [αὐτοῦ] φαγεῖν (부. 먹다); εἶπεν οὖν αὐτοῖς ὁ Ἰησοῦς· ἀμὴν ἀμὴν λέγω ὑμῖν, ἐὰν μὴ φάγητε τὴν σάρκα τοῦ υἱοῦ τοῦ ἀνθρώπου καὶ πίητε αὐτοῦ τὸ αἷμα, οὐκ ἔχετε ζωὴν ἐν ἑαυτοῖς.

10. εἰ νεκροὶ οὐκ ἐγείρονται, φάγωμεν καὶ πίωμεν, αὔριον (내일) γὰρ ἀποθνήσκομεν.[8]

심화

11. ποιῶμεν πολὺ ἔργον ἐν τῇ γλώσσῃ ταύτῃ ἵνα γενώμεθα οἱ κηρύσσοντες τὸν λόγον τοῦ θεοῦ ἐν πάσῃ ἀληθείᾳ.

---

6   εἰς τόν αἰῶνα는 관용구로 "영원한"이라는 뜻이다.

7   힌트: καί와 δέ가 함께 나올 때, δέ는 καί를 단순히 "그리고"로 번역해서는 안 된다는 단서가 된다.

8   바울이 앞으로 일어날 사건을 기술하기 위해 현재시제를 어떻게 사용하고 있는지에 주목하라. 이 부분에 관해 몇 가지 설명이 가능하다. 현재시제는 미래에 일어날 행동의 생생함이나 확실성을 강조하는 데 사용될 수 있다. 또한 그것이 격언적 진술, 곧 "일반적 원리(언제든 발생할 수 있는 사건을 나타냄)"임을 나타내는 데 사용되는데, 미래의 어느 시점에 이 원리가 특별하게 작용하는 데 초점이 맞춰진 문맥에서 사용된다"(Fanning, 224).

12. ὅταν βλέψω τὰ παιδία μου ἀγαπῶντα ἀλλήλους, ἡ ἐμὴ καρδία χαίρει καὶ ἡ ἐμὴ ψυχὴ προσεύχεται τῷ θεῷ.

13. ἐὰν δὲ μὴ πιστεύσωσίν σοι μηδὲ ἀκούσωσιν τῆς φωνῆς τοῦ σημείου τοῦ πρώτου πιστεύσουσίν σοι τῆς φωνῆς τοῦ σημείου τοῦ ἐσχάτου.

14. καὶ λατρεύσετε[9] ἐκεῖ θεοῖς ἑτέροις, ἔργοις χειρῶν ἀνθρώπων ξύλοις[10] καὶ λίθοις, οἳ οὐκ ὄψονται[11] οὐδὲ μὴ ἀκούσωσιν οὔτε μὴ φάγωσιν.

15. τὸν κύριον Ἰησοῦν Χριστόν, οὗ τὸ αἷμα ὑπὲρ ἡμῶν ἐδόθη(그/그녀/그것이 주어졌다), φοβώμεθα.

16. ὃς ἂν ἓν τῶν τοιούτων παιδίων δέξηται ἐπὶ τῷ ὀνόματί μου, ἐμὲ δέχεται· καὶ ὃς ἂν ἐμὲ δέχηται, οὐκ ἐμὲ δέχεται ἀλλὰ τὸν ἀποστείλαντά με.

17. ἀμὴν δὲ λέγω ὑμῖν, ὅπου ἐὰν κηρυχθῇ τὸ εὐαγγέλιον εἰς ὅλον τὸν κόσμον, καὶ ὃ ἐποίησεν αὕτη λαληθήσεται εἰς μνημόσυνον[12] αὐτῆς.

---

9   λατρεύω, "(내가) 섬기다", "(내가) 예배하다".

10 ξύλον, -ου, τό, "목재".

11 직설법 ὄψονται 뒤에 나오는 두 개의 문장이 가정법으로 바뀌면서 부정의 의미가 좀 더 강화되었다.

18. ἐὰν δὲ ἐν τῷ φωτὶ περιπατῶμεν ὡς αὐτός ἐστιν ἐν τῷ φωτί, κοινωνίαν ἔχομεν μετ᾽ ἀλλήλων καὶ τὸ αἷμα Ἰησοῦ τοῦ υἱοῦ αὐτοῦ καθαρίζει ἡμᾶς ἀπὸ πάσης ἁμαρτίας. ἐὰν εἴπωμεν ὅτι ἁμαρτίαν οὐκ ἔχομεν, ἑαυτοὺς πλανῶμεν καὶ ἡ ἀλήθεια οὐκ ἔστιν ἐν ἡμῖν.

19. [13]ἀμὴν λέγω ὑμῖν ὅτι οὐκέτι οὐ μὴ πίω ἐκ τοῦ γενήματος[14] τῆς ἀμπέλου[15] ἕως τῆς ἡμέρας ἐκείνης ὅταν αὐτὸ πίνω καινὸν ἐν τῇ βασιλείᾳ τοῦ θεοῦ.

20. ἀπεκρίθη Ἰησοῦς· ἐὰν ἐγὼ δοξάσω ἐμαυτόν, ἡ δόξα μου οὐδέν ἐστιν· ἔστιν ὁ πατήρ μου ὁ δοξάζων με, ὃν ὑμεῖς λέγετε ὅτι θεὸς ἡμῶν ἐστιν, καὶ οὐκ ἐγνώκατε αὐτόν, ἐγὼ δὲ οἶδα αὐτόν. κἂν εἴπω[16] ὅτι οὐκ οἶδα αὐτόν, ἔσομαι ὅμοιος ὑμῖν ψεύστης· ἀλλὰ οἶδα αὐτὸν καὶ τὸν λόγον αὐτοῦ τηρῶ.

요약
1. "설명"의 ἵνα는 ἵνα절이 앞선 진술을 묘사하거나 주해할 때 사용되는 용법이다. 여기서 ἵνα는 주로 "~하는 것"(that)으로 번역된다.
2. 분사는 동사에 조건을 적용("조건적 분사")할 수 있으며, 이때 핵심 단어 "만약 ~라면"(if)을 사용하여 번역할 수 있다.
3. εἰς τὸν αἰῶνα는 관용구로 "영원한"이라는 뜻이다.
4. 현재시제는 미래 사건을 묘사할 때 사용되는데, (1) 생생함을 강조하거나, (2) 어떤 행위의 확실성이나 (3) 항상 진리이면서도 그것의 성취는 미래에 있는("공리와도 같은") 어떤 원칙의 상태, 이 셋 가운데 하나를 묘사할 때 사용된다.

---

12   μνημόσυνον, -ου, τό, "기억".

복습 **α.** 요일 3:11 **β.** 막 8:38 **γ.** 요 5:34 **δ.** 막 10:35 **ε.** 막 3:14 **ζ.** 요 8:59 **η.** 막 6:24

번역 1. 요일 2:3 2. 막 10:15 3. 막 7:26 4. 요 17:3 5. 마 21:22 6. 요 11:7 7. 요 3:16-17 8. 막 14:1 9. 요 6:49 – 53 10. 고전 15:32

심화 11. ― 12. ― 13. (출 4:8) 14. 신 4:28 15. (클레멘트1서 21:6) 16. 막 9:37 17. 막 14:9 18. 요일 1:7 – 8 19. 막 14:25 20. 요 8:54 – 55

13　이중 부정이며 현재시제인 πίνω는 예수님의 말씀의 전체적인 의미를 이해하는 데 어떤 도움을 주는가?

14　γένημα, -ματος, τό, "열매", "소산물".

15　ἄμπελος, -ου, ἡ, "포도나무", "포도 덩굴".

16　εἴπω에서 시상 접두 모음이 탈락하지 않았다는 것을 알았는가? 분사 형태에서 이미 이러한 경우를 보았을 것이다. 이것은 직설법 이외의 다른 형태에서도 마찬가지이다.

32 부정사

분해

변화형	시제/태/법	인칭/격/수/성	기본형	번역
1. λέγειν				
2. φαγεῖν				
3. πεπληρωκέναι				
4. λαλήσασθαι				
5. σῶσαι				
6. δοξάζεσθαι				
7. τεθεωρῆσθαι				
8. ἀγαπᾶν				
9. γραφῆναι				
10. πληρῶσαι				

복습

α. ἀπέστειλεν αὐτοὺς κηρύσσειν τὴν βασιλείαν τοῦ θεοῦ.

β. εἰς τὴν βασιλείαν τοῦ θεοῦ εἰσελθεῖν

γ.   τίς δύναται σωθῆναι;

δ.   δεῖ κηρυχθῆναι τὸ εὐαγγέλιον.

ε.   εἰς τὸ ἀποκτεῖναι αὐτόν

ζ.   καὶ ἐν τῷ σπείρειν αὐτόν

η.   μετὰ τὸ ἀποθανεῖν τὸν πατέρα αὐτοῦ

번역

1.   καὶ πάλιν ἤρξατο διδάσκειν παρὰ τὴν θάλασσαν.

2.   ὃς γὰρ ἐὰν θέλῃ τὴν ψυχὴν αὐτοῦ σῶσαι ἀπολέσει(그/그녀/그것은 잃을 것이다) αὐτήν.

3.   καὶ λέγει αὐτοῖς· ἔξεστιν(~이 합당하다) τοῖς σάββασιν ἀγαθὸν ποιῆσαι ἢ κακοποιῆσαι,[1] ψυχὴν σῶσαι ἢ ἀποκτεῖναι;

4.   ἦλθεν γὰρ ὁ υἱὸς τοῦ ἀνθρώπου ζητῆσαι καὶ σῶσαι τὸ ἀπολωλός(잃은 것).

---

1   이 복합동사는 이 동사를 구성하는 두 단어에서 예상할 수 있는 의미를 갖는다. 그 의미는 무엇이라고 생각하는가?

5. καὶ ἐποίησεν[2] δώδεκα ⋯ ἵνα ὦσιν μετ᾽ αὐτοῦ καὶ ἵνα ἀποστέλλῃ αὐτοὺς κηρύσσειν καὶ ἔχειν ἐξουσίαν ἐκβάλλειν τὰ δαιμόνια.

6. ἀμὴν γὰρ λέγω ὑμῖν ὅτι πολλοὶ προφῆται καὶ δίκαιοι ἐπεθύμησαν(그들/그녀들/그것들이 간절히 원했다) ἰδεῖν ἃ βλέπετε καὶ οὐκ εἶδαν, καὶ ἀκοῦσαι ἃ ἀκούετε καὶ οὐκ ἤκουσαν.

7. [3]αὐτὸς δὲ Ἰησοῦς οὐκ ἐπίστευεν[4] αὐτὸν αὐτοῖς διὰ τὸ αὐτὸν γινώσκειν πάντας.

8. [ἵνα ⋯] εὑρεθῶ ἐν αὐτῷ, μὴ ἔχων ἐμὴν δικαιοσύνην τὴν ἐκ νόμου ἀλλὰ τὴν διὰ πίστεως Χριστοῦ, τὴν ἐκ θεοῦ δικαιοσύνην ἐπὶ τῇ πίστει, τοῦ γνῶναι[5] αὐτὸν καὶ τὴν δύναμιν τῆς ἀναστάσεως(부활) αὐτοῦ.

9. ἀλλὰ μετὰ τὸ ἐγερθῆναί με προάξω(내가 먼저 갈 것이다) ὑμᾶς εἰς τὴν Γαλιλαίαν.

10. Ἀβραάμ ⋯ ἐπίστευσεν εἰς τὸ γενέσθαι αὐτὸν πατέρα πολλῶν ἐθνῶν.

---

2 이 문맥에서 ποιέω는 "임명하다"라는 의미를 갖는다. ποιέω는 의미상 유연성을 가진 단어이다.

3 힌트: αὐτός의 다른 의미들을 살펴보라.

4 이 문맥에서 πιστεύω는 "의탁하다"라는 의미를 갖는다.

5 힌트: 동사의 어근을 찾으라.

11. αὕτη ἡ γυνὴ λίθον καλὸν ἔχειν θέλει ἐπὶ τῇ χειρὶ αὐτῆς δεξαμένη αὐτὸν ἀπὸ τοῦ ἠγαπηκότος αὐτήν.

12. πορευθῶμεν γὰρ πρὸς τὴν θαλάσσην εἰς τὸ εὑρίσκειν ὧδε τινὰς ἡμέρας ἀγαθὰς ἐν τῷ ἡλίῳ.[6]

13. καὶ κατέβη κύριος ἰδεῖν τὴν πόλιν καὶ τὸν πύργον[7] ὃν ᾠκοδόμησαν[8] οἱ υἱοὶ τῶν ἀνθρώπων.

14. εἶπεν δὲ Ἀβραὰμ περὶ Σάρρας τῆς γυναικὸς αὐτοῦ ὅτι ἀδελφή μού ἐστιν, ἐφοβήθη γὰρ εἰπεῖν ὅτι γυνή μού ἐστιν μήποτε[9] ἀποκτείνωσιν αὐτὸν οἱ ἄνδρες τῆς πόλεως δι᾽ αὐτήν.

15. καὶ εἶπεν κύριος ὁ θεός· οὐ μὴ καταμείνῃ[10] τὸ πνεῦμά μου ἐν τοῖς ἀνθρώποις τούτοις εἰς τὸν αἰῶνα διὰ τὸ εἶναι αὐτοὺς σάρκας, ἔσονται δὲ αἱ ἡμέραι αὐτῶν ἑκατὸν εἴκοσι ἔτη.[11]

---

6   ἥλιος, -ου, ὁ, "태양".
7   πύργος, -ου, ὁ, "탑".
8   οἰκοδομέω, "(내가) 세우다".
9   μήποτε, "~하지 않도록".
10   καταμένω, "(내가) 머물다", "(내가) 살다".
11   ἑκατὸν εἴκοσι ἔτη, "120년".

16. [12]ἀπεκρίθη αὐτοῖς· εἶπον ὑμῖν ἤδη καὶ οὐκ ἠκούσατε· τί πάλιν θέλετε ἀκούειν; μὴ καὶ ὑμεῖς θέλετε αὐτοῦ μαθηταὶ γενέσθαι;

17. οἱ δὲ ἀρχιερεῖς καὶ ὅλον τὸ συνέδριον ἐζήτουν κατὰ τοῦ Ἰησοῦ μαρτυρίαν εἰς τὸ θανατῶσαι[13] αὐτόν, καὶ οὐχ ηὕρισκον.

18. καὶ εἶπεν αὐτοῖς ὁ Ἰησοῦς· δεῦτε(따르라!) ὀπίσω μου, καὶ ποιήσω ὑμᾶς γενέσθαι ἁλιεῖς[14] ἀνθρώπων.

19. ἔλεος θέλω καὶ οὐ θυσίαν· οὐ γὰρ ἦλθον καλέσαι δικαίους ἀλλὰ ἁμαρτωλούς.

20. ἀνέβη δὲ καὶ Ἰωσὴφ ἀπὸ τῆς Γαλιλαίας ἐκ πόλεως Ναζαρὲθ εἰς τὴν Ἰουδαίαν εἰς πόλιν Δαυὶδ ἥτις καλεῖται Βηθλέεμ, διὰ τὸ εἶναι αὐτὸν ἐξ οἴκου καὶ πατριᾶς[15] Δαυίδ.

참조

복습 α. 눅 9:2 **β.** 막 10:24 **γ.** 막 10:26 **δ.** 막 13:10 **ε.** (막 14:55) **ζ.** 마 13:4 **η.** 행 7:4

12   맹인은 그들이 예수님의 제자가 되기를 원한다고 믿었는가?
13   θανατόω, "(내가) 처형하다".
14   ἁλιεύς, -έως, ὁ, "어부".
15   πατριά, -ᾶς, ἡ, "가족", "혈통".

번역 **1.** 막 4:1 **2.** 막 8:35 **3.** 막 3:4 **4.** 눅 19:10 **5.** 막 3:14 – 15 **6.** 마 13:17 **7.** 요 2:24 **8.** 빌 3:9 – 10 **9.** 막 14:28 **10.** 롬 4:16, 18

심화 **11.** — **12.** — **13.** 창 11:5 **14.** 창 20:2 **15.** 창 6:3 **16.** 요 9:27 **17.** 막 14:55 **18.** 막 1:17 **19.** 마 9:13 **20.** 눅 2:4

33 명령법

분해

변화형	시제/태/법	인칭/격/수/성	기본형	번역
1. ἄκουε				
2. γράφεσθε (2×)				
3. θέλησον				
4. βλεπέτωσαν				
5. εἴπετε (2×)				
6. αἰτῆσαι (2×)				
7. πιστεύεις				
8. ἐκβλήθητι				
9. λαλοῦ				
10. γνωσθήτωσαν				

복습

α. φέρετε αὐτὸν πρός με.

β. ἀκολούθει μοι.

γ. μὴ φοβεῖσθε.

δ. αἴτησόν με ὃ ἐὰν θέλῃς.

ε. ὕπαγε, ἡ πίστις σου σέσωκέν σε.

ζ. ἐγείρεσθε, ἄγωμεν.

η. ὑπάγετε εἴπατε τοῖς μαθηταῖς αὐτοῦ

번역

1. ἄκουε, Ἰσραήλ, κύριος ὁ θεὸς ἡμῶν κύριος εἷς ἐστιν.

2. καὶ ἔλεγεν αὐτοῖς· ὅπου ἐὰν εἰσέλθητε εἰς οἰκίαν, ἐκεῖ μένετε ἕως ἂν ἐξέλθητε.

3. μὴ φοβοῦ, μόνον πίστευε.

4. εἴτε οὖν ἐσθίετε εἴτε πίνετε εἴτε τι ποιεῖτε, πάντα εἰς δόξαν θεοῦ ποιεῖτε.

5. ἔξελθε ἐξ αὐτοῦ καὶ μηκέτι(더 이상 ~아닌) εἰσέλθῃς εἰς αὐτόν.

6. μὴ ἀγαπᾶτε τὸν κόσμον μηδὲ τὰ ἐν τῷ κόσμῳ. ἐάν τις ἀγαπᾷ τὸν κόσμον, οὐκ ἔστιν ἡ ἀγάπη τοῦ πατρὸς[1] ἐν αὐτῷ.

7. τί γάρ ἐστιν εὐκοπώτερον(더 쉬운), εἰπεῖν· ἀφίενταί(그들/그녀들/그것들은 용서받는다) σου αἱ ἁμαρτίαι, ἢ εἰπεῖν· ἔγειρε καὶ περιπάτει; ἵνα δὲ εἰδῆτε ὅτι ἐξουσίαν ἔχει ὁ υἱὸς τοῦ ἀνθρώπου ἐπὶ τῆς γῆς ἀφιέναι(부. 용서하다) ἁμαρτίας—τότε λέγει τῷ παραλυτικῷ(중풍병자). ἐγερθεὶς ἆρόν σου τὴν κλίνην(침상) καὶ ὕπαγε εἰς τὸν οἶκόν σου.

8. [2]καὶ ἀποκριθεὶς ὁ Ἰησοῦς λέγει αὐτοῖς· ἔχετε πίστιν θεοῦ.[3] ἀμὴν λέγω ὑμῖν ὅτι ὃς ἂν εἴπῃ τῷ ὄρει(산) τούτῳ· ἄρθητι καὶ βλήθητι εἰς τὴν θάλασσαν, καὶ μὴ διακριθῇ(그/그녀/그것이 동요하다) ἐν τῇ καρδίᾳ αὐτοῦ ἀλλὰ πιστεύῃ ὅτι ὃ λαλεῖ γίνεται,[4] ἔσται αὐτῷ. διὰ τοῦτο λέγω ὑμῖν, πάντα ὅσα προσεύχεσθε καὶ αἰτεῖσθε, πιστεύετε ὅτι ἐλάβετε, καὶ ἔσται ὑμῖν.

9. λέγει αὐτῷ ὁ Ἰησοῦς· ἐὰν αὐτὸν θέλω μένειν ἕως ἔρχομαι, τί πρὸς σέ; σύ μοι ἀκολούθει.

1　　이것은 주격적 속격인가 대격적 속격인가? 만약 어떤 단어가 "주격적" 속격이라면, 그것은 그것이 수식하는 단어에 의해 암시된 행위의 주어이며, 따라서 행위를 "만들어 낸다". "아버지의 사랑"은 "아버지가 만들어 낸 사랑"이거나 나를 향한 그의 사랑을 의미한다. 만약 어떤 단어가 "대격적" 속격이라면, 그것은 그것이 수식하는 단어에 의해 암시된 행위의 목적어이며, 따라서 행위를 "받게 된다". "아버지의 사랑"은 "아버지가 받은 사랑"이거나 그를 향한 나의 사랑을 의미한다. 속격 명사가 수식하는 단어는 "주명사"라고 부른다.

2　　시제 변화에 주의하라.

3　　어떤 용법의 속격인가? πίστιν과 θεοῦ는 정확히 어떤 관계에 있는가?

4　　마가는 왜 현재시제를 미래에 일어날 행위를 가리키는 데 사용하고 있는가?

10. καὶ γὰρ ἐγὼ ἄνθρωπός εἰμι ὑπὸ ἐξουσίαν … καὶ λέγω τούτῳ· πορεύθητι, καὶ πορεύεται, καὶ ἄλλῳ· ἔρχου, καὶ ἔρχεται, καὶ τῷ δούλῳ μου· ποίησον τοῦτο, καὶ ποιεῖ.

심화

11. οἱ περιπατοῦντες ἐν τῇ ὁδῷ τῆς δικασιοσύνης ἀπὸ τῶν κακῶν ἀπελθέτωσαν καὶ γινέσθωσαν δοῦλοι τοῦ θεοῦ ἐν φόβῳ καὶ ἐλπίδι.

12. ὁ δὲ Παῦλος τοὺς ἐν ταῖς ἐκκλησίαις ἐδίδασκεν· πιστεύσατε εἰς τὸν Ἰησοῦν Χριστὸν καὶ ζᾶτε κατὰ τὸ θέλημα τοῦ κυρίου ἡμῶν.

13. καὶ εἶπεν ὁ θεός· γενηθήτω φῶς, καὶ ἐγένετο φῶς.

14. εἰπάτωσαν πάντες οἱ φοβούμενοι τὸν κύριον ὅτι ἀγαθός ὅτι εἰς τὸν αἰῶνα ἡ ἀγάπη αὐτοῦ.

15. σὺ οὖν πίστευε τῷ δικαίῳ, τὸ γὰρ δίκαιον ὀρθὴν[5] ὁδὸν ἔχει. καὶ σὺ τῇ ὀρθῇ ὁδῷ πορεύου.

---

5   ὀρθός, -ή, -όν, "곧은", "똑바른".

16. ⁶χαίρετε ἐν κυρίῳ πάντοτε· πάλιν ἐρῶ, χαίρετε.

17. ὃς ἔχει ὦτα⁷ ἀκούειν ἀκουέτω.

18. πορεύου, καὶ ἀπὸ τοῦ νῦν μηκέτι ἁμάρτανε.

19. ὡς οὖν παρελάβετε τὸν Χριστὸν Ἰησοῦν τὸν κύριον, ἐν αὐτῷ⁸ περιπατεῖτε.

20. μὴ ταρασσέσθω⁹ ὑμῶν ἡ καρδία· πιστεύετε εἰς τὸν θεόν καὶ εἰς ἐμὲ πιστεύετε.

요약
1. 주격적 속격은 명사의 행위를 발생시키며, 대격적 속격은 명사의 행위를 받는다. 속격 명사가 수식하고 있는 단어를 "주명사"라고 한다.

6   헬라어 수업에 이보다 더 좋은 구절이 있을까!

7   οὖς, ὠτός, τό, "귀".

8   이것은 남성인가 중성인가? 의미상 차이점은 무엇인가?

9   ταράσσω, "(내가) 근심하다", "(내가) 요동하다".

참조

복습 α. 막 9:19 **β.** 막 2:14 **γ.** 막 6:50 **δ.** 막 6:22 **ε.** 막 10:52 **ζ.** 막 14:42 **η.** 막 16:7

번역 **1.** 막 12:29 **2.** 막 6:10 **3.** 막 5:36 **4.** 고전 10:31 **5.** 막 9:25 **6.** 요일 2:15 **7.** 마 9:5-6 **8.** 막 11:22-24 **9.** 요 21:22 **10.** 마 8:9

심화 **11.** — **12.** — **13.** 창 1:3 **14.** (시 118:4[LXX 117:4]) **15.** (목자서, 12편의 계명 6.1.2) **16.** 빌 4:4 **17.** 막 4:9 **18.** 요 8:11 **19.** 골 2:6 **20.** 요 14:1

34 δίδωμι의 직설법

분해

변화형	시제/태/법	인칭/격/수/성	기본형	번역
1. δίδωσι				
2. ἔδωκαν				
3. δώσετε				
4. δέδωκεν				
5. ἐδόθη				
6. ἐδίδους				
7. διδόασι				
8. δέδοται				
9. δώσω				
10. δέδωκαν				

문법

μι 동사의 다섯 가지 법칙은 무엇인가?

1.

2.

3.

4.

5.

복습

α. ὁ δὲ θεὸς δίδωσιν αὐτῷ σῶμα.

β. διὰ τοῦ πνεύματος δίδοται λόγος σοφίας.

γ. δώσομεν αὐτοῖς φαγεῖν;

δ. καὶ ἔδωκα αὐτῇ χρόνον.

ε. δώσουσιν σημεῖα μεγάλα.

ζ. τὴν δόξαν τὴν ἐμήν, ἣν δέδωκάς μοι

η. ἐδόθη μοι πᾶσα ἐξουσία.

번역

1. ὁ δὲ ἀποκριθεὶς εἶπεν αὐτοῖς, ὅτι ὑμῖν δέδοται γνῶναι[1] τὰ μυστήρια(비밀/신비) τῆς βασιλείας τῶν οὐρανῶν, ἐκείνοις δὲ οὐ δέδοται.

2. τὴν δύναμιν καὶ ἐξουσίαν αὐτῶν τῷ θηρίῳ(짐승) διδόασιν.

---

1   힌트: 이 동사 형태의 어근은 무엇인가?

3. οἱ πατέρες ἡμῶν τὸ μάννα ἔφαγον ἐν τῇ ἐρήμῳ, καθώς ἐστιν γεγραμμένον· ἄρτον ἐκ τοῦ οὐρανοῦ ἔδωκεν αὐτοῖς φαγεῖν. εἶπεν οὖν αὐτοῖς ὁ Ἰησοῦς· ἀμὴν λέγω ὑμῖν, οὐ Μωϋσῆς δέδωκεν ὑμῖν τὸν ἄρτον ἐκ τοῦ οὐρανοῦ, ἀλλ᾽ ὁ πατήρ μου δίδωσιν ὑμῖν τὸν ἄρτον ἐκ τοῦ οὐρανοῦ τὸν ἀληθινόν(참된).

4. [2]καὶ εἶπεν αὐτῷ ὁ διάβολος(마귀). σοὶ δώσω τὴν ἐξουσίαν ταύτην ἅπασαν[3] καὶ τὴν δόξαν αὐτῶν, ὅτι ἐμοὶ παραδέδοται καὶ ᾧ ἐὰν θέλω δίδωμι αὐτήν.

5. ὁ νόμος διὰ Μωϋσέως ἐδόθη, ἡ χάρις καὶ ἡ ἀλήθεια διὰ Ἰησοῦ Χριστοῦ ἐγένετο.

6. οἱ λοιποὶ ἔμφοβοι(두려워하는) ἐγένοντο καὶ ἔδωκαν δόξαν τῷ θεῷ τοῦ οὐρανοῦ.

7. τὰ ῥήματα ἃ ἔδωκάς μοι δέδωκα αὐτοῖς, καὶ αὐτοὶ ἔλαβον καὶ ἔγνωσαν ἀληθῶς(참으로) ὅτι παρὰ σοῦ ἐξῆλθον, καὶ ἐπίστευσαν ὅτι σύ με ἀπέστειλας.

8. βλέπετε οὖν πῶς ἀκούετε· ὃς ἂν γὰρ ἔχῃ, δοθήσεται[4] αὐτῷ, καὶ ὃς ἂν μὴ ἔχῃ, καὶ ὃ δοκεῖ ἔχειν ἀρθήσεται ἀπ᾽ αὐτοῦ.

---

2 이 구절에서 일관되게 등장하는 일반적인 단어 배열의 변화에 주목하라.

9. εἰ οὖν ὑμεῖς πονηροὶ ὑπάρχοντες οἴδατε δόματα(선물들) ἀγαθὰ διδόναι(부. 주다) τοῖς τέκνοις ὑμῶν, πόσῳ(얼마나 더) μᾶλλον ὁ πατὴρ [ὁ] ἐξ οὐρανοῦ δώσει πνεῦμα ἅγιον τοῖς αἰτοῦσιν αὐτόν.

10. διὰ τοῦτο λέγω ὑμῖν ὅτι ἀρθήσεται ἀφ᾽ ὑμῶν ἡ βασιλεία τοῦ θεοῦ καὶ δοθήσεται ἔθνει ποιοῦντι τοὺς καρποὺς αὐτῆς.

심화

11. οἱ μὴ πιστεύοντες εἰς τὸν Ἰησοῦν ἀπώλεσαν τοὺς δύο πύργους[5] ἐν τῇ μεγάλῃ πόλει ἵνα πρὸς τὴν γῆν πέσωσιν καὶ πολλοὶ ἀποθάνωσιν.

12. τῶν ἀποστόλων εἰς τὸν ὅλον κόσμον ἀπελθόντων πολλοὶ ὄχλοι τὰς καρδίας αὐτῶν τῷ κυρίῳ ἔδωκαν διὰ τὸν λόγον τὸν κηρυχθέντα αὐτοῖς.

13. καὶ λαβοῦσα τοῦ καρποῦ αὐτοῦ[6] ἔφαγεν καὶ ἔδωκεν καὶ τῷ ἀνδρὶ αὐτῆς μετ᾽ αὐτῆς καὶ ἔφαγον.

---

3   ἅπας는 πᾶς와 같은 의미를 지닌다.

4   교재에서는 이러한 형태는 다루지 않았지만, 법칙을 익혔다면 결코 문제 될 것이 없다.

5   πύργος, -ου, ὁ, "망대".

6   이것은 여러분이 세 번째(이면서 마지막)로 보게 된 구절이다. αὐτοῦ의 선행사는 선악을 알게 하는 나무이다.

14. καὶ εἶπεν ὁ Ἀδάμ· ἡ γυνή ἣν ἔδωκας μετ᾽ ἐμοῦ αὕτη μοι ἔδωκεν ἀπὸ τοῦ ξύλου[7] καὶ ἔφαγον.

15. τόπον ἔδωκεν ὁ δεσπότης[8] τοῖς βουλομένοις[9] ἐπιστραφῆναι[10] ἐπ᾽ αὐτόν.

16. καὶ ἔδωκαν κλήρους αὐτοῖς καὶ ἔπεσεν ὁ κλῆρος ἐπὶ Μαθθίαν.

17. εὐλογήσω δὲ αὐτὴν καὶ δώσω σοι ἐξ αὐτῆς τέκνον καὶ εὐλογήσω αὐτόν καὶ ἔσται εἰς ἔθνη καὶ βασιλεῖς ἐθνῶν ἐξ αὐτοῦ ἔσονται.

18. ᾧ μὲν[11] γὰρ διὰ τοῦ πνεύματος δίδοται λόγος σοφίας, ἄλλῳ δὲ λόγος γνώσεως κατὰ τὸ αὐτὸ πνεῦμα.

19. εἶπεν αὐτῷ ὁ θεός· ἀναβλέψας τοῖς ὀφθαλμοῖς σου, ἴδε ἀπὸ τοῦ τόπου οὗ νῦν σὺ εἶ, πρὸς ⋯ ἀνατολὰς καὶ θάλασσαν· ὅτι πᾶσαν τὴν γῆν ἣν σὺ ὁρᾷς, σοὶ δώσω αὐτὴν καὶ τῷ σπέρματί σου ἕως αἰῶνος.

---

7 ξύλον, -ου, τό, "나무".

20. τὸν κύριον Ἰησοῦν Χριστόν, οὗ τὸ αἷμα ὑπὲρ ἡμῶν ἐδόθη, ἐντραπῶμεν.[12]

<table>
<tr><td align="center">요약</td></tr>
</table>

1. μι 동사의 다섯 가지 법칙을 익힌다면 많은 분량의 암기에서 해방될 것이다.

참조

복습 **α.** 고전 15:38 **β.** 고전 12:8 **γ.** 막 6:37 **δ.** 계 2:21 **ε.** 마 24:24 **ζ.** 요 17:24 **η.** 마 28:18

번역 **1.** 마 13:11 **2.** 계 17:13 **3.** 요 6:31 – 32 **4.** 눅 4:6 **5.** 요 1:17 **6.** 계 11:13 **7.** 요 17:8 **8.** 눅 8:18 **9.** 눅 11:13 **10.** 마 21:43

심화 **11.** — **12.** — **13.** 창 3:6 **14.** 창 3:12 **15.** 클레멘트1서 7:5 **16.** 행 1:26 **17.** 창 17:16 **18.** 고전 12:8 **19.** 클레멘트1서 10:4 **20.** 클레멘트2서 21:6

---

8   δεσπότης, -ου, ὁ, "주인".

9   βούλομαι, "(내가) ~하기를 원하다", "(내가) 결심하다".

10   ἐπιστρέφω "(내가) 돌아서다", "돌아가다". 이 동사의 제2부정과거 수동태는 ἐπεστράφην이다.

11   ᾧ μέν은 ἄλλῳ δέ와 함께 사용되어 "어떤 사람에게는 ~하고 또 어떤 사람에게는 ~하다"라는 뜻을 지닌다.

12   ἐντρέπω, "(내가) 존경하다".

35 δίδωμι의 직설법 이외의 법과 조건문 · 연습문제 ·

분해

변화형	시제/태/법	인칭/격/수/성	기본형	번역
1. διδόντες				
2. δοθέντος				
3. διδῷ (2×)				
4. δῷ (2×)				
5. δοθῇ				
6. διδούς				
7. δοῦναι				
8. δοθεῖσα				
9. διδότω				
10. δόντα				

복습

α. μηδὲ δίδοτε τόπον.

β. δότε αὐτοῖς ὑμεῖς φαγεῖν.

γ. εὐδόκησεν(그/그녀/그것이 기뻐했다) ὁ πατὴρ ὑμῶν δοῦναι ὑμῖν τὴν βασιλείαν.

δ. διὰ πνεύματος ἁγίου τοῦ δοθέντος ἡμῖν

ε. δῶμεν ἢ μὴ δῶμεν;

ζ. ἐδόξασαν τὸν θεὸν τὸν δόντα ἐξουσίαν.

η. ἡ ἐπαγγλία ἐκ πίστεως Ἰησοῦ Χριστοῦ δοθῇ τοῖς πίστεύουσιν.

번역

1. δίδοτε, καὶ δοθήσεται ὑμῖν.

2. τίς ἐστιν ὁ δούς σοι τὴν ἐξουσίαν ταύτην;

3. χάρις ὑμῖν καὶ εἰρήνη ἀπὸ[1] θεοῦ πατρὸς ἡμῶν καὶ κυρίου Ἰησοῦ Χριστοῦ τοῦ δόντος ἑαυτὸν ὑπὲρ τῶν ἁμαρτιῶν ἡμῶν.

---

[1]   ἀπό가 κυρίου 앞에서 한 번 더 반복되지 않는다는 점에 주목하라. 이 사실은 석의적인 측면에서도 중요하며, 바울의 인사말에서도 등장한다. 만약 바울이 "하나님"과 "주"를 서로 다른 두 실재로 생각했다면 이 전치사를 반복했겠지만, 그렇게 하지 않겠다는 사실은 바울이 이 둘을 동일한 존재로 보고 있다는 것을 보여준다. 여기서 바울이 예수님과 하나님을 동일시한다는 것을 아마도 문법적으로 너무 과도한 설명일 것이다. 적어도 바울은 하나님과 예수님이 갈라디아 성도들에 대한 은혜와 평강의 단일한 실행자이면서도, 전적으로 조화롭게 서로 협력하신다는 생각을 가졌다는 것을 보여준다.

4. [2]ταῦτα ἐλάλησεν Ἰησοῦς, καὶ ἐπάρας[3] τοὺς ὀφθαλμοὺς αὐτοῦ εἰς τὸν οὐρανὸν εἶπεν· πάτερ, ἐλήλυθεν ἡ ὥρα· δόξασόν σου τὸν υἱόν, ἵνα ὁ υἱὸς δοξάσῃ σέ, καθὼς ἔδωκας αὐτῷ ἐξουσίαν πάσης[4] σαρκός, ἵνα πᾶν[5] ὃ δέδωκας αὐτῷ δώσῃ αὐτοῖς ζωὴν αἰώνιον.

5. ἵνα ὁ θεὸς τοῦ κυρίου ἡμῶν Ἰησοῦ Χριστοῦ, ὁ πατὴρ τῆς δόξης, δώῃ ὑμῖν πνεῦμα σοφίας.

6. καὶ ὅταν ἄγωσιν ὑμᾶς παραδιδόντες,[6] μὴ προμεριμνᾶτε[7] τί λαλήσητε, ἀλλ᾽ ὃ ἐὰν δοθῇ ὑμῖν ἐν ἐκείνῃ τῇ ὥρᾳ τοῦτο λαλεῖτε· οὐ γάρ ἐστε ὑμεῖς οἱ λαλοῦντες ἀλλὰ τὸ πνεῦμα τὸ ἅγιον.

7. εἰ οὖν ὑμεῖς πονηροὶ ὄντες οἴδατε δόματα(선물들) ἀγαθὰ διδόναι τοῖς τέκνοις ὑμῶν, πόσῳ(얼마나 더) μᾶλλον ὁ πατὴρ ὑμῶν ὁ ἐν τοῖς οὐρανοῖς δώσει ἀγαθὰ τοῖς αἰτοῦσιν αὐτόν.[8]

---

2   이 구절은 문장 구조를 도식화해 보면 도움이 될 것이다.

3   ἐπαίρω "(내가) 들어 올리다". ἐπί와 αἴρω가 결합되어 만들어진 복합동사.

4   여기서 속격은 "전반적으로"라는 의미를 나타낸다.

5   이미 πάσης σαρκός로 언급된 모든 사람을 가리키고 그들을 αὐτοῖς(남성)로 말하기 때문에 중성은 예상치 못한 것이다. 단수형은 모든 사람의 연합을 강조하며, 레온 모리스는 중성이 "하나님이 주신 자격"을 강조한다고 말한다(*The Gospel By John*, The New International Commentary on the New Testament [Grand Rapids: Eerdmans, 1971], 719n9).

6   παραδιδόντες는 παραδίδωμι에서 왔으며 "넘겨주다"라는 뜻이다. 이 문맥에서는 목적을 나타낸다.

7   προμεριμνᾶτε는 προμεριμνάω에서 왔으며 "미리 걱정하다"라는 뜻이다

8   이 구절이 낯설지 않은 이유는 앞 장에서 누가복음의 병행 본문(11:13)을 번역했기 때문이다.

8. τὸν ἄρτον ἡμῶν τὸν ἐπιούσιον[9] δίδου.

9. καὶ γὰρ ὁ υἱὸς τοῦ ἀνθρώπου οὐκ ἦλθεν διακονηθῆναι[10] ἀλλὰ διακονῆσαι καὶ δοῦναι τὴν ψυχὴν αὐτοῦ λύτρον(대속물) ἀντὶ πολλῶν.

10. τῷ δὲ θεῷ χάρις τῷ διδόντι ἡμῖν τὸ νῖκος(승리) διὰ τοῦ κυρίου ἡμῶν Ἰησοῦ Χριστοῦ.

심화

11. δόντες δὲ τὰς ἰδίας καρδίας τῷ κυρίῳ, διδάσκωμεν τοῖς παιδίοις τὸν λόγον τοῦ θεοῦ ἵνα καὶ ἑαυτοὺς τῷ κυρίῳ δῶσιν.

12. ὁ ποιμὴν τῆς ἐκκλησίας τῷ ὄχλῳ εἶπεν· δότε τὰς φωνὰς ὑμῶν σφόδρα αἰνοῦντες ἐν ὅλῃ τῇ ψυχῇ τῷ Ἰησοῦ Χριστῷ τῷ κυρίῳ.

13. καθὼς ἔδωκας αὐτῷ ἐξουσίαν πάσης σαρκός, ἵνα πᾶν ὃ δέδωκας αὐτῷ δώσῃ αὐτοῖς ζωὴν αἰώνιον.

---

9 ἐπιούσιον은 이 구절을 제외하면 다른 어떤 헬라 문학에서도 나타나지 않는다. 따라서 뜻을 정확히 정의하기는 어렵고, 다음과 같이 추측할 수 있을 뿐이다. "매일", "오늘로 충분한", "내일로 충분한", "날마다".

10 διακονέω, "(내가) 섬기다".

14. μὴ φοβοῦ, τὸ μικρὸν ποίμνιον,[11] ὅτι εὐδόκησεν ὁ πατὴρ ὑμῶν δοῦναι ὑμῖν τὴν βασιλείαν.

15. ἔφη αὐτῷ ὁ Ἰησοῦς· εἰ θέλεις τέλειος εἶναι, ὕπαγε πώλησόν[12] σου τὰ ὑπάρχοντα καὶ δὸς [τοῖς] πτωχοῖς, καὶ ἕξεις θησαυρὸν ἐν οὐρανοῖς, καὶ δεῦρο[13] ἀκολούθει μοι.

16. καὶ εἶπεν ὁ Ἀδάμ· ἡ γυνὴ ἣν ἔδωκας μετ᾽ ἐμοῦ αὕτη μοι ἔδωκεν ἀπὸ τοῦ ξύλου καὶ ἔφαγον.

17. καὶ ἔλεγεν· διὰ τοῦτο εἴρηκα ὑμῖν ὅτι οὐδεὶς δύναται ἐλθεῖν πρός με ἐὰν μὴ ᾖ δεδομένον αὐτῷ ἐκ τοῦ πατρός.

18. ἀπεκρίθη Ἰησοῦς καὶ εἶπεν αὐτῇ· εἰ ᾔδεις τὴν δωρεὰν τοῦ θεοῦ καὶ τίς ἐστιν ὁ λέγων σοι· δός μοι πεῖν, σὺ ἂν ᾔτησας αὐτὸν καὶ ἔδωκεν ἄν σοι ὕδωρ ζῶν.

19. εἶπαν οὖν αὐτῷ· τίς εἶ; ἵνα ἀπόκρισιν[14] δῶμεν τοῖς πέμψασιν ἡμᾶς· τί λέγεις περὶ σεαυτοῦ;

---

11 ποίμνιον, -ου, τό, "떼, 무리".
12 힌트: 이 단어는 명사나 형용사가 아니다. 어려운 단어이다.
13 δεῦρο는 감탄사로 "이봐!"(come)라는 뜻이다.
14 ἀπόκρισις, -εως, ἡ, "대답".

20. αὐτὸς εἶπεν· μακάριόν ἐστιν μᾶλλον διδόναι ἢ λαμβάνειν.

21. ἵνα ὁ θεὸς τοῦ κυρίου ἡμῶν Ἰησοῦ Χριστοῦ, ὁ πατὴρ τῆς δόξης, δώῃ ὑμῖν πνεῦμα σοφίας καὶ ἀποκαλύψεως ἐν ἐπιγνώσει αὐτοῦ.

22. ⋯ θεοῦ, τοῦ σώσαντος ἡμᾶς καὶ καλέσαντος κλήσει ἁγίᾳ, οὐ κατὰ τὰ ἔργα ἡμῶν ἀλλὰ κατὰ ἰδίαν πρόθεσιν καὶ χάριν, τὴν δοθεῖσαν ἡμῖν ἐν Χριστῷ Ἰησοῦ πρὸ χρόνων αἰωνίων.

요약

1. 전치사-명사-καί-명사 구조는 이 전치사 하나가 두 명사를 "지배"하고 있다는 것과, 저자가 이를 하나의 단위로 생각하고 있다는 사실을 보여준다.

참조

복습 α. 엡 4:27 β. 마 14:16 γ. 눅 12:32 δ. 롬 5:5 ε. 막 12:14 ζ. 마 9:8 η. 갈 3:22

번역 1. 눅 6:38 2. 눅 20:2 3. 갈 1:3 ‒ 4 4. 요 17:1 ‒ 2 5. 엡 1:17 6. 막 13:11 7. 마 7:11 8. 눅 11:3 9. 막 10:45 10. 고전 15:57

심화 11. — 12. — 13. 요 17:2 14. 눅 12:32 15. 마 19:21 16. 창 3:12 17. 요 6:65 18. 요 4:10 19. 요 1:22 20. 행 20:35 21. 엡 1:17 22. 딤후 1:9

36 ἵστημι, τίθημι, δείκνυμι와 기타 사항 · 연습문제 ·

분해

변화형	시제/태/법	인칭/격/수/성	기본형	번역
1. τίθετε				
2. ἵστησι				
3. θήσω				
4. ἔστησεν				
5. τιθέντες				
6. ἐτέθη				
7. σταθείς				
8. ἀφῆκας				
9. ἀναστήσομεν				
10. ἕστηκεν				

복습

α. ἴδε ὁ τόπος ὅπου ἔθηκαν αὐτόν.

β. τί ἑστήκατε βλέποντες εἰς τὸν οὐρανόν;

γ. οὐ δύναται σταθῆναι ἡ βασιλεία ἐκείνη.

δ. ἵνα τις τὴν ψυχὴν αὐτοῦ θῇ ὑπὲρ τῶν φίλων[1] αὐτοῦ.

ε. καὶ ἀναγαγὼν αὐτόν ἔδειξεν αὐτῷ πάσας τὰς βασιλείας.

ζ. πῶς οὖν σταθήσεται ἡ βασιλεία αὐτοῦ;

η. ὁ δὲ ἔφη αὐτῷ· ἀγαπήσεις κύριον τὸν θεόν σου.

번역

마지막 장은 다음 복습이 없으므로 평소보다 좀 더 많은 연습문제를 실었다. 모든 문제는 풀어 보면 좋을 만한 문제들로 구성했다.

1. θήσω τὸ πνεῦμά μου ἐπ᾽ αὐτόν.

2. ἀπεκρίθησαν οὖν οἱ Ἰουδαῖοι καὶ εἶπαν αὐτῷ· τί σημεῖον δεικνύεις ἡμῖν ὅτι ταῦτα ποιεῖς;

3. τότε παραλαμβάνει(그/그녀/그것이 데려갔다) αὐτὸν ὁ διάβολος(마귀) εἰς τὴν ἁγίαν πόλιν καὶ ἔστησεν αὐτὸν ἐπὶ τὸ πτερύγιον(가장 높은 곳) τοῦ ἱεροῦ.

---

1   φίλος, -ου, ὁ, "친구".

4. ἐγώ εἰμι ὁ ποιμὴν(목자) ὁ καλός· ὁ ποιμὴν ὁ καλὸς τὴν ψυχὴν αὐτοῦ τίθησιν ὑπὲρ τῶν προβάτων(양).

5. ἔγραψεν δὲ καὶ τίτλον(명패[죄목]) ὁ Πιλᾶτος καὶ ἔθηκεν ἐπὶ τοῦ σταυροῦ(십자가). ἦν δὲ γεγραμμένον, Ἰησοῦς ὁ Ναζωραῖος ὁ βασιλεὺς τῶν Ἰουδαίων.

6. εἰπέ μοι ποῦ(어디에) ἔθηκας αὐτόν, κἀγὼ αὐτὸν ἀρῶ.

7. καὶ ἔστησαν ἐπὶ τοὺς πόδας αὐτῶν, καὶ φόβος μέγας ἐπέπεσεν² ἐπὶ τοὺς θεωροῦντας αὐτούς.

8. ἰδοὺ ἕστηκα ἐπὶ τὴν θύραν(문) καὶ κρούω(내가 두드린다). ἐάν τις ἀκούσῃ τῆς φωνῆς μου καὶ ἀνοίξῃ τὴν θύραν, [καὶ] εἰσελεύσομαι πρὸς αὐτὸν καὶ δειπνήσω(내가 먹을 것이다) μετʼ αὐτοῦ καὶ αὐτὸς μετʼ ἐμοῦ.

9. οὕτως γὰρ ἐντέταλται(그/그녀/그것이 명령했다) ἡμῖν ὁ κύριος· τέθεικά σε εἰς φῶς ἐθνῶν τοῦ εἶναί σε εἰς σωτηρίαν(구원) ἕως ἐσχάτου τῆς γῆς.

2　ἐπιπίπτω, "(내가) ~에 처하다".

10. ἐθεάσαντο(그들/그녀들/그것들이 보았다) τὸ μνημεῖον(무덤) καὶ ὡς ἐτέθη τὸ σῶμα αὐτοῦ.

11. ἐζήτουν αὐτὸν εἰσενεγκεῖν(부. 가져오다) καὶ θεῖναι[3] [αὐτὸν] ἐνώπιον αὐτοῦ.

12. τρέχει(그/그녀/그것이 달린다) οὖν καὶ ἔρχεται πρὸς Σίμωνα Πέτρον καὶ πρὸς τὸν ἄλλον μαθητὴν ὃν ἐφίλει[4] ὁ Ἰησοῦς καὶ λέγει αὐτοῖς· ἦραν τὸν κύριον ἐκ τοῦ μνημείου(무덤) καὶ οὐκ οἴδαμεν ποῦ ἔθηκαν αὐτόν.

13. δι᾽ οὗ καὶ τὴν προσαγωγὴν(들어감) ἐσχήκαμεν [τῇ πίστει] εἰς τὴν χάριν ταύτην ἐν ᾗ ἑστήκαμεν καὶ καυχώμεθα(우리가 자랑한다) ἐπ᾽ἐλπίδι τῆς δόξης τοῦ θεοῦ.

14. ἡ δὲ ἐλπὶς οὐ καταισχύνει,[5] ὅτι ἡ ἀγάπη τοῦ θεοῦ ἐκκέχυται[6] ἐν ταῖς καρδίαις ἡμῶν διὰ πνεύματος ἁγίου τοῦ δοθέντος ἡμῖν.

3   힌트: 어근을 찾고 어간 모음이 변할 수 있다는 사실을 기억하라.

4   φιλέω는 "(내가) 사랑하다"라는 뜻이다. 이 단어는 실제로 고전 헬라어에서 가장 높은 경지의 사랑을 가리켰지만, 키스와 관련된 단어가 되었다. 요한복음에서는 φιλέω와 ἀγαπάω가 동의어이지만, 후기 기독교 문헌에서는 φιλέω가 거의 대부분 ἀγαπάω로 대체되었다.

5   καταισχύνω, "(내가) 모욕하다, 부끄럽게 하다, 실망하게 하다".

6   ἐκχύννω, "(내가) 붓다". BDAG는 이 동사의 기본형을 ἐκχέω로, 현재완료형을 ἐκκέχυκα로 제시하며, 헬레니즘 시대의 형태는 ἐκχύν(ν)ω였다고 말한다.

15. ⁷οὐχ ὑμεῖς με ἐξελέξασθε(너희가 선택했다), ἀλλ᾽ ἐγὼ ἐξελεξάμην(내가 선택했다) ὑμᾶς καὶ ἔθηκα ὑμᾶς ἵνα ὑμεῖς ὑπάγητε καὶ καρπὸν φέρητε καὶ ὁ καρπὸς ὑμῶν μένῃ, ἵνα ὅ τι ἂν αἰτήσητε τὸν πατέρα ἐν τῷ ὀνόματί μου δῷ ὑμῖν.

16. εἶπεν δὲ πρὸς αὐτούς· οὐχ ὑμῶν⁸ ἐστιν γνῶναι χρόνους ἢ καιροὺς οὓς ὁ πατὴρ ἔθετο⁹ ἐν τῇ ἰδίᾳ ἐξουσίᾳ.

17. ἀπεκρίθη αὐτοῖς ὁ Ἰωάννης λέγων· ἐγὼ βαπτίζω ἐν ὕδατι· μέσος ὑμῶν ἕστηκεν ὃν ὑμεῖς οὐκ οἴδατε.

18. μείζονα ταύτης ἀγάπην οὐδεὶς ἔχει, ἵνα τις τὴν ψυχὴν αὐτοῦ θῇ¹⁰ ὑπὲρ τῶν φίλων(친구들) αὐτοῦ.

19. εἰ δὲ καὶ ὁ σατανᾶς ἐφ᾽ ἑαυτὸν διεμερίσθη(그/그녀/그것이 나뉜다), πῶς σταθήσεται ἡ βασιλεία αὐτοῦ; ὅτι λέγετε ἐν Βεελζεβοὺλ ἐκβάλλειν με τὰ δαιμόνια.

---

7   예수님의 말씀은 제자들에게만 국한되는가 아니면 모든 신자에게 적용되는가? 이 질문에 대한 답을 여러분이 따르는 신학이 아니라 본문에서 찾아보라.

8   이 문맥에서는 ὑμῶν 뒤에 "~을 위하여"(for)를 넣을 수 있다.

9   τίθημι는 까다로운 단어일 수 있다. 부정과거 능동태에서는 제1부정과거 형태(ἔθηκα)이지만, 중간태에서는 제2부정과거 형태(ἐθέμην)로 나타난다.

10   힌트: 어간 중복도 없고 시상 접두 모음도 없다. θῇ는 ἵνα절에서 나타난다.

20. ταῦτα δὲ αὐτῶν λαλούντων αὐτὸς ἔστη[11] ἐν μέσῳ αὐτῶν καὶ λέγει αὐτοῖς· εἰρήνη ὑμῖν.

심화

21. ἐὰν ἱστῶμεν ἐπὶ τῇ ὁδῷ τῶν ἁμαρτανόντων, οὐ δεξόμεθα τὴν χάριν τοῦ θεοῦ.

22. ἐπεὶ γινώσκομεν νῦν τὴν Ἑλληνικὴν[12] γλῶσσαν, ἀνοίξαντες τὴν καιὴν διαθήκην[13] διδασκώμεθα νῦν κηρύσσειν τοὺς λόγους τῆς ἀληθείας.

23. καὶ ἔθετο αὐτοὺς ὁ θεὸς ἐν τῷ στερεώματι[14] τοῦ οὐρανοῦ, ὥστε φαίνειν ἐπὶ τῆς γῆς καὶ ἄρχειν τῆς ἡμέρας καὶ τῆς νυκτὸς καὶ διαχωρίζειν(부. 나누다) ἀνὰ μέσον[15] τοῦ φωτὸς καὶ ἀνὰ μέσον τοῦ σκότους, καὶ εἶδεν ὁ θεὸς ὅτι καλόν.

24. καὶ ἔχθραν(적대감) θήσω ἀνὰ μέσον σου καὶ ἀνὰ μέσον τῆς γυναικὸς καὶ ἀνὰ μέσον τοῦ σπέρματός σου καὶ ἀνὰ μέσον τοῦ σπέρματος αὐτῆς, αὐτός σου τηρήσει κεφαλήν καὶ σὺ τηρήσεις αὐτοῦ πτέρναν.[16]

---

11 힌트: ἵστημι가 제1부정과거 형태(ἔστησα)와 제2부정과거 형태(ἔστην)를 모두 갖는다는 사실을 기억하는가?

12 Ἑλληνικός, -ή, -όν, "헬라".

13 διαθήκη, -κης, ἡ, "언약".

참조

복습 **α.** 막 16:6 **β.** (행 1:11) **γ.** 막 3:24 **δ.** 요 15:13 **ε.** 눅 4:5 **ζ.** 마 12:26 **η.** 마 22:37

번역 **1.** 마 12:18 **2.** 요 2:18 **3.** 마 4:5 **4.** 요 10:11 **5.** 요 19:19 **6.** 요 20:15 **7.** 계 11:11 **8.** 계 3:20 **9.** 행 13:47 **10.** 눅 23:55 **11.** 눅 5:18 **12.** 요 20:2 **13.** 롬 5:2 **14.** 롬 5:5 **15.** 요 15:16 **16.** 행 1:7 **17.** 요 1:26 **18.** 요 15:13 **19.** 눅 11:18 **20.** 눅 24:36

심화 **21.** — **22.** — **23.** 창 1:17 – 18 **24.** 창 3:15

14　στερέωμα, -ματος, τό, "궁창".

15　ἀνὰ μέσον은 관용구로 "~사이에"라는 뜻이다. 히브리어에서는 이 전치사구를 두 번째 명사에서 반복하곤 한다. 이러한 히브리어 구조가 창 1:17(LXX)에 나타난다.

16　πτέρνη, -ης, ἡ, "발꿈치".

문법

1. 직설법 이외의 법에서 시제가 갖는 기본 의미는 무엇인가?

2. 가정법 동사가 주절에서 사용되는 두 가지 방식은 무엇인가?

    a.

    b.

3. 가정법 동사가 종속절에서 사용되는 두 가지 방식은 무엇인가?

    a.

    b.

4. 두 종류의 제3형 조건문은 각각 무엇인가? 이 둘을 어떻게 구별할 수 있는가?

    a.

    b.

5. 다음 전치사들이 관착 부정사(관사가 있는 부정사)와 함께 사용되면 어떻게 번역하는가?

    a.   διά

    b.   εἰς

    c.   πρός

6. 부정사로 목적을 나타낼 수 있는 세 가지 방법은 무엇인가?

    a.

    b.

    c.

7. 금지 및 기타 유형의 부정을 진술하는 다섯 가지 방법은 무엇이며, 각각의 뉘앙스는 무엇인가?

    a.

    b.

    c.

    d.

    e.

8. μι 동사의 다섯 가지 법칙은 무엇인가?

    a.

    b.

    c.

    d.

    e.

분해

변화형	시제/태/법	인칭/격/수/성	기본형	번역
1. ποιῆσθε				
2. πιστεύειν				
3. ἔρχηται				
4. γράψαι				
5. κρινέτωσαν				
6. ἔλθωμεν				
7. δίδωσι				
8. ἀπεστάλθαι				
9. δέδωκεν				
10. παρακάλεσαι				
11. τίθεμεν				
12. ἵστασαι				

번역 | 마태복음 13:1-23

13:1 ἐν τῇ ἡμέρᾳ ἐκείνῃ ἐξελθὼν ὁ Ἰησοῦς τῆς οἰκίας ἐκάθητο παρὰ τὴν θάλασσαν· 2 καὶ

συνήχθησαν πρὸς αὐτὸν ὄχλοι πολλοί, ὥστε αὐτὸν εἰς πλοῖον ἐμβάντα καθῆσθαι, καὶ πᾶς ὁ

ὄχλος ἐπὶ τὸν αἰγιαλὸν[1] εἱστήκει.[2]

3 καὶ ἐλάλησεν αὐτοῖς πολλὰ ἐν παραβολαῖς λέγων· ἰδοὺ ἐξῆλθεν ὁ σπείρων τοῦ

σπείρειν. 4 καὶ ἐν τῷ σπείρειν αὐτὸν ἃ μὲν[3] ἔπεσεν παρὰ τὴν ὁδόν, καὶ ἐλθόντα τὰ πετεινὰ

κατέφαγεν αὐτά. 5 ἄλλα δὲ ἔπεσεν ἐπὶ τὰ πετρώδη[4] ὅπου οὐκ εἶχεν γῆν πολλήν, καὶ εὐθέως

ἐξανέτειλεν[5] διὰ τὸ μὴ ἔχειν βάθος[6] γῆς· 6 ἡλίου δὲ ἀνατείλαντος[7] ἐκαυματίσθη[8] καὶ διὰ τὸ

μὴ ἔχειν ῥίζαν ἐξηράνθη. 7 ἄλλα δὲ ἔπεσεν ἐπὶ τὰς ἀκάνθας, καὶ ἀνέβησαν αἱ ἄκανθαι καὶ

ἔπνιξαν[9] αὐτά. 8 ἄλλα δὲ ἔπεσεν ἐπὶ τὴν γῆν τὴν καλὴν καὶ ἐδίδου καρπόν, ὃ μὲν ἑκατόν, ὃ δὲ

ἑξήκοντα,[10] ὃ δὲ τριάκοντα. 9 ὁ ἔχων ὦτα ἀκουέτω.

10 καὶ προσελθόντες οἱ μαθηταὶ εἶπαν αὐτῷ· διὰ τί ἐν παραβολαῖς λαλεῖς αὐτοῖς;

1   αἰγιαλός, -οῦ, ὁ, "해변", "바닷가".
2   ἵστημι의 과거완료형이다. 부정과거 역할을 하며 "그/그녀/그것이 서 있었다"라는 뜻이다.
3   ὃς μέν, ὁ δέ와 ἄλλα δέ가 함께 사용되어 "어떤"(some)으로 번역된다.
4   πετρώδης, -ες, "돌투성이의".
5   ἐξανατέλλω, "(내가) 싹이 나오다".
6   βάθος, -ους, τό, "깊이(depth)".
7   ἀνατέλλω, "(내가) 일어나다", "(내가) 떠오르다".
8   καυματίζω, "(내가) 마르게 하다", "(내가) 태우다".
9   πνίγω, "(내가) 질식시키다".
10   ἑξήκοντα, "60".

11 ὁ δὲ ἀποκριθεὶς εἶπεν αὐτοῖς ὅτι ὑμῖν δέδοται γνῶναι τὰ μυστήρια τῆς βασιλείας τῶν

οὐρανῶν, ἐκείνοις δὲ οὐ δέδοται. 12 ὅστις γὰρ ἔχει, δοθήσεται αὐτῷ καὶ περισσευθήσεται·[11]

ὅστις δὲ οὐκ ἔχει, καὶ ὃ ἔχει ἀρθήσεται ἀπ᾽ αὐτοῦ. 13 διὰ τοῦτο ἐν παραβολαῖς αὐτοῖς

λαλῶ, ὅτι βλέποντες οὐ βλέπουσιν καὶ ἀκούοντες οὐκ ἀκούουσιν οὐδὲ συνίουσιν,[12] 14 καὶ

ἀναπληροῦται[13] αὐτοῖς ἡ προφητεία Ἡσαΐου ἡ λέγουσα·

ἀκοῇ[14] ἀκούσετε καὶ οὐ μὴ συνῆτε,

καὶ βλέποντες βλέψετε καὶ οὐ μὴ ἴδητε.

15 ἐπαχύνθη[15] γὰρ ἡ καρδία τοῦ λαοῦ τούτου,

11 이 단어를 사전에서 찾아보면, περισσεύω에 "(내가) 넘치다"라는 의미가 있음을 알 수 있다. 이것을 미래 수동형으로 만들어 보라. 아마 불가능할 것이다. 이러한 문제에 직면했을 때 해법은 더 큰 사전을 찾아보고 보다 구체적인 뜻을 찾는 것에 있다. περισσεύω는 자동사로 사용될 때 "내가 넘치다"라는 뜻을 지니며, (이 본문처럼) 타동사로 쓰일 때는 "내가 넘치게 하다"라는 뜻이다. 이 문맥에서는 후자로 보는 편이 더 적절하다.

12 힌트: 이 단어는 이 구절의 다른 곳에서도 등장하는 συνίημι에서 왔다.

13 ἀναπληρόω, "(내가) 이루다".

14 ἀκοῇ는 왜 여격인가? 조금 이상하긴 하지만, 이 단어는 "듣는 행위"를 의미할 수 있다. 여격은 "~에 관하여"라는 의미가 있다. 그래서 어색한 번역을 하자면 "듣는 것에 관하여, 너희는 듣지만 이해하지 못할 것이다"가 될 것이다.

15 παχύνω, "(내가) 우둔하게 하다". 수동형: "(내가) 우둔하게 되다".

καὶ τοῖς ὠσὶν βαρέως[16] ἤκουσαν

καὶ τοὺς ὀφθαλμοὺς αὐτῶν ἐκάμμυσαν,[17]

μήποτε ἴδωσιν τοῖς ὀφθαλμοῖς

καὶ τοῖς ὠσὶν ἀκούσωσιν

καὶ τῇ καρδίᾳ συνῶσιν καὶ ἐπιστρέψωσιν

καὶ ἰάσομαι αὐτούς.

16 ὑμῶν δὲ μακάριοι οἱ ὀφθαλμοὶ ὅτι βλέπουσιν καὶ τὰ ὦτα ὑμῶν ὅτι ἀκούουσιν. 17 ἀμὴν γὰρ

λέγω ὑμῖν ὅτι πολλοὶ προφῆται καὶ δίκαιοι ἐπεθύμησαν ἰδεῖν ἃ βλέπετε καὶ οὐκ εἶδαν, καὶ

ἀκοῦσαι ἃ ἀκούετε καὶ οὐκ ἤκουσαν.

18 ὑμεῖς οὖν ἀκούσατε τὴν παραβολὴν τοῦ σπείραντος. 19 παντὸς ἀκούοντος τὸν

---

16   βαρέως, "둔하게".
17   καμμύω, "(내가) 닫다".

λόγον τῆς βασιλείας καὶ μὴ συνιέντος ἔρχεται[18] ὁ πονηρὸς καὶ ἁρπάζει τὸ ἐσπαρμένον ἐν

τῇ καρδίᾳ αὐτοῦ, οὗτός ἐστιν ὁ παρὰ τὴν ὁδὸν σπαρείς. 20 ὁ δὲ ἐπὶ τὰ πετρώδη σπαρείς,

οὗτός ἐστιν ὁ τὸν λόγον ἀκούων καὶ εὐθὺς μετὰ χαρᾶς λαμβάνων αὐτόν, 21 οὐκ ἔχει δὲ

ῥίζαν ἐν ἑαυτῷ ἀλλὰ πρόσκαιρός[19] ἐστιν, γενομένης δὲ θλίψεως ἢ διωγμοῦ διὰ τὸν λόγον[20]

εὐθὺς σκανδαλίζεται. 22 ὁ δὲ εἰς τὰς ἀκάνθας σπαρείς, οὗτός ἐστιν ὁ τὸν λόγον ἀκούων, καὶ

ἡ μέριμνα[21] τοῦ αἰῶνος καὶ ἡ ἀπάτη[22] τοῦ πλούτου συμπνίγει[23] τὸν λόγον καὶ ἄκαρπος[24]

γίνεται. 23 ὁ δὲ ἐπὶ τὴν καλὴν γῆν σπαρείς, οὗτός ἐστιν ὁ[25] τὸν λόγον ἀκούων καὶ συνιείς, ὃς

δὴ[26] καρποφορεῖ[27] καὶ ποιεῖ ὃ μὲν ἑκατόν, ὃ δὲ ἑξήκοντα, ὃ δὲ τριάκοντα.

---

18 힌트: 앞에 나오는 어구 전체가 ἔρχεται의 주어이다.

19 πρόσκαιρος, –ον, "잠시", "임시로".

20 힌트: 독립 속격이 문장 안에 들어가는 것이 일반적이지는 않지만, 여기서는 그렇게 하고 있다.

21 μέριμνα, –ης, ἡ, "두려움", "염려".

22 ἀπάτη, –ης, ἡ, "속임수".

23 συμπνίγω, "(내가) 질식시키다", "(내가) 막다".

24 이 단어는 알파 부정으로 만들어진 것이다. 이 단어는 어떤 뜻이겠는가?

25 힌트: ὁ는 두 개의 분사를 수식한다.

26 δή, "참으로".

27 καρποφορέω, "(내가) 작물을 생산하다", "(내가) 열매를 맺다".

축하합니다!

여러분은 해냈다. 정말 멋지다! 아마도 여기 도달하기까지 수많은 노력과 남모를 눈물이 있었을 것이라 생각한다. 하지만 여러분은 이제 막 헬라어라는 벽돌 쌓기를 마쳤을 뿐이다. 진정한 재미는 지금부터 시작이다. 헬라어 학습을 즐기라.

요한이서

여러분은 헬라어라는 벽돌 쌓기의 막바지에 도달했기 때문에 이제는 조금 즐길 필요가 있다(변화표와 단어 암기는 별로 재미가 없었다!). 여기서 여러분 자신이 어느 수준까지 익혔는지 점검하는 것이 필요한데, 이것을 위해 두 개의 선택학습을 마련했다. 첫 번째는 요한이서이다. 여러분이 이 공부를 마치면 신약성경 한 권 전체를 헬라어로 읽은 셈이 된다.

전체 형식은 필자의 책인 『성경 헬라어 수준별 독본』(*A Graded Reader of Biblical Greek*)과 유사하다. 각주에는 신약성경에서 10번 이내로 등장하는 단어(10-49번 등장하는 단어는 교재에 있는 단어장을 참고하라)와 여러분이 현재 수준에서 다루기 어려운 문법 구조를 설명할 것이다. 여기서 단어의 뜻은 한 번만 언급할 것이다. 따라서 어떤 단어가 다시 등장하게 된다면 그 단어는 꼭 암기해야 한다. 『성경 헬라어 수준별 독본』에는 하단에 별도의 섹션이 있어서 본문의 의미를 적용하도록 돕고, 중급 헬라어 문법도 소개한다. 이 부교재에는 각주에 이와 같은 정보를 담았다.

여러분이 이 두 선택학습을 마치면 지금부터 다음 헬라어 수업을 시작하기 전까지라도 일단은 『성경 헬라어 수준별 독본』을 시작해 보라고 권하고 싶다. 만약 다음 수업이 방학 후에나 있다면 여러분은 분명 헬라어를 꾸준히 사용하지 않았을 때 얼마나 쉽게 잊어버릴 수 있는지 알고는 놀라게 될 것이다.

감사

1:1 ὁ πρεσβύτερος ἐκλεκτῇ κυρίᾳ[1] καὶ τοῖς τέκνοις αὐτῆς, οὓς ἐγὼ ἀγαπῶ ἐν ἀληθείᾳ, καὶ οὐκ

ἐγὼ μόνος ἀλλὰ καὶ πάντες οἱ ἐγνωκότες[2] τὴν ἀλήθειαν, 2 διὰ τὴν ἀλήθειαν, τὴν μένουσαν

---

1   κυρία, -ας, ἡ, "여주인, 부인"(2). 이 단어의 남성형에서 그 뜻을 유추할 수 있었을 것이다.

2   힌트: στ와 시상 접두 모음을 볼 때 이 단어는 어떤 시제라고 할 수 있겠는가?

ἐν ἡμῖν καὶ μεθ᾽ ἡμῶν ἔσται εἰς τὸν αἰῶνα. **3** ἔσται μεθ᾽ ἡμῶν χάρις ἔλεος εἰρήνη παρὰ θεοῦ

πατρὸς καὶ παρὰ Ἰησοῦ Χριστοῦ τοῦ υἱοῦ τοῦ πατρὸς ἐν ἀληθείᾳ καὶ ἀγάπῃ.

진리와 사랑

4 ἐχάρην[3] λίαν ὅτι εὕρηκα ἐκ τῶν τέκνων[4] σου περιπατοῦντας[5] ἐν ἀληθείᾳ, καθὼς

ἐντολὴν ἐλάβομεν παρὰ τοῦ πατρός. **5** καὶ νῦν ἐρωτῶ σε, κυρία, οὐχ ὡς ἐντολὴν καινὴν

γράφων σοι ἀλλὰ ἣν εἴχομεν ἀπ᾽ ἀρχῆς, ἵνα ἀγαπῶμεν ἀλλήλους. **6** καὶ αὕτη ἐστὶν ἡ ἀγάπη,

ἵνα περιπατῶμεν κατὰ τὰς ἐντολὰς αὐτοῦ· αὕτη ἡ ἐντολή ἐστιν, καθὼς ἠκούσατε ἀπ᾽ ἀρχῆς,

ἵνα ἐν αὐτῇ[6] περιπατῆτε.

---

3   힌트: 어간 모음과 η를 주의 깊게 보라. 그렇다! 이 부분은 꽤 어려운 부분이다. 다른 힌트: 마지막 η는 시제 형태소이고, 어간
모음 가운데 하나는 탈락했다.

4   ἐκ τῶν τέκνων이 수식하는 단어는 무엇인가? 여기에는 없다. 이것은 "부분 속격"으로, 해당 단어(이 경우에는 구)는 큰 무리를
가리키며, 수식하고 있는 단어는 작은 무리를 나타낸다. 때로 작은 무리를 나타내는 단어가 생략되며, 문맥을 보고 그것을 보충해
넣어야 한다. 여기에 "약간의, 몇몇의"(τινας)를 추가해 넣을 수 있다.

5   이 단어는 앞의 주에서 언급한 바로 그 생략된 단어를 수식한다.

6   αὐτῇ의 선행사는 무엇인가? ἐντολή인가 아니면 ἀγάπη인가?

7 ὅτι πολλοὶ πλάνοι ἐξῆλθον εἰς τὸν κόσμον, οἱ μὴ ὁμολογοῦντες Ἰησοῦν Χριστὸν

ἐρχόμενον ἐν σαρκί· οὗτός ἐστιν ὁ πλάνος καὶ ὁ ἀντίχριστος. **8** βλέπετε[7] ἑαυτούς, ἵνα μὴ

ἀπολέσητε[8] ἃ εἰργασάμεθα ἀλλὰ μισθὸν πλήρη ἀπολάβητε.

9 πᾶς ὁ προάγων καὶ μὴ μένων ἐν τῇ διδαχῇ τοῦ Χριστοῦ θεὸν οὐκ ἔχει· ὁ μένων ἐν τῇ

διδαχῇ, οὗτος καὶ τὸν πατέρα καὶ τὸν υἱὸν ἔχει. **10** εἴ τις ἔρχεται πρὸς ὑμᾶς καὶ ταύτην τὴν

διδαχὴν οὐ φέρει, μὴ λαμβάνετε αὐτὸν εἰς οἰκίαν καὶ χαίρειν αὐτῷ μὴ λέγετε· **11** ὁ λέγων γὰρ

αὐτῷ χαίρειν κοινωνεῖ τοῖς ἔργοις αὐτοῦ τοῖς πονηροῖς.

마무리 인사

12 πολλὰ ἔχων ὑμῖν γράφειν οὐκ ἐβουλήθην διὰ χάρτου[9] καὶ μέλανος,[10] ἀλλὰ ἐλπίζω

---

7   힌트: 이것은 직설법이 아니다.
8   힌트: 이 단어는 복합동사로 이 동사의 시제 어간은 파악하기 힘들다. 동사의 어근을 생각해 보라.
9   χάρτης, -ου, ὁ, "종이"(1).
10   μέλας, μέλαινα, μέλαν, "검은"(6). 중성형은 "먹, 잉크"라는 의미를 가질 수 있다.

γενέσθαι πρὸς ὑμᾶς καὶ στόμα πρὸς στόμα[11] λαλῆσαι, ἵνα ἡ χαρὰ ἡμῶν πεπληρωμένη ᾖ.[12]

13 ἀσπάζεταί σε[13] τὰ τέκνα τῆς ἀδελφῆς σου τῆς ἐκλεκτῆς.

---

11   이것은 고전 16:20에 나오는 "거룩한 입맞춤"인가?

12   힌트: 마지막 두 단어는 보통 역순으로 등장했다.

13   힌트: 이 경우에는 왜 이런 형태가 왔는가?

마가복음 2:1-3:6

이번 구절은 상당 부분 익숙할 수 있는데 당연한 일이다. 여기에 실린 연습문제 상당수는 마가복음의 앞부분에서 가져왔다.

중풍병자와 용서

2:1 καὶ εἰσελθὼν πάλιν εἰς Καφαρναοὺμ δι᾿ ἡμερῶν[1] ἠκούσθη ὅτι ἐν οἴκῳ ἐστίν. **2** καὶ

συνήχθησαν πολλοὶ ὥστε μηκέτι χωρεῖν[2] μηδὲ τὰ[3] πρὸς τὴν θύραν, καὶ ἐλάλει αὐτοῖς τὸν

λόγον. **3** καὶ ἔρχονται[4] φέροντες πρὸς αὐτὸν παραλυτικὸν αἰρόμενον ὑπὸ τεσσάρων. **4** καὶ

μὴ δυνάμενοι προσενέγκαι αὐτῷ διὰ τὸν ὄχλον ἀπεστέγασαν[5] τὴν στέγην[6] ὅπου ἦν, καὶ

---

1   *BDAG*는 δία의 의미를 "~동안", "내내"(throughout, through, during)로 제시한다. 이 전치사는 다른 단어들과 다소 관용적으로 함께 사용되어 어떤 시간의 개념을 가리키게 된다. ἡμέρα라는 단어와 묶어 의미를 유추할 수 있을 것이다. "날들 동안 내내," 다시 말해, "며칠 후에"라는 뜻을 갖는다.

2   ὥστε와 부정사의 결합이 특별한 용법을 갖는다는 사실을 기억하는가?

3   힌트: 관사는 뒤따르는 전치사 구문을 독립적 용법으로 만들고 있다. 중성의 τά는 마가가 사람들에 관해 말하고 있는 것이 아니라는 사실을 알려준다.

4   ἔρχονται가 현재시제라는 사실에 주목했는가? 헬라어에서는 과거의 이야기를 보다 생생하게 만들고 싶을 때 현재시제로 변하게 할 수 있다. 영어에서도 마찬가지지만, 헬라어에서는 훨씬 더 많이 나타나며, 번역자들도 종종 이 사실을 간과한다. 이것을 우리는 "역사적 현재"라고 부른다.

ἐξορύξαντες[7] χαλῶσι[8] τὸν κράβαττον ὅπου ὁ παραλυτικὸς κατέκειτο. **5** καὶ ἰδὼν ὁ Ἰησοῦς[9]

τὴν πίστιν αὐτῶν λέγει τῷ παραλυτικῷ· τέκνον, ἀφίενταί[10] σου αἱ ἁμαρτίαι. **6** ἦσαν δέ τινες

τῶν γραμματέων ἐκεῖ καθήμενοι καὶ διαλογιζόμενοι ἐν ταῖς καρδίαις αὐτῶν· **7** τί οὗτος

οὕτως λαλεῖ; βλασφημεῖ· τίς δύναται ἀφιέναι ἁμαρτίας εἰ μὴ εἷς ὁ θεός;[11] **8** καὶ εὐθὺς

ἐπιγνοὺς ὁ Ἰησοῦς τῷ πνεύματι αὐτοῦ ὅτι οὕτως διαλογίζονται ἐν ἑαυτοῖς λέγει αὐτοῖς· τί

ταῦτα διαλογίζεσθε ἐν ταῖς καρδίαις ὑμῶν; **9** τί ἐστιν εὐκοπώτερον,[12] εἰπεῖν τῷ παραλυτικῷ·

ἀφίενταί σου αἱ ἁμαρτίαι, ἢ εἰπεῖν· ἔγειρε καὶ ἆρον τὸν κράβαττόν σου καὶ περιπάτει;[13] **10**

ἵνα δὲ εἰδῆτε ὅτι ἐξουσίαν ἔχει ὁ υἱὸς τοῦ ἀνθρώπου ἀφιέναι ἁμαρτίας ἐπὶ τῆς γῆς —λέγει τῷ

5 ἀποστεγάζω, "(내가) 지붕을 벗기다", "지붕을 없애다"(1).

6 στέγη, -ης, ἡ, "지붕"(3).

7 ἐξορύσσω, "(내가) 구멍을 내다"(2).

8 χαλάω, "(내가) 내리다"(7).

9 힌트: Ἰησοῦς는 분사구에 속해 있는가?

10 힌트: 이 동사는 복합동사로 전치사 ἀπό(ἀφ로 변했다)가 결합되어 만들어진 단어이다.

11 힌트: ὁ θεός와 εἷς는 어떤 관계에 있는가? εἷς가 (전치사가 아니라) 형용사라는 사실과 그것이 수식적 위치에 있지 않다는 사실을 파악했는가?

12 εὔκοπος, -ον, 성경에서는 비교급으로만 사용된다. εὐκοπώτερος, "더 쉬운"(7).

13 어떤 것이 말하기 더 쉬운가? 왜 그런가?

παραλυτικῷ· 11 σοὶ λέγω, ἔγειρε ἆρον τὸν κράβαττόν σου καὶ ὕπαγε εἰς τὸν οἶκόν σου. 12

καὶ ἠγέρθη καὶ εὐθὺς ἄρας[14] τὸν κράβαττον ἐξῆλθεν ἔμπροσθεν πάντων, ὥστε ἐξίστασθαι[15]

πάντας καὶ δοξάζειν τὸν θεὸν λέγοντας ὅτι οὕτως οὐδέποτε εἴδομεν.

레위인을 부르심

13 καὶ ἐξῆλθεν πάλιν παρὰ τὴν θάλασσαν· καὶ πᾶς ὁ ὄχλος ἤρχετο πρὸς αὐτόν, καὶ

ἐδίδασκεν αὐτούς. 14 καὶ παράγων εἶδεν Λευὶν τὸν[16] τοῦ Ἀλφαίου καθήμενον ἐπὶ τὸ

τελώνιον,[17] καὶ λέγει αὐτῷ· ἀκολούθει μοι. καὶ ἀναστὰς ἠκολούθησεν αὐτῷ.

15 καὶ γίνεται[18] κατακεῖσθαι[19] αὐτὸν ἐν τῇ οἰκίᾳ αὐτοῦ, καὶ πολλοὶ τελῶναι καὶ

ἁμαρτωλοὶ συνανέκειντο[20] τῷ Ἰησοῦ καὶ τοῖς μαθηταῖς αὐτοῦ· ἦσαν γὰρ πολλοὶ καὶ

---

14 힌트: 이 어근은 제1부정과거를 취하지만, 유음동사이기도 하다.

15 힌트: 이 단어는 복합동사이며, 동사 어근은 μι동사이다.

16 종종 그렇듯 이 관사는 수식하는 단어가 없다. 따라서 뒤따르는 속격은 보이지 않는 주명사를 갖게 된다.

17 τελώνιον, -ου, τό, "세관"(3).

18 Καὶ γίνεται는 관용적이며, καὶ ἐγένετο와 다소 비슷하다.

19 힌트: 이 부정사는 "~하는 동안"(while)이라는 시간적 개념을 나타낸다.

ἠκολούθουν αὐτῷ. **16** καὶ οἱ γραμματεῖς τῶν Φαρισαίων ἰδόντες ὅτι ἐσθίει μετὰ τῶν

ἁμαρτωλῶν καὶ τελωνῶν ἔλεγον τοῖς μαθηταῖς αὐτοῦ· ὅτι μετὰ τῶν τελωνῶν καὶ ἁμαρτωλῶν

ἐσθίει;[21] **17** καὶ ἀκούσας ὁ Ἰησοῦς λέγει αὐτοῖς [ὅτι] οὐ χρείαν ἔχουσιν οἱ ἰσχύοντες ἰατροῦ[22]

ἀλλ᾽ οἱ κακῶς ἔχοντες·[23] οὐκ ἦλθον καλέσαι δικαίους ἀλλὰ ἁμαρτωλούς.[24]

금식 논쟁

18 καὶ ἦσαν οἱ μαθηταὶ Ἰωάννου καὶ οἱ Φαρισαῖοι νηστεύοντες. καὶ ἔρχονται καὶ λέγουσιν

αὐτῷ· διὰ τί οἱ μαθηταὶ Ἰωάννου καὶ οἱ μαθηταὶ τῶν Φρισαίων νηστεύουσιν, οἱ δὲ σοὶ

μαθηταὶ οὐ νηστεύουσιν; **19** καὶ εἶπεν αὐτοῖς ὁ Ἰησοῦς· μὴ δύνανται οἱ υἱοὶ τοῦ νυμφῶνος[25]

ἐν ᾧ[26] ὁ νυμφίος μετ᾽ αὐτῶν ἐστιν νηστεύειν;[27] ὅσον χρόνον ἔχουσιν τὸν νυμφίον μετ᾽

---

20 συνανάκειμαι, "내가 ~와 함께 식탁에 기대다"(7).
21 이 물음표는 헬라어 본문 편집자들이 "바리새인의 서기관들"이 비난을 하는 것이 아니라 질문을 던지고 있다고 생각했음을 보여준다. 그렇다면 여러분은 ὅτι를 어떻게 번역할 것인가?
22 ἰατρός, -οῦ, ὁ, "의사"(7).
23 이것은 관용구이다. 하지만 어떤 의미인지는 알 수 있어야 한다.
24 예수님이 비꼬아 말씀하시는 것을 알 수 있겠는가?

αὐτῶν οὐ δύνανται νηστεύειν. **20** ἐλεύσονται δὲ ἡμέραι ὅταν ἀπαρθῇ[28] ἀπ᾽ αὐτῶν ὁ νυμφίος,

καὶ τότε νηστεύσουσιν ἐν ἐκείνῃ τῇ ἡμέρᾳ. **21**[29] οὐδεὶς ἐπίβλημα[30] ῥάκους[31] ἀγνάφου[32]

ἐπιράπτει[33] ἐπὶ ἱμάτιον παλαιόν· εἰ δὲ μή, αἴρει τὸ πλήρωμα ἀπ᾽ αὐτοῦ τὸ καινὸν τοῦ παλαιοῦ

καὶ χεῖρον σχίσμα[34] γίνεται. **22** καὶ οὐδεὶς βάλλει οἶνον νέον εἰς ἀσκοὺς παλαιούς· εἰ δὲ μή,

ῥήξει[35] ὁ οἶνος τοὺς ἀσκοὺς καὶ ὁ οἶνος ἀπόλλυται καὶ οἱ ἀσκοί· ἀλλὰ οἶνον νέον εἰς ἀσκοὺς

καινούς.

25 νυμφών, -ῶνος, ὁ, "결혼식장"(3).

26 이 문맥에서 ἐν ᾧ는 시간적 의미를 나타내는 관용구로 "언제"라는 뜻을 갖고 있다.

27 헬라어 어순을 바꿔 보겠다. 이 문장을 보는 데 아마 도움이 될 것이다. 평서문으로 우선 번역하고, 그런 다음 의문형으로 바꿔 보라. μή는 이 질문에 관해 무엇을 말해 주고 있는가? μὴ οἱ υἱοὶ τοῦ νυμφῶνος δύνανται νηστεύειν ἐν ᾧ ὁ νυμφίος ἐστιν μετ᾽ αὐτῶν.

28 ἀπαίρω, "(내가) 빼앗다"(3).

29 이 문장은 어려운 문장이니 번역하지 못해도 낙심할 필요 없다. ῥάκους ἀγνάφου는 "재료의 속격"이라고 불리며, 이 조각이 무엇으로 만들어졌는지 말해 준다. εἰ δὲ μή는 관용구로 "만약 ~하지 않으면"이라는 뜻이다. 문법상 πλήρωμα는 "충만"이지만, 여기서는 적합하지 않으며, 이 단어의 또 다른 의미인 "조각"이 문맥에 적절하다. 마지막으로, 쉼표를 τὸ καινὸν τοῦ παλαιοῦ 앞뒤로 붙일 수 있는데, 여기서 이 속격은 "~로부터"(from)라는 개념을 가지고 온다.

30 ἐπίβλημα, -ματος, τό, "조각"(4).

31 ῥάκος, -ους, τό, "낡은 옷", "천 조각"(2).

32 ἄγναφος, -ον, "새로운", "쪼그라지지 않은"(2).

33 ἐπιράπτω, "(내가) 심다"(1).

안식일에 먹는 것에 대한 논쟁

23 καὶ ἐγένετο αὐτὸν ἐν τοῖς σάββασιν παραπορεύεσθαι[36] διὰ τῶν σπορίμων,[37] καὶ οἱ

μαθηταὶ αὐτοῦ ἤρξαντο ὁδὸν ποιεῖν τίλλοντες[38] τοὺς στάχυας.[39] **24** καὶ οἱ φαρισαῖοι ἔλεγον

αὐτῷ· ἴδε τί ποιοῦσιν τοῖς σάββασιν ὃ οὐκ ἔξεστιν; **25** καὶ λέγει αὐτοῖς· οὐδέποτε[40] ἀνέγνωτε

τί ἐποίησεν Δαυὶδ ὅτε χρείαν ἔσχεν καὶ ἐπείνασεν[41] αὐτὸς καὶ οἱ μετ᾽ αὐτοῦ, **26** πῶς εἰσῆλθεν

εἰς τὸν οἶκον τοῦ θεοῦ ἐπὶ[42] Ἀβιαθάρ ἀρχιερέως καὶ τοὺς ἄρτους τῆς προθέσεως[43] ἔφαγεν,

οὓς οὐκ ἔξεστιν φαγεῖν εἰ μὴ τοὺς ἱερεῖς, καὶ ἔδωκεν καὶ τοῖς σὺν αὐτῷ οὖσιν; **27** καὶ ἔλεγεν[44]

αὐτοῖς· τὸ σάββατον διὰ τὸν ἄνθρωπον ἐγένετο καὶ οὐχ ὁ ἄνθρωπος διὰ τὸ σάββατον· **28**

---

34 σχίσμα, -ματος, τό, "쪼개짐", "분리", "해어짐"(8).

35 ῥήγνυμι, "(내가) 찢다", "터트리다"(6).

36 παραπορεύομαι, "(내가) 지나가다"(5).

37 σπόριμος, -ον, "씨를 뿌린". 명사: "곡식(들판)"(3).

38 τίλλω, "(내가) 뽑다"(3).

39 στάχυς, -υος, ὁ, "(곡식의) 머리, 옥수수의 귀"(5).

40 이 부정문의 뉘앙스를 파악하려면 이 문장의 끝 부분을 봐야 한다(26절).

41 힌트: α는 축약 모음이 아니다.

42 ἐπί는 언제 그 사건이 발생했는지를 명시하고 있다.

43 문법상 πρόθεσις는 "계획", "목적"이라는 뜻이지만 이 문맥에는 적합하지 않다. 이것은 진설병, 거룩한 빵이라고 불린다.

44 미완료과거시제의 흥미로운 용법. 왜 마가가 이 시제를 사용했다고 생각하는가? 24절의 미완료과거로 돌아가게 된다.

ὥστε κύριός ἐστιν ὁ υἱὸς τοῦ ἀνθρώπου καὶ τοῦ σαββάτου.

안식일에 치유하는 것에 대한 논쟁

3:1 καὶ εἰσῆλθεν πάλιν εἰς τὴν συναγωγήν. καὶ ἦν ἐκεῖ ἄνθρωπος ἐξηραμμένην[45] ἔχων

τὴν χεῖρα. 2 καὶ παρετήρουν αὐτὸν εἰ τοῖς σάββασιν θεραπεύσει αὐτόν, ἵνα κατηγορήσωσιν

αὐτοῦ. 3 καὶ λέγει τῷ ἀνθρώπῳ τῷ τὴν ξηρὰν χεῖρα ἔχοντι· ἔγειρε εἰς τὸ μέσον. 4 καὶ λέγει

αὐτοῖς· ἔξεστιν τοῖς σάββασιν ἀγαθὸν ποιῆσαι ἢ κακοποιῆσαι, ψυχὴν σῶσαι ἢ ἀποκτεῖναι;

οἱ δὲ ἐσιώπων. 5 καὶ περιβλεψάμενος αὐτοὺς μετ᾽ ὀργῆς, συλλυπούμενος ἐπὶ τῇ πωρώσει τῆς

καρδίας αὐτῶν λέγει τῷ ἀνθρώπῳ· ἔκτεινον τὴν χεῖρα. καὶ ἐξέτεινεν καὶ ἀπεκατεστάθη ἡ χεὶρ

αὐτοῦ. 6 καὶ ἐξελθόντες οἱ Φαρισαῖοι εὐθὺς μετὰ τῶν Ἡρῳδιανῶν συμβούλιον ἐδίδουν κατ᾽

αὐτοῦ ὅπως αὐτὸν ἀπολέσωσιν.

---

45   ἐξηραμμένην의 기본형은 ξηραίνω이다.

복 있는 사람

오직 여호와의 율법을 즐거워하여 그 율법을 주야로 묵상하는 자로다.
저는 시냇가에 심은 나무가 시절을 좇아 과실을 맺으며 그 잎사귀가 마르지 아니함 같으니
그 행사가 다 형통하리로다. (시편 1:2-3)

마운스 헬라어 워크북·정답 및 해설

Basics of Biblical Greek Workbook (4th) Answers to all the exercises

William D. Mounce

마운스 헬라어 워크북·정답 및 해설

윌리엄 D. 마운스

복 있는 사람

마운스 헬라어 워크북·정답 및 해설

2023년 5월 26일 초판 1쇄 인쇄
2023년 6월 7일 초판 1쇄 발행

지은이 윌리엄 D. 마운스
옮긴이 김한원
펴낸이 박종현

(주) 복 있는 사람
주소 서울특별시 마포구 연남동 246-21(성미산로23길 26-6)
전화 02-723-7183, 7734(영업·마케팅)
팩스 02-723-7184
이메일 hismessage@naver.com
등록 1998년 1월 19일 제1-2280호

Basics of Biblical Greek Workbook(4th) Answers to all the exercise
https://www.BillMounce.com/resources
by William D. Mounce

들어가는 말

답안을 사용해도 되나요?

사용해도 됩니다. 하지만 선생님이 허락하는 경우에만 가능합니다. 선생님의 허락 없이 이 답안을 수업 시간에 사용하면 부정행위가 될 수 있습니다. 헬라어 수업을 듣는 것이 하나님의 영광을 가리는 부정직한 행위로 이어진다면, 차라리 헬라어를 잘하지 못하는 것이 더 낫습니다. 반면 순종의 "위험"을 감수한다면 믿음 안에서 성장할 수 있는 기회가 될 것입니다. "여호와를 바라고 의를 행하라!"(시 37:3)

사용 제안

선생님이 허락한다면 워크북에 있는 문제를 다 푼 후에 정답을 확인하는 용도로 이 답안을 사용하면 도움이 될 것입니다. 이렇게 하면 정답 여부를 바로 확인할 수 있습니다. 그러나 문제를 다 풀기 전에 답안을 보면 생각했던 만큼 학습 효과를 기대하기는 어렵다는 점을 유의하십시오.

"분해" 문제에서 (2x) 또는 (3x)로 물어본다면, 다른 기본형이나 법, 인칭, 시제를 찾고 있는 것입니다. 7장 이후부터는 성이나 태, 격이 여러 개인 단어가 너무 많아 따로 (2x)라고 표시하지 않았습니다.

오류 문의

이 답안에서 오류를 발견하면 www.teknia.com에 접속하여 "contact" 페이지를 통해 알려주시기 바랍니다. 가장 최근에 수정된 버전의 파일은 www.teknia.com에서 이용하실 수 있습니다.

Ἡ χάρις τοῦ κυρίου ἡμῶν Ἰησοῦ Χριστοῦ μετὰ πάντων ὑμῶν.
(Πρὸς Θεσσαλονικεῖς β΄ 3:18)

3 알파벳과 발음

문법

1. 일곱 개의 모음을 적어 보라.

   a. α

   b. ε

   c. η

   d. ι

   e. ο

   f. υ

   g. ω

2. 두 가지 다른 형태의 시그마는 각각 어떤 경우에 나타나는가?

   a. "마지막 시그마" 형태(ς)는 소문자 시그마가 단어의 마지막 문자인 경우에 쓰인다.

   b. 일반 소문자 형태(σ)는 소문자 시그마가 단어의 마지막 문자가 아닌 경우에 쓰인다.

3. 두 개의 숨표는 무엇이며, 각각 어떤 경우에 나타나는가?

   a. 거친 숨표(ἁ)는 영어의 h처럼 들린다.

   b. 연한 숨표(ἀ)는 발음에 영향을 미치지 않는다.

   - 단어의 첫 글자가 모음이나 ρ이면, 그 단어에는 숨표가 붙는다.

   - 단어의 첫 글자가 모음이나 ρ가 아니면, 그 단어에는 숨표가 붙지 않는다.

   - 단어의 첫 글자가 υ이나 ρ이면, 항상 거친 숨표가 붙는다. 그 외의 경우, 단어에 따라 거친 숨표나 연한 숨표를 사용할 수 있다.

   - 숨표의 위치는 다음과 같다. 단어가 이중모음으로 시작하는 경우, 이중모음의 두 번째 모음(예: αἰών, Αἰών) 위에 숨표가 붙는다. 그 외의 경우, 숨표는 단어의 첫 글자(예: ῥαββί, ὑπέρ, ὡς, ἀμήν) 위에 붙는다. 예외: 첫 글자가 대문자(이중모음의 일부가 아닌 경우)인 경우, 숨표는 대문자 위가 아닌 대문자 앞에 붙는다(예: Ῥωμαῖος, Ἡλίας, Ἰόππη).

4. 이오타 하기는 발음에 어떤 영향을 미치는가?

   - 이오타 하기는 발음에 영향을 미치지 않는다.[1]

5. 분음 부호는 어떤 경우에 사용되는가?

   - 분음 부호(¨)는 보통은 이중모음 형태로 나타나지만 음절을 나누어 발음해야 하는 경우에 사용하며, 연속되는 두 개의 모음 가운데 두 번째 모음 위에 붙는다. 예를 들어, 영어에서 남자 이름인 "Noel"은 "oe"가 이중모음을 형성하기 때문에 1음절이며 "mole"과 끝소리가 같다. 하지만 여자 이름인 "Noël"은 2음절이며 "no el"로 발음한다.

---

[1] 심화학습: 어떤 선생님들은 알파가 단음인지 장음인지에 따라 다르게 발음하도록 알려준다. 이오타는 장모음 아래에만 첨자로 표기되기 때문에, 알파에 이오타 하기가 있으면 장음 알파로 알고 장음으로 발음해야 한다는 것이다. 그러나 이오타 하기가 없으면 알파가 장음인지 단음인지를 알려주는 다른 정보가 있어야 한다. 그런 정보가 있어야 어떻게 발음하는지 알 수 있다. 이렇게 이오타 하기는 알파의 발음에는 영향을 끼치지 않지만 어떻게 발음해야 하는지를 알려준다. 알파가 장음인지 단음인지 파악하는 것이 어렵기 때문에 어떤 선생님들은 알파의 길이와 상관없이 동일하게 발음하도록 가르친다.

4 구두법과 음절 구분

음절 구분

1. ἀ • μήν
2. γρα • φή
3. ἔ • σχα • τος
4. καρ • δί • α
5. πνεῦ • μα
6. προ • φή • της
7. σάβ • βα • τον
8. ἄγ • γε • λος
9. ἄν • θρω • πος
10. πε • ρι • πα • τέ • ω

정의

1. 비음화된 감마란 무엇이며 어떻게 발음되는가?
   - 비음화된 감마는 γ 다음에 κ, ξ, χ 등이 나오는 감마 문자(γ)를 말한다. 즉, 자음군 γγ, γκ, γξ, γχ의 첫 글자이다.
   - 비음화된 감마는 영어 "ng"처럼 발음된다. 따라서 비음화된 감마를 포함하는 자음군은 다음과 같이 발음된다. γγ는 "ng"으로, γκ는 "nk"로, γξ는 "nks"로, γχ는 "nch"로 발음된다.

2. 이중모음이란 무엇인가?
   - 이중모음은 연속되는 두 개의 모음이, 두 음절에 있는 두 개의 소리처럼 구분하여 발음되는 것이 아니라 한 음절에 있는 하나의 소리처럼 함께 발음되는 경우를 말한다.
   - 신약성경에 나오는 이중모음은 다음과 같다:[2] αι, ει, οι, αυ, ου, υι, ευ, ηυ

3. 변칙적 이중모음이란 무엇인가?
   - 변칙적 이중모음은 이오타 하기가 있는 α, η, ω이다.[3]
   - 변칙적 이중모음은 이오타 하기가 정상적인 ι인 것처럼 음역된다.
   - 변칙적 이중모음은 이오타 하기가 없는 것처럼 발음한다.[4]

소문자	음역	발음
α	ai	father
η	ēi	obey
ω	ōi	tone

4. 아포스트로피는 언제 사용되는가?
   - 탈락(elision) 과정에서 아포스트로피(')를 사용한다. 모음으로 끝나는 어떤 단어 뒤에 모음으로 시작하는 단어가 오면 마지막 모음을 생략하고 아포스트로피로 대체한다. (교재 197, 544쪽에 설명된 축약 과정에서 사용된) 아포스트로피, 연한 숨표, 강한 숨표도 동일하게 보인다.

연습문제

5. 알파벳을 적어 보라.
   - 소문자: α β γ δ ε ζ η θ ι κ λ μ ν ξ ο π ρ σ/ς τ υ φ χ ψ ω
   - 대문자: Α Β Γ Δ Ε Ζ Η Θ Ι Κ Λ Μ Ν Ξ Ο Π Ρ Σ Τ Υ Φ Χ Ψ Ω
   - 명칭: 알파, 베타, 감마, 델타, 엡실론, 제타, 에타, 테타, 이오타, 카파, 람다, 뮈, 뉘, 크시, 오미크론, 피, 로, 시그마, 타우, 윕

---

2   심화학습: 또 다른 헬라어 이중모음으로는 ωυ가 있는데, 신약성경에서는 이중모음으로 나오지 않는다(신약성경에서는 ωϋ로 나오지만, 칠십인역에서는 이중모음으로 나온다). ωυ는 두 개의 분리된 소리가 하나의 빠르고 부드러운 소리(ōh'-oo)로 결합되어 이중모음으로 발음된다(Herbert Weir Smyth, *Greek Grammar*, rev. Gordon M. Messing [Harvard, 1984], 13).

3   심화학습: 대문자로 쓸 때 변칙적 이중모음의 이오타는 일반 대문자 이오타로 쓴다(Smyth, 9). 결과적으로 α와 αι는 모두 헬라어 대문자 ΑΙ로 표기되며 문맥으로만 구별할 수 있다.

4   심화학습: 알파-이오타 조합에서 알파가 짧으면 이오타가 하기되지 않고 이중모음 αι를 형성한다. 그리고 알파가 길면 이오타가 하기되어 변칙적 이중모음 α를 형성한다. 그래서 단음 알파와 장음 알파를 다르게 발음하려면, 장음 알파를 발음하듯이 변칙적 이중모음 α를 발음하면 된다.

실론, 피, 키, 프시, 오메가

6. 두 종류의 시그마가 한 단어 안에서 사용될 경우 어떻게 사용되는가?
   - 소문자 시그마는 단어의 마지막 글자일 때 (ς)로 쓰고 나머지는 (σ)로 쓴다. 예: ἀπόστολος.

7. 연한 숨표와 거친 숨표의 예를 각각 들어 보라.
   - ἀμήν에는 연한 숨표가 있다.
   - ἁμαρτία에는 거친 숨표가 있다.

8. 헬라어 구두법 부호를 그 기능에 맞게 연결하라.

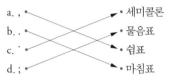

```
a. ,              세미콜론
b. .              물음표
c. ˙              쉼표
d. ;              마침표
```

9. 악센트 부호를 그 기능에 맞게 연결하라.

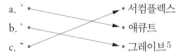

```
a. ´              서컴플렉스
b. `              애큐트
c. ~              그레이브5
```

10. 악센트는 번역에 어떤 영향을 미치는가?
    - 대부분의 단어의 경우 악센트는 번역에 아무런 영향을 미치지 않는다.
    - 일부 단어는 악센트로만 구별할 수 있다. 단어 목록은 교재 부록의 544쪽을 참조하라.
    - 특정 인칭대명사의 형태는 악센트가 없는 경우보다 악센트가 있는 경우에 더 강조될 수 있다. 이것은 교재 173쪽에 설명되어 있다.

11. 다음 단어들을 음절에 따라 나누어 보라.
    a. δι • δά • σκων
    b. δι • α • μαρ • τυ • ρό • με • νος
    d. ἄν • θρω • πος
    d. λέ • γον • τες
    e. βάλ • λω

6 주격과 대격, 관사(1, 2변화 명사)

분해

- 글머리 기호(•)는 단어의 어간과 격어미를 분리한다.
- 대시(-)는 격어미가 없음을 나타낸다.
- 일부 단어는 여러 가지 의미로 번역될 수 있는 경우 모두 실었지만, 선생님이 따로 지시하지 않는 한 하나만 적으면 된다.

변화형	격	수	성	기본형	번역
1. ἄνθρωπο • ν	대격	단수	남성	ἄνθρωπος	남자/인간/사람/인류/인간 존재
2. ὧρα • ι	주격	복수	여성	ὥρα	시간들/경우들/순간들이
3. τή • ν	대격	단수	여성	ὁ	그
4. βασιλεία • ς	대격	복수	여성	βασιλεία	왕국들을
5. θεο • ί	주격	복수	남성	θεός	신들이
6. τό • - (2x)	주격/대격	단수	중성	ὁ	그
7. λόγο • υς	대격	복수	남성	λόγος	말씀들을
8. καιρο • ί	주격	복수	남성	καιρός	(정해진) 시간들/시기들/기회들
9. τά • ς	대격	복수	여성	ὁ	그
10. Χριστό • ν	대격	단수	남성	Χριστός	그리스도/메시아/기름 부음 받은 자

복습

α. 그 시간이 온다.

β. 그리고 그들은 하나님을 사랑한다.

γ. 그가 다른 사람들을 구원했다.

δ. 이제 내가 예수님과 사도들을 본다.

ε. 사랑은 오래 참는다.

ζ. 나는 그 일이 끝났다는 것을 안다.

η. 그 말씀이 (그) 세상을 만들었다.

번역

1. 나는 그 사자를 보낸다.

2. 그들이 하나님을 볼 것이다.

3. 그는 그들을 가르치고 있었다.

4. 너희는 (그) 사랑을 추구하라!

5. 너희는 (그) 문서들(성경들)을 찾는다. / 너희는 (그) 문서들(성경들)을 찾으라!

6. 그때가 왔고 그 나라가 가까이 왔다.

7. 그리스도께서 그 말씀들을 마치셨다.

8. 안식일이 사람 때문에 만들어졌지 사람이 안식일 때문에 (만들어진 것이) 아니다.

9. 그리고 그는 그들이 하나님 나라를 선포하도록 보내셨다.

10. 그리고 이제 네 나라는 지속되지 못할 것이다.

심화

11. 그러나 바울이 말했다.[6] "내가 다른 사도들을 보냈다."

12. 그 사람들이 그의 사랑을 알기 때문에 그리스도를 믿는다.

13. 그리고 라멕이 그 말들을 말했다.

14. 그리고 그 말들이 빌라도를 기쁘게 했다.

15. 너희는 그 안식일들을 지킬 것이다.

16. 그들은 하나님의 일들을 믿는다.

17. 하나님께서 그를 주님이자 그리스도로 만드셨다.

18. 그 빛이 세상에 왔는데 그 사람들은 그 빛보다 그 어둠을 더 사랑했다.

19. 그리고 그들은 그 백성을 언제나(모든 시간 동안) 재판했다.

20. 그리고 그들은 그들의 목소리들을 높였다.

---

6   직접 인용하는 부분 앞에 쓰는 헬라어 세미콜론(˙)은 영어 쉼표(,)와 인용 부호(" ")를 사용하여 번역할 수 있다.

7 속격과 여격(1, 2변화 명사)

・연습문제・

분해

- 관사의 "어간"은 신경 쓰지 말라. 이런 관사는 일반적인 격어미를 사용한다는 것만 알면 된다.
- 다음 장부터는 성이나 격이 여러 개인 단어를 분해할 때 (2x)를 표시하지 않을 것이다.

변화형	격	수	성	기본형	번역
1. ἀγάπη • ͅ	여격	단수	여성	ἀγάπη	사랑에게
2. κυρίο • ις	여격	복수	남성	κύριος	주인들에게
3. ἁμαρτι • ῶν	속격	복수	여성	ἁμαρτία	죄들의
4. το • ύς	대격	복수	남성	ὁ	그
5. ἀνθρώπω • ͅ	여격	단수	남성	ἄνθρωπος	사람에게
6. υἱο • ύς	대격	복수	남성	υἱός	아들들을
7. λόγο • υ	속격	단수	남성	λόγος	말씀의
8. τ • ά (2x)	주격/대격	복수	중성	ὁ	그
9. αὐτο • ῖς (2x)	여격	복수	남성/중성	αὐτός	그들에게
10. βασιλεί • ας (2x)	속격	단수	여성	βασιλεία	왕국의
	대격	복수	여성		왕국들을

다음 빈칸에 알맞은 관사의 형태를 채우라.

	남성	여성	중성
주격 단수	ὁ	ἡ	τό
속격 단수	τοῦ	τῆς	τοῦ
여격 단수	τῷ	τῇ	τῷ
대격 단수	τόν	τήν	τό

	남성	여성	중성
주격 복수	οἱ	αἱ	τά
속격 복수	τῶν	τῶν	τῶν
여격 복수	τοῖς	ταῖς	τοῖς
대격 복수	τούς	τάς	τά

복습

α. 주의 천사
β. 천사들의 음성
γ. 그리스도의 (그) 사랑
δ. 그 때의 죄들에게
ε. 신의 소리이지 인간의 (소리가) 아니다.
ζ. 하늘의 주
η. 너희가 주의 영광을 볼 것이다.

번역

1. 예수께서 그들에게 말씀하셨다.
2. 그가[7] 그들에게 (그) 말씀을 하고 계셨다.
3. 하나님의 사랑이 너희는 없다.

---

7 ἐλάλει가 '그', '그녀' 또는 '그것'을 가리키는지 알려면 문맥을 살펴봐야 한다. 마가복음 2:2(이 구절의 출처)에서 말씀하시는 분은 예수님이므로 "그"라고 번역했다.

4. 우리가 죄에[8] 머물러 있어야 하겠는가?
5. 인자(사람의 아들)가 그의 천사들을 보낼 것이다.
6. 하늘(들의) 나라가 가까이 왔기 때문이다.
7. 그 사람은 말씀을 믿었다.
8. 그것이 이제 통치자들과 권세자들에게 알려지게 되었다.
9. 하나님의 사랑이 우리 마음(들)에 부어졌다.
10. [하나님의 아들] 예수 그리스도의 복음의 시작.

심화

11. 인자(사람의 아들)는 죄들을 용서할 권한이 있다.
12. 왜냐하면 하나님의 사랑이 주의 권세를 가르치고 있기 때문이다.
13. 이스라엘의 통치자들이 예수께서 그 죄들을 미워하신다는 것을 믿지 않았다.[9] / 이스라엘은 믿지 않았다. 예수께서 그 죄들을 미워하셨기 때문이다.
14. 그리고 예수님의 말씀은 권세가 있다. 하나님이 세상의 시작에 있었기 때문이다.
15. 나는 천사의 일을 하고, 그분은 하나님의 영광을 취하신다.
16. 그러나 그 나라의 아들들은 어둠 속으로 쫓겨날 것이다.
17. 그가 그에게 말했다. "너는 죄 가운데 태어났다."
18. 나는 그의 아들의 복음을 믿기 때문에, 하나님을 섬긴다.
19. 그러면 당신은 들으시고 이스라엘 백성의 죄악들에 대하여 긍휼히 여기실 것이다. 그리고 당신은 그들을 그 땅으로 인도하실 것이다.
20. 그녀는 예수께 다음과 같이 말했다. "그들이 인간들의 나라에 화가 났습니다."

---

8 사실 "죄에"는 간접 목적어가 아니다. 이 문장에서 "죄"는 실제로는 참조의 여격이다(Wallace, 144ff). 중급 헬라어에서 배우게 될 것이다! 결과적으로는 최종 번역에서 핵심 단어 "~에게"(to)가 아닌 "~에"(in)를 썼다.

9 ὅτι는 다양한 의미로 해석될 수 있는 단어이다. 이 단어로 인해 이 문장이 어떻게 상반되는 두 가지 의미로 해석될 수 있는지에 주목하라!

분해

변화형	격	수	성	기본형	번역
1. ἡμέρα • ι	여격	단수	여성	ἡμέρα	날에
2. θάλασσα • ν	대격	단수	여성	θάλασσα	바다를
3. παραβολα • ῖς	여격	복수	여성	παραβολή	비유들로
4. ἁμαρτι • ῶν	속격	복수	여성	ἁμαρτία	죄들의
5. θανάτω • ι	여격	단수	남성	θάνατος	죽음에게
6. υἱο • ύς	대격	복수	남성	υἱός	아들들을
7. ἐξουσία • ν	대격	단수	여성	ἐξουσία	권위를
8. οὐραν • ῶν	속격	복수	남성	οὐρανός	하늘들의
9. οἴκο • υ	속격	단수	남성	οἶκος	집의
10. ὄχλο • ι	주격	복수	남성	ὄχλος	무리들이

복습

α. 그 복음 안에

β. 그 집 안으로

γ. 요한과 함께

δ. 그리고 주님은 요셉과 함께 계셨다.

ε. 이 사람은 하나님의 아들이다.

ζ. 너희는 신들이다.

η. 하나님은 사랑이시다.

번역

1. 그는 집으로 간다.

2. (그것이) 그에게서 나왔다.

3. 나는 사람들로부터 영광을 받지 않는다.

4. 예수께서 무리들에게 비유로 말씀하셨다.

5. 그리고 그들은 요르단 강에서 그에게 세례를 받고 있었다.

6. 인자(사람의 아들)는 안식일에 대해서도 주인이다.

7. 그 날들이 지났을 때 예수께서는 갈릴리의 나사렛에서 오셨고 요르단 강에서 요한에게 세례를 받으셨다.

8. 하나님은 사랑이시다. 그리고 그 사랑 가운데 거하는 자는 하나님 안에 거하고, 하나님도 그 안에 거하신다.[10]

9. 그리고 그는 그들에게 말하기를, "안식일이 사람 때문에 만들어진 것이지, 사람이 안식일 때문에 (만들어진 것이) 아니다."

10. 그리고 예수께서는 그의 제자들과 함께 바다로 물러가셨다.

심화

11. 요한과 베드로는 예수님과 함께 주의 집에 있다.

12. 그러나 그 무리들은 갈릴리 바다에서부터 예수께로 나아갔다.

---

10 워크북 각주에 있는 질문에 답을 하자면 이 구절은 세 개의 완전한 주술 구조를 포함하고 있다. 최종 번역에서는 쉼표로 구분된다.

13. 그리고 하나님께서 노아와 그와 함께 있는 그의 아들들에게 말씀하셨다.…

14. 그런데 여러 날 후에 … 이집트 왕이 죽었다. 그리고 이스라엘 자손들은 노역(일들) 때문에 신음하였고 그 노역(일들) 때문에 하나님께 울부짖었다.

15. 그리고 주님의 천사가 하늘에서부터 그를 불러 말했다. "아브라함아, 아브라함아." 그리고 그가 대답했다. "보소서, 내가 여기 있습니다."[11]

16. 왜냐하면 하나님께서 그 아들을 세상에 보내신 것은, 세상을 심판하기 위한 것이 아니라 그를 통하여 세상이 구원받게 하기 위한 것이기 때문이다.

17. 그는 사망에서 생명으로 넘겨졌다.

18. (너희는) 하나님을 믿고 나를 믿으라!

19. 네가 찬양을 받으실 분의 아들 그리스도냐?

20. 그리고 모세가 이스라엘 자손을 홍해에서 끌어내어 수르 광야로 그들을 인도했다.

---

11 직접 인용을 도입하는 헬라어 세미콜론(·)을 영어 쉼표와 인용 부호(, ")로 번역한다.

9 형용사

분해

- 글머리 기호(•)는 단어의 어간과 격어미를 분리한다. 여러분은 이렇게 분리하지 않아도 된다.
- 하나의 답안만 실어도 되지만 가능한 한 모든 번역을 나열해 두었다.

변화형	격	수	성	기본형	번역
1. ἀγαθ • ῶν	속격	복수	공성	ἀγαθός	좋은 [남자들/여자들/것들/사람들]
2. πιστά • ς	대격	복수	여성	πιστός	신실한 [여인들을]
3. κακῷ •̣	여격	단수	남성/중성	κακός	나쁜 [남자/것/사람]에게
4. νεκρό • ν	주격/대격	단수	중성/남성	νεκρός	죽은 [남자/것/사람]은/을
5. ἐσχάτο • υς	대격	복수	남성	ἔσχατος	마지막 [남자들/사람들]을
6. κόσμο • υ	속격	단수	남성	κόσμος	[그] 세상의
7. ἐντολα • ῖς	여격	복수	여성	ἐντολή	계명들에게
8. ἐμ • ά	주격/대격	복수	중성	ἐμός	나의 [것들]은/을
9. πρῶτ • η	여격	단수	여성	πρῶτος	[그] 처음 [여자]에게
10. ἀλλήλα • ς	대격	복수	여성	ἀλλήλων	서로를 [여성명사와 관련하여]

복습

α. 신실한 종

β. 제삼일에[12]

γ. 그 사랑하는 아들

δ. 그 악한 아들들에게

ε. 사랑하는 아들을[13]

ζ. 내 말씀을

η. 그러나 하나님은 신실하시다.

번역

1. 그 말이 … 마지막 날에 그를 심판할 것이다.
2. 그리고 제삼시가 되었고 그들은 그를 십자가에 못 박았다.
3. 아버지께서는 죽은 자들을 일으키신다.
4. (그) 아들을 보고 그를 믿는 자는 영원한 생명을 가지고 있다. 그리고 내가 친히 그를 마지막 날에 일으킬 것이다.
5. 악에 정복되지 말고 악을 선으로 정복하라.
6. 마지막 된 자들이 먼저가 되고, 먼저 된 자들이 마지막이 될 것이다.
7. 주님이 나를 모든 악한 일에서 구하시고 나를 그분의 하늘의 나라로 구원하실 것이다.
8. 너희는 나의 사랑 안에 머무르라! 만일 너희가 내 계명들을 지키면, 내가 내 아버지의 계명들을 지켜서 그분의 사랑 안에 머

---

12 여격의 "일"이 시간의 여격일 가능성이 높기 때문에 핵심 단어를 "에게"(to)에서 "에"(on)로 바꿨다.

13 심화학습: 명사에도 형용사에도 관사가 없기 때문에, 수식적 용법보다는 서술적 용법의 형용사일 수 있으며, 이 경우 "아들이 사랑받는다"로 번역할 수 있다. 서술적 용법의 형용사는 일반적으로 주격이지만, 일부 문법학자는 흔치 않지만 형용사의 사격(주격을 제외한 나머지 격들)이 수식적 용법이 아닌 서술적 용법으로 쓰이기도 한다고 생각한다. Wallace, 311쪽과 Smyth, 275-276쪽에 있는 예를 참조하라.

무는 것처럼, (너희가) 내 사랑 안에 머무를 것이다. 이것이 내 계명이다. 즉 내가 너희를 사랑한 것같이 너희도 서로 사랑하라.

9. 왜냐하면 우리는, 그리스도 예수 안에서 선한 일들을 위하여 지음 받은, 그분의 작품이기 때문이다. 하나님께서 그것들을 예비하신 것은 우리가 그것들 안에서 행하게 하시려는 것이다.

10. 선한 사람은 그 쌓은 선에서 선한 것들을 내놓고, 악한 사람은 그 쌓은 악에서 악한 것들을 내놓는다.

심화

11. 그리고 예수께서 그 종에게 대답하셨다. "하나님의 계명들은 신실하고 선하며, 악하지 않다."

12. 제삼일에 그 악한 자들이 그 하나님의 집에서 나왔다.

13. 내 눈들은 신실한 자들 위에 있다.

14. 다윗의 마지막 말들에 의하여 레위 자손들의 수효는 이십 세 이상부터 계수되었다.

15. 왜냐하면 이제 내가 네가 하나님을 경외하는 것과 나 때문에 네 사랑하는 (그) 아들을 아끼지 않은 것을 알았기 때문이다.

16. 우리는 마지막 시간(때)이라는 것을 안다.

17. 내 나라는 이 세상에서 나온 것이 아니다.

18. 만일 너희가 나를 사랑하면, 내 계명들을 지킬 것이다.

19. 보라, 내가 오늘 네 앞에 생명과 죽음, 선과 악을 두었다.

20. (그) 아들을 믿는 자는 영원한 생명을 가지고 있다. 그러나 (그) 아들을 믿지 않는 자는 생명을 보지 못할 것이고, 하나님의 진노가 그의 위에 머무른다.

문법

1. 명사나 형용사의 어간은 어떻게 식별하는가?
   - 명사나 형용사의 어간은 격어미를 제거하면 남는 부분(단어의 첫 문자부터 마지막 문자인 o, α, η[14]까지)을 말한다. o, α, η 뒤에 오는 문자는 어간에 포함되지 않는다. 그러나 복수 속격에서는 어간의 마지막 모음(o, α, η)이 ων로 끝나는 경우 ω에 흡수된다. 그리고 중성 복수 주격과 대격에서는 마지막 어간 모음 o이 격어미 α에 흡수된다.

2. 다음 문법적 기능에 해당하는 헬라어 격을 연결하라.

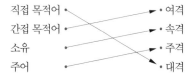

   직접 목적어 •   • 여격
   간접 목적어 •   • 속격
   소유 •   • 주격
   주어 •   • 대격

3. 다음 문장에서 주어진 기능에 해당하는 단어를 찾으라.
   a. ἀγαπᾷ ὁ θεὸς τὸν κόσμον, ᾧ ἔδωκε τὸν υἱὸν αὐτοῦ.
      주어: θεός(ἀγαπᾷ의 주어), "그"(ἔδωκε의 주어)
      직접 목적어: κόσμον(ἀγαπᾷ의 직접 목적어), υἱόν(ἔδωκε의 직접 목적어)
      소유: αὐτοῦ(υἱόν을 수식하는 소유대명사)
   b. οἱ προφῆται τοῦ Ἰησοῦ ἐλάλησαν τοῖς ἀνθρώποις τὸν λόγον.
      주어: προφῆται
      직접 목적어: λόγον
      소유: Ἰησοῦ
      간접 목적어: ἀνθρώποις

4. 관사나 형용사의 형태는 그것이 수식하는 명사와 어떻게 일치하는가?
   - 수식하는 단어와 격, 수, 성은 같지만 반드시 같은 어미를 갖는 것은 아니다.

5. 형용사의 독립적 용법과 수식적 용법의 차이는 무엇인가?
   - 독립적 용법의 형용사는 명사 역할을 대신한다.
   - 수식적 용법의 형용사는 명사 역할을 대신하지는 않는다. 명사가 존재하며 형용사가 명사를 수식한다.

6. 어떤 형용사가 수식적 위치에 있는지 서술적 위치에 있는지 어떻게 알 수 있는가? 위치를 알 수 없는 경우에는 형용사를 어떻게 번역할 수 있는가?
   - 형용사가 수식적 위치나 서술적 위치에 있으려면 격, 수, 성이 인접한 실명사와 일치해야 한다. 격, 수, 성이 일치하는 명사가 있고 관사가 있으면 수식적 위치에 있는 것이다.[15] 일치하는 명사는 있는데 관사가 없으면 그 형용사는 서술적 위

---

14 향후 참조: 이 과정은 10장에서 3변화 단어를 만나면 더 정교해져야 한다.

15 여기서는 형용사가 격, 수, 성이 일치하는 명사를 수식한다고 가정한다. 형용사와 명사의 격, 수, 성이 일치하고 관사가 있다는 사실이, 그 형용사가 수식적 용법으로 사용되었음을 보장해 주는 것은 아니다. 우연히 일치하는 것일 수도 있고, 형용사가 격, 수, 성이 일치하는 실명사를 수식하는 것이 아니라 실제로는 독립적 용법이거나 부사적 형용사일 수 있기 때문이다.

치에 있는 것이다. 그리고 격, 수, 성이 일치하는 형용사와 명사 모두 관사가 없으면 수식적 용법, 서술적 용법 둘 다 될 수 있다. 그런 경우에는 형용사를 두 가지 용법으로 번역해 보고 문맥에 가장 잘 어울리는 번역을 사용하라.

7. 수식적 용법의 형용사가 올 수 있는 두 가지 위치에 대해 각각 예를 들어 보라.
   a. ὁ ἀγαθὸς ἄνθρωπος   "그 좋은 사람."
      수식적 용법의 제1의 위치이다.
   b. ὁ ἄνθρωπος ὁ ἀγαθός   "그 좋은 사람" (문자적으로, "그 사람, 그 좋은 [이]").
      수식적 용법의 제2의 위치이다.
   c. ἄνθρωπος ὁ ἀγαθός   "그 좋은 사람" (문자적으로, "한 사람, 그 좋은 [이]")
      수식적 용법의 제3의 위치이다. 흔한 경우는 아니기 때문에 심화학습에 해당한다. 앞서 다룬 수식적 용법의 두 가지 위치만큼 중요하게 다룰 필요는 없다.

8. 여성명사가 여성 단수 속격과 여격에서 α에서 η로 변하는 법칙은 무엇인가?
   • 법칙: 어간이 α로 끝나는 여성명사는 α 앞이 ε, ι, ρ가 아니면, 속격과 여격 단수에서 어간의 마지막 모음이 α에서 η로 바뀐다.
   • 설명: 격어미 ς는 1변화를 따르는 여성명사 속격 단수와 대격 복수에서 사용되기 때문에 중요하다. 이 법칙에 따르면, ας로 끝나는 단어를 분해할 때 α 앞이 ε, ι, ρ이면 속격 단수나 대격 복수가 될 수 있다. 그렇지 않으면 단어의 속격 단수 형태는 ης가 되기 때문에 대격 복수만 가능하다.

9. 형용사가 독립적 용법으로 사용되는지 어떻게 알 수 있는가?
   • 격, 수, 성이 일치하는 실명사가 없으면 형용사가 독립적 용법으로 사용된다.
   • 뉘앙스: 격, 수, 성이 일치한다고 해서 반드시 독립적 용법의 형용사가 아닌 것은 아니다. 우연히 일치하는 것일 수도 있기 때문이다. 다시 한번 말하지만, 유일하고도 확실한 방법은 다른 용법으로 번역해 보고 어떤 것이 문맥에 맞는지 살펴보는 것이다. 그러나 우연히 일치하는 경우는 드물며, 특히 형용사가 실명사 바로 옆에 있는데 일치하는 경우라면, 수식적 용법이나 서술적 용법으로 번역해 보고 그것들이 문맥에 맞는지 살펴봐야 한다.
   • 심화학습: 사실 격, 수, 성이 일치하지 않아도 부사적 형용사일 수 있기 때문에 그것이 독립적 용법의 형용사임을 보장해 주는 것은 아니다. 부사적 형용사인지 독립적 용법의 형용사인지 구별하는 방법은 두 가지 모두 번역해 보고 어떤 것이 문맥에 맞는지 살펴보는 것이다. 그러나 부사적 형용사는 드물기도 하고 대부분 특정 관용구에 국한되기 때문에 독립적 용법의 형용사로 보는 것이 좋다.

10. 명사 법칙 중 처음 여섯 가지를 적어 보라.
    a. α/η로 끝나는 어간은 1변화, ο으로 끝나는 어간은 2변화, 자음으로 끝나는 어간은 3변화이다.
    b. 모든 중성 단어는 주격과 대격이 같다.
    c. 거의 모든 중성 단어는 주격과 대격 복수형이 α로 끝난다.
    d. 여격 단수에서 ι는 가능한 한 마지막 문자에 하기한다.
    e. 모음은 자주 길이가 변한다("모음 전환").
    f. 속격과 여격에서 남성과 중성은 항상 같다.

11. 1, 2변화의 전체 격어미 변화표를 채우라.

	남성	여성	중성
주격 단수	ς	—	ν
속격 단수	υ	ς	υ
여격 단수	ι	ι	ι
대격 단수	ν	ν	ν

	남성	여성	중성
주격 복수	ι	ι	ι
속격 복수	ων	ων	ων
여격 복수	ις	ις	ις
대격 복수	υς	ς	ς

12. 관사의 전체 변화표를 채우라.

	남성	여성	중성
주격 단수	ὁ	ἡ	τό
속격 단수	τοῦ	τῆς	τοῦ
여격 단수	τῷ	τῇ	τῷ
대격 단수	τόν	τήν	τό

	남성	여성	중성
주격 복수	οἱ	αἱ	τά
속격 복수	τῶν	τῶν	τῶν
여격 복수	τοῖς	ταῖς	τοῖς
대격 복수	τούς	τάς	τά

분해

변화형	격	수	성	기본형	번역
1. λόγοις	여격	복수	남성	λόγος	말씀들에
2. ἀγάπῃ	여격	단수	여성	ἀγάπη	사랑에
3. τέκνα	주격/대격	복수	중성	τέκνον	아이들(을)
4. ἁμαρτίας	대격	복수	여성	ἁμαρτία	죄들을/죄의
	속격	단수	여성		
5. ταῖς	여격	복수	여성	ὁ	그
6. κόσμου	속격	단수	남성	κόσμος	세상의
7. καιρῶν	속격	복수	남성	καιρός	(약속된) 시간들의
8. εὐαγγελίῳ	여격	단수	중성	εὐαγγέλιον	좋은 소식에
9. ἅγιον	대격	단수	남성	ἅγιος	거룩한
	주격/대격	단수	중성		
10. ἀγάπης	속격	단수	여성	ἀγάπη	사랑의

번역 | 요한일서 4:1-6

4:1 사랑하는 자들아, 모든 영을 다 믿지 말고 그 영들이 하나님에게서 나왔는지 너희가 분별하라.[16] 왜냐하면 많은 거짓 예언자들이 세상에 나와 있기 때문이다. 2 이것으로 너희가 하나님의 영을 안다. 예수 그리스도께서 육신으로 오셨다고 고백하는 모든 영과 3 예수께서 하나님에게서 나시지 않았다고 고백하지 않는 모든 영은 하나님에게서 왔다. 그리고 이것은 적그리스도에 속한 영이다. 너희는 그 영에 대하여 그 영이 오고 있다고 들었는데, 그 영은 지금 이미 세상에 있다.

4 자녀들아, 너희는 하나님에게서 났고, 그들을 이겼다. 왜냐하면 너희 안에 있는 분이 세상에 있는 이보다 더 크시기 때문이다. 5 그들은 세상에서 났고, 이 때문에 세상으로부터 말하며, 세상은 그들의 (말을) 듣는다. 6 우리는 하나님에게서 났고, 하나님을 아는 자는 우리의 (말을) 듣는다. 하나님에게서 나지 않은 자는 우리의 (말을) 듣지 않는다. 이로부터 우리는 진리의 영과 미혹의 영을 안다.

16 δοκιμάζετε는 일반적으로 "시험하다"라는 뜻이지만, 여기서는 "분별하라"라고 번역했다. "그 영들이 하나님에게서 왔다면 그것들을 시험하라"라는 의미가 아님을 명확히 하기 위함이다.

다음 격어미 마스터 차트를 채우라.

	1, 2변화			3변화	
	남성	여성	중성	남성/여성	중성
주격 단수	ς	–	ν	ς	–
속격 단수	υ	ς	υ	ος	ος
여격 단수	ι	ι	ι	ι	ι
대격 단수	ν	ν	ν	α / ν	–
주격 복수	ι	ι	α	ες	α
속격 복수	ων	ων	ων	ων	ων
여격 복수	ις	ις	ις	σι(ν)	σι(ν)
대격 복수	υς	ς	α	ας	α

분해

변화형	격	수	성	기본형	번역
1. σαρκ • ί	여격	단수	여성	σάρξ	육체에
2. τίν • ος	속격	단수	공성	τίς	누구의? 어느 것의?
3. πάσα • ς	대격	복수	여성	πᾶς	모든
4. ἑν • ός	속격	단수	남성/중성	εἷς	하나의
5. σῶμα • –	주격/대격	단수	중성	σῶμα	몸(을)
6. ὀνομάτ • ων	속격	복수	중성	ὄνομα	이름들의
7. ἕν • α	대격	단수	남성	εἷς	하나를
8. τιν • ες	주격	복수	남성/여성	τις	어떤 사람들을
9. σαρξ • ί	여격	복수	여성	σάρξ	육체에
10. πνεύματ • α	주격/대격	복수	중성	πνεῦμα	영들(을)

복습

α. 내 이름으로

β. 모든 성도들 사이에 있는 그 사랑

γ. 한 육체로

δ. 어떤 사람들의 죄악들

ε. 그의 육신의 몸으로

ζ. 누가 내 형제들인가?

η. 그의 육체로

번역

1. 모두가 그에게로 가고 있었다.

2. 그리스도 예수의 종들인 바울과 디모데는 빌립보에 있는 그리스도 예수 안의 모든 성도들에게

3. 영원한 생명을 얻기 위해서 내가 어떤 선한 일을 해야 하는가?

4. 그리고 그들은 그의 집에 있는 모든 사람들과 함께 주님의 말씀을 그에게 말했다.

5. 그리고 거룩한 것은 그의 이름이다.
6. 그는 그의 몸인 성전에 대하여 말하고 있었다.
7. 하나님의 영으로 말할 때 아무도 "예수는 저주받았다"라고 말하지 않는다. 그리고 성령으로가 아니면 아무도 "예수가 주님이시다"라고 말할 수 없다.
8. 어찌하여 네가 나를 선하다고 하느냐? 하나님 한 분 외에는 아무도 선하지 않다.[17]
9. 사람들이 인자(사람의 아들)를 누구라고 하느냐?
10. 나는 모든 사람들에게 모든 것들이 되었다.

심화

11. 나는 예수의 육체에 의하여 내 죄에서 깨끗하게 된다.
12. 하나님 곁에 있는 성도들의 이름들이 영원한 하늘(들)에서 있기 때문이다.
13. 네 몸 네 육체들이 쇠약해진다.[18]
14. 내가 아버지의 아들[19] 예수 그리스도의 이름으로, 영과 육을 따라 그의 모든 계명에 하나된 자들에게 문안한다.
15. 그리고 아담이 모든 것들에 이름들을 주었다.
16. 그리고 지혜는 그녀의 모든 자녀에 의하여 입증된다.[20]
17. 사랑하는 자들아, 모든 영을 다 믿지 말고 그 영들이 하나님에게서 나왔는지 너희가 분별하라.[21]
18. 모든 것들이 그의 앞에 있고, 아무것도 그의 뜻에서 숨겨진 것이 없다.
19. 하나님의 뜻을 통하여 그리스도 예수의 사도된 자 바울과 그 형제 디모데가, 고린도에 있는 하나님의 교회와, 온 아가야에 있는 모든 성도들에게.
20. 사랑으로 주님께서 우리를 받으셨다. 그가 우리를 향하여 가지고 계신 그 사랑 때문에, 우리 주 예수 그리스도께서 하나님의 뜻 안에서 우리를 대신하여 그의 피를 주셨다. 그리고 우리의 육신을 대신하여 그의[22] 육신을, 우리의 목숨을 대신하여 그의 목숨을 (주셨다.)

---

17 θεός는 εἷς와 동격이 된다.

18 이 문장은 번역하기 어려운데, 영어에서는 "flesh"(육체)를 일반적으로 복수형이 아닌 단수형으로 생각하기 때문이다. 매끄럽게 번역하려면 영어 동사를 단수형으로 만들어야 한다.

19 이 번역(Jesus Christ, the Son of the Father)은 υἱοῦ를 Ἰησοῦ Χριστοῦ의 동격으로 취하고, 매끄러운 번역을 위해 영어 정관사(the)를 첨가한 것이다. 그리고 πατρός를 υἱοῦ를 수식하는 속격으로 취하고, 매끄러운 번역을 위해 영어 정관사(the)를 첨가했다.

20 교재 부록의 단어 목록에는 ἀπό의 의미가 "~로부터 (떨어진)"만 나와 있지만 "~에 의하여"라는 다른 의미도 있으며, 이 문맥에는 "~로부터"보다 후자가 더 잘 어울린다.

21 δοκιμάζετε는 일반적으로 "시험하다"라는 뜻이지만, 여기서는 "분별하라"라고 번역했다. "그 영들이 하나님에게서 왔다면 그것들을 시험하라"라는 의미가 아님을 명확히 하기 위함이다.

22 문자적으로는 "the flesh"와 "the life"이지만, 문맥상 주어진 육체와 생명이 그분의 것임이 분명하기 때문에 좀 더 매끄러운 번역을 위해서 "the"(그)를 "his"(그분의)로 의역했다.

11 1, 2인칭 대명사

분해

변화형	격	수	성	기본형	번역
1. σοι	여격	단수	-	σύ	너에게
2. ὑμῖν	여격	복수	-	σύ	너희에게
3. πίστιν	대격	단수	여성	πίστις	믿음을
4. σε	대격	단수	-	σύ	너를
5. πατρός	속격	단수	남성	πατήρ	아버지의
6. ὑμεῖς	주격	복수	-	σύ	너희
7. ὕδατα	주격/대격	복수	중성	ὕδωρ	물들(을)
8. ἡμᾶς	대격	복수	-	ἐγώ	우리를
9. πίστεις	주격/대격	복수	여성	πίστις	믿음들(을)
10. ἐμοῦ (3x)	속격	단수	-	ἐγώ	나의
	속격	단수	남성/중성	ἐμός	나의

복습

α. 내가 내 아들을 당신에게 데려왔다.

β. 나의 주님이시자 나의 하나님

γ. 너희의 아버지의 아들들

δ. 그분의 이름에 대한 믿음에 근거하여

ε. 믿음과 좋은 가르침의 말씀들로

ζ. 모든 교회들이 너희에게 문안한다.

η. 나는 남편이 없다.

번역

1. 나는 너희를 물로 세례를 주었지만, 그분은 너희를 성령으로 세례를 주실 것이다.

2. 나는 내 아버지의 이름으로 왔다.

3. 보소서, 우리가 모든 것들을 버리고 당신을 따랐습니다.

4. 그리고 우리는 하나님 영광의 소망에 근거하여 기뻐한다.

5. 누구든지 이 어린아이들 중의 하나를 내 이름으로 영접하는 자는, 나를 영접하는 것이다. 그리고 누구든지 나를 영접하는 자는 나를 영접하는 것뿐 아니라 나를 보내신 분을 영접하는 것이다.

6. 왜냐하면 너희의 선생은 한 분이시고, 너희 모두는 형제들이기 때문이다.

7. 그리고 예수께서 그들의 믿음을 보신 후에, 그 중풍병자에게 말씀하신다. "아이야, 네 죄들이 용서받았다."

8. "보소서, 당신의 어머니와 당신의 형제들과 당신의 자매들이 밖에서 당신을 찾고 있습니다." 그러자 그분은 그들에게 대답하여 말씀하신다. "누가 내 어머니요 내 형제들인가? 보라, 내 어머니요 내 형제들이다. 누구든지 하나님의 뜻을 행하는 자, 이 사람이 내 형제요 자매요 어머니이다."

9. 내 아버지에 의하여 모든 것들이 내게 주어졌다. 그리고 아버지 외에는 아무도 아들을 알지 못하고, 아들 외에는 아무도 아버지를 알지 못한다.

10. 내가 자유롭지 않습니까? 내가 사도가 아닙니까? 우리 주 예수를 내가 본 적이 없습니까? 여러분이 주님 안에서 내 일이 아닙니까?

11. 그리고 너희에게 하나님의 사랑과 예수를 믿음이 (있기를).

12. 우리 하나님의 뜻은 우리가 그분의 선한 계명들을 지키는 것이다.

13. 그리고 그는 그 도시를 그의 아들의 이름, 에녹을 따서 이름 붙였다.

14. 우리는 하나님 한 분이 있지 않습니까, 그리고 그리스도 한 분과 우리에게 부어지신 그 은혜의 성령[23] 한 분과 그리스도 안에서 하나의 부르심이 (있지 않습니까?)

15. 주 예수 그리스도께서 그들을 존귀하게 하실 것이다. 그들은 육체와 혼, 영, 믿음, 사랑에서 그분께 소망을 둔다.[24]

16. 그리고 하나님께서 말씀하셨다. "네가 무슨 짓을 행했느냐? 네 형제의 핏소리가 땅에서 나에게 부르짖고 있다."

17. 가르침과 권위에는 두 가지 길이 있다. 빛과 어둠의 (길이다.) 그리고 그 두 길 사이에는 큰 차이가 있다.

18. 그리고 다윗은 모든 회중에게 말했다. "너희 하나님이신 주님을 찬양하라." 그러자 모든 회중이 그들의 조상들의 하나님이신 주님을 찬양했다.

19. 이 사람은 그 빛에 대하여 증언하기 위하여 증인으로 왔다. 그를 통하여 모두가 믿게 하려는 것이었다. 그는 빛이 아니라, 그 빛에 대하여 증언하기 위하여 왔다.

20. 그리고 예수님은 지혜와 키에서 자라셨다. 그리고 하나님과 사람 앞에서 사랑에서도 (자라셨다).

영어를 헬라어로

1. μοι, ἐμοί

2. ἡμῶν

3. ἡμᾶς

4. σύ, σε, σέ / ὑμεῖς, ὑμᾶς

5. μου, ἐμοῦ

6. ὑμῖν

7. ἐγώ

8. σου, σοῦ / ὑμῶν

9. ἡμεῖς

10. ὑμᾶς

---

23 중성 단어 "부어졌다"는 여성명사 "은혜"가 아니라 중성명사 "성령"을 수식한다. 영어 번역의 어순을 보면 그렇게 보이지 않는다. 영어 번역은 좀 더 명확하게 하기 위해 "grace" 앞에 있는 정관사를 제거했다.

24 "존귀하게 하다"가 여격을 취할 수도 있다. 그러면 "그들이 소망을 둔 주 예수 그리스도께서 그들을 육체와 영혼과 영과 믿음과 사랑에서 존귀하게 하실 것이다"라고 읽을 수 있다. 그러나 어순 때문에 그럴 가능성은 줄어든다.

12 αὐτός

분해

변화형	격	수	성	기본형	번역
1. αὐτό	주격/대격	단수	중성	αὐτός	그것, 동일한, 그 자체
2. αὐταί	주격	복수	여성	αὐτός	그녀들, 동일한, 그녀들 자신
3. σοι	여격	단수	–	σύ	너에게
4. αὐτοῖς	여격	복수	남성/중성	αὐτός	그들에게, 동일한
5. αὐτήν	대격	단수	여성	αὐτός	그녀를, 동일한
6. ἡμῖν	여격	복수	–	ἐγώ	우리에게
7. αὐτῷ	여격	단수	남성/중성	αὐτός	그/그것에게, 동일한
8. πόδα	대격	단수	남성	πούς	발을
9. αὐτῆς	속격	단수	여성	αὐτός	그녀의, 동일한
10. ὑμῶν	속격	복수	–	σύ	너희의

복습

α. 그가 그녀에게 말했다.

β. 그녀 대신에

γ. 그들의 그 선생은 그의 제자이다.

δ. 왜냐하면 그것들은 너희의 발들이기 때문이다.

ε. 그 동일한 육체

ζ. 그 눈 자체는 좋다.

η. 나는 그 동일한 것을 믿는다.

번역

1. "너희는 그를 나에게 데려오라!" 그러자 그들은 그를 그에게로 데려갔다.

2. 그러므로 예수께서 다시 그들에게 말씀하여 이르셨다. "나는 세상의 빛이다."

3. 그리고 그가 그들에게 아무에게도 말하지 말라고 명령했다.

4. 그들은 그들에 대하여 그들이 성령을 받도록 기도했다.

5. 예수께서 친히 세례를 주고 계셨던 것이 아니라, 그의 제자들이 (준 것이었다).

6. 너희는 나를 믿으라, 즉 내가 아버지 안에 있고, 아버지께서 내 안에 계신다. 그렇지 못하다면 그 일들 자체 때문에 믿으라.

7. 그런데 형제들아, 너희가 모두 같은 것을 말하라고, 내가 우리 주 예수 그리스도의 이름으로 너희를 권한다.

8. 그러므로 너희는 가서, 아버지와 아들과 성령의 이름으로 그들을 세례를 주고, 내가 너희에게 명령한 모든 것들을 지키도록 그들을 가르치며, 모든 민족을 제자로 삼아라. 그리고 보라, 내가 세상의 끝 날까지 모든 날 동안 너희와 함께 있다.

9. 그리고 그들의 눈들을 들었을 때, 그들은 오직(홀로 있는) 예수님 그 자신 외에는 아무도 보지 못했다.

10. 내 형제들아, 너희는 주님 안에서 기뻐하라! 너희에게 동일한 것을 쓰는 것이 나에게는 진실로 수고롭지 않다.

심화

11. 그리고 그 제자는 그의 주인보다 낫지 않다. 왜냐하면 이 사람은 모든 자 중에 으뜸이기 때문이다.

12. 그리고 다시 예수께서 대답하셨다. "그 믿는 자들 자신이 그 동일한 생명으로 들어갈 것이다."

13. 그리고 그녀가 그것의 열매를 그녀와 함께 있는 그녀의 남편에게도 주었다.

14. 그러므로 너는 그의 일들을 분간하면서, 그에게서 떨어져 있으며, 어떤 것에 대해서도 그를 믿지 말라. 왜냐하면 그의 일들은 악하고 (그) 하나님의 종들에게 해롭기 때문이다.

15. 그리고 하나님은 노아와 그의 아들들을 축복하셨고 그들에게 말씀하셨다. "너희는 생육하라!"

16. 하나님께서 그 안에서 영광을 받으셨다면, 하나님께서도 그를 친히 그분 안에서 영광스럽게 하실 것이며, 그를 곧 영화롭게 하실 것이다.

17. 그러나 예수께서는 친히 자신을 그들에게 의탁하지 않으셨다.

18. 그리고 은사들의 다양함이 있지만, 동일한 성령이시다. 그리고 섬김들(섬기는 일들)의 다양함이 있지만, 또한 동일한 주님이시다. 그리고 일들(일의 결과들)의 다양함이 있지만, 모든 사람 안에서 모든 일을 행하시는 분은 동일한 하나님이시다.

19. 왜냐하면 그들의 조상들이 동일한 일들을 예언자들에게 행하고 있었기 때문이다.[25]

20. 그리고 하나님께서 그를 주님이자 그리스도로 만드셨다.

영어를 헬라어로

1. αὐτόν	6. αὐτοῦ
2. αὐτοῦ	7. αὐτῷ
3. αὐτοῖς, αὐταῖς	8. αὐτή
4. αὐτῶν	9. αὐτοί, αὐταί, αὐτά
5. αὐτῆς	10. αὐτός

---

25 워크북 각주의 질문에 답을 하자면 주어는 πατέρες이다. 어순은 τὰ αὐτά("동일한 것")를 강조한다. 더 큰 문맥의 요점은 우리가 예수의 이름을 위해 박해를 받을 때 기뻐해야 한다는 것이다. τὰ αὐτά에 대한 강조는 우리가 예수의 이름을 위해 고난 받을 때 우리와 선지자들이 갖는 공통점을 가리키며 이 내용을 강조한다.

13 지시대명사/지시형용사(οὗτος, ἐκεῖνος) · 연습문제 ·

분해

변화형	격	수	성	기본형	번역
1. τούτων	속격	복수	공성	οὗτος	이것들의
2. ἐκείνας	대격	복수	여성	ἐκεῖνος	그것들을
3. με	대격	단수	–	ἐγώ	나를
4. αὐτή	주격	단수	여성	αὐτός	그녀, 동일한, 그녀 자신
5. ἐκεῖνο	주격/대격	단수	중성	ἐκεῖνος	저것/저것을
6. ἑνί	여격	단수	남성/중성	εἷς	하나에
7. ταῦτα	주격/대격	복수	중성	οὗτος	이것들/이것들을
8. αὕτη	주격	단수	여성	οὗτος	이것
9. τούτου	속격	단수	남성/중성	οὗτος	이것의
10. ἡμᾶς	대격	복수	–	ἐγώ	우리를

복습

α. 이 세상으로부터

β. 그러나 저 날들에

γ. 이것은 어떤가?

δ. 우리의 아버지

ε. 그리고 저들에게 말했다.

ζ. 이는 내 아들이다.

η. 이 성읍 안에

번역

1. 이 계명을 나는 내 아버지에게서 받았다.

2. 이것이 가장 크고 첫째 되는 계명이다.

3. 너희가 이것들을 알고(안다면), 그것들을 행한다면 복되다.

4. 그리고 저 도시에서 사마리아 사람들 가운데[26] 많은 이들이 그 여인의 말 때문에 그를 믿었다.

5. 너희가 하나님에게서 나지 않았기 때문에, 이 때문에 너희가 듣지 않는다.

6. 이 사람은 … 그 빛에 대하여 증언하기 위하여 왔다. 그를 통하여 모두가 믿게 하려는 것이었다. 저 사람은 빛이 아니라, 그 빛에 대하여 증언하기 위하여 왔다.

7. 그 여인이 그에게 말한다. "주님, 저에게 이 물을 주소서!"

8. 그리고 그 자신을 깨끗하게 하시는 그분에 근거하여 이 소망을 가진 자는 모두, 저분이 깨끗하신 것과 같이 (자신을 깨끗하게 한다.)

9. 네가 무슨 권한으로 이런 일들을 행하는가? 아니면 누가 너에게 (네가) 이 일들을 행하도록 이 권한을 주었는가?

---

26   문법상 τῶν Σαμαριτῶν은 문장의 모든 실명사를 수식할 수 있다(πόλεως, πολλοί, αὐτόν, λόγον, γυναικός). 어순과 의미가 우리의 단서가 된다. Σαμαριτῶν은 속격이기 때문에 수식하는 단어 뒤에 올 가능성이 높다. 따라서 λόγον과 γυναικός는 가능성이 낮다. αὐτόν을 수식하는 것은 의미가 통하지 않는다. 어순상 그다음 가까운 단어(πολλοί)가 이 문장에서 의미가 가장 잘 통하기 때문에 이 단어를 수식할 가능성이 가장 높다.

10. "지금 내 영혼이 괴롭다. 그러니 내가 무엇을 말할 수 있는가? '아버지여, 나를 이 시간에서 구원하소서?' 그러나 내가 이 때문에 내가 이 시간으로 왔다. 아버지, 당신의 이름을 영화롭게 하소서!" 그다음에 하늘에서 소리가 왔다. "내가 영화롭게 했고, 다시 영화롭게 할 것이다.···" 그리고 예수께서 대답하여 말씀하셨다. "이 소리는 나를 위해서 온 것이 아니라, 너희를 위해서 온 것이다."

심화

11. 그리고 이 여인들은 소망들이 없었다. 왜냐하면 예수 그리스도의 이름 안에 (있는) 의로움이 그녀들에게 없었기 때문이다.

12. 예수님과 함께 있던 열두 제자들은 (그) 하나님의 집에서 저 많은 말씀들을 들었다.

13. 그리고 아담이 말했다. "이제 이것은 내 뼈들 중의 뼈이고, 내 살에서 나온 살이다. 이 여인은 여자라 불릴 것이다. 왜냐하면 그녀의 남편에게서 이 여인이 취해졌기 때문이다."

14. 그리고 아담은 그의 아내의 이름을 "생명"이라 불렀다. 왜냐하면 이 여인이 모든 산 자들의 어머니이기 때문이다.

15. 많은 여인들이 그녀들의 하나님의 은혜에 의하여 일했다.

16. 그러나 너희는 먼저 하나님의 나라와 그분의 의를 찾으라, 그러면 이 모든 것들이 너희에게 더해질 것이다.

17. 이 사람이 많은 표적들을 행하고 있기 때문인데, 우리가 무엇을 행해야 할까?

18. 그리고 열두 사도들의 이름들은 이것들이다.

19. 저 날에 너희가, 내가 내 아버지 안에 있고, 너희가 내 안에 (있으며), 나도 너희 안에 있다는 것을 알 것이다.

20. 그러나 저 날과 저 시간에 대해서는 아무도 알지 못한다. 하늘에 있는 천사들도 모르고, 아들도 모르고, 오직 아버지만 (아신다).

14 관계대명사

분해[27]

변화형	격	수	성	기본형	번역
1. ἅ	주격/대격	복수	중성	ὅς	~한 것들(을)
2. ᾧ	여격	단수	남성/중성	ὅς	~한 자(것)에게
3. ἡ	주격	단수	여성	ὁ	그
4. ἐκείνους	대격	복수	남성	ἐκεῖνος	저들을
5. ἅς	대격	복수	여성	ὅς	~한 자(것)들을
6. οὗτοι	주격	복수	남성	οὗτος	이들
7. ἧς	속격	단수	여성	ὅς	~한 자(것)의
8. ὧν	속격	복수	공성	ὅς	~한 자(것)들의
9. φωτί	여격	단수	중성	φῶς	빛에게/빛으로
10. ἥν	대격	단수	여성	ὅς	~한 자(것)를

복습

α. 그가 행하고 있었던 표적들

β. 그가 우리에게 약속한 약속들

γ. 너의 길을 준비할 사람

δ. 시몬의 것이던 배들 중의 하나(시몬 소유의 배들 중의 하나)

ε. 왜냐하면 우리를 반대하지 않는 자는, 우리를 위하는 자이기 때문이다.

ζ. 그분의 보좌 앞에 있는 일곱 영으로부터

η. 너희와 함께 계실 평화의 하나님 / 평화의 하나님, 그분이 너희와 함께 계실 것이다.

번역

1. 내가 너희에게 말했던 그 말씀들은 영이요 생명이다.

2. 그들은 그 성경과 예수께서 말씀하셨던 그 말씀을 믿었다.

3. 그리고 형제들아, 내가 너희에게 전한 그 복음을 너희에게 알린다. 그것을 너희는 전해도 받았고, 그것으로 너희는 서기도 했으며, 그것을 통하여 너희는 구원도 받는다.

4. 그리고 하나님의 은혜로, 나는 내가 된다.

5. 무덤에 있는 모든 자들이 그의 음성을 듣게 될 시간이 온다.

6. 누구든지 자신의 목숨을 구하기 원하는 자는 그것을 잃을 것이다. 그러나 누구든지 나와 복음 때문에 자신의 목숨을 잃는 자는 그것을 구할 것이다.

7. 그러나 우리가 사랑 가운데 진리를 말하면서 머리이신, 그리스도 그분에게까지 자라 가자.

8. 아버지께서 죽은 자들을 일으키시고 살리신 것처럼, 이렇게 아들도 그가 원하는 자들을 살린다.

9. 너희는 지금 하나님께 들은 진리를 너희에게 말한 사람인 나를 죽이려고 한다.

10. 그리고 우리는 그분이 유대인들의 지역과 예루살렘에서 행하신 모든 일의 증인들이다.

---

27 이 단어들 중에 일부 단어는 숨표와 악센트를 바꾸면 다른 단어가 된다! 현존하는 가장 초기의 사본들에는 숨표와 악센트가 없기 때문에 성경 원본에도 존재하지 않았을 것이다. 고맙게도 일반적으로는 문맥이 숨표와 악센트가 없어도 어떤 단어를 의도했는지 명확하게 보여준다.

11. 요한의 복음에 따르면, 예수께서는 예루살렘의 도시에서 크고 많은 표적들을 행하셨다. 그런데 그것들(표적들)을 무리들이 보았다.

12. 이 집에 속한²⁸ 그 남자와 그 여자는 바다 위에 있는 그들의 배로 가는 길에 있다.

13. 그리고 그녀는 그녀가 만든 음식을 그녀의 아들 야곱의 손들에 주었다.

14. 우리 주 예수 그리스도의 은혜가 너희와 함께 그리고 하나님에 의하여 그를 통하여 부르심을 받은 모든 자들과 함께 있기를, 그를 통하여 그분께 영광이 있기를.…세세 무궁토록 영원한 보좌가 (있기를). 아멘.

15. 너희는 구원을 받으라(잘 가거라), 사랑과 평화의 자녀들이여! 영광과 모든 은혜의 주께서 너희 영혼과 함께하시기를.

16. 테오포로스라고도 하는 이그나티오스가 하나님 아버지의 은혜로 그리스도 예수 우리 구주 안에서 복을 받은 이에게 (편지한다). 그분 안에서 내가 교회를 문안한다.

17. 저 사람이 나에게 말했다. "네가 (성)령이 내려와서 누구든지 그분 위에 머무는 것을 본다면, 이분이 성령으로 세례를 주는 분이시다." 그리고 내가 이분이 하나님의 아들이시라는 것을 보았고 증언했다.

18. 하나님께서 아브라함에게 약속하신, 약속의 때가 가까이 왔다.

19. 하나님께서 그를, 너희가 십자가에서 못 박은 이 예수를, 주님이자 그리스도로 만드셨다.

20. 그리고 보라, 내가 하나님 앞에서 너희에게 쓰는 것들을, 나는 거짓말하지 않는다.

---

28 여격 οἷς는 소유의 여격이다(Wallace, 149-151쪽). ἐστίν을 "속하다"로 번역하여 이 용법으로 사용된 여격임을 분명하게 나타냈다.

문법

1. 어미 변화가 일어난 아래 형태에서 어간이 어떻게 바뀌었는지 설명해 보라. 우선 해당 단어의 어간을 쓰고, 격어미를 추가한 후, 최종 형태를 보여주고, 마지막으로 이 변화를 설명하라.

   a. σαρκ(어간) + ς(3변화 주격 단수 여성 격어미) → σαρκς → σαρξ(폐쇄음 표에서, κ + σ → ξ).

   b. ὀνοματ(어간) + –(3변화 주격/대격 단수 중성 격어미는 없음) → ὀνοματ → ὀνομα(명사 법칙 8: τ는 단어 끝에 올 수 없으므로 탈락한다)

   c. χαριτ(어간) + σιν(3변화 여격 복수 여성 격어미는 σι(ν)) → χαριτσιν → χαρισιν(폐쇄음 표에서, τ + σ → σ)

   d. πιστι(자음 이오타로 끝나는 어간) + ος(3변화 속격 단수 여성 격어미) → πιστιος → πίστεως(자음 이오타 + ο → εω가 되는 용례)

   e. παντ(어간) + ς(3변화 주격 단수 남성 격어미) → παντς → πας(σ 앞에 나오는 ν + τ는 탈락하기 때문이다. 교재 10장의 요약 2번 참조)

2. 명사 법칙 일곱 번째와 여덟 번째를 쓰라.
   - 명사 법칙 7은 폐쇄음의 사각형에 맨 오른쪽 열(아래)이 추가되고, 뒤에 σ가 올 때 ν가 탈락한다는 사실이 추가된다.

	무성음	유성음	파열음	+ σ
순음	π	β	φ	ψ
연구개음	κ	γ	χ	ξ
치음	τ	δ	θ	σ

   - 명사 법칙 8: τ는 단어 끝에 오지 못하고 탈락한다.

3. 아래 폐쇄음에 σ가 결합되면 어떤 변화가 생기는지 쓰라.

   a. τ + σ → σ

   b. β + σ → ψ

   c. δ + σ → σ

   d. π + σ → ψ

   e. γ + σ → ξ

   f. κ + σ → ξ

4. 다음 빈칸에 알맞은 격어미를 채우라.

	1, 2변화			3변화	
	남성	여성	중성	남성/여성	중성
주격 단수	ς	–	ν	ς	–
속격 단수	υ	ς	υ	ος	ος
여격 단수	ι	ι	ι	ι	ι
대격 단수	ν	ν	ν	α / ν	–
주격 복수	ι	ι	α	ες	α
속격 복수	ων	ων	ων	ων	ων
여격 복수	ις	ις	ις	σι(ν)	σι(ν)
대격 복수	υς	ς	α	ας	α

5. 인칭대명사의 격, 수, 성을 결정하는 것은 무엇인가?

    a. 인칭대명사의 격은 문장 안에서의 기능에 따라 결정된다.

    b. 인칭대명사의 수와 성은 선행사의 수와 성에 따라 결정된다.

      그러나 1, 2인칭 대명사(기본형 ἐγώ 및 σύ 포함)에는 성이 없다.

6. 영어의 인칭대명사 변화표를 채우라.

	1인칭	2인칭		1인칭	2인칭
주격 단수	I	you	주격 복수	we	you
소유격 단수	my	your	소유격 복수	our	your
목적격 단수	me	you	목적격 복수	us	you

7. αὐτός의 세 가지 용법은 무엇인가?

    a. 인칭대명사

      • 일반적으로 3인칭 대명사로 번역한다.

    b. 강조의 형용사

      • 재귀대명사("그 자신," "그녀 자신," "그것 자체," "그들 자신" 등)로 번역한다.

      • 일반적으로 서술적 위치에 온다.

      • 일반적으로 주격으로 나온다.

    c. 일치의 형용사

      • "동일한 여자"에서처럼, "동일한"으로 번역한다.

      • 일반적으로 수식적 위치에 온다.

8. 여성 인칭대명사의 형태를 여성 지시사와 어떻게 구분하는가?

    • 단어의 시작으로: 여성 지시사는 항상 거친 숨표가 있거나(αὕτη와 αὗται) τ로 시작한다(ταύτης, ταύτῃ, ταύτην, τούτων, ταύταις, ταύτας). 여성 인칭대명사는 항상 αὐ로 시작하며, 거친 숨표로 시작하지도 않고 τ로 시작하지도 않는다.

9. 지시사가 명사를 수식할 때 형용사적으로 어떤 위치에 있는가?

    • 서술적 위치

10. 호격의 네 가지 기본 법칙은 무엇인가?

    a. 복수에서 호격은 항상 주격 복수와 같다.

    b. 1변화 단수형에서 호격은 주격과 같다.

    c. 2변화 단수형에서 호격 어미는 보통 ε이다. 다른 격어미(주격/대격 중성 격어미 α 제외)와 달리 ε은 어간 끝에 바로 붙지 않는다. ε이 어간 모음 ο을 대체하여 ἀνθρώποε가 아니라 ἄνθρωπε가 된다.[29]

    d. 3변화 단수형에서 호격은 일반적으로 어간만 나타나며, 때때로 변화한 어간의 모음과 함께 나타나기도 한다(모음 전환).

11. 관계대명사의 격, 수, 성을 결정하는 요소는 무엇인가?

    a. 관계대명사의 격은 관계절의 기능에 의해 정해진다.[30]

    b. 관계대명사의 수와 성은 선행사의 수와 성과 일치한다.

---

29 17장의 축약 법칙을 위한 심화학습: ε은 어간의 마지막 모음을 대체하며, 그것과 축약되지 않는다.

30 관계대명사가 선행사의 격에 견인되는 경우는 제외한다. 교재 201쪽 참조.

12. 관사와 관계대명사의 형태는 어떻게 구분할 수 있는가?
- 관계대명사에는 항상 거친 숨표와 악센트가 함께 있다(예: ὅς). 관사에는 항상 둘 중 하나(예: ὁ 또는 τό)만 있고 둘 다는 없다. 따라서 거친 숨표와 악센트가 함께 있으면 관계대명사이고, 그렇지 않으면 관사이다.

분해

변화형	격	수	성	기본형	번역
1. πόλεσιν	여격	복수	여성	πόλις	도시들에게
2. ὀνόματι	여격	단수	중성	ὄνομα	이름에게
3. ἡμᾶς	대격	복수		ἐγώ	우리를
4. αὕτη	주격	단수	여성	οὗτος	이/이 여자
5. ὅν	대격	단수	남성	ὅς	~한 자를
6. πᾶσαν	대격	단수	여성	πᾶς	모든
7. ἐκκλησίαις	여격	복수	여성	ἐκκλησία	교회들에게
8. ἐμοί	여격	단수	강조형	ἐγώ	나에게
	주격	복수	남성	ἐμός	우리의
9. τούτους	대격	복수	남성	οὗτος	이들을/이 남자들을
10. ἡ	주격	단수	여성	ὁ	그
11. οἷς	여격	복수	남성/중성	ὅς	~한 자들에게/~한 것들에게
12. πολλοῖς	여격	복수	남성/중성	πολύς	많은 이들에게/많은 것들에게
13. ποδί	여격	단수	남성	πούς	발에게
14. ἐκεῖνα	주격/대격	복수	중성	ἐκεῖνος	저것들을(을)
15. ὕδωρ	주격/대격	단수	중성	ὕδωρ	물(을)

번역 | 요한일서 1:5-2:5

1:5 그리고 이것이 우리가 그에게서 듣고 너희에게 선포하는 소식이니, 하나님은 빛이시고 그분 안에는 어둠이 전혀 없다. 6 만일 우리가 그와 (함께) 교제가 있다고 말하며, 어둠 가운데 걷고 있다면, 우리는 거짓말하며 진리를 행하지 않는 것이다. 7 그러나 만일 그분이 빛 가운데 계시는 것처럼 우리가 빛 가운데 걷는다면, 우리는 서로 교제가 있고, 그분의 아들 예수의 피가 우리를 모든 죄악들에서 깨끗하게 하신다. 8 만일 우리가 죄가 없다고 (우리가) 말한다면, 우리가 스스로를 속이고 진리가 우리 안에 없는 것이다.

9 만일 우리가 우리의 죄악들을 고백한다면, 그분은 신실하고 의로우셔서 우리에게 (있는) 죄악들을 용서하시고 모든 불의에서 우리를 깨끗하게 하실 것이다. 10 만일 우리가 죄를 짓지 않았다고 말한다면, 그를 거짓말쟁이로 만드는 것이고 그의 말씀이 우리 안에 없는 것이다.

2:1 내 자녀들아, 너희가 죄를 짓지 않도록 내가 이것들을 쓴다. 만일 누가 죄를 지으면, 우리는 아버지께 대한 중보자, 의로우신 예수 그리스도가 있다. 2 그리고 그분은 우리의 죄들을 위한 화목제물이신데, 우리뿐만 아니라, 온 세상을 위한 것이다. 3 그리고 우리가 그분의 계명들을 지킨다면, 이로써 우리가 그를 알고 있다는 것을 우리가 안다. 4 내가 그분을 알고 있다고 말하면서 그분의 계명을 지키지 않는 자는, 거짓말쟁이며 이 사람 안에 진리가 없는 것이다. 5 그러나 누구든지 그분의 말씀을 지키고 있다면, 진실로 이 사람 안에 하나님의 사랑이 온전하게 되었고, 이로써 우리가 그의 안에 있는 것을 안다.

16 현재 능동태 직설법

분해

• 동사의 시제 어간, 연결 모음, 인칭 어미는 글머리 기호(•)로 구분한다.

변화형	시제/태/법	인칭/격/수/성	기본형	번역
1. λέγ • ο • υσιν	현능직	3복	λέγω	그들이 말하고 있다
2. ἀκού • ε • ι	현능직	3단	ἀκούω	그/그녀/그것이 듣고 있다
3. πιστεύ • ο • μεν	현능직	1복	πιστεύω	우리가 믿고 있다
4. λύ • ε • ις	현능직	2단	λύω	네가 풀고 있다
5. ἀκού • ω • –	현능직	1단	ἀκούω	내가 듣고 있다
6. βλέπ • ο • υσι	현능직	3복	βλέπω	그들이 보고 있다
7. λύ • ε • ι	현능직	3단	λύω	그/그녀/그것이 풀고 있다
8. λέγ • ε • τε	현능직	2복	λέγω	너희가 말하고 있다
9. ὧν	–	속.복.공.	ὅς	그들/그녀들/그것들의
10. πιστεύ • ε • ις	현능직	2단	πιστεύω	너는 믿고 있다

복습

α. 나는 믿고 있다.[31] / 나는 믿는다.

β. 너는 그것의 소리를 듣는다. / 너는 그의 음성을 듣는다.

γ. 인자(사람의 아들)는 권세가 있다.

δ. 그들은 이 세상의 빛을 보고 있다.

ε. 그러고 나서 우리는 율법을 기쁨으로(기쁨과 함께) 듣고 있다.

ζ. 그러나 주님의 그 율법을 너희는 깨뜨리지 않고 있다.

η. 그리고 그 맹인은 그 소리를 듣고 있다. / 그리고 그 맹인은 그 음성을 듣고 있다.

번역

1. 너희는 이(것/사람)을 믿지 않고 있다.

2. 그 무리가 대답했다. "너는 귀신 들렸다(귀신을 가지고 있다)."

3. 나는 남편이 없다.

4. 그런데 왜 너는 네 형제 눈에 있는 티끌을 보고 있는가?

5. 하나님에게서 난 자는 하나님의 말씀들을 듣는다. 이 때문에 너희가 듣지 않는다. 왜냐하면 너희가 하나님에게서 나지 않았기 때문이다.

6. 왜냐하면 항상 가난한 자들은 너희와 함께 있지만, 너희는 나를 항상 가지고 있는 것이 아니기 때문이다.

7. 너는 인자(사람의 아들)를 믿고 있느냐?

8. 왜냐하면 내가 그들의 천사들이 하늘들에서 하늘들에 계신 내 아버지의 얼굴을 항상 보고 있다고 너희에게 말하고 있기 때문이다.

9. 그러나 너희 눈들은 복이 있다. 왜냐하면 그것들이 보고 있기 때문이며, 너희 귀들도 듣고 있기 때문이다.

10. 그러므로 그들이 다시 그 맹인에게 말한다. "왜냐하면 그가 너의 눈들을 열었기 때문인데, 너는 그에 대하여 무엇이라 말하

---

31 현재 직설법 동사는 진행 시상(예: "나는 믿고 있다") 또는 부정 시상("나는 믿는다")이 될 수 있다. 이 답안은 "분해"에서는 주로 진행 시상으로 번역하고, "번역"에서는 진행 시상과 부정 시상 모두를 사용한다.

는가?" 그러자 그는 그분은 예언자이시라고 말했다.

"이 사람이, 너희가 맹인으로 태어났다고 말하는, 너희의 아들인가? 그렇다면 어떻게 그가 지금 보고 있는가?"

그러므로 저 사람이 대답했다. "그가 죄인인지 아닌지는 나는 알지 못한다. 한 가지 내가 아는 것은 비록 내가 맹인이었지만 지금은 본다는 것이다."

심화

11. 이 말씀은 신실하다. 하나님의 아들 안에 (있는) 너희의 믿음 때문에 너희는 성령 안에서 평화와 기쁨을 가진다.

12. 그리고 우리가 하나님의 좋은 말씀들을 들을 때, 우리는 이 모든 것들을 믿는다. 왜냐하면 그것들이 우리를 위한 영원한 생명의 약속을 가지고 있기 때문이다.

13. 그리고 주님께서 모세에게 말씀하셨다. "어찌하여 그들은 그들 가운데 그들이 보고 있는 모든 표적들에도[32] 그들이 나를 믿지 않느냐?"

14. 왜냐하면 당신은 생명과 죽음의 권세를(또는 권한을) 가지고 계시기 때문입니다.

15. 그러면 이제 너희는 나를 믿고 있지 않느냐? 왕은 그의 권세가 크지 않더냐?

16. 너희는 하나님의 사랑을 너희 자신 안에 가지고 있지 않다.

17. 그러나 (왜냐하면) 내가 진리를 말하고 있었기 때문에, 너희가 나를 믿지 않고 있다.

18. 그러나 우리는 우리가 주 예수의 은혜를 통하여 구원받았다고 믿고 있다. / 그러나 우리는 우리가 구원받았다고 주 예수의 은혜를 통하여 믿고 있다.

19. 그러나 이제 너는 천사에 의하여 보고 있다. 진실로 그 동일한 영을 통하여.

20. 그리고 예수께서 소리치며 말씀하셨다. "나를 믿는 자는, 나를 믿고 있는 것이 아니라 나를 보내신 분을 (믿는 것이다)."

영어를 헬라어로

1. λέγουσι(ν)
2. ἔχετε
3. πιστεύομεν
4. βλέπει
5. ἀκούεις

---

32 "~에도 불구하고"는 교재 부록의 단어 목록에는 나와 있지 않지만, 이 문맥에서는 ἐν의 뉘앙스이다(*BDAG*, 329).

17 축약동사

분해

• 인칭 어미 앞에는 글머리 기호(•)를, 축약 모음과 연결 모음의 축약 앞에는 가운데 점을 하나 더 넣는다.

변화형	시제/태/법	인칭/격/수/성	기본형	번역
1. λαλ • οῦ • μεν	현능직	1복	λαλέω	우리는 말하고 있다
2. ἀγαπ • ῶ • σι	현능직	3복	ἀγαπάω	그들/그녀들/그것들은 사랑하고 있다
3. τηρ • ῶ • –	현능직	1단	τηρέω	나는 지키고 있다
4. πληρ • οῦ • τε	현능직	2복	πληρόω	너희는 채우고 있다
5. ζητ • οῦ • σιν	현능직	3복	ζητέω	그들/그녀들/그것들은 찾고 있다
6. ἀγαπ • ᾷ • ͵	현능직	3단	ἀγαπάω	그/그녀/그것은 사랑하고 있다
7. καλ • εῖ • ς	현능직	2단	καλέω	너는 부르고 있다
8. πληρ • ο • ῖ	현능직	3단	πληρόω	그/그녀/그것은 채우고 있다
9. λαλ • εῖ • τε	현능직	2복	λαλέω	너희는 말하고 있다
10. ποι • ε • ῖ	현능직	3단	ποιέω	그/그녀/그것은 행하고 있다

복습

α. 우리는 그분의 계명들을 지키고 있다.

β. 나는 내 아버지의 일들을 하고 있지 않다.

γ. 그들은 너를 찾고 있다.

δ. 네가 나를 사랑하느냐?

ε. 그는 안식일을 지키지 않는다.

ζ. 어찌하여 당신은 그녀와 말하고 있습니까?

η. 우리는 하나님의 자녀들을 사랑한다.

번역

1. 그러나 어찌하여 너희는 나를 "주님, 주님" 부르고 있으면서 내가 말한 것들을 행하지 않고 있느냐?

2. 제자들이 그분께 말했다. "어찌하여(왜) 당신께서는 그들에게 비유들로 말씀하고 계십니까?"

3. 우리는 우리가 죽음에서 생명으로 넘어간 것을 알고 있다. 왜냐하면 우리가 그 형제들을 사랑하고 있기[33] 때문이다.

4. 아버지는 그 아들을 사랑하셔서 모든 것들을 그분의 손들에 주셨다.

5. 그들은 세상에서 났고, 이 때문에, 그들은 세상으로부터 말하고 있으며, 세상은 그들의 (말을) 듣고 있다.

6. 너는 하나님은 한 분이신 것을 믿고 있다. 너는 잘 하고 있다. 귀신들도 믿고 떤다.

7. 나를 사랑하지 않는 자는 내 말들을 지키지 않는다. 그리고 너희가 듣고 있는 그 말씀은 나의 것이 아니다.

8. 이 사람이 많은 표적들을 행하고 있기 때문인데, 우리는 무엇을 행하고 있는가?

9. 그러므로 빌라도가 그에게 말한다. "네가 나에게 말하지 않느냐? 내가 너를 자유롭게 할 권한이 있는 것과 내가 너를 십자가에 못 박을 권한이 있는 것을 너는 알지 못하느냐?"

10. 보라, 너의 제자들이 안식일에 행하는 것이 합당하지 않은 일을 하고 있다.

---

33 워크북 각주의 질문에 답을 하자면, ἀγαπῶμεν은 현재시제이기 때문에 진행 시상 또는 부정 시상이지만, 진행 시상이 기본값이다. 우리는 우리의 행동 양식과 동료 그리스도인을 사랑하는 일관되고 지속적인 모습을 보고 구원의 확신을 얻기 때문에, 이 문맥에는 진행 시상이 어울린다.

11. 그러므로 만일 우리가 하나님의 계명들과 율법들을 지키고 있다면, 우리가 그분의 큰 사랑을 우리 마음들에 가지고 있다는 것을 우리가 안다.

12. 예수가 어떻게 너희가 보고 있는 그 많은 표적들을 행하고 있는가? 성령의 능력으로.

13. 저 날들에 이스라엘에 왕이 없었다. 사람은 자신의 눈들에 좋은 것을 행하고 있었다.

14. 너는 나의 (말을) 듣고 있다. 야곱아, (그리고) 내가 부르는 이스라엘아, 나는 처음이고 나는 영원히 있다.

15. 그는 나에 대하여 좋은 것들이 아니라 나쁜 것들을 말하고 있다.

16. 그러므로 만일 다윗이 그분께 주님이라고 부르고 있다면, 어떻게 그분이 그의 자손이 되는가?

17. 왜 이 사람은 이렇게 말하고 있는가?

18. 왜냐하면 모든 이들이 예수 그리스로의 일들이 아니라, 자신의 일들을 구하고 있기 때문이다.

19. 나는 내가[34] 아버지에게서 본 것들을 말하고 있다. 그러므로 너희도 너희 아버지에게서 들은 것들을 행하고 있다.… 너희는 너희 아버지의 일들을 행하고 있다.

20. 그리고 시몬과 그와 함께 있는 자들이 그분을 열심히 찾았다. 그리고 그들은 그분을 찾았고 그분께 말한다. "모두가 당신을 찾고 있습니다."

---

34 "내가"가 명시적으로 나타나지는 않지만, 의미를 명확히 하기 위해 문맥에서 추가된다.

18 현재 중간태/수동태 직설법

분해

• 시제 어간, 연결 모음, 동사의 인칭 어미는 글머리 기호(•)로 구분한다.

변화형	시제/태/법	인칭/격/수/성	기본형	번역
1. πιστεύ • ε • ται	현중직	3단	πιστεύω	그/그녀/그것이 그 자신을 위해 믿고 있다.
	현수직	3단	πιστεύω	그/그녀/그것이 믿어지고 있다.
2. λύ • ε • σθε	현중직	2복	λύω	너희는 너희 자신을 위해 풀리고 있다.
	현수직	2복	λύω	너희는 풀리고 있다.
3. συνάγ • ε • ι	현능직	3단	συνάγω	그/그녀/그것은 모으고 있다.
4. δύνα • ται	현디직	3단	δύναμαι	그/그녀/그것은 할 수 있다.
5. πορευ • ό • μεθα	현디직	1복	πορεύομαι	우리는 가고 있다.
6. ἔρχ • ε • σθε	현디직	2복	ἔρχομαι	너희는 가고 있다.
7. ἀποκρίνῃ	현디직	2단	ἀποκρίνομαι	너는 대답하고 있다.
8. νυξίν	-	여.복.여.	νύξ	밤들에게
9. ἀγαπ • ώ • μεθα	현중직	1복	ἀγαπάω	우리는 우리 자신을 위해 사랑하고 있다.
	현수직	1복	ἀγαπάω	우리는 사랑받고 있다.
10. δύνα • νται	현디직	3복	δύναμαι	그들/그녀들/그것들은 할 수 있다.

복습

α. 그 나쁜 (사람/것)의 장소들이 파괴되고 있다.

β. 그는 집으로 들어가고 있다.

γ. 그들은 귀신들에 의하여 믿어지고 있다.

δ. 그것이 여러분 가운데 들리고 있다.

ε. 누가 구원받을 수 있겠는가?

ζ. 내가 도둑같이 오고 있다.

η. 그리고 그는 아무에게도 아무것도 답하지 않고 있다.

번역

1. 그들의 목소리들이 들리고 있지 않다.[35]

2. 나는 아버지께로 가고 있다.

3. 그의 어머니가 마리아라 불리지 않느냐? 그리고 그의 형제들은 야고보와 요셉과 시몬과 유다가 (아니냐)?

4. 내가 있는 곳에 너희가 올 수 없다.

5. 그리고 빌라도가 (다음과 같이) 말하면서 다시 묻기 시작했다. "너는 나에게 아무것도 대답하지 않느냐?"[36]

6. 그리고 사도들이 예수께로 모였고, 그들은 그분께 그들이 행한 모든 것들과 그들이 가르친 모든 것들을 말했다.

7. 그들이 그에게 말하고 있었다. "우리도 너와 함께 가고 있다."

35 이 문장은 수동태적 번역이다. 이론적으로는 동사 형태가 중간태도 될 수 있다. 중간태로 번역하면 "그들의 목소리는 그들을 위하여 듣지 않는다"가 되지만, 목소리는 듣지 못하므로 의미가 통하지 않는다.

36 질문의 시작 부분에 있는 οὐκ는 빌라도가 "그렇다, 내가 답하겠다"라는 대답을 기대했다는 것을 나타낸다. 상당히 의역을 해보면, "너는 나에게 대답하길 거부하지 않을 것이다. 그렇지?"라고 표현할 수 있다.

8. 그리고 예수께서 그들에게 (다음과 같이) 말씀하시면서 대답하셨다. "인자(사람의 아들)가 영광을 받을 그 때가 왔다."

9. 왜냐하면 하나님께서 그와 함께 계시지 않으면, 아무도 당신이 행하고 있는 이 표적들을 행할 수 없기 때문이다.

10. 그리고 요한의 제자들과 바리새인들이 와서 그에게 묻는다. "어찌하여 요한의 제자들과 바리새인들의 제자들은 금식하는데, 당신의 제자들은 금식하지 않는가?"

심화

11. 내 발들은 예수께서 말씀하고 계시는 그 장소로 가고 있고, 내 눈들은 그 표적들을 보고 있고, 내 귀들은 그분의 비유들을 듣고 있다.

12. 낮으로 밤으로(밤낮으로) 그 무리들이 예수님 주위에 모이고 있다. 왜냐하면 그가 소망과 생명의 어떤 말씀들을 그들에게 말하러 오신다는 것을 그들이 알았기 때문이다.

13. 그리고 그 천사들이 저 장소로 와서 그 말씀들을 그 무리의 귀들에 말하고 있었다.

14. 그리고 주님의 천사가 그녀에게 말했다. "하갈아, 네가 어디에 가고 있느냐?"

15. 말의 끝이다. 모든 것이 들리고 있다. 너희는 하나님을 두려워하라! 그리고 그분의 계명들을 지키라! 왜냐하면 이것이 사람의 전체의 일이기 때문이다.

16. 그리고 나오미가 말했다. "너희는 돌아가라, 내 딸들아! 어찌하여 너희가 나와 함께 가고 있느냐? 아직 나에게 내 뱃속에 아들들이 있어서 그들이 너희에게 남편들로 되겠느냐?"

17. 예수께서 그들에게 말씀하고 계신다. "너희는 내가 이것을 할 수 있다고 믿느냐?" 그들이 그에게 말한다. "예, 주님."

18. 그리고 나다나엘이 그에게 말했다. "나사렛에서 무슨 선한 것이 나올 수 있는가?"

19. 그리고 요셉도 갈릴리 나사렛 성읍에서 베들레헴이라 불리는 유대 다윗의 성읍으로 올라갔다.

20. 어찌하여 이 사람이 이렇게 말하고 있는가? 그가 신성모독하고 있다! 하나님 한 분 외에 누가 죄들을 용서할 수 있는가?

19 미래 능동태/중간태 직설법(패턴 1)

분해

• 동사의 시제 어간, 시제 형태소, 연결 모음, 인칭 어미는 글머리 기호(•)로 구분한다. 글머리 기호에 문자가 결합되는 경우에는 글머리 기호 뒤에 결과를 넣는다.

변화형	시제/태/법	인칭/격/수/성	기본형	번역
1. λύ•σ•ε•ι	미능직	3단	λύω	그/그녀/그것이 풀릴 것이다
2. ἀκού•σ•ε•ις	미능직	2단	ἀκούω	네가 들을 것이다
3. γεννή•σ•ο•μεν	미능직	1복	γεννάω	우리가 낳을 것이다
4. ζή•σ•ο•υσι	미능직	3복	ζάω	그들/그녀들/그것들이 살 것이다
5. πορεύ•σ•ε•ται	미디직	3단	πορεύομαι	그/그녀/그것이 갈 것이다
6. βλέ•ψ•ε•ις	미능직	2단	βλέπω	네가 볼 것이다
7. ἕ•ξ•ε•τε	미능직	2복	ἔχω	너희가 가질 것이다
8. καλέ•σ•ο•μεν	미능직	1복	καλέω	우리가 부를 것이다
9. ὅλον	–	대.단.남. 대/여.단.중.	ὅλος	전체의
10. συνά•ξ•ο•υσιν	미능직	3복	συνάγω	그들/그녀들/그것들이 함께 모일 것이다

복습

α. 모두 그를 믿을 것이다.

β. 그가 그 자신에 관하여 말할 것이다.

γ. 내가 내 열매들을 모을 것이다.

δ. 그가 생명의 빛을 가질 것이다.

ε. 그들이 나와 함께 갈 것이다.

ζ. 너희가 볼 것이고, 말하지 않을 것이다.

η. 누군가 … 그의 목소리를 (그것의 소리를) 들을 것이다.

번역

1. 너는 주 너의 하나님을 예배하라.

2. 그는 이스라엘의 왕이다. 이제 그가 십자가에서 내려오게 하라! 그러면 우리가 그를 믿을 것이다.

3. 너의 아내 엘리사벳이 너의(너에게) 아들을 낳을 것이다. 그리고 네가 그의 이름을 요한이라 부를 것이다.

4. 그리고 나의 하나님께서 그분의 부요하심을 따라 그리스도 예수 안에 있는 영광으로 너희의 모든 필요를 채우실 것이다.

5. 내가 진실로 진실로 너희에게 말한다. "때가 오고 있으니, 지금이 그때이다. 죽은 자들이 하나님의 아들의 음성을 들을 것이며, 그 들은 자들이 살아날 것이다."

6. 그리고 너희가 내 이름 때문에 모든 이들에게 미움을 받을 것이다.

7. 내가 진실로 진실로 너희에게 말한다. 나를 믿는 자는 내가 행하고 있는 일들을 저도 행할 것이며, 이것들보다 더 큰 것들을 행할 것이다. 왜냐하면 내가 아버지께로 가기 때문이다.

8. 너희는 너희가 알지 못하는 것을 예배하고 있다. 우리는 우리가 아는 것을 예배하고 있다. 왜냐하면 구원은 유대인들에게서 나기 때문이다. 그러나 때가 오고 있으니, 지금이 그때이다. 참된 예배자들이 영과 진리로 아버지께 예배할 것이다.

9. 너희가 나를 찾을 것이다. 그리고 내가 유대인들에게 내가 가는 곳에 너희는 올 수 없다고 말한 것과 같이, 내가 너희에게 말하고 있다.

10. 너희는 들으라, 이스라엘아! 주 우리 하나님은 한 분 주님이시니, 너는 네 주 하나님을 네 온 마음과 네 온 목숨과 네 온 지각과 네 온 힘을 다하여 사랑하라! / 너희는 들으라, 이스라엘아! 주 우리 하나님은 한 분 주님이시니, 너는 네 주 하나님을 네 온 마음과 네 온 목숨과 네 온 지각과 네 온 힘을 다하여 사랑할 것이다!

심화

11. 어느 날에 네 어머니와 네 아버지가 호수 주위에 있는 그들의 집에서 여기로 올 것인가? 인식일 후 셋째 날에.

12. 우리는 우리를 위한 그분의 위대한 사랑과 그분의 평화와 의의 약속들 때문에 우리의 왕이신 주님을 경배할 것이다.

13. 너희는 아들들과 딸들을 낳을 것이다. 그런데 그들은 너에게 없을 것이다.

14. 너는 그들의 신들을 예배하지도 말고, 그들의 행위들을 따라 행하지도 말라. / 너는 그들의 신들을 예배하지도 않을 것이며, 그들의 행위들을 따라 행하지도 않을 것이다.

15. 그리고 주님께서 아브라함에게 말씀하셨다. "너는 너의 땅에서 나와서 … 그리고 너는 네 아버지 집에서 나와서 내가 너에게 보여줄 땅으로 가라! 그러면 내가 너를 큰 민족으로 만들 것이며 너를 축복할 것이다.… 그리고 너는 복을 받을 것이다."

16. 그러므로 너희는 너희 하늘의 아버지께서 완전하심같이 완전하게 될 것이다. / 그러므로 너희는 너희 하늘의 아버지께서 완전하심같이 완전하게 되라!

17 왜냐하면 하나님의 의가 그것 안에 믿음에서 믿음으로 계시되었기 때문이다. 기록된 것과 같이, "그러나 의인은 믿음으로부터 살 것이다."

18. 만일 너희가 나를 사랑하면, 내 계명들을 지킬 것이다.

19. 만일 누구든지 첫째가 되기를 원한다면, 모든 이들의 마지막이 되어야 할 것이다.

20. 내가 다윗을 찾아냈다. 이새의 아들이요 내 마음을 따르는 사람인데, 그가 나의 모든 뜻들을 행할 것이다.

20 동사 어근(패턴 2-4)

분해

"다른 시제" 열에는 다른 시제의 변화형을 제공한다(미래시제↔현재시제).

변화형	다른 시제	시제/태/법	인칭/격/수/성	기본형	번역
1. ἀρεῖς	αἴρεις	미능직	2단	αἴρω	네가 들어올릴 것이다
2. ὄψεται	ὁρᾷ	미디직	3단	ὁράω	그/그녀/그것이 볼 것이다
3. ἐκβαλοῦμεν	ἐκβάλλομεν	미능직	1복	ἐκβάλλω	우리가 쫓아낼 것이다
4. ἐγεροῦσιν	ἐγείρουσι(ν)	미능직	3복	ἐγείρω	그들/그녀들/그것들이 들어올릴 것이다
5. ποιοῦσι	ποιησοῦσι(ν)	현능직	3복	ποιέω	그들/그녀들/그것들이 행하고 있다
6. ἀποκτενεῖτε	ἀποκτείνετε	미능직	2복	ἀποκτείνω	너희가 죽일 것이다
7. σώσει	σῴζει	미능직	3단	σῴζω	그/그녀/그것이 구할 것이다
8. ἀποστελεῖ	ἀποστέλλει	미능직	3단	ἀποστέλλω	그/그녀/그것이 보낼 것이다
9. βαπτίσεις	βαπτίζεις	미능직	2단	βαπτίζω	네가 세례를 줄 것이다
10. κρινεῖτε	κρίνετε	미능직	2복	κρίνω	너희가 심판할 것이다

복습

α. 저 사람[37]이 그를 마지막 날에 심판할 것이다.

β. 왜냐하면 많은 이들이 내 이름으로 올 것이기 때문이다.

γ. 내 이름으로 그들이 귀신들을 쫓아낼 것이다.

δ. 우리가 그 진리를 알게 될 것이다.

ε. 내가 내 영혼에게 말할 것이다.

ζ. 그는 세상에 머물러 있지만, 너는 영원히 머무를 것이다.

η. 어떻게 너희가 모든 비유들을 깨달을 것인가?

번역

1. 나는 너희를 물로 세례를 주었지만, 그분은 너희를 성령으로 세례를 주실 것이다.

2. 인자(사람의 아들)가 그의 천사들을 보낼 것이다.

3. 그가 너희에게 말씀하신 것처럼, 너희는 거기에서 그를 볼 것이다.

4. 예수께서 그에게 대답하여 말씀하셨다. "만일 누구든지 나를 사랑하면, 내 말을 지킬 것이고, 내 아버지께서 그를 사랑하실 것이며, 우리가 그에게 갈 것이다."

5. 그리고 그녀가 아들을 낳을 것이니, 너는 그의 이름을 예수라 부를 것이다. 그는 자신의 백성을 그들의 죄들에서 구할 것이다.

6. 그러나 너희는 성도들이 세상을 심판하리라는 것을 알지 못하는가? … 너희는 우리가 천사들을 심판하리라는 것을 알지 못하는가?

7. 모두 그를 믿을 것이고, 그러면 로마인들이 올 것이며 우리의 장소를 제거할 것이다.

8. 그러나 누가 말할 것이다. "죽은 자들이 어떻게 일으켜지는가? 그리고 그들은 어떤 (종류의) 몸으로 오는가?"

9. 그는 그에게 말하고 있었다. "너의 입에서 (나오는 것으로) 내가 너를 심판할 것이다. 악한 종아."

10. 이 때문에 하나님의 지혜도 말했다. "내가 그들에게 선지자들과 사도들을 보낼 것이다. 그런데 그들이 그들 중에서 일부를 죽일 것이다."

---

37 ἐκεῖνος는 지시대명사 역할을 하기 때문에 단순히 "저/저것"으로 번역하는 것보다 "저 사람"으로 번역하는 것이 좀 더 매끄럽다.

심화

11. 어찌하여 그 악한 사람들이 하나님의 율법을 지키고 있으며, 모두를 사랑하고 있는, 선한 사람들을 죽이고 있는가?

12. 나는 내 입으로 큰 지혜를 말할 것이다. 그리고 나는 온 생명을 다하여 의와 진리의 길에 대하여 말할 것이다.

13. 그리고 너는 거룩한 안식일들에 네 하나님께 청할 것이니, 너는 일을 위하여 네 발을 떼지도(들어올리지) 않을 것이며 너는 네 입에서 분노로 말을 하지도 않을 것이다.

14. 하나님은 주님이시니, 그분이 아시며, 이스라엘 그 자신이 알 것이다.

15. 그분의 물은 진실하다(믿을 만하다). 너희는 영광과 함께 있는 왕을 볼 것이다. 그리고 너희 영혼은 주님을 경외하기를(주님의 경외를) 힘쓸 것이다.

16. 그리고 나는 그녀의 자녀들을 반드시 죽일 것이다. 그러면 모든 교회들이 내가 생각과 마음을 살피는 자임을 알게 될 것이다. 그리고 나는 너희 각 사람에게 너희의 행위들을 따라 줄 것이다.

17. 그러므로 우리가 그분을 주님이라고 부르기만 하지는 말자. 왜냐하면 이것이 우리를 구원하지는 않을 것이기 때문이다.

18. 복되도다! 마음에 있어 깨끗한 자들이여. 왜냐하면 그들이 하나님을 볼 것이기 때문이다.

19. 그러나 어떤 사람이 말할 것이다. "너는 믿음을 가지고 있고, 나는 행위들을 가지고 있다." 너는 나에게 네 행위들 없는 믿음을 보여라! 그러면 나는 너에게 내 행위들에서 믿음을 보여줄 것이다. 너는 하나님이 한 분이신 것을 믿는다. 너는 잘 하고 있다. 귀신들도 믿고 떨고 있다.

20. 만일 너희가 내 계명들을 지키면, 내가 내 아버지의 계명들을 지켜서 그분의 사랑 안에 머무르고 있는 것처럼, 너희가 내 사랑 안에 머무를 것이다.

문법

1. 다음 세 가지 시상의 차이를 명확하게 구분하여 정의하라.

　　a. 동사의 행동을 진행 중인 과정으로 묘사한다. 예를 들어, "자동차 속력이 느려지고 있었다."

　　b. 동사의 행동을 과정인지 아닌지에 대한 설명 없이 단순한 사건으로 묘사한다. 완료적 시상은 동사의 행동에 대해 최소한의 정보만 제공한다. 예를 들어, "자동차 속력이 느려졌다."

　　c. 한 시점에서 일어나는 동사의 행동을 묘사한다. 예를 들어, "자동차가 벽돌 벽에 부딪혔다." 즉각적/순간적 시상은 미완료적 시상과 정반대이다. 이 시상은 헬라어 문법이 아닌 영문법의 범주이다.

2. λύω의 현재 능동태와 수동태의 열두 가지 형태를 쓰라.

<table>
<tr><td colspan="4" align="center">능동태</td></tr>
<tr><td>1인칭 단수</td><td>λύω</td><td>1인칭 복수</td><td>λύομεν</td></tr>
<tr><td>2인칭 단수</td><td>λύεις</td><td>2인칭 복수</td><td>λύετε</td></tr>
<tr><td>3인칭 단수</td><td>λύει</td><td>3인칭 복수</td><td>λύουσι(ν)</td></tr>
<tr><td colspan="4" align="center">수동태</td></tr>
<tr><td>1인칭 단수</td><td>λύομαι</td><td>1인칭 복수</td><td>λυόμεθα</td></tr>
<tr><td>2인칭 단수</td><td>λύῃ</td><td>2인칭 복수</td><td>λύεσθε</td></tr>
<tr><td>3인칭 단수</td><td>λύεται</td><td>3인칭 복수</td><td>λύονται</td></tr>
</table>

3. 동사 마스터 차트를 채우라.

시제	시상 접두 모음/어간 중복	시제 어간	시제 형태소	연결 모음	인칭 어미	1인칭 단수 변화형
현재 능동	αἴρεις	현재		ο / ε	제1능동	λύω
현재 중간/수동	ὁρᾷ	현재		ο / ε	제1중간/수동	λύομαι
미래 능동	ἐκβάλλομεν	미래 능동	σ	ο / ε	제1능동	λύσω
유음 미래 능동	ἐγείρουσι(ν)	미래 능동	εσ	ο / ε	제1능동	μενῶ
미래 중간	ποιησοῦσι(ν)	미래 능동	σ	ο / ε	제1중간/수동	πορεύσομαι

4. 축약 법칙의 "다섯 가지 핵심 법칙"은 무엇인가?

　　a. ε+ο, ο+ε, ο+ο은 ου로 축약된다.

　　b. ε+ε는 ει로 단축된다.

　　c. ο/ω가 다른 모음과 만나면 ω로 축약된다(단, 축약 법칙 1은 제외).

　　d. α+ε는 α로 축약된다.

　　e. ε+α는 η로 축약된다.

5. 어떤 모음들이 아래의 축약형을 만드는가?

　　a. ει ← ε+ε

　　b. ει ← ε+ει

　　c. α ← α+ε (또는 α+α, α+η)

　　d. ου ← ο+ο

　　e. ου ← ο+ε

f. ου ← ε+ο

g. ω ← α+ω (또는 α+ο, ε+ω, ο+ω, ω+α, ο+α, ω+ε, ω+ο)

6. 영어의 "먹다"(eat)라는 동사를 다음 시제로 만들면 어떻게 되는가?

    a. 먹고 있다(is eating).

    b. 먹힌다(is eaten).

7. "디포넌트" 동사를 정의하고, 예를 하나 들어 보라.

    • 디포넌트 동사란 형태는 중간태 또는 수동태이지만 의미는 능동인 동사를 말한다.

    • 예를 들어, ἔρχομαι는 중간태/수동태 인칭 어미 μαι를 사용하기 때문에, 형태는 중간태 또는 수동태이지만 의미는 능동태처럼 "내가 온다"로 번역한다.

8. "폐쇄음의 사각형"을 쓰고, σ가 결합되면 각각의 폐쇄음에 어떤 현상이 나타나는지 쓰라.

	무성음	유성음	파열음	+ σ
순음	π	β	φ	ψ
연구개음	κ	γ	χ	ξ
치음	τ	δ	θ	σ

9. 동사의 "어근"과 시제 "어간"의 차이는 무엇인가?

    • 동사는 하나의 어근[38]을 가지며, 어근에서 파생된 여섯 개의 시제 어간[39]을 가지고 있다.

    • 어간은 특정 시제에 사용되는 어근의 형태를 말한다. 연결 모음, 인칭 어미, 동사의 다른 요소들은 어근이 아닌 시제 어간에 첨가된다.

    • 교재에는 어근이 항상 별표로 표시되어 있다(예: *λυ).

10. 동사 어근에서 시제 어간을 만드는 세 가지 기본적인 방법이 무엇인가?

    a. 방법1: 어근이 변하지 않는 경우

    • 따라서, 현재시제 어간 = 어근.

    • 예를 들어, λύω는 현재시제 어간 *λυ를 사용하는데, 동사 어근이 *λυ이다.

    b. 방법 2: 어근이 규칙적으로 변하는 경우

    • 따라서, 현재시제 어간은 어떤 패턴에 따라 변화된 동사 어근이다.

    • 예를 들어, βάλλω는 현재시제 어간 βαλλ를 사용하는데, 이것은 동사 어근 *βαλ에 동일한 자음인 λ가 뒤에 첨가되어 만들어진다.

    c. 방법 3: 다른 어근들을 사용하는 경우

    • 이 동사들은 위에서 언급한 두 가지 중 하나에 속하지만 다른 시제 어간을 만드는 데 서로 다른 어근을 사용한다.

    • 예를 들어, ἔρχομαι는 현재시제 어간 ἐρχ를 사용하는데, 동사 어근 중 하나인 *ἐρχ와 같다. 그러나 ἔρχομαι의 미래시제 어간은 ἐλευθ인데, 이것은 동사의 다른 어근 *ἐλευθ와 같다.

---

38 몇몇 동사는 여러 개의 어근을 갖는다. 문제 10의 c 참조.

39 일부 동사는 특정 시제에서 등장하지 않기 때문에 해당 시제 어간이 없다.

분해

변화형	시제/태/법	인칭/격/수/성	기본형	번역
1. ἀκούετε	현능직	2복	ἀκούω	너희는 듣고 있다
2. ἀκούσεις	미능직	2단	ἀκούω	너는 들을 것이다
3. πορεύεται	현디직	3단	πορεύομαι	그/그녀/그것은 가고 있다
4. οὕστινας	–	대.복.남.	ὅστις	누구든지
5. ζήσουσιν	미능직	3복	ζάω	그들/그녀들/그것들은 살아날 것이다
6. τηροῦμαι	현중수직	1단	τηρέω	나는 나를 위해 지키고 있다/나는 지켜지고 있다
7. γνώσεται	미디직	3단	γινώσκω	그/그녀/그것은 알게 될 것이다
8. ἔσονται	미중디직	3복	εἰμί	그들/그녀들/그것들은 될 것이다
9. ἀγαπῶμεν	현능직	1복	ἀγαπάω	우리는 사랑하고 있다
10. βλέψεται	미중직	3단	βλέπω	그/그녀/그것은 볼 것이다
11. λαλῶ	현능직	1단	λαλέω	나는 말하고 있다
12. ὄψῃ	미디직	2단	ὁράω	너는 볼 것이다
13. πληροῖς	현능직	2단	πληρόω	너는 채우고 있다
14. σώσω	미능직	1단	σώζω	나는 구원할 것이다

번역 | 요한복음 12:27-36

12:27 "지금 내 영혼이 괴롭다. 그러니 내가 무엇을 말할 수 있는가? '아버지여 나를 이 시간에서 구원하소서?' 그러나 내가 이 때문에 이 시간으로 왔다. **28** 아버지여, 당신의 이름을 영화롭게 하소서!" 그다음에 하늘에서 소리가 왔다. "내가 영화롭게 했고, 다시 영화롭게 할 것이다." **29** 그다음에 그 서서 들은 무리는 천둥이 쳤다고 말하고 있었다. 다른 이들은 천사가 그에게 말했다고 말하고 있었다. **30** 예수께서 대답하여 말씀하셨다. "이 소리는 나 때문이 아니라, 너희 때문에 있었던 것이다. **31** 지금 이 세상의 심판이 있으니, 이제 이 세상의 통치자들이 밖으로 쫓겨날 것이다. **32** 그리고 만일 내가 땅에서 들어 올려지면, 모두를 나에게 끌어당길 것이다." **33** 그러나 그분은 (그이) 어떠한 종류의 죽음으로 죽으시려 하는지 암시하시면서 이것을 말씀하고 계셨다.

34 그다음에 그 무리가 그분께 대답했다. "우리는 율법에서 그리스도께서 영원히 머무신다고 들었다. 그런데 어찌하여 당신께서는 인자(사람의 아들)가 들어 올려져야 한다고 말씀하고 계십니까? 이 인자(사람의 아들)가 누구입니까?" **35** 그러므로 예수께서 그들에게 말씀하셨다. "아직 잠시 동안 빛이 너희 가운데 있다. 어둠이 너희를 압도하지 못하도록, 너희는 빛이 있을 때 걸으라! 그리고 어둠 가운데 걷는 자는 어디로 가는지를 알지 못한다. **36** 너희가 빛의 자녀들이 되도록, 너희는 빛이 있을 때 그 빛을 믿으라!

21 미완료과거 직설법

분해

변화형	시제/태/법	인칭/격/수/성	기본형	번역
1. ἐβάπτιζες	미과능직	2단	βαπτίζω	너는 세례를 주고 있었다
2. ἤκουον	미과능직	1단	ἀκούω	나는 듣고 있었다
	미과능직	3복	ἀκούω	그들/그녀들/그것들은 듣고 있었다
3. ἠθέλετε	미과능직	2복	θέλω	너희는 원하고 있었다
4. ἐσῴζεσθε	미과중수직	2복	σῴζω	너희는 구원받고 있었다
5. ἐποίει	미과능직	3단	ποιέω	그/그녀/그것은 행하고 있었다
6. ἐξέβαλλες	미과능직	2단	ἐκβάλλω	너는 던지고 있었다
7. ἦσαν	미과능직	3복	εἰμί	그들/그녀들/그것들은 ~이었다
8. ἐπορευόμην	미과디직	1단	πορεύομαι	나는 가고 있었다
9. ἕξουσι	미능직	3복	ἔχω	그들/그녀들/그것들은 가질 것이다
10. ἐπηρώτων	미과능직	1단	ἐπερωτάω	나는 묻고 있었다
	미과능직	3복	ἐπερωτάω	그들/그녀들/그것들은 묻고 있었다

복습

α. 그는 그들을 세례를 주고 있었다.

β. [40]나는 많은 귀신들을 쫓아내고 있었다. / 그들은 많은 귀신들을 쫓아내고 있었다.

γ. 그들은 그에게(그에 의하여) 세례를 받고 있었다.

δ. 그들은 그에게 오고 있었다.

ε. [41]우리는 우리 자신을 위해 심판하고 있지 않았다. / 우리는 심판받고 있지 않았다.

ζ. 만일 너희가 모세를 믿고 있었다면, (너희가) 나를 믿을 것이다.

η. 그는 그들에게 그 말씀을 말하고 있었다.

번역

1. 저 사람은 그의 몸인 성전에 대하여 말하고 있었다.

2. 그리고 모든 무리가 그분께 오고 있었다. 그리고 그분은 그들을 가르치고 계셨다.

3. 그런데 이 모든 것들[42]을 바리새인들이 듣고 있었다.

4. 왜냐하면 많은 사람들이 있었고, 그들은 그분을 따르고 있었기 때문이다. / 왜냐하면 많은 사람들이 있었고, 나는 그분을 따르고 있었기 때문이다.

5. 그런데 예수께서는 마르다와 그녀의 자매와 나사로를 사랑하고 계셨다.

6. 그리고 그분이 그에게 묻고 계셨다. "네 이름이 무엇이냐?" 그러자 그가 그분께 말하고 있었다.[43] "내 이름은 군대이다. 왜

---

40 미완료과거 1인칭 단수와 3인칭 복수 사이의 모호성 때문에 이 문장은 두 가지로 번역이 가능하다. 여기에는 두 가지 번역을 모두 제시했지만 일반적으로는 문맥에 어울리는 하나의 번역만 제공한다.

41 미완료과거 중간태와 수동태 사이의 모호성 때문에 이 문장은 두 가지로 번역이 가능하다. 여기에는 두 가지 번역을 모두 제시했지만 일반적으로는 문맥에 어울리는 하나의 번역만 제공한다.

42 πάντα는 중성이기 때문에 Φαρισαῖοι가 아니라 ταῦτα를 수식한다.

43 λέγει는 문자적으로 번역하면 "그가 말하고 있었다"가 아니라 "그가 말하고 있다"(현재시제)가 된다. 헬라어 현재시제는 내러티브

냐하면 우리가 많기 때문이다."

7. 왜냐하면 그분은 사람 안에 무엇이 있었는지 아셨기 때문이다.

8. 그분의 제자들은 그분께 비유를 물어보고 있었다.

9. 그리고 이 일들 후에 예수께서는 갈릴리에서 걷고 계셨다. 왜냐하면 유대인들이 그분을 죽이려고 찾고 있었기 때문에, 그분은 유대에서 걷는 것을 원하지 않으셨기 때문이다.

10. 그다음, 진실로 그들이 함께 왔을 때, 그분께 다음과 같이 물으면서 말하기를, "주님, 당신께서 이 때에 이스라엘 나라를 회복하고 계십니까?"

심화

11. 예수께서 유대인들의 회당들에서 안식일마다(모든 안식일에) 가르치고 계셨을 때, 바리새인들이 무슨 권한으로 저 말들을 말하는지[44] 묻고 있었다.

12. 하나님의 말씀을 가르치고 있는 사람들은 많은 시간 동안 선포하지 말라고 가르침을 받고 있었는가?

13. 그러나 그는 원하지 않았고, 그의 주인의 아내에게 말했다. "내 주인께서는 나 때문에 자기 집에서 아무것도 신경 쓰지 않으십니다. 그리고 내 손에 그에게 있는 만큼 모든 것들을 주셨습니다.… 그런데 내가 어떻게 이 악한 일을 행하겠습니까?"

14. 그리고 그 왕은 그에게 주님에게서 말씀이 있는지 말하라고 은밀히 요청하고 있었다. 그러자 그가 말했다. "(그것이) 있습니다."

15. 그리고 그녀는 그녀의 마음에 말하고 있었다.… 그리고 그녀의 목소리는 들리고 있지 않았다.

16. 그 열두 명과 함께 그분 주위에 있는 이들이 그분께 그 비유들을 묻고 있었다.

17. 참으로 이 사람은 신의 아들(또는 신의 그 아들/하나님의 아들/하나님의 그 아들)[45]이었다.

18. 그분은 많은 비유들로 그들이 들을 수 있는 대로 그들에게 그 말씀을 말씀하고 계셨다.

19. 사랑하는 자들아, 내가 너희에게 새로운 계명이 아니라 너희가 처음부터 가지고 있던 옛 계명을 쓰고 있다.

20. 왜냐하면 그가 그의 제자들을 가르치시며 말씀하고 계셨기 때문이다. "인자가 사람들의 손들에 넘겨질 것이고 그들이 그를 죽일 것이다."

문학에서 과거 사건을 묘사하는 데 자주 사용되며 영어 과거시제로 번역해야 한다. 헬라어 현재시제의 이러한 용법을 "역사적 현재"라고 한다. λέγει(현재시제 동사)가 과거시제 내러티브에 있다는 사실(앞에 있는 미완료과거 동사 ἐπηρώτα로 알 수 있음)은 λέγει가 역사적 현재라는 것을 암시하므로 "말하고 있다"가 아니라 "말하고 있었다"라고 번역해야 한다. Wallace, *Greek Grammar Beyond the Basics*, 526ff을 참조하라.

44 헬라어 단어 λαλεῖ는 현재시제이므로 일반적으로는 "그가 말하고 있다"라고 번역된다. 그러나 이 문장은 간접화법이므로 영어 문법으로는 과거 진행형("he was saying")으로 번역해야 한다. 영어의 간접화법에 대한 더 자세한 설명은 교재 493-494쪽 32장(§32.18 - 32.19)에 있는 심화학습을 참조하라.

45 관사가 없고, 화자는 지진과 어둠을, 예수께서 십자가에서 어떻게 행동하셨는지를 방금 목격한 로마 군인이기 때문에, 이러한 문법적 가능성 중에서 몇 가지를 따져볼 수 있다.

16 현재 능동태 직설법

분해

변화형	시제/태/법	인칭/격/수/성	기본형	번역
1. λέγουσιν	현능직	3복	λέγω	그들/그녀들/그것들이 말한다(말하고 있다)
2. ἔχει	현능직	3단	ἔχω	그/그녀/그것이 가진다(가지고 있다)
3. πιστεύομεν	현능직	1복	πιστεύω	우리가 믿는다(믿고 있다)
4. λύεις	현능직	2단	λύω	네가 푼다(풀고 있다)
5. ἀκούω	현능직	1단	ἀκούω	내가 듣는다(듣고 있다)
6. βλέπουσι	현능직	3복	βλέπω	그들/그녀들/그것들이 본다(보고 있다)
7. ἔργοις	–	여.복.중.	ἔργον	일들에
8. λέγετε	현능직	2복	λέγω	너희가 말한다(말하고 있다)
9. λύει	현능직	3단	λύω	그/그녀/그것이 푼다(풀고 있다)
10. πιστεύεις	현능직	2단	πιστεύω	너는 믿는다(믿고 있다)

복습

α. 나는 믿고 있다. / 나는 믿는다.

β. 너는 그것의 소리를 듣는다. / 너는 그의 음성을 듣는다.

γ. 너는 하나님을 믿는다.

δ. 그들은 내 사랑하는 자의 얼굴을 보고 있다.

ε. 그러고 나서 우리는 율법을 기쁨으로(기쁨과 함께) 듣고 있다.

ζ. 그러나 주님의 그 율법을 너희는 깨뜨리지 않고 있다.

η. 그는 예수를 보고 있다.

번역

1. 너희는 하나님의 사랑을 가지고 있지 않다.

2. 베드로가 그분께 말하고 있다. "당신은 그리스도이십니다."

3. 너는 인자(사람의 아들)를 믿고 있느냐?

4. 인자(사람의 아들)는 죄들을 용서할 권한이 있다.

5. 나는 내 아들 도비야를 보고 있다.

6. 예수께서 그들에게 말씀하셨다. "그런데 너희는 지금 우리가 보고 있다고 말하고 있다."

7. 너희는 하나님에게서 나지 않았기 때문에, 듣지 않는다.

8. 그들이 다시 그 맹인에게 말하고 있다. "너는 그에 대하여 무엇이라 말하는가?"

9. 그리고 다윗이 사울에게 말했다. "어찌하여 당신은 그 무리의 말들을 듣고 계십니까?"

10. 눈들이 그들에게 (있으나) 보지 못하고, 귀들이 그들에게 (있으나) 듣지 못한다.

심화

11. 왜냐하면 예수께서 그 집에 계셨기 때문에, 그 무리들이 하나님의 말씀들을 듣고 있으며, 맹인들이 보고 있다.

12. 너는 사랑하는 자들의 마음들에서 주님의 기쁨을 보고 있는가?

13. 그리고 주님께서 모세에게 말씀하셨다. "어찌하여 그들은 그들 가운데 그들이 보고 있는 모든 표적들에도 나를 믿지 않고 있느냐?"

14. 왜냐하면 당신은 생명과 죽음의 권세를(또는 권한을) 가지고 계시기 때문입니다.

15. 그리고 그의 형제들과 그의 아버지의 집이 듣고 그에게 내려오고 있다.

16. 그러나 낙원의 중앙에 있는 나무의 열매로부터, 하나님께서 말씀하셨다. "너희는 그것으로부터 먹지 않을 것이다."

17. 그러나 내가 진리를 말하고 있기 때문에, 너희가 나를 믿지 않고 있다.

18. 그러나 우리는 주 예수의 은혜를 통하여 구원받는다고 믿고 있다.

19. 그리고 나서 빌라도가 그에게 말한다. "너는 그들이 얼마나 많은 것들로 너를 반대하여 증언하고 있는지 듣고 있지 않느냐?"

20. 그러나 예수께서 소리치며 말씀하셨다. "나를 믿는 자는 나를 믿고 있는 것이 아니라 나를 보내신 분을 (믿는 것이다)."

영어를 헬라어로

1. λέγουσι(ν)

2. ἔχετε

3. πιστεύομεν

4. βλέπει

5. ἀκούεις

17 축약동사

분해

변화형	시제/태/법	인칭/격/수/성	기본형	번역
1. λαλοῦμεν	현능직	1복	λαλέω	우리는 말하고 있다
2. ἀγαπῶσι	현능직	3복	ἀγαπάω	그들/그녀들/그것들은 사랑하고 있다
3. τηρῶ	현능직	1단	τηρέω	나는 지키고 있다
4. πληροῦτε	현능직	2복	πληρόω	너희는 채우고 있다
5. ζητοῦσιν	현능직	3복	ζητέω	그들/그녀들/그것들은 찾고 있다
6. ἀγαπᾷ	현능직	3단	ἀγαπάω	그/그녀/그것은 사랑하고 있다
7. καλεῖς	현능직	2단	καλέω	너는 부르고 있다
8. πληροῖ	현능직	3단	πληρόω	그/그녀/그것은 채우고 있다
9. δαιμόνια	-	주/대.복.중.	δαιμόνιον	귀신들(을)
10. ποιεῖ	현능직	3단	ποιέω	그/그녀/그것은 행하고 있다

복습

α. 나는 말하고 있지 않다.

β. 너는 죄를 행하고 있지 않다.

γ. 그들은 그들을 사랑하고 있지 있다.

δ. 우리는 그분의 계명들을 지키고 있다.

ε. 너희는 예수를 찾고 있다.

ζ. 다윗이 그를 부르고 있다.

η. 왜냐하면 그들은 말하고 있으나 행하고 있지 않기 때문이다.

번역

1. 그 아버지는 그 아들을 사랑한다.

2. 그는 사람들에게 말하는 것이 아니라 하나님께 말한다.

3. 나는 그분을 알고 그분의 말씀을 지키고 있다.

4. 왜냐하면 그들은 그들이 무엇을 행하고 있는지 알지 못하기 때문입니다.

5. 그러나 어찌하여 너희는 나를 "주여, 주여" 부르고 있으면서 내가 말하고 있는 것들을 행하지 않고 있느냐?

6. 그들은 세상으로부터 말하고 있으며, 세상은 그들의 (말을) 듣고 있다.

7. 우리는 우리가 죽음에서 생명으로 넘어간 것을 알고 있다. 왜냐하면 우리가 그 형제들을 사랑하고 있기 때문이다.

8. 예수께서는 시몬 베드로에게 말씀하고 계신다. "요한의 (아들) 시몬아, 네가 나를 사랑하느냐?"

9. 그러므로 빌라도가 그에게 말하고 있다. "네가 내게 말하지 않고 있느냐? 내가 권한이 있는 것을 너는 알지 못하느냐?"

10. 너는 하나님이 한 분이신 것을 믿고 있다. 너는 잘 하고 있다. 그런데 귀신들도 믿고 떨고 있다.

심화

11. 그 율법과 계명들을 우리는 지키고 있다. 왜냐하면 우리가 주님을 사랑하고 하나님의 아들을 믿기 때문이다.

12. 안식일의 첫 날에 내가 하나님의 말씀을 믿는 자들에게 말하고 있다.

13. 너는 나의 (말을) 듣고 있다. 야곱아, (그리고) 내가 부르는 이스라엘아, 나는 처음이고 나는 영원히 있다.

14. 그는 나에 대하여 좋은 것들이 아니라 나쁜 것들을 말하고 있다.

15. 그러나 주님이 말씀하고 계신다. "보라, 내가 처음 일들처럼 마지막 일들을 행하고 있다."

16. 그러므로 만일 다윗이 그분에게 주님이라고 부르고 있다면, 어떻게 그분이 그의 자손이 되는가?

17. 나를 사랑하지 않는 자는 내 말들을 지키지 않는다. 그리고 너희가 듣고 있는 그 말씀은 나의 것이 아니라 아버지의 것이다.

18. 그리고 시몬과 그와 함께 있는 자들이 그분을 열심히 찾았다. 그리고 그들은 그분을 찾았고 그분께 말한다. "모두가 당신을 찾고 있습니다."

19. 제자들이 그분께 말하고 있었다. "어찌하여 당신께서는 그들에게 비유들로 말씀하고 계십니까?"

20. 종은 그의 주인이 무엇을 하고 있는지 알지 못한다.

18 현재 중간태/수동태 직설법

분해

변화형	시제/태/법	인칭/격/수/성	기본형	번역
1. ἀκούεται	현중수직	3단	ἀκούω	그/그녀/그것이 들린다
2. λύεσθε	현중수직	2복	λύω	너희가 풀린다
3. ἔρχομαι	현디직	1단	ἔρχομαι	내가 가고 있다
4. ἀποκρίνεται	현디직	3단	ἀποκρίνομαι	그/그녀/그것이 대답한다
5. πορεύονται	현디직	3복	πορεύομαι	그들/그녀들/그것들이 가고 있다
6. ἔρχεσθε	현디직	2복	ἔρχομαι	너희가 가고 있다
7. ἀποκρίνῃ	현디직	2단	ἀποκρίνομαι	네가 대답하고 있다
8. συνάγει	현능직	3단	συνάγω	그/그녀/그것이 모은다
9. ἀγαπώμεθα	현중수직	1복	ἀγαπάω	우리가 사랑받는다
10. δύνανται	현디직	3복	δύναμαι	그들/그녀들/그것들이 할 수 있다

복습

α. 무리가 그에게 모이고 있다.

β. 그는 집으로 들어가고 있다.

γ. 그것은 베들레헴이라 불린다.

δ. 그들이 그에게 말하고 있다. "우리는 가고 있다."

ε. 그러나 예수께서 그들에게 대답하고 계신다.

ζ. 그들은 예수께로 가고 있다.

η. 그리고 너희는 그 장소로 가고 있다.

번역

1. 그리고 사도들이 예수께로 모이고 있다.

2. 그들이 그분께 말하고 있다. "우리가 할 수 있습니다."

3. 그러고 나서 예수께서 그들과 함께 오고 계신다.

4. 내가 있는 곳에 너희가 올 수 없다.

5. 내가 너희를 위하여 장소를 예비하러 간다.

6. 이제 나는 당신께 가고 있습니다. 그리고 나는 세상에서 이것들을 말하고 있습니다.

7. 왜냐하면 그리스도가 갈릴리에서 나오지 않을 것이기 때문이다, 그렇지?[46]

8. 예수께서 그들에게 말씀하고 계신다. "너희는 내가 이것을 할 수 있다고 믿느냐?" 그들이 그분께 말한다. "예."

9. 나도 권위 아래 있는 사람이기 때문에, 그래서 내가 이 사람에게 말합니다. "너는 가라!", 그러면 그가 가고, 다른 사람에게 "너는 오라!", 그러면 그가 옵니다. 그리고 내 종에게 "너는 이것을 하라!", 그러면 그가 합니다.

10. 그리고 주님의 천사가 그녀에게 말했다. "하갈아, 네가 어디서 와서 어디로 가느냐?" 그러자 그녀가 말했다. "나는 여주인 사라의 앞에서(얼굴에서) (옵니다)."

---

46 이 헬라어 의문문은 μή로 시작하기 때문에 부정의 대답을 기대한다. "No, the Christ is not coming from Galilee(그렇다, 그리스도는 갈릴리에서 나오지 않는다)." 의문문 끝에 "right?"를 덧붙이는 것은 이러한 기대를 영어로 전달하는 한 가지 방법이 된다.

심화

11. 우리는 집으로 들어가고 있다. 왜냐하면 우리는 예수께서 거기에 (있는) 무리들에게 말씀하고 계신다는 것을 알기 때문이다.

12. 그러나 예수께서 그 악한 자들에게 그분은 믿는 자들에게(믿는 자들에 의하여) 사랑받고 있다고 대답하고 계신다.

13. 그리고 그 전령들이 그 장소로 가서 그 무리의 귀들에 그 말들을 말하고 있다.

14. 말씀들이 없었다. 그것들의 소리들이 들리지 않고 있기 때문이다.

15. 한 세대가 가고 한 세대가 온다. 그런데 땅은 영원히 있다(서 있다).

16. 왜냐하면 마음으로 믿게 되어 의에 (이르고), 입으로 고백 되어 구원에 (이르기) 때문이다.

17. 그리고 그 늙은 사람이 말했다. "당신은 어디로 가며 어디서 오는가?"

18. 어찌하여 이 사람이 이렇게 말하고 있는가? 그가 신성모독하고 있다! 오직 한 분 하나님 외에 누가 죄들을 용서할 수 있는가?

19. 사탄의 일들이 (사람들에 의해) 믿어진다. 그런데 그의 악한 생명이 예수님에 의해 세상에 풀리고 있다.

20. 나다나엘이 그에게 말했다. "나사렛에서 무슨 선한 것이 나올 수 있는가?"

21 미완료과거 직설법

분해

변화형	시제/태/법	인칭/격/수/성	기본형	번역
1. ἐπίστευες	미과능직	2단	πιστεύω	너는 믿고 있었다
2. ἠκούετε	미과능직	2복	ἀκούω	너희는 듣고 있었다
3. ἠκολουθοῦμεν	미과능직	1복	ἀκολουθέω	우리는 따르고 있었다
4. ἤρχετο	미과디직	3단	ἔρχομαι	그/그녀/그것은 가고 있었다
5. ἐπορεύοντο	미과디직	3복	πορεύομαι	그들은 가고 있었다
6. ἐπληροῦ	미과중수직	2단	πληρόω	너는 채워지고 있었다
7. ἐδιδάκσετε	미과능직	2복	διδάσκω	너희는 가르치고 있었다
8. ἐπορευόμην	미과디직	1단	πορεύομαι	나는 가고 있었다
9. περιεπάτει	미과능직	3단	περιπατέω	그/그녀/그것은 걷고 있었다
10. ἐπηρώτων	미과능직	1단	ἐπηρωτάω	나는 묻고 있었다
	미과능직	3복	ἐπηρωτάω	그들/그녀들/그것들은 묻고 있었다

복습

α. 우리가 그를 찾고 있었다.

β. 당신을 (그) 세상을 만들고 계셨다.

γ. 나는 그를 따르고 있었다/ 그들은 그를 따르고 있었다.

δ. 바리새인들이 그를 지켜보고 있었다.

ε. 그리고 나는 메소포타미아에서 오고 있었다.

ζ. 그들이 가며 말하고 있었다.

η. 하나님의 율법들은 예수님에 의하여 행해지고 있었다.

번역

1. 그분은 그들의 회당들에서 가르치고 계셨다.

2. 그는 그가 원했던 대로 행하고 있었다.

3. 그 사람은 신의 아들(또는 신의 그 아들/하나님의 아들/하나님의 그 아들)[47]이었다.

4. 그분은 많은 비유들로 그들이 들을 수 있는 대로 그들에게 그 말씀을 말씀하고 계셨다.

5. 그리고 그녀는 그녀의 마음으로 말하고 있었다.… 그리고 그녀의 목소리는 들리고 있지 않았다.

6. 베드로는 감옥에 갇혀 있었다.

7. 그런데 예수께서는 마르다와 그녀의 자매와 나사로를 사랑하고 계셨다.

8. 그 열두 명과 함께 그분 주위에 있는 이들이 그분께 그 비유들을 묻고 있었다.

9. 예수께서 그들에게 말씀하고 계신다. "너희가 만일 아브라함의 자녀들이라면, 아브라함의 행위들을 하고 있었을 것이다."

10. 그리고 이 일들 후에 예수께서는 갈릴리에서 걷고 계셨다. 왜냐하면 유대인들이 그분을 죽이려고 찾고 있었기 때문에, 그분은 유대에서 걷는 것을 원하지 않으셨기 때문이다.

---

47 관사가 없고, 화자는 지진과 어둠을, 예수께서 십자가에서 어떻게 행동하셨는지를 방금 목격한 로마 군인이기 때문에, 이러한 문법적 가능성 중에서 몇 가지를 따져볼 수 있다.

심화

11. 예수의 날들에 악한 사람들은 귀신들을 따르고 있었다. 그러나 선한 사람들은 주님을 (따르고 있었다).

12. 그러나 그 천사들(또는 전령들)은 그 사도의 (말을) 듣고 있었다. 왜냐하면 그가 회당에서 바리새인들을 가르치고 있었기 때문이다.

13. 그리고 그들은 말하고 있었다. "그 땅이 좋다."

14. 레위인들은 주님의 율법을 가르치고 있었다.

15. 그 무리가 그분께 오고 있었다. 그리고 그분은 그들을 가르치고 계셨다.

16. 그리고 너희는 다른 신들을 따르고 있었다(다른 신들 뒤에 가고 있었다).

17. 내가 어린아이였을 때, 나는 어린아이처럼 말하고 있었다.

18. 그가 그에게 물어보고 있었고 그에게 말한다. "네가 찬양을 받으실 분의 아들 그리스도냐?"

19. 사랑하는 자들아, 내가 너희에게 새로운 계명이 아니라 너희가 처음부터 가지고 있던 옛 계명을 쓰고 있다.

20. 그리고 그는 안식일들에 곧 회당으로 들어가신 후에, 가르치기 시작하셨다.[48]

---

48 "시작했다"라는 문구를 첨가하여 미완료과거형을 "기동적 미완료"(inceptive imperfective)로 해석한 것이다. 이것은 중급 헬라어 수업에서 배우게 될 내용의 한 예일뿐이다(Wallace, 544-545쪽)!

문법

1. 다음 세 가지 시상의 차이를 명확하게 구분하여 정의하라.

   a. 동사의 행동을 진행 중인 과정으로 묘사한다. 예를 들어, "자동차 속력이 느려지고 있었다."

   b. 동사의 행동을 과정인지 아닌지에 대한 설명 없이 단순한 사건으로 묘사한다. 완료적 시상은 동사의 행동에 대해 최소한의 정보만 제공한다. 예를 들어, "자동차 속력이 느려졌다."

   c. 한 시점에서 일어나는 동사의 행동을 묘사한다. 예를 들어, "자동차가 벽돌 벽에 부딪혔다." 즉각적/순간적 시상은 미완료적 시상과 정반대이다. 이 시상은 헬라어 문법이 아닌 영문법의 범주이다.

2. λύω의 현재 능동태와 수동태의 열두 가지 형태를 쓰라.

능동태			
1인칭 단수	λύω	1인칭 복수	λύομεν
2인칭 단수	λύεις	2인칭 복수	λύετε
3인칭 단수	λύει	3인칭 복수	λύουσι(ν)
수동태			
1인칭 단수	λύομαι	1인칭 복수	λυόμεθα
2인칭 단수	λύῃ	2인칭 복수	λύεσθε
3인칭 단수	λύεται	3인칭 복수	λύονται

3. 동사 마스터 차트를 채우라.

시제	시상 접두 모음/어간 중복	시제 어간	시제 형태소	연결 모음	인칭 어미	1인칭 단수 변화형
현재 능동		현재		ο / ε	제1능동	λύω
현재 중간/수동		현재		ο / ε	제1중간/수동	λύομαι
미래 능동		미래 능동	σ	ο / ε	제1능동	λύσω
유음 미래 능동		미래 능동	εσ	ο / ε	제1능동	μενῶ
미래 중간		미래 능동	σ	ο / ε	제1중간/수동	πορεύσομαι

4. 축약 법칙의 "다섯 가지 핵심 법칙"은 무엇인가?

   a. ε+ο, ο+ε, ο+ο은 ου로 축약된다.

   b. ε+ε는 ει로 단축된다.

   c. ο/ω가 다른 모음과 만나면 ω로 축약된다(단, 축약 법칙 1은 제외).

   d. α+ε는 α로 축약된다.

   e. ε+α는 η로 축약된다.

5. 어떤 모음들이 아래의 축약형을 만드는가?

   a. ει ← ε+ε

   b. ει ← ε+ει

   c. α ← α+ε (또는 α+α, α+η)

   d. ου ← ο+ο

   e. ου ← ο+ε

f. ου ← ε+ο

g. ω ← α+ω (또는 α+ο, ε+ω, ο+ω, ω+α, ο+α, ω+ε, ω+ο)

6. 영어의 "먹다"(eat)라는 동사를 다음 시제로 만들면 어떻게 되는가?

   a. 먹고 있다(is eating).

   b. 먹힌다(is eaten).

7. "디포넌트" 동사를 정의하고, 예를 하나 들어 보라.

   • 디포넌트 동사란 형태는 중간태 또는 수동태이지만 의미는 능동인 동사를 말한다.

   • 예를 들어, ἔρχομαι는 중간태/수동태 인칭 어미 μαι를 사용하기 때문에, 형태는 중간태 또는 수동태이지만 의미는 능동태처럼 "내가 온다"로 번역한다.

8. 제1시제와 제2시제의 어미는 각각 언제 사용되는가?

   a. 제1시제 어미는 절대 시간[49]의 개념이 없는 모든 정동사[50]에 사용된다. 지금까지 배운 시제 중 현재시제, 미래시제, 완료시제에 사용된다.

   b. 제2시제 어미는 절대 시간의 개념이 있는 모든 동사에 사용된다. 직설법 미완료과거시제, 부정과거시제에 사용된다.[51]

9. 시상 접두 모음의 세 가지 기본 법칙은 무엇인가?

   a. 동사가 하나의 자음으로 시작하면, 시상 접두 모음은 ε이 되고 항상 연한 숨표와 함께 온다(예: λυ → ἐλυ).

   b. 동사가 모음으로 시작하면, 시상 접두 모음은 그 모음을 장음화한다. α와 ε은 η로 길어지고(예: ἐρχ → ἠρχ), ο은 ω로 길어진다(예: ὁμο → ὠμο). 다른 모음은 변하지 않는다.

   c. 동사가 이중모음으로 시작하면, 이중모음의 첫 모음이 길어진다(예: αἰτ → ᾐτ). 그러나 일부 이중모음에는 시상 접두 모음이 전혀 붙지 않는 경우도 있다.

분해

변화형	시제/태/법	인칭/격/수/성	기본형	번역
1. ἀκούετε	현능직	2복	ἀκούω	너희는 듣고 있다
2. ἤθελεν	미과능직	3단	θέλω	그/그녀/그것은 원하고 있었다
3. πορεύεται	현디직	3단	πορεύομαι	그/그녀/그것은 가고 있다
4. ἀγαθαί	–	주.복.여.	ἀγαθός	선한 여자들은
5. πιστεύει	현능직	3단	πιστεύω	그/그녀/그것은 믿고 있다
6. εἶχεν	미과능직	3단	ἔχω	그/그녀/그것은 가지고 있었다
7. τηροῦμαι	현중수직	1단	τηρέω	나는 나 자신을 위하여 지키고 있다/나는 지켜지고 있다
8. ἐδίδασκεν	미과능직	3단	διδάσκω	그/그녀/그것은 가르치고 있었다
9. ἠρώτουν	미과능직	1단/3복	ἐρωτάω	나는 묻고 있었다/그들은 묻고 있었다
10. ἀγαπῶμεν	현능직	1복	ἀγαπάω	우리는 사랑하고 있다
	현능가	1복		우리가 사랑하자
11. ἐδύνατο	미과디직	3단	δύναμαι	그/그녀/그것은 할 수 있었다
12. λαλῶ	현능직	1단	λαλέω	나는 말하고 있다
13. περιπατοῦμεν	현능직	1복	περιπατέω	우리는 걸어 다니고 있다
14. πληροῖ	현능직	3단	πληρόω	그/그녀/그것은 채워지고 있다
15. ἤρχοντο	미과디직	3복	ἔρχομαι	그들/그녀들/그것들은 가고 있었다

1:5 그리고 이것이 우리가 그에게서 듣고 너희에게 선포하는 소식이니, 하나님은 빛이시고 그분 안에는 어둠이 전혀 없다. **6** 만일 우리가 그와 (함께) 교제가 있다고 말하며, 어둠 가운데 걷고 있다면, 우리는 거짓말하며 진리를 행하지 않는 것이다. **7** 그러나 만일 그분이 빛 가운데 계시는 것처럼 우리가 빛 가운데 걷는다면, 우리는 서로 교제가 있고, 그분의 아들 예수의 피가 우리를 모든 죄악들에서 깨끗하게 하신다. **8** 만일 우리가 죄가 없다고 (우리가) 말한다면, 우리가 스스로를 속이고 진리가 우리 안에 없는 것이다.

9 만일 우리가 우리의 죄악들을 고백한다면, 그분은 신실하고 의로우셔서 우리에게 (있는) 죄악들을 용서하시고 모든 불의에서 우리를 깨끗하게 하실 것이다. **10** 만일 우리가 죄를 짓지 않았다고 말한다면, 그를 거짓말쟁이로 만드는 것이고 그의 말씀이 우리 안에 없는 것이다.

2:1 내 자녀들아, 너희가 죄를 짓지 않도록 내가 이것들을 쓴다. 만일 누가 죄를 지으면, 우리는 아버지께 대한 중보자, 의로우신 예수 그리스도가 있다. **2** 그리고 그분은 우리의 죄들을 위한 화목제물이신데, 우리뿐만 아니라, 온 세상을 위한 것이다.

3 그리고 우리가 그분의 계명들을 지킨다면, 이로써 우리가 그를 알고 있다는 것을 우리가 안다. **4** 내가 그분을 알고 있다고 말하면서 그분의 계명을 지키지 않는 자는, 거짓말쟁이이며 이 사람 안에 진리가 없는 것이다. **5** 그러나 누구든지 그분의 말씀을 지키고 있다면, 진실로 이 사람 안에 하나님의 사랑이 온전하게 되었고, 이로써 우리가 그의 안에 있는 것을 안다.

49 심화학습: 명령법과 기원법도 제1시제 어미를 사용하지 않는다. 명령법(33장)은 인칭 어미가 따로 있다. 기원법(35장)은 제2시제 인칭 어미를 사용한다.

50 "정동사"라고 말함으로써 분사와 부정사를 제외하고 있다.

51 심화학습: 절대 시간의 개념이 있는 과거완료시제(25장 심화학습)도 제2시제 어미를 사용한다. 또한 기원법(35장 심화학습)은 어떤 시제에서도 절대 시간의 개념이 없음에도, 모든 시제에서 제2시제 어미를 사용한다.

10 3변화 명사

다음 격어미 마스터 차트를 채우라.

	1, 2변화			3변화	
	남성	여성	중성	남성/여성	중성
주격 단수	ς	–	ν	ς	–
속격 단수	υ	ς	υ	ος	ος
여격 단수	ι	ι	ι	ι	ι
대격 단수	ν	ν	ν	α / ν	–
주격 복수	ι	ι	α	ες	α
속격 복수	ων	ων	ων	ων	ων
여격 복수	ις	ις	ις	σι(ν)	σι(ν)
대격 복수	υς	ς	α	ας	α

분해

변화형	격	수	성	기본형	번역
1. σαρκ • ί	여격	단수	여성	σάρξ	육체에
2. πάσα • ς	대격	복수	여성	πᾶς	모든 여자들을
3. σῶμα • –	주격/대격	단수	중성	σῶμα	몸(을)
4. σαρξ • ί	여격	복수	여성	σάρξ	육체에
5. πνεύματ • α	주격/대격	복수	중성	πνεύμα	영들(을)
6. ἕν • α	대격	단수	남성	εἷς	하나를
7. πᾶσ • ιν	여격	복수	남성/중성	πᾶς	모두에게/모든 것들에게
8. σάρκ • ες	주격	복수	여성	σάρξ	육체들
9. τίν • ας	대격	복수	남성/여성	τίς	누구
10. οὐδέν • α	대격	단수	남성	οὐδείς	아무도 ~아닌

복습

α. 모두 그에게 가고 있다.

β. 내 이름 때문에

γ. 인자(사람의 아들)의 살을

δ. 선지자의 이름으로

ε. 내가 모두에 대하여 말하고 있지 않다.

ζ. 그들 중의 몇 사람

η. 너는 아무것도 답하지 않느냐? 이들이 무엇을 말하고 있느냐?

번역

1. 그런데 나는 모든 것들을 복음 때문에 하고 있다.

2. 그는 그의 몸인 성전에 대하여 말하고 있었다.

3. 영은 살과 뼈들이 없다.

4. 육에서 난 것은 육이고 영에서 난 것은 영이다.

5. 그분은 자신의 육신의 몸으로 죽음을 통하여 화목하게 하셨다.

6. 어찌하여 너희가 나를 선하다고 하느냐? 하나님 한 분 외에는 아무도 선하지 않다.

7. 만일 하나님의 영이 너희 안에 거하시면, 너희는 육신 안에 있는 것이 아니라 영 안에 있는 것이다. 그러나 만일 누구든지 그리스도의 영이 없으면, 이 사람은 그분의 사람이 아니다.

8. 그러므로 바리새인들 중의 몇 사람이 말하고 있다. "이 사람은 하나님으로부터 온 것이 아니다. 왜냐하면 안식일을 지키고 있지 않기 때문이다."

9. 사랑하는 자들아, 모든 영을 다 믿지 말고 그 영들이 하나님에게서 나왔는지 너희가 분별하라. 이것으로 너희가 하나님의 영을 안다. 예수 그리스도께서 육신으로 오셨다고 고백하는 모든 영과 예수께서 하나님에게서 나시지 않았다고 고백하지 않는 모든 영은 하나님에게서 왔다. 그리고 이것은 적그리스도에 속한 영이다. 너희는 그 영에 대하여 그 영이 오고 있다고 들었는데, 그 영은 지금 이미 세상에 있다.

10. 나는 당신이 누구인지 압니다. 하나님의 거룩한 자입니다.

심화

11. 모든 믿는 자들은 하나님의 아들의 죽음 때문에 주님과 함께 걷고 있다.

12. 그러나 하나님께서 성도들의 이름들을 아시고 그분의 사랑하는 자들을 그리스도의 나라로 부르신다.

13. 왜냐하면 방언을 말하는 자는 사람들에게 말하는 것이 아니라 하나님께 말하는 것이기 때문이다. 아무도 듣지 못하기 때문에, 그래서 그가 영으로 신비들을 말한다.

14. 이제 이것은 내 살에서 나온 살이다.

15. 나와 아버지는 하나이다.

16. 우리는 당신이 모든 것을 아신다는 것을 안다.

17. 나는 모든 사람들에게 모든 것들이 되었다.

18. 예수께서 그에게 말씀하고 계신다. "나는 길이요 진리요 생명이다. 나를 통하지 않으면 아무도 아버지께로 오지 못한다."

19. 나는 너희를 더 이상 종들이라고 부르지 않고 있다. 왜냐하면 종은 그의 주인이 무엇을 하고 있는지 알지 못하기 때문이다.

20. 빌라도가 그에게 말한다. "진리가 무엇이냐?" 그리고 그는 그들에게 말한다. "나는 그에게서 아무 죄도 찾지 못한다."

11 1, 2인칭 대명사

· 연습문제 ·

분해

변화형	격	수	성	기본형	번역
1. σοι	여격	단수	-	σύ	너에게
2. ἡμῶν	속격	복수	-	ἐγώ	우리의
3. ὑμεῖς	주격	복수	-	σύ	너희
4. ἐλπίδα	대격	단수	여성	ἐλπίς	소망을
5. σε	대격	단수	-	σύ	너를
6. χάριτας	대격	복수	여성	χάρις	은혜들을
7. ἡμᾶς	대격	복수	-	ἐγώ	우리를
8. πίστεως	속격	단수	여성	πίστις	믿음의
9. ὑμῖν	여격	복수	-	σύ	너희에게
10. πατρός	속격	단수	남성	πατήρ	아버지의

복습

α. 나는 너희를 알지 못한다.

β. 당신이 내게로 오고 계십니까?

γ. 너희는 믿음이 있느냐?

δ. 내 아버지의 이름으로

ε. 왜냐하면 우리는 믿음을 통하여 걷고 있기 때문이다.

ζ. 너희는 세상의 빛이다.

η. 너는 아무것도 대답하지 않고 있느냐?

번역

1. 도마가 대답하여 그분께 말했다. "나의 주님이시자 나의 하나님!"

2. 우리 구주 하나님과 우리의 소망 그리스도 예수의 명령을 따라 그리스도 예수의 사도가 된 바울.

3. 바울과 실루아노와 디모데가 데살로니가인들의 교회에 우리 아버지 하나님과 주 예수 그리스도 안에서 문안한다.

4. 그러나 내가 너희에게 말하고 있다. 즉 솔로몬조차도 그의 모든 영광으로 이것들 중의 하나만큼 입지 못했다.

5. 너희가 주 안에서 나의 행위가 아니냐?

6. 너희는 하늘들에 계신 너희 아버지 앞에서 보상이 없다.

7. 그러므로 믿음에 의하여 의롭게 된 후에, 우리는 우리 주 예수 그리스도를 통하여 하나님과 (함께) 평화가 있다.

8. "너희는 너희 아버지의 일들을 하고 있다." 그다음에 그들이 그에게 말했다. "우리는 하나님을 한 아버지로 가지고 있다."

9. 그리고 내가, 나의 의 곧 율법에서 난 의를 가지면서가 아니라 그리스도를 통하여 난 의, 곧 믿음에 근거하여 하나님으로부터 난 의를 가지면서, 그분 안에서 발견되기를 원한다.

10. "보소서, 당신의 어머니와 당신의 형제들과 당신의 자매들이 밖에서 당신을 찾고 있습니다." 그러자 그분은 그들에게 대답하여 말씀하신다. "누가 내 어머니요 내 형제들인가? 보라, 내 어머니요 내 형제들이다. 누구든지 하나님의 뜻을 행하는 자, 이 사람이 내 형제요 자매요 어머니이다."

심화

11. 왜냐하면 우리 아버지와 우리 어머니가 우리를 사랑하시기 때문에, 우리는 우리 마음들 가운데서 기쁨을 발견할 수 있다.

12. 그 남자들은 낮에는 일하는 장소들로 가고 밤에는 그들의 집들로 간다.

13. 너는 네 아버지와 네 어머니를 공경하라.

14. 나에게 "주여, 주여" 말하는 자마다 다 하늘들의 나라에 들어갈 것이 아니라, 하늘들에 계신 내 아버지의 뜻을 행하는 자만 들어갈 것이다.

15. 왜냐하면 한 분만 너희의 선생이시고, 너희 모두는 형제들이기 때문이다.

16. 예수께서 그들에게 대답하셨다. "내가 너희에게 말했는데, 너희가 믿지 않는다. 내가 내 아버지의 이름으로 행한 그 일들, 이것들이 나에 대하여 증거한다. 그러나 너희는 믿지 않는다. 왜냐하면 너희는 내 양들이 아니기 때문이다."

17. 나는 내 하나님께 감사하고 있다. 왜냐하면 네가 주 예수를 향하여, 그리고 모든 성도들에 대하여 가지고 있는 너의 사랑과 믿음을 내가 들었기 때문이다.

18. 내 아버지에 의하여 모든 것들이 내게 주어졌다. 그리고 아버지 외에는 아무도 아들을 알지 못하고, 아들 외에는 아무도 아버지를 알지 못한다.

19. 그리고 그분이 그에게 묻고 계셨다. "네 이름이 무엇이냐?" 그러자 그가 그분께 말하고 있었다. "내 이름은 레기온이다. 왜냐하면 우리가 많기 때문이다."

20. 왜냐하면 네가 다섯 남편들을 가지고 있었고 지금 네가 가지고 있는 자도 네 남편이 아니기 때문이다.

영어를 헬라어로

1. μοι, ἐμοί

2. ἡμῶν

3. ἡμᾶς

4. σύ, σε, σέ, ὑμεῖς, ὑμᾶς

5. μου, ἐμοῦ

6. ὑμῖν

7. ἐγώ

8. σου, σοῦ, ὑμῶν

9. ἡμεῖς

10. ὑμεῖς, ὑμᾶς

12 αὐτός

분해

변화형	격	수	성	기본형	번역
1. αὐτό	주격/대격	단수	중성	αὐτός	그것(을), 동일한, 그 자체
2. αὐτοῦ	속격	단수	남성/중성	αὐτός	그 자신의, 그 자체의
3. σοι	여격	단수	-	σύ	너에게
4. αὐτήν	대격	단수	여성	αὐτός	그녀를, 동일한
5. ἐμοῦ (2x)	속격	단수	-	ἐγώ	나의
	속격	단수	남성/중성	ἐμός	나의 (소유형용사)
6. αὐτῷ	여격	단수	남성/중성	αὐτός	그/그것에게, 동일한
7. ἡμῖν	여격	복수	없음	ἐγώ	우리에게
8. θανάτου	속격	단수	남성	θάνατος	죽음의
9. αὐτῆς	속격	단수	여성	αὐτός	그녀의, 동일한
10. ὑμῶν	속격	복수	-	σύ	너희의

복습

α. 그는 엘리야이다.

β. 그런데 나는 그녀를 안다.

γ. 그리고 그분은 그들에게 물으셨다.

δ. 그 동일한 육체

ε. 그 시간 자체에

ζ. 그들의 선생은 그의 제자이다.

η. [52]다윗이 친히 성령으로 말했다. / 그 동일한 다윗이 성령으로 말했다.

번역

1. 그리고 그들은 즉시 그분께 그녀에 대하여 말한다.

2. 그리고 그는 그들에게 말하고 있었다. "너희는 누구를(또는 무엇을) 찾고 있느냐?"

3. 그리고 왜냐하면 너희가 그것을 모든 형제들에게 행하고 있었기 때문이다.

4. 제자가 그 선생보다 위에 있지 않으며, 종이 그 주인보다 위에 있지 않다.

5. 모든 육체가 동일한 육체가 아니다.

6. 그러므로 그들이 다시 그 맹인에게 말하고 있었다. "왜냐하면 그가 너의 눈들을 열었기 때문인데, 너는 그에 대하여 무엇이라 말하는가?" 그러자 그는 그분은 예언자이시라고 말했다.

7. 성령이 친히 우리 영과 함께 우리가 하나님의 자녀들이라는 것을 증언하신다.

8. 왜냐하면 그들의 조상들이 동일한 일들을 예언자들에게 행하고 있었기 때문이다.

9. 그러나 예수께서는 친히 자신을 그들에게 의탁하지 않으셨다.

10. 그리고 많은 사람들이 그에게 왔다. 그리고 그들이 요한은 아무 표적도 행하지 않았지만, 요한이 이분에 대하여 말한 것은 다 사실이었다고 말하고 있었다.

---

52 관사가 없기 때문에 둘 다 가능하다. αὐτός가 주격으로 나온다는 점 때문에 "친히"가 될 가능성이 더 높지만, 최종적으로는 문맥에 따라 그 둘 중 하나로 결정하면 된다.

심화

11. 좋은 선생이 그 동일한 제자들에게 그들은 그들의 일을 하는 것이 필요하다고 대답한다.

12. 만일 내가 왕의 몸에 있는 옷들을 보지 못한다면, 내가 악한 것인가?

13. 그런데 아브람은 이집트에서 광야로 올라갔다. 그와 그의 아내와 그에게 속한 모든 것들과 롯이 그와 함께 있었다.

14. 그들은 그들이 살아 있는 모든 날들 동안(그들의 생명의 모든 날들 동안) 그 동일한 생각에 머물러 있었다.

15. 그가 나에게, "그녀는 나의 누이요"라고 말했고, 그녀는 나에게, "그는 내 오빠(형제)입니다"라고 말하지 않았습니까?

16. 예수 그리스도는 어제도 오늘도 영원토록 동일한 분이시다.

17. 그런데 형제들아, 너희가 모두 같은 것을 말하라고, 내가 우리 주 예수 그리스도의 이름으로 너희를 권한다.

18. 그리고 은사들의 다양함이 있지만, 동일한 성령이시다. 그리고 섬김들(섬기는 일들)의 다양함이 있지만, 또한 동일한 주님이시다. 그리고 일들(일의 결과들)의 다양함이 있지만, 모든 사람 안에서 모든 일을 행하시는 분은 동일한 하나님이시다.

19. 그분은 법령으로 된 계명들의 율법을 폐하셨으니, 이 둘로 그분 안에서 하나의 새 사람을 지어 그 결과로 평화를 이루시기 위함이다.

20. 그리고 우리 주 예수 그리스도와 우리를 사랑하시고 영원한 위로와 선한 소망을 주신 하나님 우리 아버지께서 너희 마음들을 위로하시고 모든 선한 일과 말에 굳세게 하시기를 원한다.

영어를 헬라어로

1. αὐτόν

2. αὐτοῦ

3. αὐτοῖς, αὐταῖς

4. αὐτῶν

5. αὐτῆς

6. αὐτοῦ

7. αὐτῷ

8. αὐτή

9. αὐτοί, αὐταί, αὐτά

10. αὐτός

13 지시대명사/지시형용사(οὖτος, ἐκεῖνος)

• 연습문제 •

분해

변화형	격	수	성	기본형	번역
1. τούτων	속격	복수	공성	οὖτος	이들의
2. αὐτή	주격	단수	여성	αὐτός	그녀, 동일한, 그녀 자신
3. με	대격	단수	–	ἐγώ	나를
4. ἐκείνας	대격	복수	여성	ἐκεῖνος	그들을
5. ἑνί	여격	단수	남성/중성	εἷς	한 남자에게/하나에
6. ταῦτα	주격/대격	복수	중성	οὖτος	이것들(을)
7. ἐκεῖνο	주격/대격	단수	중성	ἐκεῖνος	저것(을)
8. αὕτη	주격	단수	여성	οὖτος	이 여자
9. τούτου	속격	단수	남성/중성	οὖτος	이 남자의/이것의
10. ἡμᾶς	대격	복수	–	ἐγώ	우리를

복습

α. 나는 이 사람을 알지 못한다.

β. 너희가 이 비유를 알지 못하느냐?

γ. 그는 이 세상의 빛을 보고 있다.

δ. 이것이 내 계명이다.

ε. 그는 저 빛이 아니었다.

ζ. 사람들아, 어찌하여 이것들을 행하고 있느냐?

η. 그러나 저 날들에

번역

1. 이 사람은 신의 아들(또는 신의 그 아들/하나님의 아들/하나님의 그 아들)[53]이었다.

2. 이것은 가장 크고 첫째 되는 계명이다.

3. 만일 너희가 이것들을 알고 그것들을 행하면 복이 있을 것이다.

4. 그리고 열두 사도의 이름들은 이것들이다.

5. 너희는 이 세상으로부터 났지만, 나는 이 세상으로부터 나지 않았다.

6. 너희가 하나님으로부터 나지 않았기 때문에, 이 때문에 너희는 듣지 않는다.

7. 그리고 베드로가 말했다. "주님, 이 비유를 우리에게 말씀하시는 것입니까, 아니면 모든 이들에게도 말씀하시는 것입니까?"

8. 그들이 말했다. "너는 저 사람의 제자이지만, 우리는 모세의 제자들이다."

9. 이 사람은 하나님으로부터 온 것이 아니다. 왜냐하면 안식일을 지키지 않기 때문이다.

10. 그러나 저 날과 저 시간에 대해서는 아무도 알지 못한다. 하늘에 있는 천사들도 모르고, 아들도 모르고, 오직 아버지만 (아신다).

심화

11. 만일 우리가 주님을 사랑한다면, 우리는 이 계명들을 안식일들뿐 아니라 모든 날들에 지키고 있다.

53 관사가 없고, 화자는 지진과 어둠을, 예수께서 십자가에서 어떻게 행동하셨는지를 방금 목격한 로마 군인이기 때문에, 이러한 문법적 가능성 중에서 몇 가지를 따져볼 수 있다.

12. 저 사람들은 그들의 아내들을 큰 도시의 장터에서 찾고 있다.

13. 그리고 아담이 말했다. "이제 이것은 내 뼈들 중의 뼈이고, 내 살에서 나온 살이다. 이 여인은 여자라 불릴 것이다. 왜냐하면 그녀의 남편에게서 이 여인이 취해졌기 때문이다."

14. 그리고 아담은 그의 아내의 이름을 "생명"이라 불렀다. 왜냐하면 이 여인이 모든 산 자들의 어머니이기 때문이다.

15. 많은 여인들이 그녀들의 하나님의 은혜를 통하여 열심히 일했다.

16. 내 나라는 이 세상에서 온 것이 아니다.

17. 이 사람이 많은 표적들을 행하고 있기 때문인데, 우리는 무엇을 행하고 있는가?

18. 그러나 이제 나는 당신께 가고 있습니다. 그리고 나는 세상에서 이것들을 말하고 있습니다.

19. 그 여인이 그에게 말하고 있다. "주님, 저에게 이 물을 주소서!"

20. "'아버지여, 나를 이 시간에서 구원하소서?' 그러나 내가 이 때문에 이 시간으로 왔다. 아버지여, 당신의 이름을 영화롭게 하소서!" 그리고 예수께서 대답하여 말씀하셨다. "이 소리는 나를 위해서 온 것이 아니라, 너희를 위해서 온 것이다."

14 관계대명사

분해[54]

변화형	격	수	성	기본형	번역
1. ἅ	주격/대격	복수	중성	ὅς	~한 바, 한 일들
2. ᾧ	여격	단수	남성/중성	ὅς	~한 이에게, 것에게
3. οὗ	속격	단수	남성/중성	ὅς	~한 사람의/것의
4. ὅ	주격/대격	단수	중성	ὅς	한 것(이/을)
5. ἅς	대격	복수	여성	ὅς	~한 것들을(여자들을)
6. ἡ	주격	단수	여성	ὁ	그
7. ἧς	속격	단수	여성	ὅς	~한 이의/한 것의
8. ὧν	속격	복수	공성	ὅς	~한 이들의/한 것들의
9. ἐκείνους	대격	복수	남성	ἐκεῖνος	그들을
10. ἥν	대격	단수	여성	ὅς	그를/그것을/한 바를

복습

α. 내가 말하고 있는 말씀들

β. 그들은 예수께서 하신 그 말씀을 믿고 있었다.

γ. 시몬의 것이던 이 배들 중 하나

δ. 내가 가고 있는 이 길에서

ε. 세상은 받아들일 수 없는 진리의 영

ζ. 그리고 손들로 걷는 모든 것

η. 평화의 하나님이 너희와 함께 계신다.

번역

1. 그런데 어찌하여 너희는 나를 "주님, 주님" 부르고 있으면서 내가 말한 것들을 행하지 않고 있느냐?

2. 어찌하여 그들은 안식일들에 합당하지 않은 일을 하고 있느냐?

3. 그러자 그들이 말하고 있었다. "그의 아버지와 어머니를 우리가 아는데, 이 사람은 요셉의 아들 예수가 아니냐? 그가 지금 어찌하여 하늘에서 내려왔다고 말하고 있느냐?"

4. 그러나 너희 가운데 믿지 않고 있는 몇 사람이 있다.

5. 왜냐하면 누구든지 우리를 반대하지 않는 자는, 우리를 위하는 자들이기 때문이다.

6. 그러나 하나님의 은혜로 나는 내가 된다.

7. 그리고 헤롯이 말했다. "그런데 내가 그에 대하여 듣고 있는데 이 사람은 누구냐?"

8. 그리고 보라, 한 사람이 예루살렘에 있었는데, 그의 이름은 시므온이었다. 그리고 이 사람은 의로운 사람이었다.… 그리고 성령이 그 위에 있었다.

9. 요한은 아시아에 있는 일곱 교회들에게 문안한다. 그분의 보좌 앞에 있는 일곱 영들로부터 너희에게 은혜와 평화가 있기를.

10. 내가 아버지 안에 있고 아버지께서 내 안에 계신 것을 네가 믿지 않고 있느냐? 내가 너희에게 말하는 말들은 나 자신에게

---

54 이 단어들 중에 일부 단어는 숨표와 악센트를 바꾸면 다른 단어가 된다! 현존하는 가장 초기의 사본들에는 숨표와 악센트가 없기 때문에 성경 원본에도 존재하지 않았을 것이다. 고맙게도 일반적으로는 문맥이 숨표와 악센트가 없어도 어떤 단어를 의도했는지 명확하게 보여준다.

서 말하는 것이 아니라, 내 안에 거하시는 아버지께서 그분의 일들을 행하시는 것이다.

심화

11. 그 제자들은 누구든지 주님을 사랑하는 자는 영원한 생명을 가지고 있다고, 회당에 있는 모든 이들을 가르치고 있었다.

12. 왜냐하면 하나님께서 그를 믿고 있는 저 사람들에게 이루시는 평화와 의의 약속을 우리가 가지고 있기 때문이다.

13. 너희는 구원을 받으라, 사랑과 평화의 자녀들아! 영광과 모든 은혜의 주님이 너희 영혼과 함께 있기를.

14. 그래서 내가 대답했다. "주님, 당신은 누구십니까?" 그러자 그분이 나에게 말씀하셨다. "나는 네가 박해하고 있는 그 나사렛 사람 예수이다."

15. 그들이 죽이려고 하는 자가 이 사람이 아닌가?

16. 그리고 그는 몸인, 교회의 머리이시다. 그는 죽은 자들에게서 맨 먼저 나신, 처음이시다.

17. 그리고 이것이 그가 우리에게 약속하신 약속인데, 곧 영원한 생명이다.

18. 그런데 너희는 지금 (내가) 하나님께 들은 진리를 너희에게 말한 사람인 나를 죽이려고 하고 있다.

19. 그리고 베드로가 그 남자들에게 내려온 후에 말했다. "보라. 내가 너희가 찾고 있는 사람이다."

20. 아버지께서 죽은 자들을 일으키시고 살리신 것처럼, 이렇게 아들도 원하는 자들을 살리고 있다.

19 미래 능동태/중간태 직설법(패턴 1)

분해

동사의 시제 어간, 시제 형태소, 연결 모음, 인칭 어미는 글머리 기호(•)로 구분한다. 글머리 기호에 문자가 결합되는 경우에는 글머리 기호 뒤에 결과를 넣는다.

변화형	시제/태/법	인칭/격/수/성	기본형	번역
1. λύ • σ • ε • ι	미능직	3단	λύω	그/그녀/그것이 풀릴 것이다
2. ἀκού • σ • ε • ις	미능직	2단	ἀκούω	네가 들을 것이다
3. γεννή • σ • ο • μεν	미능직	1복	γεννάω	우리가 낳을 것이다
4. ζή • σ • ο • υσι	미능직	3복	ζάω	그들/그녀들/그것들이 살 것이다
5. πορεύ • σ • ε • ται	미디직	3단	πορεύομαι	그/그녀/그것이 갈 것이다
6. βλέ • ψ • ε • ις	미능직	2단	βλέπω	네가 볼 것이다
7. ἕ • ξ • ε • τε	미능직	2복	ἔχω	너희가 가질 것이다
8. καλέ • σ • ο • μεν	미능직	1복	καλέω	우리가 부를 것이다
9. ὅλους	-	대.복.남.	ὅλος	전체를
10. συνά • ξ • ο • υσιν	미능직	3복	συνάγω	그들/그녀들/그것들이 함께 모일 것이다

복습

α. 모두 그를 믿을 것이다.

β. 그가 그 자신에 관하여 말할 것이다.

γ. 내가 내 열매들을 모을 것이다.

δ. 그가 생명의 빛을 가질 것이다.

ε. 그들이 나와 함께 갈 것이다.

ζ. 너희는 볼 것이고, 그는 말하지 않을 것이다.

η. 네가 가이사랴로 갈 것이다.

번역

1. 너는 주 너의 하나님을 예배하라!

2. 그는 이스라엘의 왕이다. 이제 그가 십자가에서 내려오게 하라! 그러면 우리가 그를 믿을 것이다.

3. 너의 아내 엘리사벳이 너의(너에게) 아들을 낳을 것이다. 그리고 네가 그의 이름을 요한이라 부를 것이다.

4. 그리고 나의 하나님께서 그분의 부요하심을 따라 그리스도 예수 안에 있는 영광으로 너희의 모든 필요를 채우실 것이다.

5. 내가 진실로 진실로 너희에게 말한다. "때가 오고 있으니, 지금이 그때이다. 죽은 자들이 하나님의 아들의 음성을 들을 것이며, 그 들은 자들이 살아날 것이다."

6. 그리고 너희가 내 이름 때문에 모든 이들에게 미움을 받을 것이다.

7. 내가 진실로 진실로 너희에게 말한다. 나를 믿는 자는 내가 행하고 있는 일들을 저도 행할 것이며, 이것들보다 더 큰 것들을 행할 것이다. 왜냐하면 내가 아버지께로 가기 때문이다.

8. 너희는 너희가 알지 못하는 것을 예배하고 있다. 우리는 우리가 아는 것을 예배하고 있다. 왜냐하면 구원은 유대인들에게서 나기 때문이다. 그러나 때가 오고 있으니, 지금이 그때이다. 참된 예배자들이 영과 진리로 아버지께 예배할 것이다.

9. 너희가 나를 찾을 것이다. 그리고 내가 유대인들에게 내가 가는 곳에 너희는 올 수 없다고 말한 것과 같이, 내가 너희에게 말하고 있다.

10. 너희는 들으라, 이스라엘아! 주 우리 하나님은 한 분 주님이시니, 너는 네 주 하나님을 네 온 마음과 네 온 목숨과 네 온 지

각과 네 온 힘을 다하여 사랑하라(또는 사랑할 것이다)!

심화

11. 그 유대인들은 갈릴리 바다에 모일 것이다. 예수께서 비유들을 말씀하실 것이기 때문이다.

12. 우리는 이스라엘의 나라로 갈 것이다. 그러나 우리는 하나님의 사랑의 복음을 들을 것이다.

13. 너희는 아들들과 딸들을 낳을 것이다. 그런데 그들은 너에게 없을 것이다.

14. 너는 그들의 신들을 예배하지도 말고, 그들의 행위들을 따라 행하지도 말라. / 너는 그들의 신들을 예배하지도 않을 것이며, 그들의 행위들을 따라 행하지도 않을 것이다.

15. 그리고 주님께서 아브라함에게 말씀하셨다. "너는 너의 땅에서 나와서 … 그리고 너는 네 아버지 집에서 나와서 내가 너에게 보여줄 땅으로 가라! 그러면 내가 너를 큰 민족으로 만들 것이며 너를 축복할 것이다.… 그리고 너는 복을 받을 것이다."

16. 그러므로 너희는 너희 하늘의 아버지께서 완전하심같이 완전하게 될 것이다. / 그러므로 너희는 너희 하늘의 아버지께서 완전하심같이 완전하게 되라!

17. 왜냐하면 하나님의 의가 그것 안에 믿음에서 믿음으로 계시되었기 때문이다. 기록된 것과 같이, "그러나 의인은 믿음으로부터 살 것이다."

18. 만일 너희가 나를 사랑하면, 내 계명들을 지킬 것이다.

19. 만일 누구든지 첫째가 되기를 원한다면, 모든 이들의 마지막이 되어야 할 것이다.

20. 내가 다윗을 찾아냈다. 이새의 아들이요 내 마음을 따르는 사람인데, 그가 나의 모든 뜻들을 행할 것이다.

20 동사 어근 (패턴 2-4)

분해

"다른 시제" 열에는 다른 시제의 변화형을 제공한다(미래시제 ↔ 현재시제).

변화형	다른 시제	시제/태/법	인칭/격/수/성	기본형	번역
1. ἀρεῖς	αἴρεις	미능직	2단	αἴρω	네가 들어올릴 것이다
2. ὄψεται	ὁρᾷ	미디직	3단	ὁράω	그/그녀/그것이 볼 것이다
3. ἐκβαλοῦμεν	ἐκβάλλομεν	미능직	1복	ἐκβάλλω	우리가 쫓아낼 것이다
4. ἐγεροῦσιν	ἐγείρουσι(ν)	현능직	3복	ἐγείρω	그들/그녀들/그것들이 들어올리고 있다
5. ἀποκτενεῖτε	ἀποκτείνετε	미능직	2복	ἀποκτείνω	너희가 죽일 것이다
6. σώσει	σῴζει	미능직	3단	σῴζω	그/그녀/그것이 구원할 것이다
7. ἀποστελεῖ	ἀποστέλλει	미능직	3단	ἀποστέλλω	그/그녀/그것이 보낼 것이다
8. βαπτίσεις	βαπτίζεις	미능직	2단	βαπτίζω	네가 세례를 줄 것이다
9. ποιοῦσι	ποιησοῦσι(ν)	현능직	3복	ποιέω	그들/그녀들/그것들이 행하고 있다
10. κρινεῖτε	κρίνετε	미능직	2복	κρίνω	너희가 심판할 것이다

복습

α. 저 사람이 그를 마지막 날에 심판할 것이다.

β. 왜냐하면 많은 이들이 내 이름으로 올 것이기 때문이다.

γ. 내 이름으로 그들이 귀신들을 쫓아낼 것이다.

δ. 우리가 그 진리를 알게 될 것이다.

ε. 내가 내 영혼에게 말할 것이다.

ζ. 그는 세상에 머물러 있지만, 너는 영원히 머무를 것이다.

η. 어떻게 너희가 모든 비유들을 깨달을 것인가?

번역

1. 나는 너희를 물로 세례를 주었지만, 그분은 너희를 성령으로 세례를 주실 것이다.

2. 인자(사람의 아들)가 그의 천사들을 보낼 것이다.

3. 그분이 너희에게 말씀하신 것처럼, 너희는 거기에서 그를 볼 것이다.

4. 예수께서 그에게 대답하여 말씀하셨다. "만일 누구든지 나를 사랑하면, 내 말을 지킬 것이고, 내 아버지께서 그를 사랑하실 것이며, 우리가 그에게 갈 것이다."

5. 그리고 그녀가 아들을 낳을 것이니, 너는 그의 이름을 예수라 부를 것이다. 그는 자신의 백성을 그들의 죄들에서 구할 것이다.

6. 그러나 너희는 성도들이 세상을 심판하리라는 것을 알지 못하는가? … 너희는 우리가 천사들을 심판하리라는 것을 알지 못하는가?

7. 모두 그를 믿을 것이고, 그러면 로마인들이 올 것이며 우리의 장소를 제거할 것이다.

8. 그러나 누가 말할 것이다. "죽은 자들이 어떻게 일으켜지는가? 그리고 그들은 어떤 (종류의) 몸으로 오는가?"

9. 그는 그에게 말하고 있었다. "너의 입에서 (나오는 것으로) 내가 너를 심판할 것이다. 악한 종아."

10. 이 때문에 하나님의 지혜도 말했다. "내가 그들에게 선지자들과 사도들을 보낼 것이다. 그런데 그들이 그들 중에서 일부를 죽일 것이다."

심화

11. 어찌하여 그 악한 사람들이 하나님의 율법을 지키고 있으며, 모두를 사랑하고 있는, 선한 사람들을 죽이고 있는가?

12. 나는 내 입으로 큰 지혜를 말할 것이다. 그리고 나는 온 생명을 다하여 의와 진리의 길에 대하여 말할 것이다.

13. 그리고 너는 거룩한 안식일들에 네 하나님께 청할 것이니, 너는 일을 위하여 네 발을 떼지도(들어올리지) 않을 것이며 너는 네 입에서 분노로 말을 하지도 않을 것이다.

14. 하나님은 주님이시니, 그분이 아시며, 이스라엘 그 자신이 알 것이다.

15. 그분의 물은 진실하다(믿을 만하다). 너희는 영광과 함께 있는 왕을 볼 것이다. 그리고 너희 영혼은 주님을 경외하기를(주님의 경외를) 힘쓸 것이다.

16. 그리고 나는 그녀의 자녀들을 반드시 죽일 것이다. 그러면 모든 교회들이 내가 생각과 마음을 살피는 자임을 알게 될 것이다. 그리고 나는 너희 각 사람에게 너희의 행위들을 따라 줄 것이다.

17. 그러므로 우리가 그분을 주님이라고 부르기만 하지는 말자. 왜냐하면 이것이 우리를 구원하지는 않을 것이기 때문이다.

18. 마음에 있어 깨끗한 자들은 복이 있다. 왜냐하면 그들이 하나님을 볼 것이기 때문이다.

19. 그러나 어떤 사람이 말할 것이다. "너는 믿음을 가지고 있고, 나는 행위들을 가지고 있다." 너는 나에게 네 행위들 없는 믿음을 보여라! 그러면 나는 너에게 내 행위들에서 믿음을 보여줄 것이다. 너는 하나님이 한 분이신 것을 믿는다. 너는 잘 하고 있다. 귀신들도 믿고 떨고 있다.

20. 만일 너희가 내 계명들을 지키면, 내가 내 아버지의 계명들을 지켜서 그분의 사랑 안에 머무르고 있는 것처럼, 너희가 내 사랑 안에 머무를 것이다.

복습 4 | 10-14, 19-20장

문법

1. 어미 변화가 일어난 아래 형태에서 어간이 어떻게 바뀌었는지 설명해 보라. 우선 해당 단어의 어간을 쓰고, 격어미를 추가한 후, 최종 형태를 보여주고, 마지막으로 이 변화를 설명하라.

    a. σαρκ(어간) + ς(3변화 주격 단수 여성 격어미) → σαρκς → σαρξ(폐쇄음 표에서, κ + σ → ξ).

    b. ὀνοματ(어간) + —(3변화 주격/대격 단수 중성 격어미는 없음) → ὀνοματ → ὄνομα(명사 법칙 8: τ는 단어 끝에 올 수 없으므로 탈락한다)

    c. χαριτ(어간) + σιν(3변화 여격 복수 여성 격어미는 σι(ν)) → χαριτσιν → χαρισιν(폐쇄음 표에서, τ + σ → σ)

    d. πιστι(자음 이오타로 끝나는 어간) + ος(3변화 속격 단수 여성 격어미) → πιστιος → πίστεως(자음 이오타 + ο → εω가 되는 용례)

    e. παντ(어간) + ς(3변화 주격 단수 남성 격어미) → παντς → πας(σ 앞에 나오는 ν + τ는 탈락하기 때문이다. 교재 10장의 요약 2번 참조)

2. 명사 법칙 일곱 번째와 여덟 번째를 쓰라.

    • 명사 법칙 7은 폐쇄음의 사각형에 맨 오른쪽 열(아래)이 추가되고, 뒤에 σ가 올 때 ν가 탈락한다는 사실이 추가된다.

	무성음	유성음	파열음	+ σ
순음	π	β	φ	ψ
연구개음	κ	γ	χ	ξ
치음	τ	δ	θ	σ

    • 명사 법칙 8: τ는 단어 끝에 오지 못하고 탈락한다.

3. 다음 빈칸에 알맞은 격어미를 채우라.

	1, 2변화			3변화	
	남성	여성	중성	남성/여성	중성
주격 단수	ς	–	ν	ς	–
속격 단수	υ	ς	υ	ος	ος
여격 단수	ι	ι	ι	ι	ι
대격 단수	ν	ν	ν	α / ν	–
주격 복수	ι	ι	α	ες	α
속격 복수	ων	ων	ων	ων	ων
여격 복수	ις	ις	ις	σι(ν)	σι(ν)
대격 복수	υς	ς	α	ας	α

4. 인칭대명사의 격, 수, 성을 결정하는 것은 무엇인가?

    a. 인칭대명사의 격은 문장 안에서의 기능에 따라 결정된다.

    b. 인칭대명사의 수와 성은 선행사의 수와 성에 따라 결정된다.

        그러나 1, 2인칭 대명사(기본형 ἐγώ 및 σύ 포함)에는 성이 없다.

5. 영어의 인칭대명사 변화표를 채우라.

	1인칭	2인칭		1인칭	2인칭
주격 단수	I	you	주격 복수	we	you
소유격 단수	my	your	소유격 복수	our	your
목적격 단수	me	you	목적격 복수	us	you

6. αὐτός의 세 가지 용법은 무엇인가?

    a. 인칭대명사

       • 일반적으로 3인칭 대명사로 번역한다.

    b. 강조의 형용사

       • 재귀대명사("그 자신," "그녀 자신," "그것 자체," "그들 자신" 등)로 번역한다.

       • 일반적으로 서술적 위치에 온다.

       • 일반적으로 주격으로 나온다.

    c. 일치의 형용사

       • "동일한 여자"에서처럼, "동일한"으로 번역한다.

       • 일반적으로 수식적 위치에 온다.

7. 여성 인칭대명사의 형태를 여성 지시사와 어떻게 구분하는가?

    • 단어의 시작으로: 여성 지시사[55]는 항상 거친 숨표가 있거나(αὕτη와 αὗται) τ로 시작한다(ταύτης, ταύτῃ, ταύτην, τούτων, ταύταις, ταύτας). 여성 인칭대명사는 항상 αὐ로 시작하며, 거친 숨표로 시작하지도 않고 τ로 시작하지도 않는다.

8. 지시사가 명사를 수식할 때 형용사적으로 어떤 위치에 있는가?

    • 서술적 위치

9. 호격의 네 가지 기본 법칙은 무엇인가?

    a. 복수에서 호격은 항상 주격 복수와 같다.

    b. 1변화 단수형에서 호격은 주격과 같다.

    c. 2변화 단수형에서 호격 어미는 보통 ε이다. 다른 격어미(주격/대격 중성 격어미 α 제외)와 달리 ε은 어간 끝에 바로 붙지 않는다. ε이 어간 모음 o를 대체하여 ἀνθρώποε가 아니라 ἄνθρωπε가 된다.

    d. 3변화 단수형에서 호격은 일반적으로 어간만 나타나며, 때때로 변화한 어간의 모음과 함께 나타나기도 한다(모음 전환).

10. 관계대명사의 격, 수, 성을 결정하는 요소는 무엇인가?

    a. 관계대명사의 격은 관계절의 기능에 의해 정해진다.[56]

    b. 관계대명사의 수와 성은 선행사의 수와 성과 일치한다.

11. 관사와 관계대명사의 형태는 어떻게 구분할 수 있는가?

    • 관계대명사에는 항상 거친 숨표와 악센트가 함께 있다(예: ὅς). 관사에는 항상 둘 중 하나(예: ὁ 또는 τό)만 있고 둘 다는 없다. 따라서 거친 숨표와 악센트가 함께 있으면 관계대명사이고, 그렇지 않으면 관사이다

12. "폐쇄음의 사각형"을 쓰고, σ가 결합되면 각각의 폐쇄음에 어떤 현상이 나타나는지 쓰라.

	무성음	유성음	파열음	+ σ
순음	π	β	φ	ψ
연구개음	κ	γ	χ	ξ
치음	τ	δ	θ	σ

---

55   이 질문은 기본형이 οὗτος인 근칭 지시대명사("이것")와 기본형 ἐκεῖνος인 원칭 지시대명사("저것")가 3인칭 여성 인칭대명사와 혼동될 가능성이 없다는 것을 나타낸다.

56   관계대명사가 선행사의 격에 견인되는 경우는 제외한다. 교재 207쪽 14.14 참조.

13. 동사의 "어근"과 시제 "어간"의 차이는 무엇인가?

- 동사는 하나의 어근[57]을 가지며, 어근에서 파생된 여섯 개의 시제 어간[58]을 가지고 있다.
- 어간은 특정 시제에 사용되는 어근의 형태를 말한다. 연결 모음, 인칭 어미, 동사의 다른 요소들은 어근이 아닌 시제 어간에 첨가된다.
- 교재에는 어근이 항상 별표로 표시되어 있다(예: *λυ).

14. 동사 어근에서 시제 어간을 만드는 세 가지 기본적인 방법이 무엇인가?

- a. 방법 1: 어근이 변하지 않는 경우
  - 따라서, 현재시제 어간 = 어근.
  - 예를 들어, λύω는 현재시제 어간 *λυ를 사용하는데, 동사 어근이 *λυ이다.
- b. 방법 2: 어근이 규칙적으로 변하는 경우
  - 따라서, 현재시제 어간은 어떤 패턴에 따라 변화된 동사 어근이다.
  - 예를 들어, βάλλω는 현재시제 어간 βαλλ를 사용하는데, 이것은 동사 어근 *βαλ에 동일한 자음인 λ가 뒤에 첨가되어 만들어진다.
- c. 방법 3: 다른 어근들을 사용하는 경우
  - 이 동사들은 위에서 언급한 두 가지 중 하나에 속하지만 다른 시제 어간을 만드는 데 서로 다른 어근을 사용한다.
  - 예를 들어, ἔρχομαι는 현재시제 어간 ἐρχ를 사용하는데, 동사 어근 중 하나인 *ἐρχ와 같다. 그러나 ἔρχομαι의 미래시제 어간은 ἐλευθ인데, 이것은 동사의 다른 어근 *ἐλευθ와 같다.

15. 동사 마스터 차트를 채우라.

시제	시상 접두 모음/어간 중복	시제 어간	시제 형태소	연결 모음	인칭 어미	1인칭 단수 변화형
현재 능동	ε	현재		ο / ε	제1능동	λύω
미완 중간/수동	ε	현재		ο / ε	제2중간/수동	ἐλυόμην
미래 능동		미래 능동	σ	ο / ε	제1능동	λύσω
유음 미래 능동		미래 능동	εσ	ο / ε	제1능동	μενῶ
미래 중간		미래 능동	σ	ο / ε	제1중간/수동	πορεύσομαι

분해

변화형	시제/태/법	인칭/격/수/성	기본형	번역
1. πόλεσιν	–	여.복.남.	πόλις	도시들에
2. ὀνόματι	–	여.단.중.	ὄνομα	이름에
3. ἀροῦσιν	미능직	3복	αἴρω	그들이 취할 것이다
4. αὕτη	–	주.단.여.	οὗτος	이것/이 여자
5. ζήσῃ	미중직	2단	ζάω	네가 살아날 것이다[59]
6. ἀκούσεις	미능직	2단	ἀκούω	너는 들을 것이다
7. οἷς	–	여.복.남/중.	ὅς	그들에게/그것들에게
8. σώσω	미능직	1단	σῴζω	나는 구원할 것이다
9. γνώσεται	미디직	3단	γινώσκω	그/그녀/그것은 알 것이다
10. πολλοῖς	–	여.복.남/중.	πολύς	많은 자들에게/많은 것들에게
11. βλέψεται	미중직	3단	βλέπω	그/그녀/그것은 그/그녀/그것을 위해 볼 것이다
12. ὄψονται	미디직	3단	ὁράω	그/그녀/그것이 볼 것이다
13. ποδί	–	여.단.남.	πούς	한 발로
14. γνώσονται	미디직	3복	γινώσκω	그들/그녀들/그것들은 알 것이다
15. ὄψῃ	미디직	2단	ὁράω	너는 볼 것이다

12:27 "지금 내 영혼이 괴롭다. 그러니 내가 무엇을 말할 수 있는가? '아버지여 나를 이 시간에서 구원하소서?' 그러나 내가 이 때문에 이 시간으로 왔다. **28** 아버지여, 당신의 이름을 영화롭게 하소서!" 그다음에 하늘에서 소리가 왔다. "내가 영화롭게 했고, 다시 영화롭게 할 것이다." **29** 그다음에 그 서서 들은 무리는 천둥이 쳤다고 말하고 있었다. 다른 이들은 천사가 그에게 말했다고 말하고 있었다. **30** 예수께서 대답하여 말씀하셨다. "이 소리는 나 때문이 아니라, 너희 때문에 있었던 것이다. **31** 지금 이 세상의 심판이 있으니, 이제 이 세상의 통치자들이 밖으로 쫓겨날 것이다. **32** 그리고 만일 내가 땅에서 들어 올려지면, 모두를 나에게 끌어당길 것이다." **33** 그러나 그분은 (그분이) 어떠한 종류의 죽음으로 죽으시려 하는지 암시하시면서 이것을 말씀하고 계셨다.

34 그다음에 그 무리가 그분께 대답했다. "우리는 율법에서 그리스도께서 영원히 머무신다고 들었다. 그런데 어찌하여 당신께서는 인자(사람의 아들)가 들어 올려져야 한다고 말씀하고 계십니까? 이 인자(사람의 아들)가 누구입니까?" **35** 그러므로 예수께서 그들에게 말씀하셨다. "아직 잠시 동안 빛이 너희 가운데 있다. 어둠이 너희를 압도하지 못하도록, 너희는 빛이 있을 때 걸으라! 그리고 어둠 가운데 걷는 자는 어디로 가는지를 알지 못한다. **36** 너희가 빛의 자녀들이 되도록, 너희는 빛이 있을 때 그 빛을 믿으라!"

---

57 몇몇 동사는 여러 개의 어근을 갖는다. 문제 14번 c 참조.

58 일부 동사는 특정 시제에서 등장하지 않기 때문에 해당 시제 어간이 없다.

59 미래 능동 형태 ζήσω가 나오기 때문에 이 미래 중간 형태를 디포넌트로 표시하지 않았다. 그럼에도 미래 중간태의 의미가 ζάω의 미래 능동태와 동일하여 능동태로 번역했다.

22 제2부정과거 능동태/중간태 직설법

분해

변화형	시제/태/법	인칭/격/수/성	기본형	번역
1. λαβεν	부과능직	3단	λαμβάνω	그/그녀/그것이 취했다
2. ἤλθομεν	부과능직	1복	ἔρχομαι	우리가 갔다
3. ἔβαλον	부과능직	1단/3복	βάλλω	내가/그들이 던졌다
4. ἐγένετο	부과디직	3단	γίνομαι	그/그녀/그것이 되었다
5. ἔγνων	부과능직	1단	γινώσκω	나는 알았다
6. ἀπεθάνετε	부과능직	2복	ἀποθνήσκω	너희는 죽었다
7. εὗρεν	부과능직	3단	εὑρίσκω	그/그녀/그것이 찾았다
8. εἰσῆλθες	부과능직	2단	εἰσέρχομαι	너는 들어갔다
9. ἐγινόμην	미과디직	1단	γίνομαι	나는 되고 있었다
10. γενήσεται	미디직	3단	γίνομαι	그/그녀/그것은 되고 있었다

복습

α. 그는 예수께로 갔다.

β. 제자들이 그분께 나아왔다.

γ. 그는 그들을 땅으로 던졌다.

δ. 너희는 성령을 받았느냐?

ε. 예언자들은 죽었다.

ζ. 그가 이스라엘 땅으로 들어갔다.

η. 왜냐하면 너는 하나님 앞에 은혜를 얻었기 때문이다.

번역

1. 그리스도께서 성경들대로 우리 죄악들을 위하여 죽으셨다.

2. 그리고 제자들이 나와서 그 성읍으로 들어갔고 그가 그들에게 말씀하신 것과 같이 찾았다.

3. 그리고 하늘에서 소리가 있었다. "너는 나의 사랑하는 아들이다."

4. 선생님, 어떤 사람이 당신의 이름으로 귀신들을 쫓아내고 있는 것을 우리가 보았습니다.

5. 그러나 예수께서 그에게 말씀하셨다. "어찌하여 네가 나를 선하다고 하느냐? 하나님 한 분 외에는 아무도 선하지 않다."

6. 그분은 나가서 한적한 곳으로 떠나셨다. 그리고 거기서 기도하고 계셨다. 그리고 그들은 그분을 찾았고 그분께 말하고 있다. "모두가 당신을 찾고 있습니다."

7. 그리고 그가 자주 그를 불 속으로도, 물 속으로도 던지곤 했다.

8. 나는 네가 무엇을 말하고 있는지 알지도 깨닫지도 못한다. 그리고 그는 밖으로 나갔다.

9. 우리는 죄에 죽었는데, 어떻게 그 안에서 여전히 살겠는가?

10. 예수께서 그들에게 대답하여 말씀하셨다. "내가 진실로 진실로 너희에게 말한다. 너희가 나를 찾는 것은 너희가 표적들을 보았기 때문이 아니라, 너희가 빵들을 먹고 배불렀기 때문이다."

심화

11. 제자들이 예수님의 손에서 그 빵을 받은 그 집에 있었던 그들은, 서로서로 말을 나누며 그들의 주님과 함께 말을 나눴다.

12. 그 무리들은 그 도시로 나아가서 그 회당에 함께 모였다. 왜냐하면 바울이 그리스도이자 주님이신 예수님에 대한 진리를

가르치고 있었기 때문이다.

13. 그리고 사울과 그의 세 아들이 저 날에 죽었다. 그리고 그의 모든 집안이 그 동일한 날에 죽었다.

14. 그리고 노아와 그의 아들들과 그의 아내와 그의 아들들의 아내들은 물 때문에 그와 함께 방주로 들어갔다.

15. 사랑으로 주님께서 우리를 받으셨다. 그가 우리를 향하여 가지고 계신 그 사랑 때문에, 우리 주 예수 그리스도께서 하나님의 뜻 안에서 우리를 대신하여 그의 피를 주셨다. 그리고 우리의 육신을 대신하여 그의 육신을 우리의 목숨을 대신하여 그의 목숨을 (주셨다.)

16. 그러므로 예수께서 베다니로 가셨다. 그곳은 예수께서 죽은 자들에게서 일으키신 나사로가 있는 곳이다.

17. 그가 세상에 계셨고, 세상은 그를 통하여 생겼는데, 세상이 그를 알지 못했다.

18. 이 일들이 있은 후에, 예수님과 그의 제자들은 유대 땅으로 갔다. 그리고 그는 거기서 그들과 함께 지내며 세례를 주고 계셨다.

19. 왜냐하면 네가 다섯 남편들을 가지고 있었고 지금 네가 가지고 있는 자도 네 남편이 아니기 때문이다.

20. 그러므로 유대인들이 그분께 말했다. "이제 우리는 네가 귀신 들린 것을(귀신을 가지고 있는 것을) 안다. 아브라함과 예언자들이 죽었는데, 너는 누구든지 내 말을 지키면, 영원히 죽음을 맛보지 않을 것이라 말하고 있다."[60]

---

60 헬라어는 관용적 표현이 많으므로 다소 유연하게 번역할 필요가 있다. 이 번역에서 한 가지 전하려는 점은, οὐ μή와 부정과거 가정법의 결합은 헬라어에서 무언가를 부정하는 데 사용하는 가장 강한 방법이라는 것이다. 여기서 부정하고 있는 것은 그 사람이 죽음을 맛보게 될 가능성이다(Wallace, 468쪽). 이 내용은 31장에서 더 자세히 다룰 것이다.

분해

변화형	시제/태/법	인칭/격/수/성	기본형	번역
1. ἐπιστεύσαμεν	부과능직	1복	πιστεύω	우리는 믿었다
2. ἠκούσατε	부과능직	2복	ἀκούω	너희는 들었다
3. ἐζήτησε	부과능직	3단	ζητέω	그/그녀/그것이 찾았다
4. ἐπλήρωσαν	부과능직	3복	πληρόω	그들/그녀들/그것들이 채웠다
5. ἐγένετο	부과디직	3단	γίνομαι	그/그녀/그것이 되었다
6. προσηύξατο	부과중직	3단	προσέρχομαι	그/그녀/그것이 기도했다
7. ἐβάπτισας	부과능직	2단	βαπτίζω	너는 세례 주었다
8. ἔσχομεν	부과능직	1복	ἔχω	우리는 가졌다
9. ἦλθαν	부과능직	3복	ἔρχομαι	그들/그녀들/그것들은 갔다
10. ἠρξάμεθα	부과중직	1복	ἄρχω	우리는 시작했다

복습

α. 많은 사람들이 그의 이름을 믿었다.

β. 그는 너희에게 이 계명을 써 주었다.

γ. 그리고 그는 즉시 그들을 부르셨다.

δ. 그들은 전파했고 많은 귀신들을 쫓아내고 있었다.

ε. 그가 그녀를 일으키셨다.

ζ. 그러나 그는 아무것도 대답하지 않으셨다.

η. 그러므로 그가 가서 그분의 시신(몸)을 거뒀다.

번역

1. 나는 믿었다. 그러므로 나는 말했다. 우리도 믿고 있다. 그러므로 또한 말하고 있다.

2. 나는 너희를 물로 세례를 주었지만, 그분은 너희를 성령으로 세례를 주실 것이다.

3. 당신께서 나를 세상으로 보내신 것과 같이, 나도 그들을 세상으로 보냈습니다.

4. 예수께서 그들이 그를 밖으로 내쫓았다는 것을 들으셨다. 그리고 그를 찾은 후에 말씀하셨다. "네가 인자(사람의 아들)를 믿느냐?"

5. 그녀가 그들에게 말하고 있었다. "그들이 내 주님을 거두었습니다. 그리고 그들이 그분을 어디에 두었는지 내가 모릅니다."

6. 그리고 그는 나가서, 예수께서 자신에게[61] 얼마나 많은 일들을 행하셨는지 데가볼리에서 전파하기 시작했다.

7. 그가 그들에게 말씀하고 계셨다. "너희는 오라. 그러면 너희가 볼 것이다." 그러므로 그들은 그가 머무시는 곳을 보았고 저 날을 그의 옆에 머물렀다.

8. 내가 하나님의 아들의 이름을 믿는 너희에게 이것들을 쓰는 것은, 너희가 영원한 생명을 가지고 있다는 것을 알게 하기 위함이다.

9. 사도들이 예수께 모여서 그들이 행한 모든 것들과 그들이 가르친 모든 것들을 그에게 보고했다.

10. 저 날에 많은 사람들이 나에게 말할 것이다. "주님, 주님, 우리가 당신의 이름으로 예언하고, 당신의 이름으로 귀신을 쫓아

---

61 αὐτῷ는 여격이지만 간접 목적어가 아니므로 핵심단어 "~에게"(to)를 사용하지 않는다. 그 대신 "이익의 여격"(Wallace, 142-144쪽)이므로 핵심단어 "~에게"(for)를 사용한다.

내며, 당신의 이름으로 많은 능력들을 행하지 않았습니까?" 그리고 그때 내가 그들에게 나는 너희를 결코 알지 못한다고 말할 것이다.

심화

11. 악한 자들이 일곱 남자들과 한 여자를 죽였다. 그러나 하나님의 백성은 교회에 남아 있었다. 왜냐하면 그들이 거기서 생명의 복음을 들었기 때문이다.

12. 왜냐하면 베드로가 예루살렘에 있는 이들에게 그가 많은 위대한 능력들을 성령 안에서 행하고 있다고 썼기 때문이다. 하나님께 영광을.

13. 그리고 그가 그를 그의 친구들 중의 한 사람으로 만들었고, 큰 영광으로 그를 영예롭게 했다.

14. 그런데 너희는 나를 너희에게 보내신 주님의 음성을 듣지 않았다.

15. 그리고 모세는 저 날에 이 노래를 써서 이스라엘 자손들에게 그것을 가르쳤다.

16. 그리고 그들은 그의 집에 있는 모든 사람들과 함께 주님의 말씀을 그에게 말했다.

17. 그가 다른 이들은 구원했으나 그 자신은 구원할 수 없다.

18. 왜냐하면 모두가 그를 보고 놀랐기 때문이다. 그러자 그가 곧 그들과 함께 말씀하셨다.

19. 의로우신 아버지여, 그리고 세상은 당신을 알지 못했으나, 나는 당신을 알았으며, 이들도 당신이 나를 보내신 것을 알았습니다.

20. "그러나 너희는 지금 하나님께 들은 진리를 말한 사람인 나를 죽이려고 하고 있다. 아브라함은 이것을 하지 않았다. 너희는 너희 아버지의 일들을 하고 있다." [그러므로] 그들이 그에게 말했다. "우리는 음행에서 나지 않았다. 우리는 하나님을 한 아버지로 가지고 있다." 예수께서 그들에게 말씀하셨다. "만일 하나님이 너희 아버지였다면, 너희가 나를 사랑했을 것이다. 왜냐하면 내가 하나님에게서 나왔기 때문이다."

분해

변화형	시제/태/법	인칭/격/수/성	기본형	번역
1. ἐπιστεύθημεν	부과수직	1복	πιστεύω	우리는 믿어지고 있었다
2. τηρηθήσεται	미수직	3단	τηρέω	그/그녀/그것이 지켜질 것이다
3. ἐβλήθητε	부과수직	2복	βάλλω	너희는 던져졌다
4. κριθήσεσθε	미수직	2복	κρίνω	너희는 심판받을 것이다
5. ἠκούσθητε	부과수직	2복	ἀκούω	너희는 들렸다
6. συνήχθη	부과수직	3단	συνάγω	그/그녀/그것이 모였다
7. ἀπεκρίθησαν	부과디직	3복	ἀποκρίνομαι	그들/그녀들/그것들이 대답했다
8. βλέψεις	미능직	2단	βλέπω	너는 볼 것이다
9. ἐγράφη	부과수직	3단	γράφω	그/그녀/그것이 기록되었다
10. σωθήσεσθε	미수직	2복	σῴζω	너희는 구원받을 것이다

복습

α. 그는 죽은 자들에게서 일으켜졌다.

β. 그러면 거기서 모든 것들에 대하여 너에게 말해질 것이다.

γ. 이 복음이 전파될 것이다.

δ. 그런데 그녀가 그분께 대답하여 말한다. "주님."

ε. 이것으로 내 아버지께서 영광을 받으셨다.

ζ. 내 집은 기도의 집이라고 불리게 될 것이다.

η. 그러나 그 무리가 쫓겨났을 때

번역

1. 그리고 많은 이들이 모였다. 그리고 그분은 그들에게 그 말씀을 말씀하고 계셨다.

2. 그리고 나를 사랑하는 자는 내 아버지께 사랑받을 것이다. 그리고 나도 그를 사랑할 것이다.

3. 그리고 저 날들에 예수께서 갈릴리 나사렛에서 오셔서 요단강에서 요한에게 세례를 받으셨다.

4. 그는 그를 예수님께 데려갔다. 예수께서 말씀하셨다. "네가 요한의 아들 시몬이니, 너를 게바라고 부를 것이다." 그런데 그 것은 베드로라고 번역된다.

5. 그는 여기에 계시지 않는다. 그는 그가 말씀하셨던 것과 같이 살아나셨기(일으켜지셨기) 때문이다.

6. 그리고 그들은 각각 자신의 집으로 갔다. 그러나 예수는 올리브(들)의 산으로 가셨다.

7. 왜냐하면 그녀는 "(만일) 내가 그의 옷(들)을 만지기만 해도, 내가 구원받을 것이다"라고 말하고 있었기 때문이다.

8. 진실로 하나님의 아들은 그에 대하여 기록된 것과 같이 가고 있다. 그러나 인자를 넘겨주는 저 사람에게 화 있을진저(그러 나 저 사람에게 화 있을진저! 그를 통하여 인자가 넘겨진다)! 그 사람은 태어나지 않았다면 그에게 더 나았을 것이다.

9. 그러나 내가 다시 너희를 볼 것이다. 그리고 너희 마음이 기쁠 것이다. 그리고 아무도 너희에게서 너희 기쁨을 거두지 못할 것이다.

10. 그리고 그들은 그를 체포하려 했다. 그러나 그들은 군중을 두려워했다. 왜냐하면 그들은 그가 그들에 대하여 비유를 말씀 하신 것을 알고 있었기 때문이다.

심화

11. 왜냐하면 나와 내 아내는 우리가 칠 일 후에 이 도시 주위에 있는 산들에 집을 가지리라는 것을 기뻐했기 때문이다.

12. 하나님의 종들이 회당들에서 그 복음을 전파했을 때, 몇 사람은 바리새인들에 의하여 그 도시에서 쫓겨났고 다른 사람들은 죽임을 당했다.

13. 그리고 이스라엘은 주님께서 이집트인들에게 행하신 큰 손을 보았다. 그래서 그 백성은 주님을 두려워했고, 하나님과 그의 종 모세를 믿었다.

14. 민족들이 주님의 이름을 두려워하고 땅의 모든 왕들이 당신의 영광을 두려워할 것입니다.

15. 그리고 아담이 말했다. "이제 이것은 내 뼈들 중의 뼈이고, 내 살에서 나온 살이다. 이 여인은 여자라 불릴 것이다. 왜냐하면 그녀의 남편에게서 이 여인이 취해졌기 때문이다."

16. 그리고 그들은 큰 두려움으로 두려워했고 서로 말하고 있었다. "그렇다면 이분은 누구신가?"

17. 그들이 그를 영접하는 (사람들인) 만큼, 그가 그들에게 곧 그의 이름을 믿는 자들에게는 하나님의 자녀들이 되는 권세를 주셨다. 그런데 그들은 혈통(피들)에서나, 육체의 뜻에서나, 사람의 뜻에서 나지 않고 하나님에게서 났다.

18. 복되도다, 마음이(마음에 있어) 가난한 자들이여! 하늘들의 나라가 그들의 것이기 때문이다.

    복되도다, 마음이(마음에 있어) 깨끗한 자들이여! 그들이 하나님을 볼 것이기 때문이다.

    복되도다, 화평하게 하는 자들이여! 그들이 하나님의 자녀들이라 불릴 것이기 때문이다.

19. 그러나 그 나라의 아들들은 어둠으로 쫓겨날 것이다.

20. 왜냐하면 예수께서 아직 영광을 받지 않으셨기 때문에, 성령이 아직 주어지지[62] 않았다.

---

62 문자적으로는 "성령이 아직 계시지 않았다"가 된다. 이 책의 더 큰 맥락에서 보면 성령은 이미 계시지만 신자들에게 아직 주어지지 않았다는 것이 분명하기 때문에 "주어지지"를 첨가했다.

25 현재완료 직설법

• 연습문제 •

분해

변화형	시제/태/법	인칭/격/수/성	기본형	번역
1. ἠγάπηκα	현완능직	1단	ἀγαπάω	나는 사랑했다
2. πεπιστεύμεθα	현완중수직	1복	πιστεύω	우리는 믿었다 / 우리는 믿어졌다
3. ἠκολούθηκεν	현완능직	3단	ἀκολουθέω	그/그녀/그것은 따랐다
4. ἔγνωκαν	현완능직	3복	γινώσκω	그들/그녀들/그것들은 (결국) 알았다
5. γεγέννησαι	현완중수직	2단	γεννάω	너는 태어났다
6. ἀκηκόαμεν	현완능직	1복	ἀκούω	우리는 들었다
7. ἀπέθανεν	부과능직	3단	ἀποθνήσκω	그/그녀/그것은 죽었다
8. σεσώκατε	현완능직	2복	σῴζω	너희는 구원했다
9. κέκλησθε	현완중수직	2복	καλέω	너희는 불렀다
10. γέγραφας	현완능직	2단	γράφω	너는 기록했다

복습

α. 그는 그 이름을 믿었다.

β. 하나님을 아무도 보지 못했다.

γ. 그 때가 채워졌다.

δ. 나는 이것을 위하여 태어났고 이것을 위하여 왔다.

ε. 그는 그 바다 속으로 던져졌다.

ζ. 우리는 그에게서 요구했던 이것들을 얻는다.

η. 이 세상의 선생은 심판받았다.

번역

1. 나는 당신이 하나님의 아들 그리스도이시라는 것을 믿었습니다.

2. 너는 주님께서 너에게 행하신 일들을 그들에게 알리라!

3. 그는 죄를 지을 수 없다. 왜냐하면 그는 하나님에게서 났기 때문이다.

4. 그런데 나는 보았고, 그래서 이분이 하나님이 아들이시라고 증언했다.

5. "네 믿음이 너를 구원했다." 그리고 그 여인은 그 때(시간)부터 구원받았다.

6. 그를 믿는 자는 심판받지 않는다. 그러나 그를 믿지 않는 자는 이미 심판받았다. 왜냐하면 하나님의 독생자(유일한 아들)의 이름을 믿지 않았기 때문이다.

7. 나는 모든 사람들에게 모든 것들이 되었다.

8. 그리고 이것이 심판이다. 즉 그 빛이 세상에 왔는데, 백성들이 자신들의 행위가 악하기 때문에,[63] 그 빛보다 그 어둠을 더 사랑했다는 것이다.

9. 그러나 내가 너희에게 말하노니, 엘리야가 실제로[64] 너희에게 왔다. 그런데 그 기록된 것과 같이, 그들은 그들이 원했던 대

---

63 중성 복수 주어 τὰ ἔργα는 단수 동사 ἦν을 취한다는 점에 유의하라. 낯설게 보일 수도 있지만 매우 흔하다. 헬라어는 주어가 중성 복수일 때 주로 단수 동사를 사용한다. 그렇게 하면 저자가 복수 주어를 여러 물체의 집합으로 보는 것이 아니라 하나의 집단으로 보고 있음을 나타낸다. 헬라어 단수 동사는 영어 복수 동사로 번역해야 한다.

64 "실제로"는 καί를 번역하는 데 사용된다. 교재(61쪽)에는 καί의 의미로 "그리고, ~조차, 또한, 즉"이 나열되어 있지만 이 문맥에

로 그에게 행했다.

10. 그러나 나는 너희를 알았다. 즉 너희는 너희 자신 안에 하나님의 사랑을 가지고 있지 않다. 내가 내 아버지의 이름으로 왔는데, 너희는 나를 영접하지 않고 있다.

심화

11. 우리는 예수님에 대한 진리를 믿었기 때문에, 사도 요한에게 바다의 물들로 세례를 받았다.

12. 그러므로 우리 입들의 혀들이, 하늘들의 주님에 대하여 (다음과 같이) 증언했다. 그분이 그의 아들의 피를 통하여 우리를 우리 죄에서 구원하셨다(또는 구원하셨기 때문이다).

13. 그리고 이스라엘이 요셉에게 말했다. "이제부터 나는 (기쁘게) 죽을 것이다. 왜냐하면 네가 여전히 살아 있으므로, 내가 네 얼굴을 보았기 때문이다."

14. 그리고 모세가 하나님께 말했다. "보소서, 내가 이스라엘 자손들에게 가서 그들에게 말할 것입니다. '너희 조상들의 하나님이 나를 너희에게 보내셨다.' 그들이 나에게 물을 것입니다. '그의 이름이 무엇인가?' 내가 그들에게 무엇이라고 말하겠습니까?"

15. 그리고 주님께서 모세에게 말씀하셨다. "네가 말했던 말대로 내가 이것도 너에게 행할 것이다. 네가 내 앞에서 은혜를 찾았고, 무엇보다 내가 너를 알았기 때문이다."

16. 내가 너희에게 말한 그 말들은 영이요 생명이다.

17. 그리고 우리는 당신이 하나님의 거룩한 분이시라는 것을 믿었고 또 알았다.

18. 진실로 진실로 내가 너에게 말하노니, 우리는 아는 것을 말하고 있으며 본 것을 증거하고 있다. 그러나 너희가 우리의 증거를 받지 않고 있다.

19. 너희가 요한에게 보냈고, 그가 진리에 대하여 증언했다. 그러나 나는 사람에게서 그 증언을 취하지 않고, 도리어 너희가 구원받게 하기 위하여 말하고 있다.

20. 그때 예수께서 그에게 말씀하신다. "사탄아, 물러가라! 왜냐하면 '너의 주 하나님을 경배할 것이다'라고 기록되어 있기 때문이다."

잘 맞는 것은 없다. *BDAG*는 καί의 용법 중 하나로 "어떤 사실을 놀랍거나 예상치 못한 것이나 주목할 만한 것으로 강조"하는 것으로 나열하고 있는데, 그 방식이 여기에 사용되는 것으로 보인다. 이 문맥(막 9장)에서 제자들은 엘리야의 출현에 대해 혼란스러워했고, 예수님은 세례 요한이 엘리야의 재림에 대한 예언의 성취라고 설명하셨다. καί는 이것이 놀랍고, 예상치 못한 일이며, 주목할 만한 일이라는 것을 보여준다. 이 의미를 전달하기 위해 이 문장에서는 NASB처럼 καί를 "실제로"(indeed)로 번역했다. NET는 그것을 "확실히"(certainly)로 번역한다. ESV와 NIV는 번역에서 καί를 생략한다.

문법

1. 동사 마스터 차트를 채우라.

시제	시상 접두 모음/어간 중복	시제 어간	시제 형태소	연결 모음	인칭 어미	1인칭 단수 변화형
미과 능동	ε	현재		ο / ε	제2능동	ἔλυον
제2미래 수동		부과 수동	ης	ο / ε	제1중간/수동	ἀποσταλήσομαι
제1부과 능동	ε	부과 능동	σα		제2능동	ἔλυσα
유음 부과 능동	ε	부과 능동	α		제2능동	ἔμεινα
제2부과 중간	ε	부과 능동		ο / ε	제2중간/수동	ἐγενόμην
제1부과 수동	ε	부과 수동	θη		제2능동	ἐλύθην
제1완료 능동	λε	완료 능동	κα		제1능동	λέλυκα
제2완료 능동	γε	완료 능동	α		제2능동	γέγονα
완료 중간/수동	λε	완료 수동			제1중간/수동	λέλυμαι

2. λύω의 미완료과거 능동태/수동태의 12가지 형태를 쓰라.

능동태			
1인칭 단수	ἔλυον	1인칭 복수	ἐλύομεν
2인칭 단수	ἔλυες	2인칭 복수	ἐλύετε
3인칭 단수	ἔλυε(ν)	3인칭 복수	ἔλυον
수동태			
1인칭 단수	ἐλυόμην	1인칭 복수	ἐλυόμεθα
2인칭 단수	ἐλύου	2인칭 복수	ἐλύεσθε
3인칭 단수	ἐλύετο	3인칭 복수	ἐλύοντο

3. 제1시제와 제2시제 어미는 각각 언제 사용되는가?

    a. 제1시제 어미는 절대 시간[65]의 개념이 없는 모든 정동사[66]에 사용된다. 지금까지 배운 시제 중 현재시제, 미래시제, 완료시제에 사용된다.

    b. 제2시제 어미는 절대 시간의 개념이 있는 모든 동사에 사용된다. 직설법 미완료과거시제, 부정과거시제에 사용된다.[67]

4. 시상 접두 모음의 세 가지 기본 법칙은 무엇인가?

    a. 동사가 하나의 자음으로 시작하면, 시상 접두 모음은 ε이 되고 항상 연한 숨표와 함께 온다(예: λυ → ἐλυ).

    b. 동사가 모음으로 시작하면, 시상 접두 모음은 그 모음을 장음화한다. α와 ε은 η로 길어지고(예: ἐρχ → ἠρχ), ο은 ω로 길어진다(예: ὁμο → ὠμο). 다른 모음은 변하지 않는다.

    c. 동사가 이중모음으로 시작하면, 이중모음의 첫 모음이 길어진다(예: αἰτ → ἠτ). 그러나 일부 이중모음에는 시상 접두 모

---

65 심화학습: 명령법과 기원법도 제1시제 어미를 사용하지 않는다. 명령법(33장)은 인칭 어미가 따로 있다. 기원법(35장)은 제2시제 인칭 어미를 사용한다.

66 "정동사"라고 말함으로써 분사와 부정사를 제외하고 있다.

67 심화학습: 절대 시간의 개념이 있는 과거완료시제(25장 심화학습)도 제2시제 어미를 사용한다. 또한 기원법(35장 심화학습)은 어떤 시제에서도 절대 시간의 개념이 없음에도, 모든 시제에서 제2시제 어미를 사용한다.

음이 전혀 붙지 않는 경우도 있다.

5. 같은 동사의 현재형과 제2부정과거형(능동태와 중간태)을 구분하는 세 가지 단서는 무엇인가?
  a. 접두 모음 – 제2부정과거는 접두 모음이 있지만, 현재는 없다.[68]
  b. 시제 어간 – 제2부정과거(능동태와 중간태)는 부정과거 능동태 시제 어간을 사용하지만, 현재는 현재시제 어간을 사용한다.
  c. 인칭 어미 – 제2부정과거는 (직설법에 있는) 제2시제 인칭 어미를 사용하지만, 현재는 제1시제 인칭 어미를 사용한다.

6. 다음 세 가지 시제의 일차적 의미는 무엇인지 쓰라.
  a. 미완료과거시제: 어떤 사건을 과거에 진행 중인 행동으로 묘사한다.
  b. 부정과거시제: 과거 시점에 발생한 어떤 사건을 그것의 진행 여부나 현재까지 어떤 영향을 미치는지 여부와 상관없이 묘사한다.
  c. 현재완료시제: 이전에 완료된 행동의 결과로 나타나는 현재 상태를 묘사한다.

7. 중간태의 세 가지 다른 용법을 쓰라.
  a. 디포넌트 – 대부분의 경우(신약의 약 75%), 중간태는 능동태 대신 사용되는 디포넌트를 가리킨다. 중간태 디포넌트는 능동의 의미가 있으며, 해당 시제에서 능동태 형태가 나오지 않는 동사에서만 나타난다. 예를 들어, ἔρχομαι는 현재시제에서 중간태 디포넌트이다. 이것은 이 동사가 현재시제에서는 능동태 형태로 절대 나오지 않는다는 것을 의미하며, 중간태의 의미는 능동의 의미인 "내가 온다(가다)"가 된다는 의미이다.
  b. 분리된 의미 – 일부 동사는 능동태와 중간태에서 다른 의미를 갖는다. 예를 들어, ἄρχω(현재 능동태)는 "내가 통치한다"를 의미하는 반면 ἄρχομαι(현재 중간태)는 "내가 시작한다"를 의미한다.
  c. 자기 중심성(Self interest) – 일부 중간태 동사는 주어가 어떤 식으로든 주어에 영향을 미치는 방식으로 동사의 행동을 수행한다. 예를 들어, 마태복음 27:5은 유다가 스스로 목을 매달았다고 말하는 데 중간태를 사용한다.

분해

변화형	시제/태/법	인칭/격/수/성	기본형	번역
1. ἠκολούθουν	미과능직	1단/3복	ἀκολυθέω	내가/그들이 따르고 있었다
2. εἰσῆλθεν	부과능직	3단	εἰσέρχομαι	그/그녀/그것은 들어갔다
3. ἐκήρυξας	부과능직	2단	κηρύσσω	너는 선포했다
4. ζητηθήσεται	미수직	3단	ζητέω	그/그녀/그것은 찾아졌다
5. ἔλαβον	부과능직	1단/3복	λαμβάνω	나는/그들은 취했다
6. πεπιστεύκατε	현완능직	2복	πιστεύω	너희는 믿었다
7. ἐπιστεύετο	미과중수직	3단	πιστεύω	그/그녀/그것은 믿고 있었다
8. ἐγράφη	부과수직	3단	γράφω	그/그녀/그것은 기록되었다
9. ἐγένου	부과디직	2단	γίνομαι	너는 되었다
10. ἠγάπων	미과능직	1단/3복	ἀγαπάω	네가/그들이 사랑하고 있었다
11. ἤχθησαν	부과수직	3복	ἄγω	그들/그녀들/그것들은 이끌어졌다
12. ἐμείναμεν	부과능직	1복	μένω	우리는 머물렀다
13. ἐλήλυθα	현완능직	1단	ἔρχομαι	나는 왔다

번역 | 요한복음 9:18-34

9:18 그러므로 그 유대인들은, 그 다시 보게 된 자의 부모들을 불렀을 때까지, 그에 대하여 그가 맹인이었다가 다시 보았다는

68　31장 학습 시 참조: 이 구분은 직설법에서만 적용된다.

것을 믿지 않았다. **19** 그리고 그들이 그들에게 말하면서 물었다. "이 사람이, 너희가 맹인으로 태어났다고 말하는, 너희의 아들인가? 그렇다면 어떻게 그가 지금 보고 있는가?" **20** 그러므로 그의 부모들이 대답하여 말했다. "우리가 이 사람이 우리 아들이라는 것과 그가 맹인으로 태어났다는 것은 안다. **21** 그러나 우리는 그가 지금 어떻게 보는지는 알지 못하며, 또한 누가 그의 눈들을 열었는지도 모른다. 너희가 그에게 물어보라! 그가 나이가 있으니, 그 자신에 대하여 말할 것이다." **22** 그의 부모는 이것들을 말했다. 왜냐하면 이미 유대인들이 누구든지 그를 그리스도로 고백하면 회당에서 쫓아내기로 되었으므로, 유대인들을 두려워하고 있었기 때문이다. **23** 이 때문에, 그의 부모는 "그가 나이가 있으니, 그에게 물어보라"고 말했다.

　　24 그다음에 그들은 맹인이었던 그 사람을 두 번째로 불렀고 그에게 말했다. "너는 영광을 하나님께 돌려라. 우리는 이 사람이 죄인이라는 것을 안다." **25** 그러므로 저 사람이 그들에게 대답했다. "그분이 죄인인지 아닌지는 나는 알지 못한다. 한 가지 내가 아는 것은 비록 내가 맹인이었지만 지금은 본다는 것이다." **26** 그러므로 그들이 그에게 말했다. "그가 너에게 무엇을 했는가? 그가 어떻게 너의 눈들을 열었는가? **27** 그가 그들에게 대답했다. "내가 이미 당신들에게 말했는데, 당신들이 듣지 않았다. 당신들은 무엇을(또는 어찌하여) 다시 듣기 원하는가? 당신들도 그분의 제자들이 되기를 원하는 것은 아니지 않는가?"[69] **28** 그러자 그들은 그에게 욕설을 퍼부으며 말했다. "너는 저 사람의 제자이지만, 우리는 모세의 제자들이다. **29** 우리는 하나님께서 모세에게 말씀하셨다는 것은 알지만, 이 사람이 어디서 왔는지는 알지 못한다." **30** 그 사람이 그들에게 대답하여 말했다. "그분이 내 눈들을 열었는데 당신들은 그분이 어디서 왔는지 모른다니, 이것 참 놀라운 일이다. **31** 우리는 하나님께서 죄인들의 (말은) 듣지 않으시지만, 누구든지 하나님을 두려워하고 그분의 뜻을 행하면 이 사람의 (말은) 들으신다는 것을 안다. **32** 맹인으로 태어난 사람의 눈들을 누가 열었다는 것은 창세부터 듣지 못했다. **33** 이분이 하나님에게서 오시지 않았다면, 아무것도 행하지 못했을 것이다." **34** 그러자 그들이 그에게 대답하여 말했다. "너는 완전히 죄악들 중에 태어났는데, 네가 우리를 가르치는가?" 그리고 그들은 그를 밖으로 쫓아냈다.

69　이 질문 형식은 그가 "아니다. 우리는 그의 제자가 되기를 원하지 않는다"라는 대답을 기대한다는 것을 나타낸다.

분해

변화형	시제/태/법	인칭/격/수/성	기본형	번역
1. ἀκουόντων	현능분	속.복.남/중.	ἀκούω	듣는 동안
2. ζητοῦντι	현능분	여.단.남/중.	ζητέω	찾는 동안
3. ἀναβαῖνον	현능분	주/대.단.중.	ἀναβαίνω	올라가는 동안
4. πιστευομένην	현중수분	대.단.여.	πιστεύω	믿는 동안
5. φωνῆς	–	속.단.여.	φωνή	목소리의
6. ποιοῦντας	현능분	대.복.남.	ποιέω	하는 동안
7. καταβαίνοντα	현능분	주/대.복.남/중.	καταβαίνω	내려가는 동안
8. ἐμαρτύρησαν	부과능직	3복	μαρτυρέω	그들/그녀들/그것들은 증언했다
9. οὔσας	현분	대.복.여.	εἰμί	있는 동안
10. προσευχομένους	현중수디분	대.복.남.	προσεύχομαι	기도하는 동안

복습

α. 예루살렘으로 올라가는 동안

β. 그들이 떠나는 동안 내가(또는 그들이) 그들을 보았다.

γ. 그를 부르는 동안 그들이 그에게 보냈다.

δ. 그가 가르치고 계셨을 때 제사장들이 그에게 왔다.

ε. 그리고 그들은 앉아 있는 동안 그를 지키고 있었다.

ζ. 보는 동안이 아니라 믿는 동안

η. 그들은, 보는 동안 보고 있지 못하고, 듣는 동안 듣고 있지 못한다.

번역

1. 가버나움에서 가르치시는 동안 그는 회당에서 이것들을 말씀하셨다.

2. 하나님의 복음을 선포하시는 동안, 예수는 갈릴리로 가셨다.

3. "나다" 말하면서, 많은 이들이 내 이름으로 올 것이다. / "내가 그이다" 말하면서, 많은 이들이 내 이름으로 올 것이다.

4. 왜냐하면 그는 기뻐하면서 그의 길을 가고 있었기 때문이다.

5. 그러나 바울과 바나바는, 다른 많은 이들과 함께 주님의 말씀을 가르치고 전하면서, 안디옥에 머물렀다.

6. 그리고 예수께서, 예루살렘에 올라가시면서, 열둘을 취하셨다.

7. 그리고 그는 온 갈릴리에 있는 그들의 회당들로 전파하면서 그리고 귀신들을 내쫓으면서 들어가셨다. 그리고 한 나병환자가 그에게 간청하면서 그에게 왔다.

8. 그 절기 동안, 유월절에 그가 예루살렘에 계셨을 때, 많은 이들이 그가 행하고 계시는 그의 표적들을 보면서 그의 이름을 믿었다.

9. 그때 세베대의 아들들의 어머니가, 절하면서 그리고 그에게 무엇을 간구하면서, 그녀의 아들들과 함께 그에게 왔다.[70]

10. 율법과 예언자들에 의하여 증언받는 하나님의 의가 드러났다.

70 분사의 동작을 수행하는 사람이 여성이기 때문에 분사는 여성이다. 따라서 분사 자체로는 세베대의 아들들도 절하면서 간구했는지, 아니면 그들의 어머니 옆에 말없이 서 있었는지는 알려주지 않는다.

11. 예루살렘에서 백성에게 좋은 소식을 전하는 동안, 그 제자들은 그의 모든 표적들과 능력들 때문에 예수님께 영광을 돌리고 있었다.

12. 그 두 사람과 함께 교회에 앉아 있는 동안, 그는 남편과 아내가 서로에게 사랑의 말들을 하라고 권면했다.

13. 왜냐하면 너희가 그것으로부터 먹는 날에는 너희 눈들이 열릴 것이고, 선악을 아는 하나님과 같이 될 것을 하나님이 아시기 때문이다.

14. 그리고 그녀는[71] 사람들에게 말했다. "내가 확실히 아노니,[72] 우리 하나님은 이 땅을 너희에게 넘겨주고 계신다."

15. 왜냐하면 그리스도의 뜻을 행하는 동안, 우리는 안식을 찾았기 때문이다.

16. 그리고 무리 중의 하나가 그에게 대답했다. "선생님, 내가 말 못하게 하는 귀신(영)을 가진 내 아들을 당신께 데려왔습니다."

17. 눈들이 있어도 너희는 보지 못하고 귀들이 있어도 너희는 듣지 못하느냐?

18. 그다음에 그는 진실로 다른 많은 것들로 권면하면서 백성에게 좋은 소식을 전했다.

19. 그가 각 도시와 마을에 두루 다니시면서 하나님의 나라를 전파하고 복음을 전하실 때 열둘이 그와 함께 있었다.

20. 그리고 회당에 들어간 후에 그는 석 달 동안 하나님의 나라에 대하여 변론하고 설득하면서, 담대히 말하고 있었다.

---

71 분사가 여성 주격이기 때문에 화자가 여성이라는 것을 알 수 있다. 또한 분사가 주격이라는 사실은 분사의 행위자가 본 동사의 주어라는 것을 나타낸다.

72 관용구 "알고 있으면서 알고 있다"(γινώσκουσα γινώσκω)를 번역하기 위해 "확실히"를 첨가했다.

28 부정과거(완료적) 부사적 분사

· 연습문제 ·

분해

변화형	시제/태/법	인칭/격/수/성	기본형	번역
1. μαρτυρήσαντες	부과능분	여.복.남.	μαρτυρέω	그들/그녀들/그것들이 증거한 후에
2. μαρτυρήσασαν	부과능분	대.단.여.	μαρτυρέω	그녀가 증언한 후에
3. ποιησάσῃ	부과능분	여.단.여.	ποιέω	그녀가 행한 후에
4. εἰσελθόντος	부과능분	속.단.남./중.	εἰσέρχομαι	그/그것이 간 후에
5. πιστευθέντες	부과수분	여.복.남.	πιστεύω	그들/그녀들/그것들이 믿은 후에
6. ἐρχομένων	현디분	속.복.공.	ἔρχομαι	가는 동안
7. ἀκουσάμεναι	부과중분	여.복.여.	ἀκούω	그들/그녀들/그것들이 자신들을 위해 들은 후에
8. λαμβάνουσι (2x)	현능직	3복	λαμβάνω	그들/그녀들/그것들이 취하고 있었다
	현능분	여.복.남./중.	λαμβάνω	취하는 동안
9. ἐπίστευσας	부과능직	2단	πιστεύω	네가 믿었다
10. γραφείσης	부과수분	속.단.여.	γράφω	기록된 후에

복습

α. 그들은, 그 집으로 들어간 후에 마리아와 함께 있는 그 아이를 보았다.

β. 한 서기관이 나아온 후에 그에게 말했다. "선생님."

γ. 그는 그것[73]이 외친 후에 그 천사에게 말했다.

δ. 그가 갈릴리에서 시작한 후에

ε. (그가)[74] 너희를 나에게 보낸 후에, 내가 그 남자에게 말했다.

ζ. 그녀가 집으로 들어간 후에, 그가 그녀에게 말했다.[75]

η. 하나님의 천사가 그에게 들어온 후에, 그에게 말했다.[76]

번역

1. 그리고 (그가) 집으로 들어가신 후에, 그들이 그에게 나아왔다.

2. 그 형제들을 문안한 후에, 우리는 하루 동안 그들과 함께 머물렀다.

3. 그리고 그는 안식일들에 곧 회당에 들어가신 후에 가르치셨다.

4. 곧 그 아이의 아버지가 외치고 나서(외친 후에) 말하고 있었다. "내가 믿습니다."

5. 그리고 그 집주인의 종들이 와서(온 후에) 그에게 말했다. "주인님, (당신이) 좋은 씨앗들을 뿌리지 않았습니까?"

6. 그런데 헤롯이 듣고 나서(들은 후에) 말하고 있었다. "내가 목을 벤 요한, 이 사람이 살아났다(일으켜졌다)."

73 천사와 분사 둘 다 남성 단수 여격이기 때문에, 외치는 존재가 "천사"라는 것을 알 수 있다. 분사가 주격이면, 주동사의 주어(천사에게 말하는 그 사람)가 외치는 이가 될 것이다.

74 분사와 "그 남자" 둘 다 남성 단수 여격이기 때문에, 분사의 동작을 행하는 사람(주어)은 "그 남자"라는 것을 알 수 있다.

75 "그가 말했다"는 문자적으로는 "그가 말하고 있다"(he is saying)이다. 현재시제는 헬라 내러티브 문학에서 과거 사건을 묘사하는데 자주 사용되며, 영어의 과거시제 동사로 번역해야 한다. 헬라어 현재시제의 이러한 용법을 "역사적 현재"라고 한다. Wallace, *Greek Grammar Beyond the Basics*, 526ff를 참조하라.

76 심화학습(29장 학습 후): 이 분사는 수식적 용법일 수 있으며(29장 참조), 이런 경우 "그에게 들어와서 그에게 말한 하나님의 천사"로 번역할 수 있다.

7. 그리고 시몬 그 자신도 믿었다. 그리고 그는 세례를 받고 나서(받은 후에), 표적들과 큰 능력들을 보고 놀라면서, 빌립의 뒤를 따랐다.

8. 그리고 그의 어머니가 대답하여 말했다. "아닙니다. 오히려 그는 요한이라 불릴 것입니다."

9. 그리고 그는 멀리서 예수를 보고 나서(본 후에), 달려와 그에게 엎드려 절했다. 그리고 그는 외치면서 말한다.[77] "지극히 높으신 하나님의 아들 예수님, 당신이 나와 무슨 상관이 있습니까?"

10. 그리고 예수께서 성전에서 가르치시는 동안 대답하여 말씀하고 계셨다. "어떻게 그 서기관들은 그리스도가 다윗의 자손이라고 말하느냐? 다윗이 성령으로 친히 말했다. '주님께서 내 주께 말씀하셨다. 내가 네 원수들을 네 발들 아래에 둘 때까지, 너는 내 오른쪽에 앉아 있으라.'"

심화

11. 아이들은 그들의 아버지들과 어머니들에게 인사한 후에, 다른 아이들과 함께 나갔다.

12. 그리고 예수께서 집에서 나가서 성전으로 들어가신 후에 큰소리로 외치셨다. "나를 믿고 있는 모든 이들은 악의 권세에서 구원받을 것이다."

13. 그리고 하나님의 아들들이 사람들의 딸들이 아름답다는 것을 본 후에, 그들 자신을 위하여 모든 여인들로부터 그들이 선택한 이들을 아내들로 취했다.

14. 모세가 주님께 기도하자 곧 하늘에서 불이 내려와 제물[78]을 사른 것같이, 솔로몬도 이렇게 기도했고 불이 내려온 후에 제물을 살랐다.

15. 그리고 그녀가 그것의 열매를 딴 후에 먹었고, 그것의 열매를 그녀와 함께 있는 그녀의 남편에게도 주었고, 그들이 먹었다.

16. 그리고 그가 일으켜졌고, 곧 그 침상을 든 후에 나갔다.

17. 그리고 헤롯 왕이, 들은 후에, 모든 예루살렘도 그와 함께 소동했다.

18. 그리고 다시 나가신 후에, 그는 동일한 말씀을 말하면서 기도하셨다. 그리고 다시 오신 후에, 그는 자고 있는 그들을 발견하셨다.

19. 그가 말씀하셨다. "너희는 받으라! 이것은 내 몸이다." 그리고 그는 잔을 들고 나서 감사드리신 후에 그들에게 주셨고, 그들은 모두 그것으로부터 마셨다.

20. 그리고 그가 모든 이들을 쫓아내신 후에, 그 아이의 아버지와 어머니 그리고 그와 함께 있는 자들을 데리고 가서서,[79] 그 아이가 있는 곳에 들어가고 계신다.

---

77 λέγει는 문자적으로는 "그가 말하고 있다"(he is saying)인데, 현재시제의 의미가 과거시제 내러티브의 문맥에는 맞지 않기 때문에, 헬라어의 역사적 현재라고 보아야 하며, 이런 경우 영어의 과거시제로 번역해야 한다.

78 문자적으로는 "제사의 [없음]". 정관사 뒤에 생략된 단어는 중성 복수이다.

79 이 동사들은 현재시제이므로 문자적으로는 "취하고 있는 중이다"(is taking), "가고 있는 중이다"(is going)가 된다. 그러나 영어에서는 이 문맥에서 현재시제가 매우 낯설게 들린다. 문학 장르는 과거 사건에 대한 내러티브이다. 이 장르에서 헬라어는 행동을 좀 더 생생하게 만드는 하나의 문학 장치로서 과거 사건을 현재시제로 묘사한다. 마치 지금 일어나는 일을 보고 있는 것처럼 말이다. 이런 형식을 "역사적 현재"라고 하는데 Wallace, 536-532쪽에 설명되어 있다. 따라서 더 나은 번역은 "그는 아버지를 데리고 가서 그 아이가 있는 곳으로 가셨다"라고 할 수 있다.

분해

변화형	시제/태/법	인칭/격/수/성	기본형	번역
1. φερούσης	현능분	속.단.여.	φέρω	견디고 있는 여자의
2. βαπτιζομένου	현중수분	속.단.남/중.	βαπτίζω	세례 받고 있는 자의
3. βαλόμεναι	부과중분	주.복.여.	βάλλω	던진 여자들
4. ποίησαν	부과능분	주/대.단.중.	ποιέω	행한 것(을)
5. ἐνεχθέντι	부과수분	여.단.남/중.	φέρω	데려간 그에게 / 가져간 것에게
6. σαρξίν	-	여.복.여.	σάρξ	육체에게
7. προσελθόντων	부과능분	속.복.남/중.	προσέρχομαι	온 그들의
8. ἐποίησαν	부과능직	3복	ποιέω	그들/그녀들/그것들이 행했다
9. κηρύσσουσι (2x)	현능직	3복	κηρύσσω	그들/그녀들/그것들이 선포하고 있었다
	현능분	여.복.남/중.	κηρύσσω	선포하고 있는 이들에게
10. γράψασιν	부과능분	여.복.남/중.	γράφω	기록된 자들에게

복습

α. 살아 계신 아버지

β. 우리를 보내신 아버지께

γ. 그는 나를 보내신 이를 영접하고 있다.

δ. 그 죽은 자들에게서 살아나신 분에게

ε. 말해진 그 말에 대하여

ζ. 오는 날에(다음 날에)

η. 너를 낳으신 분, 하나님

번역

1. 그는 예수께서 그에게 오시는 것을 보고 말한다. "보라, 세상의 죄를 짊어지고 가는, 하나님의 어린 양이시다."

2. 어둠에 앉아 있는 백성이 큰 빛을 보았다.

3. 그리고 나를 보고 있는 자는 나를 보내신 분을 보고 있는 것이다.

4. 믿고 세례 받은 자는 구원받을 것이다.[80]

5. 그리고 그는 갈릴리 바닷가를 거니시면서, 두 형제 곧 베드로라 부르는 시몬과 그의 형제 안드레를, 그들이 그물을 바다로 던지고 있을 때 보셨다.

6. 그리고 그들은 네 사람에 의하여 들어 올려진 중풍병자를 그분께 데려오고 있었다.

7. 내 계명들을 가지고 있고 그것들을 지키는 자인 저는 나를 사랑하고 있는 자이다. 그리고 나를 사랑하는 자는 내 아버지에 의하여 사랑받을 것이며, 나도 그를 사랑할 것이다.

8. 그리고 그가 바다 위를 걸으시는 것을 본 자들은 그가 유령이라고 생각했다.

9. 너희를 영접하고 있는 자는 나를 영접하고 있는 것이며, 나를 영접하는 자는 나를 보내신 분을 영접하는 것이다. 예언자의 이름으로 예언자를 영접하는 자는 예언자의 상을 받을 것이며, 의인의 이름으로 의인을 영접하는 자는 의인의 상을 받을

80　이것들은 부정과거분사지만 무시간적 진리를 표현하고 있으므로 현재시제로 번역하는 것이 가장 좋다. Wallace, 615-616쪽, 각주 8 참조.

것이다.

10. 그리고 그들이 하나님의 나라와 예수 그리스도의 이름에 대하여 전하는 빌립을 믿었을 때, 남자와 여자가 다 세례를 받고 있었다.

심화

11. 많은 날들 동안 땅을 두루 다니던 일곱 사람이, 하늘들에서 그들의 집들로 오는 동안 큰 불에 의하여 죽게 되었다.

12. 그들의 살아 계신 주님과 함께 먹고 마신 사람들은, 죽은 자들로부터 살아나신 분을 본 후에 기뻐했다.

13. 그리고 아담은 그의 아내의 이름을 "생명"이라 불렀다. 왜냐하면 이 여인이 모든 산 자들의 어머니이기 때문이다.

14. 그가 그에게 말했다. "당신이 그 여자에게 말씀하신 그 사람입니까?" 그러자 천사가 말했다. "나다."

15. 그리고 하나님께서 노아와 그와 함께 있는 그의 아들들에게 (다음과 같이) 말씀하시면서 말씀하셨다. "보라, 내가 너희와 너희 후손들과, 새들로부터 그리고 가축들로부터 너희와 함께 있는 모든 생명, 곧 방주에서 나온 모든 것들로부터 너희와 함께 있는 모든 생명과 함께, 내 언약을 세우고 있다."

16. 그러므로 만일 너희가 악한 자들이라 해도 너희 자녀들에게 선한 것들을 선물들로 줄 줄 안다면, 하늘들에 계신 너희 아버지는 그분께 구하는 자에게 얼마나 더 좋은 것들을 주시겠느냐?

17. 위에서 오시는 이는 모든 것 위에 계신다. 땅에서 난 자는 땅에 (속하여) 있고, 땅에서 말하고 있다.

18. 그리고 예루살렘에서 내려온 서기관들은 그가 바알세불을 가지고 있으며 귀신들의 통치자에 의하여 귀신들을 쫓아내고 있다고 말하고 있었다.

19. 예수께서 그녀에게 말씀하셨다. "나는 부활이요 생명이다. 나를 믿는 자는 죽어도 살 것이요 살아서 나를 믿는 자마다 영원히 죽지 않을 것이다. 네가 이것을 믿고 있느냐?" 그녀가 그에게 말하고 있다. "그렇습니다, 주님. 나는 당신이 세상에 오시는 하나님의 아들 그리스도이심을 믿어 오고 있습니다."

20. 아들을 공경하지 않는 자는 그를 보내신 아버지를 공경하지 않고 있는 것이다. 내가 진실로 진실로 너희에게 말하노니, 내 말을 듣고 또 나를 보내신 이를 믿는 자는 영원한 생명을 가지고 있고 심판으로 가지 않을 뿐 아니라, 사망에서 생명으로 넘어갔다. 내가 진실로 진실로 너희에게 말하노니, 때가 오고 있으니, 지금이 그때이다. 죽은 자들이 하나님의 아들의 음성 (목소리)을 들을 것이며, 그 들은 자들이 살아날 것이다.

30 현재완료(복합적) 분사와 독립 속격

분해

변화형	시제/태/법	인칭/격/수/성	기본형	번역
1. γεγεννηκότος	현완능분	속.단.남/중.	γεννάω	낳은
2. ἠγαπημένον	현완중수분	속.복.공.	ἀγαπάω	사랑받아 온
3. λελυκυία	현완능분	여.단.여.	λύω	풀려 있는
4. πεπληρωμένη	현완중수분	여.단.여.	πληρόω	채워져 있는
5. πεποιήκοσι	현완능분	여.복.남/중.	ποιέω	행해 온
6. βεβαπτισμένου	현완중수분	속.단.남/중.	βαπτίζω	세례 받은
7. πεπίστευκεν	현완능직	3단	πιστεύω	그/그녀/그것이 믿어 왔다
8. βεβαπτισμένοις	현완중수분	여.복.남/중.	βαπτίζω	세례 받은
9. βεβλημένην	현완중수분	대.단.여.	βάλλω	던져져 있는
10. ἀπεσταλμέναις	현완중수분	여.복.여.	ἀποστέλλω	보내져 있는

복습

α. 그들이 성전을 무너뜨린 후에, 예수께서 그 장로들에게 말씀하셨다.

β. 예루살렘에서 내려온 자들

γ. 그를 믿은 자들에게

ε. 그는 그를 초청한 이들에게 말씀하고 계셨다.

ζ. 안식일이 된 후에, 그는 회당으로 가셨다.

η. 성경들도 하나님의 능력도 알지 못한 자들 / 그들이 성경들도 하나님의 능력도 알지 못했다.

번역

1. 그리고 그 무리들이 믿은 후에 그를 따랐다.

2. 나를 본 자는 아버지를 보았다.

3. 하나님께서 보내신 한 사람이 있었다. 그의 이름은 요한이었다.

4. 육에서 난 것은 육이고 영에서 난 것은 영이다.

5. 그리고 그들은 그의 가르침에 놀랐다. 왜냐하면 그는 서기관들과 같지 않고 권위 있게 그들을 가르치고 계셨기 때문이다.

6. 그리고 그가 아직 말씀하고 계신 동안에, 곧 열둘 중의 하나인 유다와 그와 함께 있는 무리가 온다.

7. 왜냐하면 요한이 아직 감옥에 갇히지 않았기 때문이다.

8. 그리고 하늘에서 한 소리가 있었다. 그리고 그것이 그들이 앉아 있었던 온 집안을 채웠다.

9. 그가 이것들을 말씀하고 계신 동안, 많은 이들이 그를 믿었다. 그러므로 예수께서 그를 믿은 유대인들에게 말씀하고 계셨다. "너희가 내 말에 머무르면, 진실로 내 제자들이 된다."

10. 앞서가는 자들과 뒤따르는 자들이 다 외치고 있었다.

    "호산나! 복되도다! 주님의 이름으로 오시는 이여!

    복되도다! 다가오는 우리 조상 다윗의 나라여!

    가장 높은 곳에서 호산나!"

심화

11. 그리고 유대인들의 장로들이, 제자들과 함께 있는 예수님을 인지하고서, 그를 배반하기로 약속을 했던 저들 중의 하나를

받아들였다.

12. 예수를 믿은 자들은 "그리스도인"이라 불린다. 왜냐하면 그들이 그를 그리스도이자 주님으로 알고 있기 때문이다.

13. 우리 주 예수 그리스도의 은혜가 여러분과 함께 있기를. 또한 하나님에 의하여 그리고 그를 통하여 부름 받은 도처에 모든 이들에게 함께 있기를.

14. 그리고 이 모든 일이 있은 후에, 여호수아는 이와 같이 율법에 기록된 모든 것들을 따라 이 율법의 모든 말씀들을 읽는다.

15. 내가 집에서 기도한 후에, 한 사람이 들어와서 나에게 인사했고, 나도 그에게 인사했다.

16. "그는 하늘에서 그들에게 빵을 주셔서 먹게 하셨다" 하고 기록된 것과 같이, 우리 조상들은 광야에서 만나를 먹었다.

17. 제자들은 처음에는 이 일들을 깨닫지 못했다. 그러나 예수께서 영광을 받으셨던 바로 그때 그들은 이 일들이 기록되었다는 것과 그들이 이 일들을 그에게 행했다는 것을 기억했다.

18. 그 말씀이 임한 후에, 그들이 그 예언자를 주님께서 참으로 그들에게 보내신 자로 알 것이다.

19. 그리고 그들이 다시 예루살렘으로 가고 있었다. 그리고 그가 성전에서 거니시는 동안, 대제사장들과 서기관들과 장로들이 그에게 다음과 같이 말하면서 오고 있었다. "당신이 무슨 권한으로 이 일들을 행하고 있는가?"

20. 나는 내 백성 아닌 자를 내 백성이라 부를 것이다. 그리고 사랑받지 못한 여인을 사랑받은 여인이라 부를 것이다.

문법

1. 분사의 격, 수, 성을 결정하는 것은 무엇인가?

   a. 형용사적 분사: 일반 형용사와 같다. 분사가 형용사(수식적 용법 또는 서술적 용법)처럼 사용되는 경우, 수식하는 단어와 격, 수, 성이 일치한다. 분사가 실명사처럼 사용되는 경우, 격은 문장 내 기능에 따라 결정하고, 수와 성은 그것이 나타내는 단어에 따라 결정한다.[81]

   b. 부사적 분사: 분사의 격, 수, 성은 분사의 동작을 하거나(능동, 중간, 디포넌트 분사의 경우) 분사의 동작을 받는(디포넌트가 아닌 수동 분사의 경우) 실명사와 일치한다.

2. 분사가 아래와 같은 용법으로 사용될 때 나타나는 단서는 무엇인가?

   a. 형용사적 용법: 1) 항상 그런 것은 아니지만 대개 관사가 있다. 2) 문맥 – 형용사적 용법이 부사적 용법보다 문장 안에서 의미상 더 낫다.

   b. 부사적 용법: 1) 관사가 없다. 2) 문맥 – 부사적 용법이 형용사적 용법보다 문장 안에서 의미상 더 낫다.

   c. 명사적 용법: 1) 항상 그런 것은 아니지만 대개 관사가 있다. 2) 문맥 – 수식하는 명사가 없으면 형용사적 용법이 될 수 없다. 관사가 있으면 부사적 용법이 될 수 없다.

3. 분사를 만날 때 던져야 할 일곱 가지 질문은 무엇인가?

   1) 분사 앞에 관사가 없는가(부사적 용법), 아니면 있는가(형용사적 용법)?

   2) (격, 수, 성으로 알 수 있는) 분사가 수식하는 단어가 무엇인가?

   3) 부사적 분사라면 "~하는 동안"을 사용할 것인가, 아니면 "~한 후에"를 사용할 것인가?

   4) 형용사적 분사라면 수식적 용법인가, 아니면 서술적 용법인가?

   5) 분사의 시상은 무엇인가?

   6) 분사의 태는 무엇인가?

   7) 동사의 의미는 무엇인가?

4. 독립 속격이란 무엇인가?

   독립 속격은 문장의 다른 요소들과 아무런 문법적 관계가 없는[82] 속격 명사나 대명사,[83] 속격 분사가 나오는 구문을 말한다.

5. 다음 시제의 우언적 동사 구문은 어떻게 만드는가?

   a. 현재시제: (εἰμί의 현재시제) + (현재 분사)

   b. 미래시제: (εἰμί의 미래시제) + (현재 분사)

   c. 현재완료시제: (εἰμί의 현재시제) + (현재완료 분사)

---

81 형용사(수식적 용법 또는 서술적 용법)처럼 사용되는 분사의 경우, 실명사가 분사의 동작을 하는 단어(또는 분사가 디포넌트가 아닌 수동태인 경우, 동작을 받는 단어)를 수식하기 때문에 부사적 분사에 대해서도 동일하게 답할 수 있다. 그러나 실명사처럼 사용되는 분사의 경우, 분사의 동작을 하거나 받는 실명사가 절에 없기 때문에 이 대답은 해당되지 않는다.

82 아무런 문법적 관계가 없다는 것은 분사의 동작을 하거나(능동, 중간, 디포넌트 분사) 분사의 동작을 받는(디포넌트가 아닌 수동 분사) 실명사가 문장에 없다는 것을 의미한다. 그 대신 독립 속격 구문을 이루고 있는 속격 명사나 대명사가 분사의 동작을 하거나 받는 실명사가 된다.

83 드물긴 하지만 명사나 대명사가 없을 수도 있다. 하지만 분사는 항상 존재한다.

6. 다음 시제에서 세 가지 성의 분사 형태소(시제 형태소와 격어미 포함)의 주격과 속격 단수형을 쓰라.

시제	남성	여성	중성
현재 능동	ων, οντος	ουσα, ουσης	ον, οντος
제1부과 능동	σας, σαντος	σασα, σασης	σαν, σαντος
제1부과 수동	θεις, θεντος	θεισα, θεισης	θεν, θεντος
제2부과 중간	ομενος, ομενου	ομενη, ομενης	ομενον, ομενου
제1현완 능동	κως, κοτος	κυια, κυιος	κος, κοτος
현완 중간/수동	μενος, μενου	μενη, μενης	μενον, μενου

분해

변화형	시제/태/법	인칭/격/수/성	기본형	번역
1. θέλοντος	현능분	속.단.남/중.	θέλω	바라는 동안
2. γραφεῖσι	부과수분	여.복.남/중.	γράφω	기록된 후에
3. λελαληκότες	현완능분	여.복.남.	λαλέω	그들이 말한 후에
4. πιστευομένας	현중수분	대.복.여.	πιστεύω	믿어지는 동안
5. ὄν	현능분	주/대.단.중.	εἰμί	있는 동안
6. βαλόντα	부과능분	대.단.남.	βάλλω	던진 후에
	부과능분	주/대.복.중.	βάλλω	던진 후에
7. δεχθέντα	부과수분	대.단.남.	δέχομαι	받아진 후에
	부과수분	주/대.복.중.	δέχομαι	받아진 후에
8. βεβληκότα	현완능분	대.단.남.	βάλλω	던져 온 후에
	현완능분	주/대.복.중.	βάλλω	던져 온 후에
9. λυθείσῃ	부과수분	여.단.여.	λύω	풀린 후에
10. βλέψασα	부과능분	주.단.여.	βλέπω	본 후에

번역 | 마가복음 1:1-22

1:1 [하나님의 아들] 예수 그리스도의 복음의 시작이다. 2 예언자 이사야의 글에 기록되어 있는 것과 같이, "보라, 내가 네 얼굴 앞에, 네 길을 예비할, 내 사자를 보낸다. 3 그 광야에 외치는 소리가 있다. '너는 주님의 길을 예비하라! 너는 그의 대로들을 곧게 만들라!'" 4 그리고 요한이 광야에서 세례를 주며[84] 죄들의 용서를 위하여 회개의 세례를 선포하고 있었다. 5 그리고 유대 모든 지역과 모든 예루살렘 사람들이 그에게 나아오고 있었고, 요르단 강에서 자신들의 죄를 고백하면서 그에게(그에 의하여) 세례를 받고 있었다. 6 그리고 요한은 낙타의 털을 입고 있었고 가죽으로 만든 띠를 그의 허리 주위에 두르고 있었으며, 메뚜기와 야생 꿀을 먹고 있었다. 7 그리고 그가 다음과 같이 말하면서 선포했다. "나보다 더 능력이 있는 분이 내 뒤에 오신다. 나는 구부려서 그의 신발들의 끈을 풀 만한 자격조차 없다. 8 나는 너희를 물로 세례를 주었지만, 그분은 너희를 성령으로 세례를 주실 것이다."

9 그리고 저 날들에 (이 일이) 있었다. 예수께서 갈릴리의 나사렛에서 오셔서, 요르단 강에서 요한에게 세례를 받으셨다. 10 그리고 그가 물에서 막 올라오실 때, 하늘들이 갈라지고 성령이 비둘기같이 그에게 내려오시는 것을 보았다. 11 그리고 하늘들에서 한 소리가 있었다. "너는 내 사랑하는 아들이다. 내가 너를 기뻐했다."

12 그리고 곧 성령이 그를 그 광야로 내보내신다. 13 그리고 그는 그 광야에서 사십 일 동안 사탄에게(사탄에 의하여) 시험 받고 계셨는데, 짐승들이 함께 있었고, 천사들이 그를(그에게) 시중들고 있었다.

14 그리고 요한이 넘겨진 후에, 예수께서는 하나님의 복음을 전파하시면서 갈릴리로 오셨다. 15 그리고 말씀하시기를, "그

---

84 또한 "세례자 요한이 나타났다"로 번역될 수 있다. 관사 [ὁ]가 원문으로 받아들여지면 부사적 분사는 관사를 가질 수 없기 때문에 이 각주에서 언급한 후자의 번역이 맞는다.

때가 찼고 하나님의 나라가 가까이 왔다. 너희는 회개하라! 그리고 너희는 그 복음을 믿으라!

16 그리고 그는 갈릴리 바닷가를 거닐고 계신 동안, 바다에 그물을 던지고 있는 시몬과 시몬의 형제 안드레를 보셨다. 왜냐하면 그들은 어부였기 때문이다. 17 그리고 예수께서 그들에게 말씀하셨다. "너희는 내 뒤를 따르라! 그러면 내가 너희를 사람들의 어부가 되게 할 것이다." 18 그리고 그들은 곧 그 그물들을 버린 후에 예수님을 따랐다. 19 그리고 조금 더 가신 후에, 그는 세베대의 아들 야고보와 그의 형제 요한을, 곧 배에서 그물들을 수선하고 있는 그들을 보셨다. 20 그리고 그는 즉시 그들을 부르셨다. 그러자 그들은 그들의 아버지 세베대를 일꾼들과 함께 배에 버려 두고 그의 뒤를 따라갔다.

21 그리고 그들이 가버나움으로 들어간다. 그리고 그는 안식일들에 곧 회당에 들어가신 후에 가르치셨다. 22 그리고 그들은 그의 가르침에 놀라고 있었다. 왜냐하면 그는 서기관들과 같지 않고 권위 있게 그들을 가르치고 계셨기 때문이다.

분해

변화형	시제/태/법	인칭/격/수/성	기본형	번역
1. περιπατήσητε	부과능가	2복	περιπατέω	너희가 행했다
2. βαπτίζωμεν	현능가	1복	βαπτίζω	우리가 세례를 주자 / 우리가 세례를 준다
3. διδαχθῶσι	부과수가	3복	διδάσκω	그들/그녀들/그것들이 가르침을 받는다
4. ἔλθωμεν	부과능가	1복	ἔρχομαι	우리가 가자 / 우리가 간다
5. ἀκούῃ	현중수직	2단	ἀκούω	네가 들린다
	현중수가	2단	ἀκούω	네가 들린다
	현능가	3단	ἀκούω	그/그녀/그것이 듣는다
6. κρινῶ	미능직	1단	κρίνω	내가 판단할 것이다
7. σώσῃς	부과능가	2단	σῴζω	네가 구했다
8. προσέλθωμεν	부과능가	1복	προσέρχομαι	우리가 가자 / 우리가 갔다
9. ἐγείρωσι	현능가	3복	ἐγείρω	그들/그녀들/그것들이 일어난다
10. ποιηθῇ	부과수가	3단	ποιέω	그/그녀/그것이 행해졌다

복습

α. 우리가 서로를 사랑하기 위하여

β. 그가 그의 아버지의 영광으로 오실 때

γ. 내가 이것들을 말하는 것은 너희가 구원받게 하기 위함이다.

δ. 우리는 우리가 당신께 요구하는 것은 무엇이든 당신이 우리에게 행하시기를 원하고 있습니다.

ε. 그가 그들을 보내시기 위하여

ζ. 그다음에 그들은 그에게 던지려고 돌들을 들었다.

η. 내가 무엇을 요구해야 합니까?

번역

1. 그리고 우리가 그의 계명들을 지키면, 우리는 이것으로 우리가 그를 안다는 것을 안다.

2. 내가 진실로 너희에게 말하고 있으니, 누구든지 어린아이와 같이 하나님의 나라를 받아들이지 않는 자는, 결코 그곳에 들어갈 수 없을 것이다.

3. 그녀는 자신의 딸에게서 그 귀신을 내쫓아 달라고 그에게 간구하고 있었다.

4. 그리고 이것이 영원한 생명이니, (그들이) 유일하신 참 하나님 당신과, 당신께서 보내신 자 예수 그리스도를 아는 것입니다.

5. 그리고 너희가 기도할 때 믿으면서 구한 것은 무엇이든 다 너희가 받을 것이다.

6. 이 일 후에, 그가 제자들에게 말씀하고 계신다. "우리가 다시 유대로 가자."

7. 하나님께서 세상을 이렇게 사랑하셨기 때문에, (그 결과) 독생자(유일한 아들)를 주셨는데, 이것은 그를 믿는 자마다 멸망하지 않고 영원한 생명을 얻게 하려는 것이다. 왜냐하면 하나님께서 그 아들을 세상에 보내신 것은, 세상을 심판하기 위한 것이 아니라 그를 통하여 세상이 구원받게 하기 위한 것이기 때문이다.

8. 그리고 대제사장들과 서기관들은 어떻게 그를 죽일까 궁리하고 있었다.

9. "너희 조상들은 광야에서 만나를 먹었어도 죽었다. 이것은 하늘에서 내려오는 빵이니, 누구든지 그것을(그것에서) 먹는 자는 죽지 않는다. 나는 하늘에서 내려온 살아 있는 빵이다. 누구든지 이 빵을(이 빵에서) 먹는 자는 영원히 살 것이다. 그리고 그 빵은 세상의 생명을 위하여(또는 대신하여) 내가 줄 내 살이다." 그러자 유대인들은 (다음과 같이) 말하면서 서로 다투고

있었다. "이 사람이 어떻게 우리에게 자신의 살을 먹으라고 줄 수 있는가?" 그러므로 예수께서 그들에게 말씀하셨다. "내가 진실로 진실로 너희에게 말한다. 만일 너희가 인자(사람의 아들)의 살을 먹지 않고 그의 피를 마시지 않으면, 너희는 너희 안에 생명을 가지고 있지 못한다."

10. 만일 죽은 자들이 살아나지 못한다면, 우리는 내일 죽을 것이기 때문에, 우리가 먹고 마시자 할 것이다.

심화

11. 모든 진리로 하나님의 말씀을 전파하는 사람들이 되기 위하여, 우리가 이 언어로 많은 일을 하자!

12. 내 자녀들이 서로를 사랑하는 것을 볼 때마다, 내 마음이 기뻐하며 내 영혼이 하나님께 기도합니다.

13. 그리고 만일 그들이 너를 믿지 않고 첫 표적의 소리를 듣지도 않더라도, 너를 믿고 마지막 표적의 소리는 들을 것이다.

14. 너희는 거기서 사람들의 손들이 나무와 돌들로 만든, 곧 보지도 못하고 듣지도 못하며 먹지도 못하는 다른 신들을 섬길 것이다.

15. 그의 피가 우리를 위하여 주어졌으니, 우리가 주 예수 그리스도를 경외하자.

16. 누구든지 이 어린아이들 중의 하나를 내 이름으로 영접하는 자는 나를 영접하는 것이다. 그리고 누구든지 나를 영접하는 자는 나를 영접하는 것뿐 아니라 나를 보내신 분을 영접하는 것이다.

17. 그러나 내가 진실로 너희에게 말한다. 어디든지 온 천하에 복음이 전파되는 곳에는 그녀를 기억하기 위하여 그녀가 행한 일이 말해질 것이다.

18. 그러나 만일 그분이 빛 가운데 계시는 것처럼 우리가 빛 가운데 걷는다면, 우리는 서로 교제가 있고, 그분의 아들 예수의 피가 우리를 모든 죄악들에서 깨끗하게 하신다. 만일 우리가 죄가 없다고 말한다면, 우리가 스스로를 속이고 진리가 우리 안에 없는 것이다.

19. 내가 진실로 너희에게 말하노니, 하나님의 나라에서 새것으로 그것을 마시는 저 날들까지, 내가 포도나무의 열매에서 (난 것을) 더 이상 마시지 않을 것이다.

20. 예수께서 대답하셨다. "만일 내가 나 자신을 영광스럽게 하면 내 영광은 아무것도 아니다. 나를 영광스럽게 하는 분은 내 아버지인데, 너희가 우리 하나님이라 말하는 그분이다. 그리고 너희는 그분을 알지 못하지만 나는 그분을 안다. 만일 내가 그분을 알지 못한다고 하면 내가 너희에게 거짓말쟁이와 같이 될 것이다. 그러나 나는 그분을 알고 그분의 말씀을 지키고 있다."

32 부정사

분해

변화형	시제/태/법	인칭/격/수/성	기본형	번역
1. λέγειν	현능부	-	λέγω	말하는 것
2. φαγεῖν	부과능부	-	ἐσθίω	먹는 것
3. πεπληρωκέναι	완능부	-	πληρόω	성취한 것
4. λαλήσασθαι	부과중부	-	λαλέω	자신을 위해 말하는 것
5. σῶσαι	부과능부	-	σῴζω	구원하는 것
6. δοξάζεσθαι	현중수부	-	δοξάζω	영화롭게 하는 것
7. τεθεωρῆσθαι	완중수부	-	θεωρέω	보인 것
8. ἀγαπᾶν	현능부	-	ἀγαπάω	사랑하는 것
9. γραφῆναι	부과수부	-	γράφω	기록된 것
10. πληρῶσαι	부과능부	-	πληρόω	성취한 것

복습

α. 그는 하나님의 나라를 전파하라고[85] 그들을 보내셨다.

β. 하나님의 나라에 들어가는 것

γ. 누가 구원받을 수 있는가?

δ. 복음이 전파되어야 한다.

ε. 그를 죽이기 위하여 / 그가 죽이기 위하여

ζ. 그리고 그가 씨를 뿌리는 동안

η. 그의 아버지가 죽은 후에

번역

1. 그리고 그가 다시 바닷가에서 가르치기 시작하셨다.

2. 왜냐하면 누구든지 자신의 목숨을 구하고자 하는 자는 그것을 잃을 것이기 때문이다.

3. 그리고 그가 그들에게 말하고 있다. "안식일들에 선을 행하는 것이 합당한가, 아니면 악을 행하는 것이 합당한가? 목숨을 구하는 것이 합당한가, 아니면 죽이는 것 합당한가?"

4. 왜냐하면 인자(사람의 아들)는 잃은 것을 찾아 구원하기 위하여 왔기 때문이다.

5. 그리고 그는 열둘을 임명하셨는데, 이는 그가 그들을 자기와 함께 있게 하시기 위함이며, 전파하고 귀신들을 쫓아내는 권능을 갖도록 그들을 보내시기 위함이었다.

6. 왜냐하면 내가 진실로 너희에게 말하노니, 많은 예언자들과 의인들이 너희는 보고 있으나 그들은 보지 못했던 것들을 간절히 보기 원했고, 너희는 듣고 있지만 그들은 듣지 못했던 것들을 간절히 듣기 원했기 때문이다.

7. 그러나 예수께서는 (그는) 모든 사람들을 아셨기 때문에 그들에게 친히 자신을 의탁하지 않으셨다.

8. 내가 율법에서 난 의가 아니라, 그리스도의 믿음을 통하여 난 의, 곧 믿음에 근거하여 하나님에게서 난 의를 가지고서, 그분 안에서 발견되기 [위함이니], 내가 그분과 그분의 부활의 권능을 알 수 있기를 원한다.

9. 그러나 내가 살아난 후에 너희 보다 먼저 갈릴리에 갈 것이다.

---

85 κηρύσσειν은 현재분사이므로 미완료적 시상이다. 이 시상은 번역으로는 전달하기 어렵다. "전파하는 중인 것"(To be preaching)이라고 번역할 수도 있지만, 매우 부자연스러운 번역이 된다.

10. 아브라함이 그가 많은 민족들의 조상이 되기 위하여 믿었다.

심화

11. 이 여인은 그녀를 사랑해 온 사람에게서 그것을 받은 후에 자신의 손에 보석(귀한 돌)을 갖기를 원하고 있다.

12. 우리가 여기서 햇볕이 잘 드는 좋은 날들을 발견할 수 있도록 호수로 가자.

13. 그리고 주님께서 사람들의 아들들이 세운 도시와 탑을 보려고 내려오셨다.

14. 그러나 아브라함은 그의 아내 사라에 대하여 "그녀는 내 누이이다"라고 말했는데, 왜냐하면 그는 그 성읍 사람들이 그녀 때문에 그를 죽일까 봐 "그녀는 내 아내이다"라고 말하기를 두려워했기 때문이다.

15. 그리고 주 하나님께서 말씀하셨다. 그들이 육신(들)이 되었기 때문에, 내 영이 이 사람들 안에 영원히 머물지는 않을 것이다. 그러나 그들의 날들은 120년이 될 것이다.

16. 그가 그들에게 대답했다. "내가 이미 당신들에게 말했는데, 당신들이 듣지 않았다. 당신들은 무엇을(또는 어찌하여) 다시 듣기 원하는가? 당신들도 그분의 제자들이 되기를 원하는 것은 아니지 않는가?"[86]

17. 그리고 대제사장들과 온 산헤드린이 그를 죽이기 위하여 예수에 대항하여 증거들을 찾았으나 발견하지 못했다.

18. 그리고 예수께서 그들에게 말씀하셨다. "너희는 내 뒤를 따르라! 그러면 내가 너희를 사람들의 어부가 되게 할 것이다."

19. 나는 긍휼을 원하고 희생제물을 원하지 않는다. 왜냐하면 내가 의인을 부르러 온 것이 아니라 죄인을 부르러 왔기 때문이다.

20. 그리고 요셉도 (그가) 다윗의 가문과 혈통이었기 때문에, 갈릴리 나사렛 성읍에서 베들레헴이라 불리는 유대 다윗의 성읍으로 올라갔다.

---

86 마지막 질문은 μή로 시작하기 때문에 "아니다. 우리는 그의 제자가 되기를 원하지 않는다"라는 대답을 기대한다. 질문 끝에 "그렇지?"(are you)를 덧붙이는 것은 이러한 기대를 영어로 전달하는 한 가지 방법이 된다.

분해

변화형	시제/태/법	인칭/격/수/성	기본형	번역
1. ἄκουε	현능명	2단	ἀκούω	너는 들으라!
2. γράφεσθε (2x)	현중수직	2복	γράφω	너희는 기록된다
	현중수명	2복	γράφω	너희는 기록되라!
3. θέλησον	부과능명	2단	θέλω	너는 바라라!
4. βλεπέτωσαν	현능명	3복	βλέπω	그들/그녀들/그것들이 보게 하라!
5. εἴπετε (2x)	부과능직	2복	λέγω	너희는 말했다
	부과능명	2복	λέγω	너희는 말하라!
6. αἰτῆσαι (2x)	부과능부	–	αἰτέω	구하는 것
	부과중명	2단	αἰτέω	너는 너 자신을 위하여 구하라!
7. πιστεύεις	현능직	2단	πιστεύω	너는 믿고 있는 중이다
8. ἐκβλήθητι	부과수명	2단	ἐκβάλλω	너는 내쫓겨라!
9. λαλοῦ	현중수명	2단	λαλέω	너는 말해져라!
10. γνωσθήτωσαν	부과수명	3복	γινώσκω	그들/그녀들/그것들이 알려지게 하라!

복습

α. 너희는 그를 내게 데려오고 있다. / 너희는 그를 내게 데려오라!

β. 너는 나를 따르라!

γ. 너희는 두려워하지 말라!

δ. 너는 네가 원하는 것은 무엇이든 내게 구하라!

ε. 너는 가라! 네 믿음이 너를 구원하였다.

ζ. 너희는 일어나라, 우리가 가자!

η. 너희는 가서 그의 제자들에게 말하라!

번역

1. 너희는 들으라, 이스라엘아! 주 우리 하나님은 한 분이시다.

2. 그리고 그는 그들에게 말씀하고 계셨다. "너희는 어디서든 (어떤) 집에 들어가든지 (너희가) 떠날 때까지 거기에 머물러라!"

3. 너는 두려워하지 말고 믿기만 하라!

4. 그러므로 너희가 먹든지, 마시든지, 무엇을 행하든지 하나님의 영광을 위하여 하라.

5. 너는 그에게서 나가라! 그리고 더 이상 그에게 들어가지 말라!

6. 너희는 세상도, 세상에 있는 것들도 사랑하지 말라! 만일 누구든지 세상을 사랑하면, 아버지의 사랑이 그 안에 있지 않다.

7. "왜냐하면 어떤 것이 말하기가 더 쉬우냐? '너의 죄들이 용서받는다' 하고 말하는 것이냐, 아니면 '너는 일어나서 걸어가라' 하고 말하는 것이냐? 그러나 인자(사람의 아들)가 땅에서 죄들을 용서하는 권세가 있는 것을 너희가 알게 하기 위함이다." 그때 그가 중풍병자에게 말씀하신다. "너는 일어나서, 네 침상을 들고, 네 집으로 가라!"

8. 그리고 예수께서 그들에게 대답하여 말씀하고 계신다. "너희는 하나님에 대한 믿음을 가지라! 내가 진실로 너희에게 말한다. 누구든지 그가 이 산에게 '너는 들려서 바다에 던져져라' 하고 말하며, 그의 마음에 동요가 없고 그가 말하고 있는 것이 될 것을 믿으면, 그것이 그에게 일어날 것이다. 이 때문에 내가 너희에게 말하고 있다. 무엇이든지 너희가 기도하고 구하는 것은, 받았다고 믿으라, 그러면 그것이 너희에게 일어날 것이다.

9. 예수께서 그에게 말씀하고 계셨다. "만일 내가 올 때까지 그가 머물러 있기를 바란다고 해도, 너에게 무엇이냐? 너는 나를 따르라!"

10. 나도 권위 아래 있는 사람이기 때문에, 그래서 내가 이 사람에게 말합니다. "너는 가라!", 그러면 그가 가고, 다른 사람에게 "너는 오라!", 그러면 그가 옵니다. 그리고 내 종에게 "너는 이것을 하라!", 그러면 그가 합니다.

심화

11. 의의 길로 걷는 자들이 악한 것들에서 떠나 두려움과 소망 안에서 하나님의 종들이 되게 하라!

12. 그러나 바울은 교회들에 있는 사람들을 가르치고 있었다. "너희는 예수 그리스도를 믿고 우리 주의 뜻대로 살라!"

13. 그리고 하나님께서 말씀하셨다. "빛이 있으라!" 그리고 빛이 있었다.

14. 주님을 경외하는 모든 자들은 그의 사랑이 영원하므로 선하시다 말하라!

15. 그러므로 너는 의를 믿으라, 그 의는 곧은 길을 가지고 있기 때문이다. 그리고 너는 곧은 길로 걸으라!

16. 너희는 주 안에서 항상 기뻐하라! 내가 다시 말할 것이다. "너희는 기뻐하라!"

17. 들을 귀들이 있는 자는 들으라!

18. 너는 가라, 그리고 지금부터 더 이상 죄를 짓지 말라!

19. 그러므로 너희가 그리스도 예수를 주님으로 받아들였으니 그분 안에서 행하라!

20. 너희는 마음에 근심하지 말라. 하나님을 믿고 나를 믿으라. / 너희는 마음에 근심하지 말라. 너희가 하나님을 믿고 있으니, 또한 나를 믿으라.

분해

변화형	시제/태/법	인칭/격/수/성	기본형	번역
1. δίδωσι	현능직	3단	δίδωμι	그/그녀/그것이 주고 있다
2. ἔδωκαν	부과능직	3복	δίδωμι	그들/그녀들/그것들이 주었다
3. δώσετε	미능직	2복	δίδωμι	너희는 줄 것이다
4. δέδωκεν	현완능직	3단	δίδωμι	그/그녀/그것이 주었다
5. ἐδόθη	부과수직	3단	δίδωμι	그/그녀/그것이 주어졌다
6. ἐδίδους	미과능직	2단	δίδωμι	너는 주고 있었다
7. διδόασι	현능직	3복	δίδωμι	그들/그녀들/그것들이 주고 있다
8. δέδοται	현완중직	3단	δίδωμι	그/그녀/그것이 주었다
	현완수직	3단	δίδωμι	그/그녀/그것이 주어졌다
9. δώσω	미능직	3단	δίδωμι	나는 줄 것이다
10. δέδωκαν	현완능직	3복	δίδωμι	그들/그녀들/그것들이 주었다

μι 동사의 다섯 가지 법칙은 무엇인가?

1. μι 동사는 현재시제에서 어간의 첫 글자를 중복하고, 반복된 자음 사이에 ι를 넣어 두 자음을 분리한다.
2. μι 동사에는 현재 직설법에서 대체로 연결 모음(곧 "어간 형성 모음")이 오지 않는다.
3. μι 동사는 현재 능동태 직설법에서 세 개의 다른 인칭 어미를 사용한다(μι, σι, ασι).
4. μι 동사의 어간 모음은 길어지거나, 짧아지거나, 탈락한다(모음 전환).
5. 대부분의 μι 동사에는 부정과거의 시제 형태소로 κα가 나온다. 이것을 "카파 부정과거(kappa aorist)"라고 부른다.

복습

α. 그리고 하나님은 그에게 몸을 주고 계신다.
β. 성령을 통하여 지식의 말씀이 주어진다.
γ. 우리가 그들에게 먹을 것을 줄까요?
δ. 그리고 나는 그녀에게 시간을 주었다.
ε. 그들이 큰 표적들을 줄 것이다.
ζ. 당신께서 내게 주신 나의 영광을
η. 모든 권세가 나에게 주어졌다.

번역

1. 그는 그들에게 대답하여 말했다. "너희에게는 하늘들의 나라의 신비들을 아는 것이 주어졌지만, 그들에게는 주어지지 않았다."
2. 그들이 그들의 능력과 권세를 그 짐승에게 준다.
3. "'그는 하늘에서 그들에게 빵을 주셔서 먹게 하셨다' 하고 기록된 것과 같이, 우리 조상들은 광야에서 만나를 먹었다." 그러고 나서 예수께서 그들에게 말씀하셨다. "내가 진실로 진실로 너희에게 말한다. 모세가 너희에게 하늘에서 빵을 준 것이 아니라, 내 아버지께서 너희에게 하늘에서 참된 빵을 주시고 있다."
4. 그리고 마귀는 그에게 말했다. "너에게 내가 이 모든 권세와 그것들의 영광을 줄 것이다. 왜냐하면 그것은 나에게 넘겨졌고 누구든지 내가 원하는 자에게 그것을 주기 때문이다."
5. 율법은 모세를 통하여 주어진 것이고, 은혜와 진리는 예수 그리스도를 통하여 온 것이다.

6. 남은 자들은 두려워했고 하늘의 하나님께 영광을 돌렸다.

7. 나는 당신께서 내게 주신 그 말씀들을 그들에게 주었고, 그들은 받았고 참으로 내가 당신에게서 나온 것을 알았으며, 당신께서 나를 보내신 것을 믿었습니다.

8. 그러므로 너희는 어떻게 듣고 있는지 주의하라. 왜냐하면 누구든지 가진 자는 그에게 주어질 것이요, 누구든지 가지지 못한 자는 가진 줄로 생각하는 것도 그에게서 빼앗길 것이기 때문이다.

9. 그러므로 만일 너희가 악한 자들이라도 너희 자녀들에게 선한 선물들을 줄 줄 안다면, 하늘들에 계신 너희 아버지는 그분께 구하는 자에게 성령을 얼마나 더 주시겠느냐?

10. 이 때문에 나는 너희에게 말하고 있다. 하나님의 나라가 너희에게서 빼앗겨질 것이고, 그것(그 나라)의 열매들을 맺는 민족에게 주어지게 될 것이다.

심화

11. 예수를 믿지 않고 있던 자들이 그 큰 도시에 있는 두 망대들을 파괴했다. 그것은 그것들이 땅에 떨어져서 많은 사람들이 죽게 하려는 것이었다.

12. 사도들이 온 세상으로 나간 후에, 많은 무리들이 그들에게 전파되는 말씀 때문에 그들의 마음을 주께 드렸다.

13. 그리고 그녀가 그것의 열매를 딴 후에 먹었고, 그녀와 함께 있는 그녀의 남편에게도 주었고, 그들이 먹었다.

14. 그리고 아담이 말했다. "당신께서 나와 함께 있도록 주신 여자, 그녀가 그 나무에서 내게 주어서 내가 먹었습니다."

15. 주님께서 그분께로 기꺼이 돌이키는 자들에게 처소를 주셨다.

16. 그리고 그들은 그들에게 제비들을 주었고, 그 제비가 맛디아에게 떨어졌다.

17. 그리고 내가 그녀에게(그녀를) 복을 줄 것이다. 그래서 내가 그녀에게서 네게 아이를 줄 것이다. 그리고 내가 그에게(그를) 복을 줄 것이다. 그래서 그는 민족이 될 것이며, 민족들의 왕들이 그에게서 나올 것이다.

18. 어떤 사람에게는 성령을 통하여 지혜의 말씀이, 어떤 사람에게는 동일한 성령을 따라 지식의 말씀이 주어진다.

19. 하나님께서 그에게 말씀하셨다. "너는 너의 눈들을 든 후에, 지금 네가 있는 곳에서 동쪽과 바다를 보라. 왜냐하면 내가 네가 보고 있는 모든 땅, 그것을 너와 네 후손에게 영원토록 줄 것이기 때문이다."

20. 그의 피가 우리를 위하여 주어졌으니, 우리가 주 예수 그리스도를 경외하자.

분해

변화형	시제/태/법	인칭/격/수/성	기본형	번역
1. διδόντες	현능분	주.단.남.	δίδωμι	주는
2. δοθέντος	부과수분	속.단.남/중.	δίδωμι	주어진
3. διδῷ (2x)	현능가	3단	δίδωμι	그/그녀/그것이 줄 것이다
	부과중가	2단	δίδωμι	너는 (너 자신을 위해) 줄 것이다
4. δῷ (2x)	부과능가	3단	δίδωμι	그/그녀/그것이 줄 것이다
	부과중가	2단	δίδωμι	너는 (너 자신을 위해) 줄 것이다
5. δοθῇ	부과수가	3단	δίδωμι	그/그녀/그것이 주어질 것이다
6. διδούς	현능분	주.단.남.	δίδωμι	주는
7. δοῦναι	현능부	-	δίδωμι	주는 것
8. δοθεῖσα	부과수분	주.단.여.	δίδωμι	주어진
9. διδότω	현능명	3단	δίδωμι	그/그녀/그것이 주게 하라!
10. δόντα	부과능분	대.단.남.주/대.복.중.	δίδωμι	준

복습

α. 너희는 틈(장소)을 주지 말라!

β. 너희가 그들에게 먹을 것을 주라!

γ. 너희 아버지께서 너희에게 그 나라를 주시기를 기뻐하셨다.

δ. 우리에게 주어진 그 거룩한 영(성령)을 통하여

ε. 우리가 주어야 합니까, 아니면 주지 말아야 합니까?

ζ. 그들은 권한을 주신 하나님께 영광을 돌렸다.

η. 예수 그리스도의(또는 예수 그리스도를) 믿음에서 난 약속이 믿는 자들에게 주어졌다.

번역

1. 너희는 주라, 그러면 너희에게 주어질 것이다.

2. 누가 너에게 이 권한을 주었는가?

3. 하나님 우리 아버지와 우리 죄악들을 위하여 자신을 주신 주 예수 그리스도로부터 너희에게 은혜와 평화이 있기를.

4. 예수께서 이것들을 말씀하셨다. 그리고 그는 그의 눈들을 든 후에 하늘에 말씀하셨다. "아버지여, 그 때가 왔습니다. 당신께서는 아들이 당신을 영화롭게 하도록, 당신의 아들을 영화롭게 하소서! 당신께서 그에게 주신 모든 사람들에게 그가 영원한 생명을 주게 하시려고, 모든 육체를 다스리는 권세를 그에게 주신 것과 같이 (말입니다)."

5. 우리 주 예수 그리스도의 하나님, 곧 영광의 아버지께서 너희에게 지혜의 영을 주시기를.

6. 그리고 그들이 너희를 넘겨주러 끌고 갈 때, 너희는 무엇을 말할까 미리 걱정하지 말고, 무엇이든지 저 때에 너희에게 주어진 이것을 말하라. 왜냐하면 너희가 말하는 이들이 아니라, 성령이시기 때문이다.

7. 그러므로 만일 너희가 악한 자들이라도 너희 자녀들에게 선한 선물들을 줄 줄 안다면, 하늘들에 계신 너희 아버지는 그분께 구하는 자에게 선한 것들을 얼마나 더 주시겠느냐?

8. 당신께서는 우리의 일용할 빵(양식)을 주소서!

9. 그리고 왜냐하면 인자(사람의 아들)는 섬김을 받으러 온 것이 아니라, 섬기러 왔으며 자신의 목숨을 많은 사람들을 위하여 대속물로 주러 왔기 때문이다.

10. 그러나 우리 주 예수 그리스도를 통하여 우리에게 승리를 주시는 하나님께 감사한다.

심화

11. 그러나 우리 자신의 마음들을 주님께 드린 후에, 우리가 어린아이들에게 하나님의 말씀을 가르치자. 이는 그들이 또한 그들 자신을 주님께 드릴 수 있게 하기 위함이다.

12. 교회의 목자가 그 무리에게 말했다. "너희는 목숨을 다하여 찬양하면서 너희 목소리들을 크게 주 예수 그리스도께 드리라."

13. 당신께서 그에게 주신 모든 사람들에게 그가 영원한 생명을 주게 하시려고, 모든 육체를 다스리는 권세를 그에게 주신 것과 같이 (말입니다)."

14. 두려워하지 말라, 적은 무리여. 왜냐하면 너희 아버지께서 너희에게 그 나라를 주시기를 기뻐하시기 때문이다.

15. 예수께서 그에게 말씀하셨다. "네가 만일 완전하고자 하면, 가서 네 소유를 팔아 가난한 자들에게 주라, 그러면 보물을 하늘들에 가질 것이다. 그리고 와서 나를 따르라."

16. 그리고 아담이 말했다. "당신께서 나와 함께 있도록 주신 여자, 그녀가 그 나무에서 내게 주어서 내가 먹었습니다."

17. 그리고 그가 말씀하고 계셨다. "이 때문에 내가 너희에게 아버지께로부터 그에게 주어진 자가 아니면 아무도 내게로 올 수 없다고 말했다."

18. 예수께서는 그녀에게 대답하셨고 말씀하셨다. "네가 만일 하나님의 선물과, 너에게 '나에게 마실 것을 주라' 하고 말한 이가 누구인지 알았다면, 네가 그에게 물었을 것이고 그가 너에게 살아있는 물을 주었을 것이다."

19. 그러므로 그들이 그에게 말했다. "당신은 누구인가? (당신은) 우리가 우리를 보낸 사람들에게 대답할 수 있도록 (우리에게 말하라). 당신은 당신 자신에 대하여 무엇이라 말하고 있는가?"

20. 그가 말했다. "주는 것이 받는 것보다 더 복이 있다."

21. 우리 주 예수 그리스도의 하나님, 곧 영광의 아버지께서 그분에 대한 지식에 있어 지혜와 계시의 영을 너희에게 주시기를…

22. 하나님, 그분은 우리 행위들을 따라서가 아니라 그분 자신의 계획과 은혜를 따라서, 우리를 구원하시고 거룩한 부르심으로 부르셨다. 그것(은혜)은 영원한 시간 전에 그리스도 예수 안에서 우리에게 주어진 것이다.

36 ἵστημι, τίθημι, δείκνυμι와 기타 사항

분해

변화형	시제/태/법	인칭/격/수/성	기본형	번역
1. τίθετε	현능직	2복	τίθημι	너희가 놓는다
2. ἵστησι	현능직	3단	ἵστημι	그/그녀/그것이 세운다
3. θήσω	미능직	1단	τίθημι	나는 놓을 것이다
4. ἔστησεν	부과능직	3단	ἵστημι	그/그녀/그것이 섰다
5. τιθέντες	현능분	주.복.남.	τίθημι	놓은
6. ἐτέθη	부과수직	3단	τίθημι	그/그녀/그것이 놓였다
7. σταθείς	부과수분	주.단.남.	ἵστημι	세워진
8. ἀφῆκας	부과능직	2단	ἀφίημι	네가 보냈다
9. ἀναστήσομεν	미능직	1복	ἀνίστημι	우리가 일으킬 것이다
10. ἕστηκεν	미과능직	3단	ἵστημι	그/그녀/그것이 서 있었다

복습

α. (너는) 그를 두었던 그 장소를 보라.

β. 어찌하여 너희는 하늘을 보면서 서 있는가?

γ. 저 나라는 세워질 수 없다.

δ. 어떤 사람이 자신의 친구들을 위하여 자신의 목숨을 내놓는(버리는) 것

ε. 그러자 그는 그를 끌고 가면서 그에게 모든 나라들을 보여주었다.

ζ. 그러므로 어떻게 그의 나라가 세워지겠느냐?

η. 그러나 그가 그에게 말했다. "너는 주 너의 하나님을 사랑하라!"

번역

1. 내가 내 영을 그에게 둘 것이다.

2. 그러므로 유대인들이 대답했고 그에게 말했다. "네가 이 일들을 행하고 있기 때문인데, 너는 무슨 표적을 우리에게 보이겠느냐?"

3. 그때 마귀가 그를 거룩한 성으로 데려가서 그를 성전의 가장 높은 곳에 세웠다.

4. 나는 선한 목자이다. 선한 목자는 양들을 대신하여(또는 위하여) 그의 목숨을 내놓는다(버린다).

5. 그리고 빌라도는 명패(죄목)를 써서 십자가에 붙였다. 그런데 그것은 "나사렛 예수, 유대인들의 왕"이라고 써 있었다.

6. 당신은 그를 어디에 두었는지 내게 말씀하소서! 그러면 내가 그를 가져가겠습니다).

7. 그리고 그들은 그들의 발들로 일어섰다. 그리고 보고 있는 그들에게 큰 두려움이 엄습했다.

8. 보라, 내가 문에 서서 두드리고 있다. 만일 누구든지 내 음성을 듣고 그 문을 열면, 내가 그에게로 들어가서 그와 함께 그는 나와 함께 먹을 것이다.

9. 왜냐하면 주께서 이와 같이 우리에게 명령하셨다. "네가 땅의 끝까지 구원으로 인도하도록, 내가 너를 이방인들의 빛으로 삼았다."

10. 그들(그녀들)은 그 무덤과 그의 시체를 어떻게 두었는지 보았다.

11. 그들은 그를 데려와서 그의 앞에 [그를] 놓으려고 했다.

12. 그러므로 그(그녀)는 시몬 베드로와 예수께서 사랑하시던 다른 제자에게 달려 가서 그들에게 말한다. "그들이 무덤에서 주님을 가져갔는데 그를 어디에 두었는지 우리가 알지 못합니다."

13. 우리는 그를 통하여 우리가 서 있는 이 은혜 안으로 [믿음으로] 들어감을 얻었고, 하나님의 영광의 소망에 근거하여 자랑한다.

14. 그리고 하나님의 사랑이 우리에게 주어진 거룩한 영을 통하여 우리 마음들에 부어졌기 때문에, 그 소망은 부끄럽게 하지 않는다.

15. 너희가 나를 택한 것이 아니라, 내가 너희를 택하여 세운 것이다. 이는 내가 너희가 가서 열매를 맺고 너희의 열매가 남아 있게 하기 위함이다. 이는 그가 누구든지 아버지께 내 이름으로 구하면 너희에게 주시게 하기 위함이다.

16. 그러나 그가 그들에게 말했다. "아버지께서 자신의 권한에 두신 때와 시기들을 아는 것은 너희 것이 아니다."

17. 요한은 그들에게 다음과 같이 말하면서 대답했다. "나는 물로 세례를 주고 있다. 너희 가운데 너희가 알지 못하는 분이 서 있다."

18. 어떤 사람이 자신의 친구들을 위하여 자신의 목숨을 내놓는 것보다 더 큰 사랑은 없다.

19. 그러나 만일 사탄도 그 자신에 대항하여 나뉜다면, 어떻게 그의 나라가 세워지겠는가? 왜냐하면 너희는 내가 바알세불에 의하여 귀신들을 쫓아낸다고 말하고 있기 때문이다.

20. 그리고 그들이 이것들을 말하고 있을 때, 그가 그들 가운데 서서 그들에게 말씀하셨다. "너희에게 평화가 있기를!"

심화

21. 만일 우리가 죄인들의 길에 서 있다면, 하나님의 은혜를 받지 못할 것이다.

22. 이제 우리가 헬라어를 알았기 때문에, 이제 신약을 펴고서 진리의 말씀들을 가르치자.

23. 그리고 하나님께서 그것들을 하늘의 궁창에 두어, (그 결과) 땅 위에 비추게 하시고 낮과 밤을 다스리게 하셨으며 빛과 어둠 사이를 나누게 하셨다. 그리고 하나님께서 보시기에 좋았다..

24. 그리고 내가 너와 여자 사이에 적대감을 둘 것이다. 그리고 네 후손과 그녀의 후손 사이에도 (적대감을 둘 것이다). 그는 네 머리를 감시할 것이며 너는 그의 뒤꿈치를 감시할 것이다.

복습 7 | 31–36장

문법

1. 직설법 이외의 법에서 시제가 갖는 기본 의미는 무엇인가? (시간이 아니라) 시상.

2. 가정법 동사가 주절에서 사용되는 두 가지 방식은 무엇인가?
   a. 권고의 가정법(예: 우리가 기도하자)
   b. 숙고의 가정법(예: 우리가 무엇을 먹을까?)

3. 가정법 동사가 종속절에서 사용되는 두 가지 방식은 무엇인가?
   a. ἵνα절(예: "나는 익히기 위해 공부하고 있다.")
   b. 특정 유형의 조건문

4. 두 종류의 제3형 조건문은 각각 무엇인가? 이 둘을 어떻게 구별할 수 있는가?
   a. 일반적인 현재. 결과절에 현재 직설법을 사용한다. 문맥은 조건절(if절)에 자명한 진리가 있음을 나타낸다.
   b. 실현 가능성이 높은 미래. 결과절에 현재 직설법을 포함하여 모든 시제나 법을 사용할 수 있다. 문맥은 조건절이 자명한 진리이기보다는 실현 가능성이 있음을 나타낸다.

5. 다음 전치사들이 관착 부정사와 함께 사용되면 어떻게 번역하는가?
   a. διά – 때문에
   b. εἰς – 위하여
   c. πρός – 위하여

6. 부정사로 목적을 나타낼 수 있는 세 가지 방법은 무엇인가?
   a. εἰς / πρός + 관착 부정사
   b. 속격 관사 + 관착 부정사
   c. (관사/전치사 없이) 단독으로 나오는 부정사

7. 금지 및 기타 유형의 부정을 진술하는 다섯 가지 방법은 무엇이며, 각각의 뉘앙스는 무엇인가?
   a. οὐ + 직설법, 또는 μή + 직설법을 제외한 모든 동사(아래의 경우 제외). 단순 부정을 의미한다.
   b. μή + 현재 명령법. 현재시제는 지속적인 행동을 금지한다.
   c. μή + 부정과거 명령법. 부정과거시제는 부정적인 행동을 금지한다.
   d. μή + 부정과거 가정법. 위의 경우보다 부정적인 행동을 좀 더 강하게 금지한다.
   e. οὐ μή + 부정과거 가정법. 가장 강한 부정으로, 사건에 대한 어떤 가능성도 부정한다.[87]

8. μι 동사의 5가지 법칙은 무엇인가?
   a. μι 동사는 현재시제에서 어간의 첫 글자를 중복하고, 반복된 자음 사이에 ι를 넣어 두 자음을 분리한다.

[87] 이 구문은 최근의 신학적 논의와 관련이 있다. 요한복음 13:38은 베드로가 예수님을 세 번 부인하기 전에 닭이 울 어떤 가능성도 부인하는 데 이 구문을 사용한다. 그렇게 함으로써 예수님을 미래의 자유의지 행위에 달려 있는 것으로 보이는 사건에 대해 확실한(개연성은 없는) 예지를 주장하는 분으로 묘사한다.

b. μι 동사에는 현재 직설법에서 대체로 연결 모음(곧 "어간 형성 모음")이 오지 않는다.

c. μι 동사는 현재 능동태 직설법에서 세 개의 다른 인칭 어미를 사용한다(μι, σι, ασι).

d. μι 동사의 어간 모음은 길어지거나, 짧아지거나, 탈락한다(모음 전환).

e. 대부분의 μι 동사에는 부정과거의 시제 형태소로 κα가 나온다. 이것을 "카파 부정과거(kappa aorist)"라고 부른다.

분해

변화형	시제/태/법	인칭/격/수/성	기본형	번역
1. ποιῆσθε	현중수가	2복	ποιέω	너희는 너희 자신을 위하여 만든다 / 너희는 만들어진다
2. πιστεύειν	현능부	–	πιστεύω	믿는 것
3. ἔρχηται	현디가	3단	ἔρχομαι	그/그녀/그것이 오고 있다
4. γράψαι	부과능부	–	γράφω	기록한 것
	부과중명	2단	γράφω	너는 너 자신을 위하여 기록하라!
5. κρινέτωσαν	현능명	3복	κρίνω	그들/그녀들/그것들이 심판받게 하라!
6. ἔλθωμεν	부과능가	1복	ἔρχομαι	우리가 가자
7. δίδωσι	현능직	3단	δίδωμι	그들/그녀들/그것들은 주고 있다
8. ἀπεστάλθαι	현완중수부	–	ἀποστέλλω	자신을 위해 보낸 것 / 보내진 것
9. δέδωκεν	현완능직	3단	δίδωμι	그/그녀/그것이 주었다
10. παρακάλεσαι	부과능부	–	παρακαλέω	부르는 것
	부과중명	2단	παρακαλέω	너는 너 자신을 위하여 부르라!
11. τίθεμεν	현능직	1복	τίθημι	우리는 놓고 있다
12. ἵστᾶσαι	현능분	주.복.여.	ἵστημι	서 있는 이들

번역 | 마태복음 13:1-23

13:1 저 날에 예수께서 집에서 나오신 후에 바닷가에 앉으셨다. 2 그리고 많은 무리들이 그에게 모였다. 그 결과 그는 배에 올라가서 앉으셨다. 그리고 모든 무리는 해변에 서 있었다.

3 그리고 그는 그들에게 비유들로 (다음과 같이) 많은 것을 말씀하시면서 말씀하셨다. "보라 씨 뿌리는 자가 씨를 뿌리러 나갔다. 4 그리고 그가 씨를 뿌릴 때 어떤 것들은 길 가에 떨어졌다. 그리고 새들이 와서 그것들을 먹어 버렸다. 5 그러나 다른 것들은 흙이 많이 없는 돌밭(돌투성이의 장소)에 떨어졌다. 그리고 흙의 깊이가 없기 때문에 곧 싹이 나왔다. 6 그리고 해가 떠오른 후에, 태워졌고 뿌리가 없기 때문에 말라 버렸다. 7 그러나 다른 것들은 가시덤불(가시들)에 떨어졌다. 그리고 그 가시들이 올라와서 그것들을(그것들의) 숨을 막았다. 8 그러나 다른 것들은 좋은 땅에 떨어졌고, 어떤 것은 백 배, 어떤 것은 육십 배, 어떤 것은 삼십 배 열매를 맺고 있었다. 9 귀들이 있는 자들은 들으라!"

10 제자들이 그에게 나아온 후에, 그들이 그에게 말했다. "어찌하여 당신께서는 그들에게 비유들로 말씀하고 계십니까?" 11 그러자 그가 그들에게 대답하여 말씀하셨다. "너희에게는 하늘들의 나라의 비밀들을 아는 것이 주어졌지만, 그들에게는 주어지지 않았다. 12 왜냐하면 누구든지 가진 자는 그에게 주어질 것이요, 누구든지 가지지 못한 자는 가진 줄로 생각하는 것도 그에게서 빼앗길 것이기 때문이다. 13 이 때문에 내가 비유들로 그들에게 말하고 있다. 왜냐하면 그들이 보면서도 보지 못하고 그들이 들으면서도 듣지도 깨닫지도 못하기 때문이다. 14 그리고 이사야의 예언이 그들에게 이루어진다. 말하기를,

너희가 들으면서 들어도 결코 깨닫지 못할 것이다.

그리고 너희가 보면서 보아도 결코 보지 못할 것이다.

15 왜냐하면 이 백성의 마음이 우둔해졌기 때문에,

그 귀들은 둔하게 들었고,

그들은 그들의 눈들을 닫았다.

그 눈들로 보지 못하게 하고

그 귀들로 듣지 못하게 하고

그 마음으로 깨닫지도 돌이키지도 못하게 하여

내가 그들을 고쳐 주지 않으려는 것이다.

16 그러나 너희 눈들은 복이 있다. 왜냐하면 그것들이 보고 있기 때문이며, 너희 귀들도 듣고 있기 때문이다. 17 왜냐하면 내가 진실로 너희에게 말하노니, 많은 예언자들과 의인들이 너희는 보고 있으나 그들은 보지 못했던 것들을 간절히 보기 원했고, 너희는 듣고 있지만 그들은 듣지 못했던 것들을 간절히 듣기 원했기 때문이다.

18 그러므로 너희는 씨 뿌리는 자의 비유를 들으라! 19 누구든지 그 나라의 말씀을 듣고 깨닫지 못할 때, 악한 자가 와서 그의 마음에 뿌려진 것을 빼앗는다. 길 가에 뿌려진 자는 그런 사람이다. 20 그리고 돌밭에 뿌려진 자는 이런 사람이다. 말씀을 듣고 곧 기쁨으로 그것을 받지만, 21 그는 그 자신 안에 뿌리를 가지고 있는 것이 아니라 잠시 있는 것이어서, 그 말씀 때문에 환난이나 박해가 있을 때 곧 넘어진다. 22 그리고 가시덤불에 떨어진 자는 이런 사람이다. 그는 말씀을 듣고도, 세상의 염려와 재물의 속임수가 그 말씀을 숨을 막아서 열매를 맺지 못하게 된다. 23 그러나 좋은 밭에 뿌려진 자는 이런 사람이다. 그는 말씀을 듣고 깨닫는 사람인데, 그는 참으로 열매를 맺는데, 어떤 것은 백 배, 어떤 것은 육십 배, 어떤 것은 삼십 배를 맺는다."